新 완전절진
TOEIC
스타트
RC

The One 더원

新 완전절친
TOEIC 스타트 RC

초판 1쇄 발행 2017년 3월 6일
　　　2쇄 발행 2019년 2월 20일

지은이 황장연
기획 및 편집 유효정
디자인 나인플러스
마케팅 정병건

펴낸곳 ㈜글로벌21
출판등록 2019년 1월 3일
주소 서울시 종로구 삼일대로15길 19 글로벌빌딩
전화 02)725-8282　팩스 02)753-6969
www.global21.co.kr

ISBN 978-89-8233-303-3 13740

Preface

20년이 넘는 기간 동안 수많은 토익 수강생들을 접하고 교육하면서 많은 보람을 느낌과 동시에 새로운 도전을 경험하고 있습니다. 현장에서 시험을 준비하는 학생들에게 도움을 주고, 그들이 강의로 인해 많은 힘을 얻었다는 이야기들을 할 때 매우 행복합니다.

현장에서 오랜 기간 동안 토익 학습자들의 욕구를 충족시키기 위해 열의를 다해 강의하면서 수강생들이 가졌던 어려움을 해결해주고 싶은 간절한 마음과 강의를 통해 축적해온 토익에 대한 노하우를 담아 『완전절친 TOEIC 스타트 RC』를 출간하게 되었습니다. 토익을 처음 시작하는 분들이 이 책으로 충실하게 학습한다면 영어의 기초를 확고하게 확립할 수 있다는 것을 보장합니다.

지금까지 많은 책을 써왔고, 앞으로도 많은 책을 통해 학습자 여러분들께 도움을 드리고 싶습니다. 한 권만으로 모든 과정을 이해하는 것이 어려울 수도 있지만 『완전절친 TOEIC 스타트 RC』는 이 책만으로 학습이 가능하도록 구성하였습니다. 토익의 기본 점수라 할 수 있는 550점에서 대기업 취업에 필요한 700점 대의 점수를 받는 것을 목표로 하는 학습자들이 짧게는 4주, 길게는 8주 동안 공부할 수 있습니다.

1주에서 3주까지는 토익의 기본이라 할 수 있는 어휘와 기본문법으로 구성되어 있습니다. 모든 문제와 단어는 실전에서 가장 많이 출제되었던 데이터를 바탕으로 수록하였습니다. 4주차는 고득점을 위한 마지막 단계로서 지금까지 배운 문법과 어휘를 함께 훈련하고 연습할 수 있는 독해 파트입니다. 시험을 위한 학습서일 뿐만 아니라 전반적인 영어 학습에 도움이 되는 책을 만들기 위한 애정과 노력들을 담았습니다.

토익은 아주 잘 만들어진 영어평가 시험이고 토익을 공부하는 많은 학생들이 영어를 잘할 수 있기를 희망합니다. 책이 나오기 까지 도움을 주신 모든 분들께 진심으로 감사 드립니다.

Contents

Week 1

Week 2

About This Book 이 책의 특징

1 초보들도 쉽게 공부할 수 있는 토익 첫걸음서

토익을 처음 시작하는 초보자들도 쉽게 공부할 수 있도록 이 책을 구성하였습니다. 꼭 알아야 할 문법을 예문과 함께 간단하고 이해하기 쉽게 설명하였으며, 특히 자주 출제되는 문법 개념 앞에는 ★ 표시를 해두었기 때문에 중요한 문법 개념은 더 확실하게 학습할 수 있습니다.

2 신토익 신유형 출제 경향 완벽 반영

2016년부터 새롭게 출제된 신토익 신유형 출제 경향을 반영하였습니다. 학습자들은 토익 리딩 Part 6에 새로 추가된 문장 삽입 문제, Part 7에 새로 추가된 의도 파악 문제, 문장 삽입 문제, 문자 메시지와 온라인 채팅 지문, 3중 지문 유형을 이 책으로 학습할 수 있습니다. 토익 공부를 처음 시작하는 학생들에게 부담이 되지 않을 정도의 양과 난이도로 수록하였으니, 미리 겁먹지 말고 신유형을 파악해보기 바랍니다.

3 단계별 학습이 가능하도록 한 문제 구성

문법을 학습한 뒤, 학습한 내용을 간단하게 확인해볼 수 있는 Check Up 문제, 실제 토익 문제를 풀어보기 전 긴장을 풀어줄 수 있는 연습문제, 실제 토익 시험에 출제된 것과 비슷하게 구성된 기출문제, 실력을 체크해볼 수 있는 실전문제를 차례대로 수록하여 학습자들이 단계별로 학습이 가능하도록 하였습니다.

4 토익 리딩 필수 어휘 수록

토익 리딩에서 고득점을 얻고자 한다면, 가장 기본이 되는 것이 어휘입니다. 이 책에는 그동안 토익에서 많이 출제된 어휘들을 선별, 각 단원이 끝날 때마다 예문과 함께 수록하여 학습자들이 중요한 어휘를 놓치지 않도록 하였습니다. Part 7의 경우 각 주제와 관련된 어휘들을 모아 정리해두었으니, 모두 암기하여 주제별 독해 문제를 조금 더 쉽게 풀어나가기 바랍니다.

5 문제 유형에 따른 문제 비법 공략 제시

Part 7은 특정한 문제 유형이 있습니다. 이 책에서는 각 문제 유형을 어떻게 풀어나가야 할지, 지문의 어느 부분에 단서가 주로 나오는지, 해당 단서가 나올 때 어떤 표현이 사용되는 지 등 문제 유형에 따른 문제 비법 공략을 제시하고 있습니다. 문제를 풀기 전, 문제 비법 공략을 꼼꼼하게 읽어보고 숙지한 뒤 문제를 풀어보기 바랍니다.

6 혼자서도 학습할 수 있는 상세한 해설과 해석 제공

이 책은 학습자가 혼자서도 학습할 수 있도록 상세한 해설과 해석을 제공하고 있습니다. 특히 Part 6와 7의 경우 문장의 끊어 읽기 해석을 수록하여 학습자가 지문을 조금 더 쉽게 파악할 수 있도록 하였습니다. 또한, 정답의 단서가 되는 문장은 음영으로 표시하여 정답이 왜 정답인지, 오답이 왜 오답인지를 쉽게 이해할 수 있도록 하였습니다.

7 체계적 학습을 위한 학습캘린더 제공

혼자서도 의지를 가지고 학습할 수 있도록, 4주, 8주로 구성된 학습캘린더를 제공합니다. 언어는 하루에 몰아서 몇 시간씩 비정기적으로 학습하는 것보다 하루에 1시간씩이라노 꾸준히 하는 것이 더 효과적입니다. 따라서 조금씩이라도 매일매일 학습하기를 권장하며, 제공된 학습캘린더를 적극 활용하기 바랍니다.

8 학습의 효과를 높여주는 동영상 강의

조금 더 즐겁고 효과적으로 학습하고 싶다면, 글로벌21(www.global21.co.kr)의 동영상 강의를 들으며 학습하세요. 실력 있는 선생님이 여러분의 토익 공부를 좀 더 재미있고 쉽게 만들어드릴 것입니다.

About This Book 이 책의 구성

● 토익 시험에 잘 나오는 문법 개념을 간단하게 정리하고, 단원 별로 앞 부분에 월별 출제 횟수를 표시해 두었습니다. ★부분은 시험 기출 빈도가 높은 부분이기 때문에 꼭 알고 넘어가도록 합니다.

● 예문에서 문법 개념과 관련된 단어는 색으로 표시하였습니다. 오른쪽 페이지 맨 밑에 새로 나온 단어와 발음기호, 뜻을 적어 두어 학습자들이 영어 공부의 기본인 단어와 함께 더 쉽게 문법을 공부할 수 있습니다.

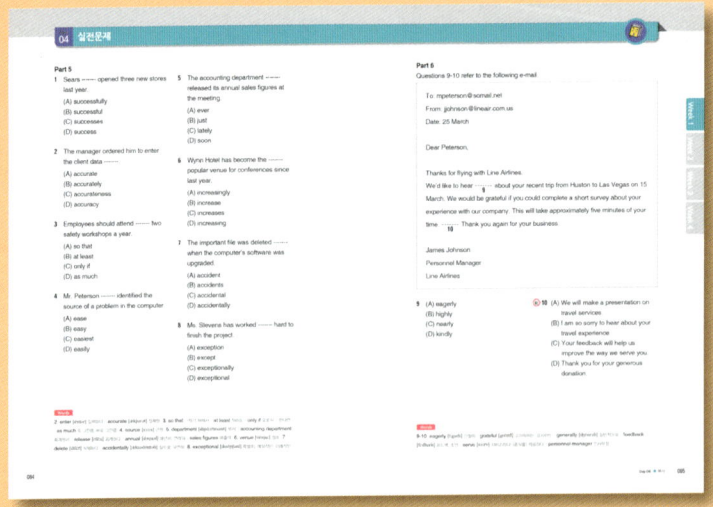

● 모두 시험에서 출제되었던 문제와 비슷하게 구성하였고, 영어를 어려워하는 학습자도 쉽게 풀 수 있도록 난이도 조정을 하였습니다. 실전문제에 수록된 문장과 단어를 통째로 외운다면 Part 5, 6에서 고득점을 할 수 있을 것입니다.

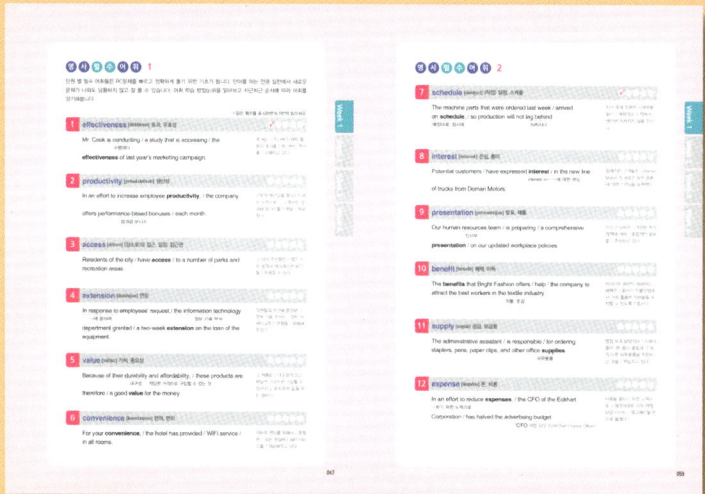

● 단원이 끝날 때마다 품사별 필수 어휘를 수록하였습니다. 토익에 자주 출제되는 단어의 뜻과 예문, 해석을 보면서 같이 외우도록 하세요.

어휘 학습 방법

❶ 어휘와 뜻을 확인합니다.
❷ 예문과 해석을 보면서 어휘가 어떻게 사용되었는지 그 쓰임새를 파악합니다.
❸ 발음 기호를 보면서 어휘와 문장을 5번씩 읽고, 읽은 횟수만큼 동그라미에 V표시합니다.
❹ 문장을 자주 눈으로 보고, 손으로 많이 써 보면서 암기하도록 합니다.

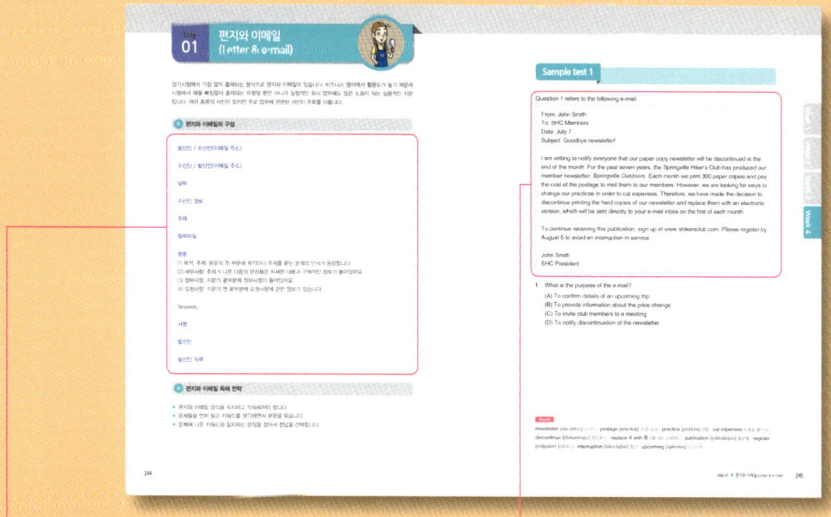

● 주제에 따른 내용 구성을 간략하게 소개하였습니다. 지문의 구조를 알고 있다면 전체 흐름을 훨씬 빠르게 파악할 수 있습니다.

● 샘플 문제를 풀어보면서 본격적으로 Part 7을 대비할 수 있도록 합니다. 오른쪽 페이지 밑에 단어를 참고하면서 문제를 쉽게 풀 수 있습니다.

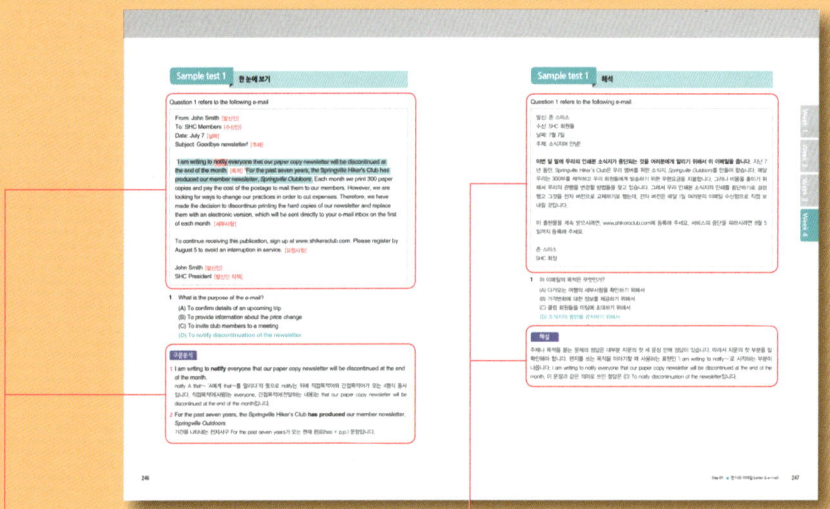

소개한 구조를 샘플 테스트 지문에 적용시켜 보았습니다. 지문 전체를 한 눈에 보면서 구문분석을 통해 앞서 배웠던 문법을 한 번 더 복습합니다.

어려운 영어 문장은 해석을 참고하면서 꼼꼼히 보도록 합니다. 아래는 문제의 해설이 나와 있고, 지문에서 답의 근거가 되는 문장을 볼드로 표시해 두었습니다.

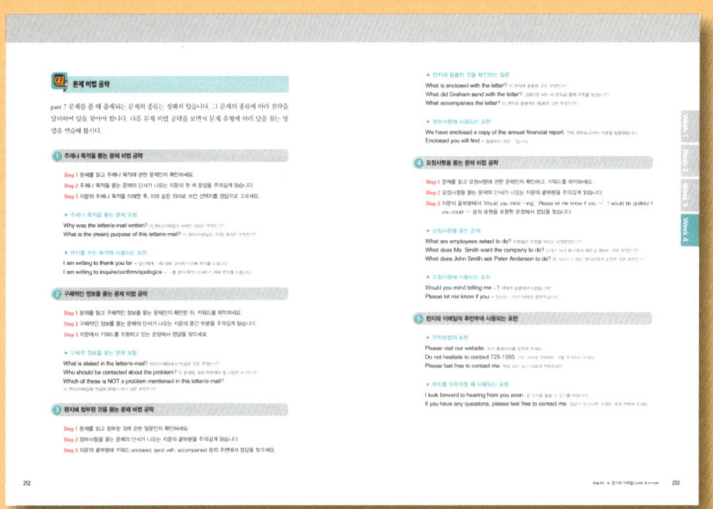

문제 유형에 따른 문제 비법 공략입니다. Part 7 문제의 정답을 쉽게 찾는 방법을 단계별로 소개했습니다. 문제를 많이 풀어보면서 비법 전략을 연습해보세요. 실전에서 문제를 풀 때 문제 비법 공략을 적용한다면 Part 7에서 고득점을 할 수 있습니다.

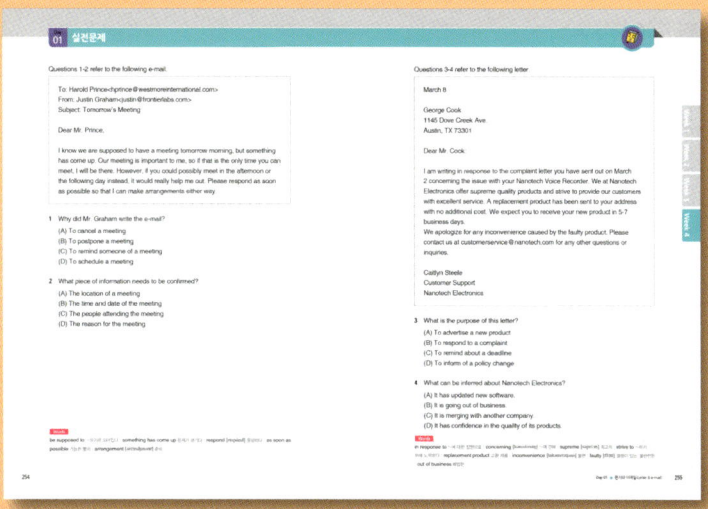

● 토익 시험에 출제되는 문제와 최대한 유사한 유형으로, 토익 시험이 어려운 학습자들을 위해 난이도를 조정하였습니다. Part 7 문제의 길이에 당황하지 말고 쉬운 문제부터 하나씩 풀어보세요.

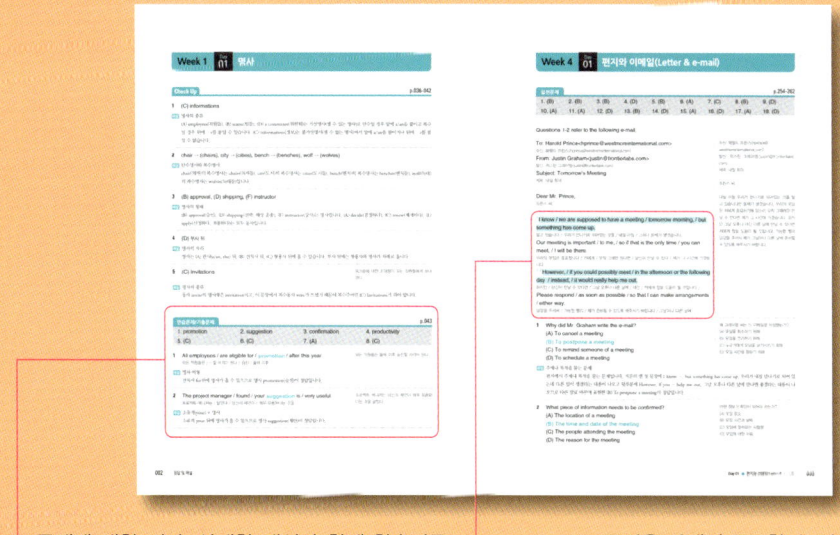

● 문제에 대한 정답, 상세한 해설과 함께 학습자들이 오답을 확실히 정리할 수 있도록 하였습니다.

● Part 7 문장을 자세히 공부할 수 있도록 끊어 읽기 해석을 수록했습니다. 문제 풀이의 단서가 되는 문장은 음영으로 표시해 두었습니다. 정답의 근거가 되는 문장을 찾는 연습을 많이 하도록 하세요.

About TOEIC 토익 소개

1 토익이란?

TOEIC(Test of English for International Communication)은 영어가 모국어가 아닌 사람들을 대상으로 언어 본래의 기능인 커뮤니케이션 능력에 중점을 두고 일상생활, 또는 국제업무 등에 필요한 실용영어 능력을 평가하는 시험입니다. 1979년 미국 ETS(Educational Testing Service)에 의해 개발된 이래 전 세계 150개 국가 14,000개의 기관에서 승진 또는 해외파견 인원선발 등의 목적으로 널리 활용되고 있으며 우리나라에는 1982년 도입되었습니다. 현재 전 세계적으로 해마다 약 600만 명 이상이 응시하고 있습니다.

2 토익 시험의 구성

구성	Part	Part별 출제 내용		문항 수	제한 시간	배점
Listening Comprehension	1	사진 묘사		6	45분	495점
	2	질의 응답		25		
	3	짧은 대화		39		
	4	짧은 담화		30		
Reading Comprehension	5	단문 공란 채우기(문법/어휘)		30	75분	495점
	6	장문 공란 채우기		16		
	7	독해	단일 지문	29		
			복수 지문	25		
Total		7개 파트		200문항	120분	990점

3 토익 시험 출제 분야

TOEIC 시험에서는 주로 일상 생활과 회사 업무 등에서 사용되는 어휘, 표현, 대화, 문장들을 다루며, 크게는 다음과 같은 분야와 관련된 문제들이 출제됩니다.

- ▶ **전문적인 비즈니스** | 계약, 협상, 마케팅, 세일즈, 비즈니스 계획, 회의
- ▶ **제조** | 공장 관리, 조립 라인, 품질 관리
- ▶ **금융과 예산** | 은행, 투자, 세금, 회계, 청구
- ▶ **개발** | 연구, 제품 개발
- ▶ **사무실** | 임원 회의, 위원 회의, 편지, 메모, 전화, 팩스, e-mail, 사무 장비와 가구
- ▶ **인사** | 구인, 채용, 퇴직, 급여, 승진, 취업 지원과 자기 소개
- ▶ **주택/기업/부동산** | 건축, 설계서, 구입과 임대, 전기와 가스 서비스
- ▶ **여행** | 기차, 비행기, 택시, 버스, 배, 유람선, 티켓, 일정, 역과 공항 안내, 자동차 렌트, 호텔, 예약, 연기와 취소

 **토익 시험 접수**

한국토익위원회 사이트(www.toeic.co.kr)에서 시험 일정 및 접수 기간 등 세부 내용을 확인할 수 있습니다. 정기시험과 추가시험 일정을 확인하고, 원하는 시험 날짜를 선택해 접수하면 됩니다.

 **토익 시험장 지참 준비물**

▶ **신분증** | 반드시 규정된 신분증(주민등록증, 운전면허증, 기간 만료 전의 여권, 공무원증 등)을 지참해야 합니다. 신분증이 없으면 시험을 볼 수 없습니다.
▶ **필기구** | 연필, 지우개 (볼펜이나 사인펜은 사용할 수 없음)
▶ **시계** | 아날로그 손목시계 (전자식 시계는 사용할 수 없음)

 토익 시험 시간표

오전 시험	오후 시험	시험 진행
~9:20	~14:20	입실
9:30~9:45	14:30~14:45	답안지 작성 오리엔테이션
9:45~9:50	14:45~14:50	휴식
9:50~10:05	14:50~15:05	신분증 확인
9:50~10:05	15:05~15:10	문제지 배부 및 파본 확인
10:10~10:55	15:10~15:55	듣기 평가(LC)
10:55~12:10	15:55~17:10	독해 평가(RC)

 **토익 시험 성적 확인**

시험일로부터 19일 후 오후 3시부터 인터넷과 ARS(060-800-0515)로 성적을 확인할 수 있습니다. TOEIC 성적표는 우편으로 수령하거나 온라인으로 발급받을 수 있습니다. 우편 수령 시 성적 발표 후 약 7~10일 정도가 소요되며, 온라인으로 발급받을 경우 자신의 토익 성적 유효 기간 내에 홈페이지에 접속하여 직접 출력할 수 있습니다. (TOEIC 성적은 해당 시험 시행일로부터 2년 간 유효)

About TOEIC RC 토익 RC 파트별 출제 형식

Part 5 단문 공란 채우기 (Incomplete Sentences)

1 Part 5 출제 형식

문항 수	30개(101번~130번)
시간 배분	15분(각 문제당 약 30초)
문제 유형	어휘/어구 문제 10~14문제 품사/어형 문제 7~10문제 문법 문제 6~8문제
특징	유형 혼합 문제 증가 추세 어휘 문제가 강화됨 복잡하고 다양한 소재의 문장 제시

2 Part 5 문제 미리 보기

Part 5는 불완전한 단문을 완성시키는 문제로 구성되어 있습니다. 불완전한 문장을 완성시키기 위해 4개의 보기 중에서 가장 적당한 것을 선택하면 됩니다.

▶ 문법 문제

101 Mr. Smith can't attend the professional ------- workshop today.

(A) develops
(B) developmentally
(C) development
(D) developed

▶ 어휘/어구 문제

102 For your -------, please wear a safety helmet while operating this machinery.

(A) quality
(B) difficulty
(C) completion
(D) protection

Part 6 장문 공란 채우기 (Text Completion)

Part 6 출제 형식

문항 수	4개 지문, 16문제(131~146번) / 지문 1개당 4문제 출제
시간 배분	6~7분(각 문제당 약 25초)
문제 유형	어휘/어구 문제 5~8문제 품사/어형 문제 3~5문제 문장 구조 문제 1~4문제 문장 삽입 문제 4문제
특징	어휘 선택 및 숙어 완성 문제 중심 지문의 성격은 이메일, 편지, 공지 사항 등으로 한정적임

Part 6 문제 미리 보기

Part 6는 불완전한 장문을 완성시키는 문제로 구성되어 있습니다. 각각의 공란 번호에 제시되어 있는 4개의 보기 중 가장 적당한 것을 선택하여 문장을 완성시키면 됩니다.

Questions 131-134 refer to the following e-mail.

To: Joe Anderson(janderson.elmline.net)
From: Susan Krause(skrause.provocommunitylibraries.org)
Subject: Library Book
Date: April 15

Thank you for your message regarding ------- library book, *Mystery of*
         131
Thompson. I have renewed the book through May 1 so that you do not incur

additional fines. Your current balance is $7.25. I did ask staff to check the

shelves this morning, in case someone might have found and. ------- the
              132

book. ------- If you are unable to locate the book by May 1, we will -------
    133   **134**

a new copy. In that case, an invoice for $25.00 will be mailed to your home

address.

Sincerely,
Susan Krause
Library Services

131 (A) missing
    (B) miss
    (C) missed
    (D) to miss

132 (A) returns
    (B) will return
    (C) be returning
    (D) returned

Part 7 독해 (Reading Comprehension)

1 Part 7 출제 형식

문항 수	단일 지문 10개, 29문제(147~175번) 이중 지문 2개, 10문제(176~185번) 삼중 지문 3개, 15문제(186~200번)
시간 배분	54분(각 문제당 약 1분)
문제 유형	글의 주제 파악 문제 세부 사항 파악 문제1(특정 정보 확인) 세부 사항 파악 문제2(종합 정보 확인) 의도 파악 문제 문장 삽입 문제 추론 문제 동의어 찾기 문제 Not/True 문제
특징	지문이 복수인 경우, 지문들을 연계한 포괄적인 물음 형식 증가

2 Part 7 문제 미리 보기

Part 7은 다양한 장르의 1개의 단일 지문, 서로 연관되어 있는 2개, 3개의 복수 지문을 읽고 질문에 답하는 문제로 구성되어 있습니다. 각 질문을 읽고 4개의 보기 중 적당한 것을 선택하면 됩니다.

▶ 단일 지문

Questions 153-154 refer to the following e-mail.

To: Harold Prince <hprince@westmoreinternational.com>
From: Justin Graham <justin@frontierlabs.com>
Subject: Tomorrow's Meeting

Dear Mr. Prince

I know we are supposed to have a meeting tomorrow morning, but something has come up. Our meeting is important to me, so if that is the only time you can meet, I will be there. However, if you could possibly meet in the afternoon or the following day instead, it would really help me out. Please respond as soon as possible so that I can make arrangements either way.

153 Why did Mr. Graham write the e-mail?

(A) To cancel a meeting
(B) To postpone a meeting
(C) To remind someone of a meeting
(D) To schedule a meeting

Questions 181-185 refer to the following e-mails.

From: Joan Hawkins
To: Caroline Jensen
Date: June 11
Subject: 2012 Rex Roadster

Dear Ms. Jensen:

I saw your advertisement on the billboard about the 2012 Rex Roadster you have for sale. From what it says on the description, the car seems to be in good condition and decent mileage. Is it okay if I come by sometime and look at the car myself?
One more thing, though. I saw another posting of yours of the same car

From: Caroline Jensen
To: Joan Hawkins
Date: June 12
Subject: Re: 2012 Rex Roadster

Hello Joan,

Thanks for your interest in my car! I apologize for the confusion the description caused regarding the condition of my car. The online listing was put up months ago. I got the oil changed last month so the car should be fine, as

181 Why does Ms. Hawkins write to Ms. Jensen?

(A) To congratulate her on a new promotion
(B) To inform her of a business meeting
(C) To invite her to a birthday party
(D) To ask about an automobile

182 What problem does Ms. Jensen have?

(A) Her car was broken into.
(B) Her car hasn't been sold yet.
(C) She lost an important document.
(D) She forgot a client's phone number.

Questions 186-190 refer to the following schedule, e-mail, and letter.

American Folk Modern Art Gallery Exhibition Schedule		
Dates	**Exhibition Title**	**Description**
8 June- 6 November	Natural Beauty	This exceptional collection of paintings and photographs by international artists demonstrates the natural beauty of both the moon and sea.
29June- 6 November	Furniture as Art	We tend to think of furniture as functional, but furniture can also be art. This exhibition features a variety of contemporary furniture from across Asia and other countries.
4 August- 19 January	International Dance	Through sculpture, paintings, and photographs, this exhibition features dance styles from many countries.
25 August- 23 September	The Photography of Sam Perry	This exhibition is a collection of extraordinary photographs featuring families from around the world.
For ticket information, visit the Tickets page or e-mail bevans@afmag.org. Members receive two complimentary tickets to all exhibitions. Visit the Membership page to find out how you can become a member!		

From: Mary Nelson@Mary.inet.bs
To: Betty Evans@afmag.org
Subject: Tickets
Date: April 2

I received the complimentary tickets to 'International Dance' for the exhibition and I would like to order two additional tickets. I guess you have my credit card information on file. So could you charge my credit card and mail the tickets? I am also excited to see Furniture as Art. Thank you for bringing these magnificent exhibits.

Mary Nelson

4 April

Dear Ms. Nelson,

Thank you for your continued patronage of the American Folk Modern Gallery.
I apologize again that the exhibition you wanted to see has been cancelled.
Per our telephone conversation, I have enclosed two additional tickets to
its replacement exhibition, Indigenous Cultures of the American which is
a traveling exhibition that also will run for the same dates, 4 August - 19
January. Your Max credit card ending in 2228 has been charged $30.

Sincerely,

Betty Evans
American Folk Modern Art Gallery

Enclosures

186 According to the website, what do all of the exhibitions have in common?

(A) They include photographs.
(B) They include live performances.
(C) They feature works by artists from the Asia.
(D) They feature works from multiple countries.

187 What is indicated about Ms. Nelson?

(A) She is requesting a refund.
(B) She has a membership to the museum.
(C) She is a photographer.
(D) She has already seen the exhibits.

188 Which performance has been canceled?

(A) Natural Beauty
(B) Furniture as art
(C) International Dance
(D) The photography by Sam Perry

4주

- ▶ 기본문법과 전체 20개 단원을 한 달에 끝내는 단기 학습 과정입니다.
- ▶ 매일 매일 한 Unit을 규칙적으로 학습해 나갑니다.
- ▶ 핵심 문법 개념 이해, 단어 외우기, 문제풀이 위주로 공부합니다.
- ▶ 각 Unit의 파트 별 학습 후 모르는 것이 있으면 돌아가 다시 복습하고, 해당 Unit에 대한 성취도를 체크합니다.

	1일	2일	3일	4일	5일
1주	문장의 기본 구조, **Week 1** Day 1	**Week 1** Day 2	**Week 1** Day 3	**Week 1** Day 4	**Week 1** Day 5
2주	**Week 2** Day 1	**Week 2** Day 2	**Week 2** Day 3	**Week 2** Day 4	**Week 2** Day 5
3주	**Week 3** Day 1	**Week 3** Day 2	**Week 3** Day 3	**Week 3** Day 4	**Week 3** Day 5
4주	**Week 4** Day 1	**Week 4** Day 2	**Week 4** Day 3	**Week 4** Day 4	**Week 4** Day 5

★ 틈틈이 앞서 배운 내용도 복습하세요!

 8주

▶ 기본문법과 전체 20개 단원을 두 달에 끝내는 단기 학습 과정입니다.
▶ 한 과를 이틀에 나누어 학습하고, 틈틈이 단원 별 복습을 합니다.
▶ 핵심 문법 개념 이해, 단어 외우기, 문제풀이 위주로 공부합니다.
▶ 각 Unit의 파트 별 학습 후 모르는 것이 있으면 돌아가 다시 복습하고, 해당 Unit에 대한 성취도를 체크합니다.

	1일	2일	3일	4일	5일
1주	문장의 기본 구조, Week 1 Day 1	Week 1 Day 1	Week 1 Day 2	Week 1 Day 2	Week 1 Day 3
2주	Week 1 Day 3	Week 1 Day 4	Week 1 Day 4	Week 1 Day 5	Week 1 Day 5
3주	Week 2 Day 1	Week 2 Day 1	Week 2 Day 2	Week 2 Day 2	Week 2 Day 3
4주	Week 2 Day 3	Week 2 Day 4	Week 2 Day 4	Week 2 Day 5	Week 2 Day 5
5주	Week 3 Day 1	Week 3 Day 1	Week 3 Day 2	Week 3 Day 2	Week 3 Day 3
6주	Week 3 Day 3	Week 3 Day 4	Week 3 Day 4	Week 3 Day 5	Week 3 Day 5
7주	Week 4 Day 1	Week 4 Day 1	Week 4 Day 2	Week 4 Day 2	Week 4 Day 3
8주	Week 4 Day 3	Week 4 Day 4	Week 4 Day 4	Week 4 Day 5	Week 4 Day 5

완전절친
TOEIC 스타트 RC

문장의 기본 구조

- 8품사
- 문장을 구성하는 요소들
- 문장의 5형식
- 구와 절
- 준동사

문장의 기본 구조

8품사

단어는 성격에 따라 내용어와 기능어, 8가지 품사로 나눌 수 있습니다.

내용어: 문장 내에서 의미를 전달하는 단어(명사, 동사, 형용사, 부사)

기능어: 문법상의 기능을 위해 사용하는 단어(대명사, 전치사, 감탄사, 접속사)

1 명사(Noun): 사람이나 사물 등의 이름을 나타내는 말입니다.

> John, clock, book, magazine, company, manager 등

The **book** is on the **desk**. 책은 책상 위에 있다.

2 동사(Verb): 주어의 상태를 나타내는 be동사와 동작을 나타내는 일반동사가 있습니다.

> be동사: am, are, is, was, were, will be 등
> 일반동사: do, have, go, give, make 등

He **is** a good teacher. 그는 좋은 선생님이다.
I **have** a girlfriend. 나는 여자친구가 있다.

3 형용사(Adjective): 성질, 모양, 상태 등을 나타내는 말로 명사를 꾸며 주거나 설명해 줍니다. 2형식과 5형식의 문장에서 주어와 목적어를 보충해주는 보어 역할을 합니다.

명사를 수식: She is a **beautiful** woman. 그녀는 아름다운 여자다.

주격 보어(2형식): She is **beautiful**. 그녀는 아름답다.

목적격 보어(5형식): We must keep the food **fresh**. 우리는 음식을 신선하게 보관해야 한다.

4 부사(Adverb): 동사, 형용사, 다른 부사, 문장 전체를 수식하는 역할을 합니다.

> easily, softly, clearly, happily, friendly 등

She works **very efficiently**. 그녀는 매우 효율적으로 일한다.

▶ 부사 very는 부사 efficiently 수식, 부사구 very efficiently는 동사 works 수식

5 **대명사(Pronoun):** 명사를 대신해서 쓰입니다.

> I, you, he, she, we, they 등

Jennifer is my friend. **She** is very happy now. 제니퍼는 내 친구이다. 그녀는 지금 매우 행복하다.

6 **전치사(Preposition):** 명사, 명사구, 동명사 등의 앞에 위치하여 '전치사 + 명사'의 형태로 쓰여 수식어구를 이룹니다.

> in, on, at, during, into, about 등

My sister exercises **in** the morning. 내 여동생은 아침에 운동한다.

7 **감탄사(Interjection):** 기쁨, 슬픔, 놀람 등을 표현하는 말입니다.

> oh, oops, bravo, gee 등

This is very funny. **Bravo**! 이것은 아주 재미있다. 브라보!

8 **접속사(Conjunction):** 단어와 단어, 구와 구, 절과 절, 문장과 문장을 연결하는 역할을 합니다.

> and, but, so, or, if, when, although 등

She is smart **and** kind. 그녀는 영리하고 친절하다.
I was feeling hungry, **so** I made a sandwich. 나는 배가 고파서 샌드위치를 만들었다.

문장을 구성하는 요소들

문장 성분이란 단어, 구, 절들이 문장 속에서 하는 역할을 말합니다. 문장을 구성하는 요소들이 모여서 하나의 완전한 문장을 이룹니다.

1 **주어(Subject)**

모든 문장에는 적어도 하나의 주어와 동사가 있어야 합니다. 주어는 문장의 앞머리에 나와서 ~은(는), ~이(가)의 뜻으로 해석되며, 문장의 주체가 됩니다.

① **명사(구)**

The employees go to the company by bus. 직원들은 버스로 회사에 간다.

② **대명사(명사를 대신해서 쓰는 것)**

She speaks both English and Korean. 그녀는 영어와 한국어 둘 다 구사한다.

③ **동명사**

Swimming is one of the best exercises you can do.
수영은 당신이 할 수 있는 가장 좋은 운동 중의 하나입니다.

④ **to부정사**

To increase productivity is the aim of the new project.
생산성을 높이는 것이 새로운 프로젝트의 목표이다.

⑤ **명사절(절 = 접속사 + 주어(S) + 동사(V))**

That the conference was scheduled for Monday is disappointing.
회의가 월요일로 예정되었다는 것은 실망스럽다.

2 **동사(Verb)**

문장에서 주어의 동작이나 상태를 기술하는 것을 동사라고 합니다. 동사는 크게 자동사와 타동사로 나눌 수 있습니다. 자동사는 목적어를 가지지 않는 동사이고, 타동사는 목적어를 가지는 동사입니다. ○ **Week 2-1. 동사의 종류 p.107 참조**

① **자동사**

Clara became a teacher. 클라라는 선생님이 되었다.

▶ 자동사 become은 목적어가 없음, a teacher는 주격 보어, Clara = a teacher

② **타동사**

John likes teaching. 존은 가르치는 것을 좋아한다.

▶ 타동사 like는 목적어(teaching)를 가짐

3 **목적어(Object)**

~을(를)의 뜻으로 해석되며, 타동사 다음에 오는 명사, 대명사 및 명사의 역할을 하는 모든 구나 절이 목적어가 됩니다.

① **명사(구)**

We enjoyed the movie. 우리는 영화를 재미있게 보았다.

② 대명사

Everyone likes her. 모두들 그녀를 좋아한다.

③ to 부정사

The president plans to hold a meeting this Friday. 사장은 이번 주 금요일에 회의를 개최할 계획이다.

④ 동명사

I finished writing the report. 나는 보고서 쓰기를 끝냈다.

⑤ 명사구

I didn't know what to do. 나는 무엇을 해야 할지 몰랐다.

⑥ 명사절

I know that John is an excellent teacher. 나는 존이 훌륭한 선생이라는 것을 안다.

4 보어(Complement)

주어를 보충해주면 주격 보어, 목적어를 보충해주면 목적격 보어입니다. 주어나 목적어의 성질, 상태 등을 표현하며 명사, 대명사, 형용사, 분사, 부정사, 및 명사나 형용사의 역할을 하는 모든 구나 절이 보어가 될 수 있습니다.

① **주격 보어:** 보어 자리에 명사가 오면 주어와 동격이 되고, 형용사가 나오면 주어의 성질이나 상태를 표현합니다.

• **명사 주격 보어**

She is my mother. 그녀는 나의 어머니입니다.

▶ my mother는 주격 보어, She = my mother

• **형용사 주격 보어**

You look happy. 당신은 행복해 보입니다.

▶ happy는 주격 보어, 주어 You의 상태를 설명

② **목적격 보어:** 목적어의 성질, 성격 혹은 상태를 표현합니다.

• **명사 목적격 보어**

The board of directors appointed him president. 이사회는 그를 사장으로 임명했다.

▶ president는 목적격 보어, him = president

• **형용사 목적격 보어**

The story made us happy. 그 이야기는 우리를 행복하게 만들었다.

▶ happy는 목적격 보어, 목적어 us의 상태를 설명

5 수식어구(Modifier)

수식어구는 문장의 기본 구성 요소인 주어, 동사, 목적어, 보어를 꾸며주는 형용사(형용사구, 형용사절), 부사(부사구, 부사절)를 말합니다.

(1) 수식어구가 오는 자리

수식어구는 문장의 앞, 중간, 혹은 뒤 어디에나 나올 수 있습니다. 수식어구를 제외한 나머지는 문장의 기본요소 즉 주어, 동사, 목적어/보어가 됩니다.

① 문장 앞

Because of the bad weather, our flight is delayed. 날씨가 좋지 않아서, 우리가 탈 비행기가 지연된다.

② 문장 중간

The man **standing at the door** is my teacher. 문 앞에 서있는 남자는 내 선생님이다.

③ 문장 뒤

I know the woman **who is wearing a cap**. 나는 모자를 쓰고 있는 여자를 안다.

(2) 수식어를 찾는 방법

문장의 기본 요소인 주어, 동사 그리고 목적어, 보어를 제외한 나머지 부분은 수식어입니다. 다음에 나오는 문장에서 수식어를 찾아봅시다.

According to a survey, workers prefer to travel to places nearby during holidays.
설문 조사에 따르면, 근로자들은 휴가기간 동안에 가까운 장소로 여행가기를 선호한다.

① 주어를 찾아보세요.

According to a survey, <u>workers</u> prefer to travel to places nearby during holidays.
　　　　　　　　　　　　주어

② 동사를 찾아보세요.

According to a survey, <u>workers</u> <u>prefer</u> to travel to places nearby during holidays.
　　　　　　　　　　　　주어　　동사

③ 목적어 혹은 보어를 찾아보세요.

According to a survey, <u>workers</u> prefer <u>to travel</u> to places nearby during holidays.
　　　　　　　　　　　　주어　　동사　　목적어

④ 나머지 부분이 수식어입니다.

<u>According to a survey</u>, workers prefer to travel <u>to places nearby during holidays</u>.
　　수식어구　　　　　　　　　　　　　　　　　　　　　　수식어구

문장의 5형식

1 **1형식: 주어 + 동사(완전 자동사)**

주어와 동사만으로 완전한 의미를 갖는 문장입니다. 1형식의 동사에는 go(가다), run(달리다), sing(노래하다) 등이 있습니다.

He(주어) + runs(동사). 그는 달린다.

2 **2형식: 주어 + 동사(불완전 자동사) + 보어(명사, 형용사)**

보어는 보충해 주는 말입니다. 동사로 주어의 동작이나 상태를 설명하기 부족해서 주격 보어를 씁니다. 2형식의 동사에는 be(~이다), become(~이 되다), look(~처럼 보이다), remain(~인 상태로 남아있다) 등이 있습니다.

The manager(주어) + looks(동사) + good(보어). 매니저는 사람이 좋아 보인다.

3 **3형식: 주어 + 동사(완전 타동사) + 목적어(명사)**

3형식에 쓰인 동사는 타동사라 하며 타동사 뒤에는 목적어가 옵니다. 3형식의 동사에는 like(~을 좋아하다), love(~를 사랑하다), believe(~를 믿다) 등이 있습니다.

I(주어) + believe(동사) + you(목적어). 저는 당신을 믿습니다.

4 **4형식: 주어 + 동사(수여동사) + 간접 목적어 + 직접 목적어**

4형식의 동사는 수여동사라 하는데 '주다'의 뜻입니다. 주어가 무언가를 다른 사람에게 주게 되면 주는 물건과 받는 사람이 있으므로 목적어는 두 개가 됩니다. 간접목적어는 사람으로 '~에게'로 해석되고 직접목적어는 '~을, 를'로 해석이 됩니다. 4형식의 동사에는 give(주다), offer(제공하다), buy(사다), order(주문하다) 등이 있습니다.

She(주어) + gave(동사) + me(간접 목적어) + a book(직접 목적어). 그녀는 나에게 책 한 권을 주었다.

5 **5형식: 주어 + 동사(불완전 타동사) + 목적어 + 목적보어**

'주어 + 동사 + 목적어'로 만들어진 문장에 목적어를 설명하는 목적보어가 오면 5형식의 문장입니다. 목적보어 자리에 명사가 오면 목적어와 동격이 되고, 형용사가 오면 목적어의 상태나 성격을 설명해 줍니다. 5형식의 동사에는 make(~을 …하게 만들다), find(~이 …라는 것을 알다) 등이 있습니다.

He(주어) + made(동사) + me(목적어) + happy(목적보어). 그는 나를 행복하게 만들었다.

구와 절

1 **구(Phrase)**

두 개 이상의 단어가 모여 하나의 말 덩어리가 되는 것이 구입니다. in the morning(전치사구)처럼 주어와 동사가 포함되지 않습니다. (절에는 주어와 동사가 포함됩니다.)

① **명사구(한정사 + 명사):** 명사처럼 문장에서 주어, 목적어, 보어 역할을 하는 구를 말합니다.

> 관사 + 명사: an apple, a book, the door
> 소유격 + 명사: your company, his department
> 지시형용사 + 명사: this book, that book
> 수량형용사 + 명사: many employees, much money

The company installed new software. 그 회사는 새로운 소프트웨어를 설치했다. (주어)

I heard **his story**. 나는 그의 이야기를 들었다. (목적어)

John is **a student**. 존은 학생이다. (보어)

② **형용사구(전치사 + 명사):** 명사 뒤에 나오는 전치사구(전치사+명사)는 앞에 있는 명사를 형용사처럼 수식하므로 형용사구라 말합니다(수식어구).

The books **on the table** are mine. 테이블 위에 있는 책들은 내 것이다.

The advertisements show the features **of the product**. 광고는 상품의 특징을 보여준다.

③ **형용사구(분사구):** 명사 뒤에 나오는 과거/현재분사구는 앞에 있는 명사를 형용사처럼 수식하므로 형용사구라 말합니다(수식어구).

We have cars **manufactured in Europe**. 우리는 유럽에서 생산된 자동차들을 가지고 있습니다.

I saw a woman **jogging along the street**. 도로를 따라 조깅하는 한 여자를 보았다.

④ **부사구(전치사 + 명사):** 동사 뒤에 나오는 전치사구(전치사+명사)는 동사를 수식하는 부사구라 말합니다(수식어구).

The building stands **on the hill**. 빌딩은 언덕 위에 있다.

The fitting room is **on your right**. 탈의실은 오른쪽에 있습니다.

2 절(Clause)

절은 구처럼 두 개 이상의 단어가 모여서 구성이 되지만 주어와 동사가 꼭 있어야 합니다. 절은 중심이 되는 주절과 부가적인 종속절로 구성이 되어 있습니다. 종속절에서는 항상 종속접속사를 써야 합니다.

① **명사절**
명사절을 이끄는 접속사는 다음과 같이 크게 세 가지로 나눌 수 있고, 문장에서 명사와 똑같이 주어, 목적어, 보어 역할을 합니다.

Words

feature [fíːtʃər] 특징 | manufactured [mǽnjufǽktʃərd] 생산된, 제조된

• 명사절 해석

> that ~하는 것　　whether/if ~인지 아닌지　　who 누가 ~하는지
> where 어디서 ~하는지　　when 언제 ~하는지　　what 무엇이(을) ~하는지
> which 어느 것이(을) ~하는지　　why 왜 ~하는지　　how 어떻게 ~하는지

• 주어

That he won the race was unbelievable. 그가 경주에서 승리했다는 것은 믿을 수 없었다.

Whether I apply for that company is not decided yet.

내가 그 회사에 지원할지는 아직 정해지지 않았다.

• 목적어

I don't know whether she will come. 나는 그녀가 올지 안 올지 모른다.

I wonder if he needs help. 나는 그가 도움이 필요한지 모르겠다.

• 보어

This is what I said. 이것이 내가 말했던 것이다.

The important thing is that a director should know every detail.

중요한 것은 이사가 모든 세부사항을 알아야 한다는 것이다.

② 형용사절

형용사절은 관계대명사(who, that, which, what)나 관계부사(where, when, how, why) 등이 이끄는 절로
서 형용사처럼 선행하는 명사를 수식합니다.

• 관계대명사절

The students who were absent from school missed the assignment.

학교에 결석한 학생들은 숙제를 하지 못했다.

• 관계부사절

The apartment building where he lives is very old. 그가 사는 아파트 건물은 매우 오래됐다.

=The apartment building in which he lives is very old.
=The apartment building which he lives in is very old.

③ 부사절(= 종속절)

부사절은 문장 안에서 부사 역할을 하는 절로서 시간, 원인과 이유, 대조(양보), 직접대조, 이유 등의 의
미를 가지는 절을 말합니다. 이유, 조건, 양보의 부사절을 이끄는 문제가 매달 시험에서 출제가 되고 있
습니다.

• 시간의 부사절을 이끄는 종속접속사

> after(=following) ~한 후에　　before ~하기 전에　　when ~할 때
> while(=during) ~하는 동안　　as soon as ~하자마자　　since ~한 이후로
> until ~할 때까지　　once ~하자 바로, 일단 ~하면　　as long as ~하는 동안은

When it began to rain, he closed the windows. 비가 내리기 시작했을 때, 그는 창문들을 닫았다.

★ • 이유의 부사절을 이끄는 종속접속사

> because, now that, since, as ~때문에 (=because of, due to, owing to)

We don't have to go to school **since** this Friday is a holiday.
이번 금요일은 국경일이기 때문에 우리는 학교에 갈 필요가 없다.

★ • 대조(양보)의 부사절을 이끄는 종속접속사

> even though, although, though, even if ~에도 불구하고(=despite, in spite of)

Even though he wasn't a good swimmer, Peter jumped into the water to rescue the little girl.
피터는 수영을 잘하지 못했음에도 불구하고, 어린 여자아이를 구하기 위해서 물 속에 뛰어들었다.

• 직접대조의 부사절을 이끄는 종속접속사

> while ~하는 동안에(=during), whereas ~에 반해서

My wife was watching TV **while** I was washing the dishes.
내가 설거지를 하는 동안 나의 아내는 텔레비전을 보고 있었다.

★ • 조건절을 이끄는 종속접속사

> if 만약 ~라면   unless 만약 ~하지 않는다면   only if 오로지 ~만으로
> whether or not 어떻게 됐든   in case ~할 경우에(=in case of, in the event of)
> even if ~에도 불구하고   in the event that (that 이하의) 경우에

If it rains tomorrow, I will take my umbrella. 내일 비가 온다면, 나는 우산을 가지고 갈 것이다.

준동사

 **준동사**

동명사 (v-ing), 부정사 (to -v), 현재분사 (v-ing), 과거분사 (v-ed)를 모두 준동사라고 합니다. 동사에서 비롯되어서 동사의 특성은 가지고 있지만 문장에서 명사, 형용사, 부사의 역할을 하고 동사의 기능을 가지지 못하기 때문에 준동사라고 합니다.

> 동명사(동사원형 -ing) → 명사 역할
> to 부정사(to + 동사원형) → 명사, 형용사, 부사 역할
> 분사(동사원형 -ing, -ed) → 형용사 역할

① 동명사

John is considering moving into a place close to his school.
존은 그의 학교 근처로 이사 가는 것을 고려하고 있다.

▶ 동명사 moving into는 동사 consider의 목적어(명사적 용법)

② 부정사

The company hired a consultant to handle the current problems.
회사는 현재의 문제점들을 해결하기 위해서 자문 위원을 고용했다.

▶ to부정사인 to handle은 의미상 목적을 나타내는 부정사(부사적 용법)

③ 분사

This is an interesting TOEIC class. 이것은 재미있는 토익 수업이다.

▶ 분사는 명사 수식(형용사적 용법)

2 준동사의 형용사구 역할

형용사구는 형용사처럼 문장 안에서 명사나 대명사를 수식하거나 형용사구 자체가 보어 역할을 하는 구를 말합니다. 형용사구는 주로 분사나 to 부정사를 사용합니다.

① 명사 수식

This position will be given to Emily (who was) interviewed last Monday.

그 직책은 지난 월요일에 인터뷰를 한 Emily에게 주어질 것이다.
▶ who was는 생략이 가능

② 보어

Peter seems to be sad. 피터는 슬퍼 보인다.

▶ to be sad는 주어 Peter의 상태를 나타내는 보어

3 준동사의 부사구 역할

부사구는 부사와 마찬가지로 문장 안에서 동사, 형용사, 부사 그리고 문장 전체를 수식하는 역할을 합니다.

① 형용사 수식

English is difficult to learn. 영어는 배우기 어렵다.

▶ 부정사 to learn이 앞에 나온 형용사 difficult를 수식

② 부사 수식

Betty is rich enough to travel around the world. 베티는 세계여행을 할 만큼 부자다.

▶ 부사구 to travel around the world가 부사 enough를 수식

완전절친
TOEIC 스타트 RC

명사

- 명사의 종류
- 단수 명사와 복수 명사
- 명사의 형태와 자리
- 가산명사와 불가산명사
- 단원 별 문제

★ 명사 필수 어휘 1

✳ 명사는 어떤 품사인가요?

명사(noun)는 사람이나 사물의 이름을 나타내는 품사이고 문장에서 주어, 목적어, 혹은 보어 역할을 합니다.

✳ 명사는 시험에서 몇 문제나 출제되나요?

명사는 크게 두 가지 유형으로 출제가 됩니다. 하나는 명사의 자리에 관한 문제로 매월 2–3문제 정도, 또 다른 하나는 명사 어휘 문제로 이것도 매월 2–3문제 정도가 출제됩니다.

출제 포인트	문항 수
명사의 자리	매월 2–3문제 출제
명사 어휘	매월 2–3문제 출제

1 명사의 종류

명사는 가산명사와 불가산명사 두 가지가 있습니다. 가산명사는 셀 수 있기 때문에 단수일 경우 명사 앞에 부정관사 a/an을 쓰고, 복수일 경우에는 명사 뒤에 −s/es를 붙입니다. 불가산명사는 셀 수 없으므로 부정관사 a/an이나 −s/es를 붙일 수 없습니다.

가산명사 (셀 수 있는 명사)	• 보통명사 (하나씩 셀 수 있는 명사)	**a** computer 컴퓨터 → computer**s** 컴퓨터들 **an** employee 직원 → employee**s** 직원들
	• 셀 수 있는 집합명사 (셀 수 있는 집합체)	**a** team 팀 → team**s** 팀들 **a** family 한 가족 → familie**s** 여러 가족 **a** committee 위원회 → committee**s** 여러 위원회
불가산 명사 (셀 수 없는 명사)	• 고유명사(지명이나 사람이름) • 추상명사(보거나 듣거나 만질 수 없음) • 물질명사(기체, 액체, 재료, 음식물)	Canada 캐나다 Michelle 미셸 love 사랑 happiness 행복 peace 평화 ticketing 발권 information 정보 air 공기 water 물 paper 종이

👆 Check Up

1 다음 단어들 중에서 잘못 쓰인 것을 고르세요.

(A) employees   (B) teams   (C) informations   (D) a committee

2 단수 명사와 복수 명사

가산명사가 단수로 쓰일 경우 앞에 부정관사 a/an을 써야 하고, 복수로 쓰일 경우 뒤에 −s/es 를 붙여야 합니다.

단수 명사	복수 명사	복수 명사의 형태
a plan 계획 an employee 직원	plans 계획들 employees 직원들	일반적인 대부분의 명사는 뒤에 −s를 붙입니다.
a bus 버스 a church 교회 a box 상자	buses 버스들 churches 교회들 boxes 상자들	−s, −ch, −sh, −x로 끝나는 명사는 끝에 −es를 붙입니다.
story 이야기 baby 아기	stories 이야기들 babies 아기들	자음 + −y로 끝나는 명사는 y를 i로 고치고 −es를 붙입니다.
wife 아내 knife 칼	wives 아내들 knives 칼들	−f, −fe로 끝나는 명사는 −f나 −fe를 v로 고치고 −es를 붙입니다.
person 한 사람 child 어린이 woman 여자	people 사람들 children 어린이들 women 여자들	불규칙적으로 변하는 명사는 고유한 형태를 가지고 있습니다.

Check Up

2   다음에 나오는 단어들을 복수형으로 바꿔보세요.

chair → (   )   city → (   )

bench → (   )   wolf → (   )

3 명사의 형태

단어의 끝에 붙는 접사를 접미사라고 합니다. 다음과 같은 접미사가 붙어서 다양한 명사가 만들어집니다. 명사를 만드는 접미사와 사람명사를 만드는 접미사를 정리하고 모르는 단어도 암기할 수 있도록 하세요.

● 명사를 만드는 접미사

접미사			
-tion	construction 건설, 공사	production 생산	promotion 승진, 홍보
-sion	decision 결정	impression 인상, 감동	permission 허락
-ing	advertising 광고	clothing 의류	marketing 마케팅
-al	proposal 제안	approval 승인	removal 제거
-ment	advertisement 광고	management 경영	retirement 퇴직, 은퇴
-ance	insurance 보험	maintenance 보존, 보수, 유지	performance 실행, 성과
-ence	experience 경험	evidence 증거	essence 본질
-tude	attitude 태도	aptitude 소질	
-y	warranty 보증	modesty 겸손	discovery 발견
-sis	analysis 분석	crisis 위기	
-ity	ability 능력	productivity 생산성	diversity 다양성
-ness	happiness 행복	eagerness 열의, 열망	brightness 빛남, 밝음
-th	growth 성장	strength 세기, 힘	length 길이
-ship	leadership 통솔력	partnership 공동, 협력	internship 인턴사원 근무
-ics	physics 물리학	economics 경제학	mathematics 수학

● 사람명사를 만드는 접미사

접미사			
-er	manager 경영자	employer 고용주	volunteer 자원봉사자, 지원자
-ee	employee 종업원	attendee 참석자	interviewee 면접 대상자
-or	advisor 조언자	author 작가	inspector 조사관, 감독
-ic	critic 비평가	comic 희극 배우	
-ian	comedian 희극 배우	politician 정치가	technician 기술자
-ant	applicant 지원자	assistant 보조자	attendant 참여자
-ist/yst	analyst 분석가	economist 경제학자	

 Check Up

3 다음 단어들 중에서 명사를 모두 고르세요.

(A) decide   (B) approval   (C) renew

(D) shipping   (E) apply   (F) instructor

★  **4 명사의 자리**

명사 문제는 매달 시험에서 5–6문제가 나오는데, 2–3문제가 명사의 자리에 관한 문제입니다. 다음에 나오는 명사의 자리를 확실하게 정리해 두세요.

1 주어(명사) + 동사 + 보어/목적어

명사는 주어 자리에 오고 뒤에 동사와 보어/목적어가 옵니다.

<u>Construction</u> of the city's tallest skyscraper <u>is</u> nearly <u>complete</u>.
  주어(명사)   동사   보어
그 도시의 가장 높은 고층 빌딩 공사가 거의 완료 단계에 있다.

<u>Applicants</u> for the position of chef must <u>supply</u> <u>two letters of recommendation</u>.
  주어(명사)   동사   목적어
주방장 일자리 지원자들은 반드시 2장의 추천서를 제출해야 한다.

● 일반명사와 사람명사의 구별
다음에 나오는 일반명사와 사람명사는 최근 출제된 어휘이므로 꼭 암기해야 합니다.

일반명사	사람명사
accounting 회계(학)	accountant 회계사
advice 충고	advisor 조언자
architecture 건축학	architect 건축가
application 지원	applicant 지원자
assistance 도움, 원조, 보조	assistant 조수
competition 경쟁	competitor 경쟁자
instruction 교육	instructor 교사
management 경영	manager 관리자
negotiation 협상	negotiator 협상가
participation 참여	participant 참가자
subscription 구독	subscriber 구독자
supervision 감독	supervisor 감독자

Words
recommendation [rèkəməndéiʃən] 추천

2 주어 + 동사 + 목적어(명사)

명사는 동사 뒤 목적어 자리에 와서 '~을, ~를'로 해석이 됩니다.

The company is seeking assistance with its new online marketing plan.
　　주어　　　　　동사　　　목적어(명사)
회사는 새로운 온라인 마케팅 계획안과 관련한 도움을 구하고 있는 중이다.

3 주어 + 동사 + 보어(명사)

명사는 보어 자리에 와서 주어와 동격을 이룹니다.

A key attribute that employers look for in job candidates is reliability.
　주어　　　　　　　　　　　　　　　　　　　　　　　　동사　보어(명사)
고용주가 지원자들에게 기대하는 중요한 자질은 바로 신뢰성이다.

▶ 주어 a key attribute(중요한 자질)와 명사 보어 reliability(신뢰성)는 동격

4 관사(a/an, the) + 명사

관사 뒤에 명사가 올 수 있습니다.

Customers must contact the manufacturer directly for product repairs.
　　　　　　　　　　　　　관사　　　명사
고객들은 제품 수리를 위해 생산자에게 직접 연락해야 한다.

5 소유격(my, your, his, her, their, our, its, 명사's) + 명사

소유격 뒤에 명사가 올 수 있습니다.

In December, all employees will meet with their supervisors to set goals for the next year.
　　　　　　　　　　　　　　　　　　　　　소유격　　　명사
12월에, 모든 근로자들은 다음 해 목표를 설정하기 위해 자신들의 관리자들을 만날 것이다.

6 형용사 + 명사

명사는 형용사 뒤에 와서 형용사의 수식을 받습니다.

Construction of the LA Airport will require careful planning.
　　　　　　　　　　　　　　　　　　　　　형용사　　　명사
LA 공항 건설은 신중한 계획 수립을 필요로 할 것이다.

7 전치사 + 명사

전치사 뒤에는 항상 명사가 옵니다.

After two years of construction, the University Avenue Bridge has finally been completed.
　　　　　　　　전치사　　　명사
2년간 공사 이후, University Avenue Bridge는 마침내 완공되었다.

8 복합명사(명사 + 명사)

명사와 명사가 합쳐져 복합명사가 됩니다.

Clients interested in investments should contact our financial <u>planning consultant</u>.
복합명사

투자에 관심있는 고객들은 우리의 금융 기획 상담가에게 연락해야 한다.

● 기출 필수 복합명사(명사 + 명사)

다음에 나오는 복합명사는 모두 기출에서 나왔던 표현입니다. 진하게 된 표현은 중요하므로 한번 더 암기하도록 하세요.

> account number 계좌번호 **advertising strategy** 광고 전략 apartment complex 아파트 단지
> **application form** 지원서 assembly line 조립 라인 **communication skills** 의사소통 기술
> construction site 건설 현장 customer satisfaction 고객 만족(도)
> **employee/staff/worker productivity** 직원 생산성 hotel reservation 호텔 예약
> identification card 신분증 job openings 공석, 일자리 job performance 업무 수행
> keynote speaker 기조 연설자 **keynote speech** 기조 연설 maintenance work 정비 작업
> membership fee 회비 **office supplies** 사무용품 production schedule 생산 일정
> registration form 등록 양식 safety inspection 안전 검사 safety precautions 안전 예방 조치
> **safety procedure** 안전 절차 submission deadline 제출 마감일
> time management 시간 관리 **travel itinerary** 여행 일정 welcome reception 환영식

● 기출 복합명사(-s형 명사 + 명사)

다음 복합명사는 -s로 끝나는 명사와 일반명사가 합쳐져서 만들어졌습니다. 두 개의 단어를 합쳐서 하나로 암기하도록 하세요.

> awards ceremony 시상식 benefits package 복지 혜택 customs regulation 세관 규정
> economics professor 경제학 교수 public relations department 홍보부서
> sales department 영업부 sales figures 판매 실적 sales promotion 판매촉진
> savings account 저축계좌 sports complex 종합 경기장

 Check Up

4 다음의 선택지 중에서 명사가 나오는 위치가 아닌 것을 고르세요.

   (A) 관사 뒤   (B) 전치사 뒤   (C) 형용사 뒤   (D) 부사 뒤

Words

attribute [ǽtribjuːt] 자질, 속성 | reliability [rilàiəbíləti] 신뢰성 | manufacturer [mǽnjufǽktʃərə(r)] 제조업자 | planning [plǽniŋ] 기획 | financial [fainǽnʃl] 금융의 | planning consultant 기획 상담가

5 가산명사와 불가산명사

● 가산명사

가산명사는 셀 수 있는 명사로 단수인 경우 앞에 a/an을 쓰고, 복수일 경우 뒤에 –s/es를 붙입니다.

> belongings 소지품 discounts 할인 earnings 수익 goods 상품 guidelines 지침 invitations 초대
> precautions 예방책 prices 가격 refunds 환불 standards 기준 values 가치

● 불가산명사

불가산명사에는 추상명사, 물질명사, 고유명사 등이 있는데 언제나 단수 취급을 하며, 단수 동사와 함께 써야 합니다. 불가산명사는 셀 수 없는 명사이므로 하나를 의미하는 부정관사 a/an을 쓸 수 없으며 복수형 가산명사의 뒤에 붙이는 –s/es와도 함께 쓸 수 없습니다.

> advertising 광고 advice 충고 baggage/luggage 수하물 clothing 의류 employment 고용
> equipment 장비 furniture 가구 homework 숙제 information 정보 knowledge 지식
> merchandise 상품 money 돈 news 뉴스, 소식 recreation 오락 scenery 경치 traffic 교통

● 의미가 비슷한 가산명사와 불가산명사

다음에 나오는 명사들은 형태가 비슷한 가산명사와 불가산명사입니다.

가산명사	불가산명사
accounts 계좌	accounting 회계학
assignments 과제	homework 숙제
clothes 옷	clothing 의류
funds 기금, 자금	funding 자금 지원
letters 편지	mail 우편(물)
permits 허가서	permission 허가
seats 좌석	seating 좌석
tickets 티켓	ticketing 발권

 Check Up

다음 빈칸에 알맞은 것을 고르세요.

5 ------- for the workshop were sent to all employees.

    (A) Invitation   (B) Invite   (C) Invitations   (D) Inviting

연습문제 다음 괄호에서 적절한 것을 고르세요.

1 All employees are eligible for [promote / promotion] after this year.

2 The project manager found your [suggest / suggestion] is very useful.

3 Leader's Travel will send [confirm / confirmation] of your airline reservations by e-mail.

4 To increase [productive / productivity], the company is offering incentives to employees.

기출문제 빈칸에 가장 적절한 것을 고르세요.

5 If you would like further ------- about Worldwide Company, please visit our website.

(A) inform
(B) informed
(C) information
(D) informational

6 Because of the ------- of the facility, we were able to produce more products.

(A) expand
(B) expansive
(C) expansion
(D) expanding

7 We will discuss ways to enhance ------- among staff members.

(A) cooperation
(B) cooperative
(C) cooperate
(D) coopcrated

8 After his ------- to manager, Mr. Smith moved to a new office on the second floor.

(A) promote
(B) promoted
(C) promotion
(D) promotional

Words

1. be eligible for ~할 자격이 있다 | promote [prəmout] 승진하다; 홍보하다; 촉진하다 2. suggestion [sədʒéstʃən]
3. confirm [kənfɔ́:rm] 확인하다 | confirmation [kὰnfərméiʃən] 확인, 확인서 4. incentive [inséntiv] 인센티브
5. further [fə́:rðər] 추가의 | inform [infɔ́:rm] 알리다, 공지하다 | informed [infɔ́:rmd] (특정 주제, 상황에 대해) 잘 아는, 정통한 | informational [ìnfərméiʃənl] 정보의, 정보를 제공하는 6. because of ~때문에 | facility [fəsíləti] 시설 | expand [ikspǽnd] 확장하다 | expansive [ikspǽnsiv] 포괄적인, 광대한 | expansion [ikspǽnʃən] 확장 | expanding [ikspǽndiŋ] 확장하는
7. enhance [inhǽns] 강화하다 | cooperation [kouὰpəréiʃən] 협동, 협조 | cooperative [kouὰpərətiv] 협동의, 협조적인 | cooperate [kouὰpərèit] 협조하다 | cooperated [kouὰpərèitid] 협조된 8. move to ~로 거처를 옮기다 | promotion [prəmóuʃən] 승진 | promotional [prəmóuʃənl] 홍보의, 판촉의

Part 5

1 Mr. Suzuki can't attend the professional ------- workshop today.

(A) develops
(B) developmentally
(C) development
(D) developed

2 Johnson Advertising Agency has various summer job ------- for students.

(A) opens
(B) opened
(C) opening
(D) openings

3 Please review the ------- for new safety procedures thoroughly.

(A) propose
(B) proposes
(C) proposal
(D) proposing

4 The Linda hotel was designed in 1960 by a famous ------- from the area.

(A) architecture
(B) architectural
(C) architect
(D) architects

5 For your -------, please wear a safety helmet while operating this machinery.

(A) quality
(B) difficulty
(C) completion
(D) protection

6 Employees and family ------- are invited to attend the company picnic.

(A) relationships
(B) association
(C) unity
(D) members

7 ------- describing how to train new employees are located on the company website.

(A) Positions
(B) Effects
(C) Repetitions
(D) Documents

8 A formal ------- will be held on Saturday evening to celebrate company's 20th anniversary.

(A) completion
(B) reception
(C) establishment
(D) accomplishment

Words

1. professional [prəféʃənl] 전문적인 2. various [véəriəs] 다양한(= a variety of) | opening [óupniŋ] 빈 자리 3. safety procedure 안전 절차 | thoroughly [θə́:rouli] 완전히, 철저히 | propose [prəpóuz] 제안하다 | proposal [prəpóuzəl] 제안 5. safety helmet 안전모 | operate [ɑ́:pərèit] 작동하다 | difficulty [dífikʌlti] 어려움 | completion [kəmplíːʃən] 완성 | protection [prətékʃən] 보호 6. relationship [riléiʃənʃip] 관계 | association [əsòusiéiʃən] 협회 | unity [júːnəti] 통합, 통일 7. be located on ~에 위치하다 | position [pəzíʃən] 위치, 자리 | repetition [rèpətíʃən] 되풀이, 반복 | document [dɑ́kjumənt] 서류 8. celebrate [séləbreit] 기념하다 | anniversary [æ̀nivə́:rsəri] 기념일 | reception [risépʃən] 환영[축하]연회 | establishment [istǽbliʃmənt] 기관, 시설 | accomplishment [əkɑ́mpliʃmənt] 성취

Part 6

Questions 9-10 refer to the following letter.

Dear Mr. Benson,

Your order is ready for pickup in store. Please be sure to pick up your ------- no
later than the end of the week. Otherwise, your ------- will be canceled. Please
9   **10**
print out this e-mail in order to help our store clerk identify your item quickly.

Sincerely,

Customer Service Department

---

9 (A) merchandise
   (B) document
   (C) refund
   (D) award

10 (A) ordered
   (B) order
   (C) ordering
   (D) to order

Words

9-10. be ready for ~할 준비가 되다 | pickup [píkʌp] (물건을) 찾으러 감 | be sure to 반드시 ~해라 | merchandise
[mə́:rtʃəndàiz] 상품 | refund [rí:fʌnd] 환불 | award [əwɔ́:rd] 상 | no later than 늦어도 ~까지는 | otherwise [ʌ́ðərwàiz]
그렇지 않으면 | cancel [kǽnsəl] 취소하다 | print out 인쇄(출력)하다 | a store clerk 점원 | identify [aidéntəfài] 확인하다,
알아보다

Week 1   Week 2   Week 3   Week 4

Questions 11-12 refer to the following letter.

Dear Mr. Wilson,

Thank you for contacting me to express ------- in joining our sales team. We
welcome your application. To apply for a position, please send us your résumé
and two letters of recommendation. ------- after we receive your application
materials to schedule for an interview. We are looking forward to seeing you
soon.

Sincerely,

Emily Young
Human Resources Department

---

11 (A) interest
    (B) interested
    (C) interests
    (D) interesting

新 **12** (A) We will start working together
    (B) We will be touch with you within a
       week
    (C) We will make a hiring decision
    (D) We will start with this work

Words

11-12. contact [kάntækt] 연락하다 | interest [íntərəst; íntərèst] 관심 | interests [íntərəstʃ] 이익 | apply for ~에
지원하다 | be(get) in touch with ~와 연락을 취하다 | schedule [skédʒuːl] 일정; 일정을 잡다

1

단원 별 필수 어휘들은 RC문제를 빠르고 정확하게 풀기 위한 기초가 됩니다. 단어를 아는 만큼 실전에서 새로운 문제가 나와도 당황하지 않고 잘 풀 수 있습니다. 어휘 학습 방법(p.9)을 읽어보고 차근차근 순서에 따라 어휘를 암기해봅니다.

※읽은 횟수를 표시하면서 5번씩 읽으세요.

1 effectiveness [iféktivnis] 효과, 유효성 ✓○○○○

Mr. Cook is conducting / a study that is accessing / the
<u>수행하다</u>
effectiveness of last year's marketing campaign.

쿡 씨는 / 지난해 마케팅 활동의 효과 / 평가하는 연구를 / 수행하고 있다.

2 productivity [pròudʌktívəti] 생산성 ○○○○○

In an effort to increase employee **productivity**, / the company

offers <u>performance-based bonuses</u> / each month.
<u>성과급 보너스</u>

근로자 생산성을 향상시키려는 노력으로, / 그 회사는 성과급 보너스를 / 매달 / 제공한다.

3 access [ǽkses] (장소로의) 접근, 입장; 접근권 ○○○○○

Residents of the city / have **access** / to a number of parks and recreation areas.

그 시의 주민들은 / 많은 수의 공원과 레크레이션 공간을 / 이용할 수 있다.

4 extension [iksténʃən] 연장 ○○○○○

In response to employees' request, / the information technology
<u>~에 응하여</u>   <u>정보 기술 부서</u>
department granted / a two-week **extension** on the loan of the equipment.

직원들의 요구에 응하여, / 정보 기술 부서는 / 장비 대여의 2주간 연장을 / 허용해주었다.

5 value [vǽljuː] 가치, 중요성 ○○○○○

Because of their <u>durability</u> and <u>affordability</u>, / these products are
<u>내구성</u>   <u>적당한 가격으로 구입할 수 있는 것</u>
therefore / a good **value** for the money.

그 제품은 / 내구성이 있고 저단한 가격으로 구입할 수 있어서, / 결국 돈의 값을 하는 셈이다.

6 convenience [kənvíːnjəns] 편의, 편리 ○○○○○

For your **convenience**, / the hotel has provided / WiFi service / in all rooms.

귀하의 편의를 위해서 / 호텔은 / 모든 객실에 / WiFi 서비스를 / 제공해오고 있다.

완전절친
TOEIC 스타트 RC

대명사

- 인칭대명사
- 지시대명사
- 부정대명사
- 대명사의 수 일치
- 단원 별 문제

★ 명사 필수 어휘 2

✱ 대명사는 어떤 품사인가요?

대명사는 명사의 반복을 피하기 위해 명사를 대신해서 사용합니다. 따라서 명사처럼 문장에서 주어, 목적어 그리고 보어 역할을 할 수 있습니다.

✱ 대명사는 시험에서 몇 문제나 출제되나요?

대명사 문제는 매월 1~2문제 출제가 되고 소유격 문제는 매달 빠짐없이 출제되는 문제입니다.

✱ 대명사의 종류에는 어떤 것들이 있나요?

종류	역할	예
인칭대명사	사람이나 사물을 대신합니다.	I, you, she, he, we, they 등
지시대명사	특정 사물이나 사람을 대신합니다.	this/these, that/those
부정대명사	불특정한 사람, 사물을 대신할 때 사용합니다.	one, another, some, any 등

1 인칭대명사

● 인칭대명사의 종류와 격

대명사	대명사의 격과 역할	주격 (주어)	소유격 (명사 앞)	목적격 (목적어)	소유대명사 (주어/목적어/보어)	재귀대명사 (목적어/강조)
	의미	~은, 는, 이, 가	~의	~을, 를, ~에게	~의 것	~자신
단수	1인칭(나)	I	my	me	mine	myself
	2인칭(당신)	you	your	you	yours	yourself
	3인칭(남자)	he	his	him	his	himself
	3인칭(여자)	she	her	her	hers	herself
	3인칭(중성)	it	its	it	-	itself
복수	1인칭(우리)	we	our	us	ours	ourselves
	2인칭(당신들)	you	your	you	yours	yourselves
	3인칭(그들)	they	their	them	theirs	themselves

1　인칭대명사

인칭대명사는 격에 따라서 나오는 위치가 달라집니다. 주격은 주어 자리, 소유격은 명사 앞, 그리고 목적격은 목적어 자리에 옵니다. 여기에서 소유격은 시험에서 매달 빠짐없이 출제됩니다.

● 주격

As an account manager, **you** need to check the errors of the sales report.
회계 매니저로서, 당신은 판매 보고서의 오류를 점검할 필요가 있습니다.

★ ● 소유격

We can offer **our** clients a 20% discount from the original price.
우리는 우리 고객들에게 정가의 20% 할인을 제공할 수 있습니다.

● 목적격

If you receive questions, please send **them** to Mark Peterson.
만약 당신이 질문을 받으면, 마크 피터슨에게 그것들을 보내세요.

▶ 타동사 send의 목적어 자리이므로 목적격 대명사 them(questions)을 써야 합니다.

2　소유대명사

소유대명사는 '소유격 + 명사'를 대신하는 대명사로 주어, 목적어, 보어 자리에 옵니다.

Mr. Smith submitted his report, but Ms. Henderson did not submit **hers**.
스미스 씨는 자신이 보고서를 제출했지만, 헨너슨 씨는 자신의 보고서를 제출하지 못했다

▶ hers = her report

 Check Up

다음 빈칸에 알맞은 것을 고르세요.

1　Please give ------- a copy of an agenda for Monday's meeting.

(A) him　　　　　(B) he

2　Ms. Peterson was satisfied with ------- salary.

(A) she　　　　　(B) her

3　You can use all the materials in the office except -------.

(A) him　　　　　(B) his

Words

account [əkáunt] 회계; 계좌 | sales report 판매 보고서 | original price 정가
Check up 1. agenda [ədʒéndə] 의제, 협의 사항　2. salary [sǽləri] 급여　3. except [iksépt] ~을 제외하고

인칭	단수	복수
1인칭	myself 나 자신	ourselves 우리들 자신
2인칭	yourself 당신 자신	yourselves 당신들 자신
3인칭	himself 그 자신	themselves 그들 자신
	herself 그녀 자신	
	itself 그것 자신	

● 재귀 용법

문장의 주어와 목적어가 동일할 때 목적어 자리에 재귀대명사를 사용합니다. 이때 재귀대명사는 목적어 역할을 하므로 생략할 수 없습니다.

The manager introduced himself to new employees. 매니저는 새로운 직원들에게 자기 자신을 소개했다.

▶ the manager = himself

● 강조 용법

강조 용법의 재귀대명사는 주어, 목적어, 혹은 보어 뒤에서 그 말의 의미를 강조하기 위해 사용되며 생략이 가능합니다.

The president herself will interview the job candidates. 사장 자신이 일자리 지원자들을 인터뷰할 것이다.

▶ 재귀대명사 herself는 주어 The president를 강조

● 관용적 용법

전치사 + 재귀대명사 형태로 자주 쓰이는 표현들입니다.

by oneself = alone 홀로　　　　　for oneself 혼자 힘으로

on one's own = of one's own 스스로, 홀로

 Check Up

다음 빈칸에 알맞은 것을 고르세요.

4 The manager completed the weekly report by -------.

    (A) her　　　　　　(B) herself

Words

job candidate 일자리 지원자

2 지시대명사

● 지시대명사 that, those, those who

한 문장 내에서 앞에 나온 명사의 반복을 피하기 위해 that이나 those를 쓰는데, 앞에 나온 명사가 단수이면 that을, 복수이면 those를 씁니다.

Our product is better than that of other companies. 우리 제품이 다른 회사들의 제품보다 더 좋다.

▶ product = that

Those who are interested in attending the seminar should register by 5 P.M.
세미나에 참여하는데 관심 있는 사람들은 오후 5시까지 등록해야 한다.

▶ those뒤에 who 관계대명사절이 쓰이면 '~하는 사람들'이라는 의미로 사용됩니다.

● 지시형용사 this/these, that/those

지시대명사가 명사 앞에 올 때는 뒤에 나오는 명사를 수식하는 역할을 하므로 지시형용사로 이름이 바뀝니다.

this/that + 단수 명사　　　　I have two questions about **this** report.
　　　　　　　　　　　　　　　저는 이 보고서에 대한 2가지 질문이 있습니다.

these/those + 복수 명사　　　**Those** employees did not receive any bonuses.
　　　　　　　　　　　　　　　저 직원들은 어떤 보너스도 받지 못했다.

3 부정대명사

부정대명사는 정확한 수 보다는 막연한 수를 나타낼 때 씁니다.

● 부정대명사 one, another, the other, the others, some

처음 하나는 one이고, 처음 지칭하는 여러 개는 some이라고 합니다. 그 다음부터는 other를 씁니다. 또 다른 하나 는 other 앞에 하나를 뜻하는 an을 붙여 another가 되고, 또 다른 것이 여러 개면 other에 s를 붙여 others가 됩니 다. 그리고 나머지는 항상 특정한 경우이므로 단수일 경우 the other가 되고 복수일 경우는 the others가 됩니다.

Check Up

다음 빈칸에 알맞은 것을 고르세요.

5　Our printer's performance is better than ------- of other companies.

　　(A) that　　　　　　(B) those

◆ one	○ the other	두 개 중에 ◆이 one이면, ○는 the other
◆ one	○ another	★ the other 셋 중 ◆이 one이면, ○는 another, ★는 the other
◆ one	● ★ ▷ the others	셋 이상에서 ◆이 one이면, 나머지 모두인 ● ★ ▷는 the others
◆ one	● ★ ▷ ○ ◇ another	셋 이상에서 ◆이 one이면, 또 다른 불특정한 하나인 ▷는 another
◆ ● some	★ ▷ ○ ◇ the others	많은 것 중에서 일부인 ◆ ●이 some이면, 나머지 모두인 ★ ▷ ○ ◇는 the others

● **부정대명사 관용표현**

each other (둘이서) 서로 　　　　　　　one another (셋 이상) 서로
one after the other (둘이서) 교대로, 번갈아 　　one after another (셋 이상) 차례로, 번갈아

4 대명사의 수 일치

대명사는 명사를 대신하는 품사이므로 선행하는 명사가 단수이면 단수 대명사를, 선행하는 명사가 복수면 복수 대명사를 써야 합니다.

대명사	주격		목적격		소유격	
	단수	복수	단수	복수	단수	복수
사물	it	they	it	them	its	their
사람	she, he	they	her, him	them	her, his	their

단수　Ms. Anderson is preparing for **her** business trip to Canada.
앤더슨 씨는 자신의 캐나다 출장을 준비하고 있다.

복수　Employees have been asked to update **their** contact information.
직원들은 자신들의 연락처를 업데이트하라고 요구받았다.

  Check Up

다음 빈칸에 알맞은 것을 고르세요.

6 Employees need to work closely with -------.

(A) each other 　　　(B) one another

Words

prepare for ~을 위해서 준비하다 | be asked to ~하도록 요구받다 | contact information 연락처

연습문제 다음 괄호에서 적절한 것을 고르세요.

1 You must consider all circumstances before making [you / your] final decision.

2 Thanks to the new heating system, [we / our] expect the company's operating costs to decrease.

3 To prepare for [she / her] meeting, Ms. Smith spent the afternoon checking the customers' list.

4 All salespeople are doing [our / their] best to meet the sales goals.

기출문제 빈칸에 가장 적절한 것을 고르세요.

5 Applicants for the tour guide position must submit ------- résumés by July 30th.
   (A) them
   (B) themselves
   (C) they
   (D) their

6 The engineers couldn't complete the project on time because of ------- design changes.
   (A) each
   (B) this
   (C) every
   (D) its

7 ------- who wish to get some more information about the conference should speak with Mr. Graham.
   (A) Those
   (B) These
   (C) That
   (D) Anyone

8 Mr. Kim updated the website by ------- to attract more customers.
   (A) itself
   (B) himself
   (C) herself
   (D) themselves

Words

1. circumstance [sə́ːrkəmstæns] 사정, 상황 | final decision 최종 결정 2. thanks to ~덕택에 | heating system 난방 시스템 | operating costs 운영비 | decrease [dikríːs] 감소하다 3. customer [kʌ́stəmər] 고객 4. salespeople [séilzpìːpl] 영업사원 | do one's best 최선을 다하다 | sales goals 판매 목표 5. tour guide 관광가이드 6. on time 정시에 7. conference [kάːnfərəns] 회의[학회] | speak with ~와 이야기하다 8. attract [ətrǽkt] 끌어들이다

Part 5

1 Three weeks after Mr. Miller was hired, ------- moved to Las Vegas.

(A) his own
(B) he
(C) his
(D) himself

2 If you have any questions about company policy, please refer to ------- employee guide.

(A) your
(B) you
(C) yours
(D) yourselves

3 I am writing to your company at the suggestion of a colleague of -------.

(A) me
(B) my
(C) myself
(D) mine

4 Please e-mail Ms. Moore to let ------- know when you arrive in Seattle.

(A) she
(B) her
(C) herself
(D) her own

5 Most of the cars used by our clients are not -------.

(A) they
(B) their
(C) them
(D) theirs

6 To increase reliability of the survey, all respondents must answer the questions by -------.

(A) itself
(B) herself
(C) himself
(D) themselves

7 The table is too heavy for Mr. Young and Ms. Smith to move by -------.

(A) their
(B) them
(C) their own
(D) themselves

8 Ms. Hill submitted her sales report, but Mr. Cook did not submit -------.

(A) he
(B) his
(C) him
(D) himself

Words

2. refer to ～을 참고하다 | employee guide 직원 안내서 3. colleague [kάːliːg] 동료 4. let [let] ～을 하도록 허락하다 5. client [klάiənt] 고객 6. reliability [rilàiəbíləti] 신뢰도 | survey [sə́ːrvei] (설문) 조사 | respondent [rispάndənt] 응답자 7. too ~ to ... 너무 ～해서 …하지 못하다 | by themselves 그들 스스로

Part 6

Questions 9-10 refer to the following notice.

Thank you for staying with us at the Wynn hotel. In your medical cabinet, you will find a bottle of shampoo, soap, and lotion. You may use ------- at no extra cost.

9

To preserve the environment, please consider reusing ------- towels and

10

sheets. Participating in this program, helps us save water and energy consumption. If, however, you would like us to replace your linens, just place them on your bedside table.

9 (A) theirs
(B) others
(C) it
(D) them

10 (A) you
(B) your
(C) them
(D) theirs

Words

9-10. medical cabinet 의료 캐비닛 | at no extra cost 무료로 | preserve [prizə́:rv] 보존하다 | environment [inváiərənmənt] 환경 | reuse [ri:jú:z] 재사용하다 | participate in 참여하다, 참석하다 | consumption [kənsʌ́mpʃən] 소비 | replace [ripléis] 교체하다 | linen [línən] 침대 시트 | place [pléis] 놓다

Questions 11-12 refer to the following e-mail.

To: All employees

From: Mark Peterson

Date: March 1

Re: Travel reimbursement for next week

Please be advised that ------- offices will be closed on Friday, March 5.
                              11
Therefore, all requests for travel reimbursement must be submitted by

Wednesday, March 3. Please remember to use the revised expense form,

which is attached. ------- If you have any questions, please do not hesitate to
                        12
contact me.

Thank you.

Mark Peterson

11 (A) us
  (B) our
  (C) we
  (D) ourselves

新 **12** (A) Please pay your membership fee within a week.
  (B) Please visit our main office as soon as possible.
  (C) Please fill out the document completely to avoid delays in payment.
  (D) Please refer to the following instruction.

Words

11-12. Please be advised that ~ ~를 숙지하세요 | request [rikwést] 요청 | travel reimbursement 여행경비 상환 | revised [riváizd] 개정된 | fill out 작성하다 | avoid [əvɔ́id] 피하다 | hesitate [hézətèit] 주저하다

2

7 schedule [skédʒu:l] (작업) 일정, 스케줄 ✓○○○○

The machine parts that were ordered last week / arrived
on **schedule**, / so production will not lag behind.
예정대로, 정시에   뒤처지다

지난 주에 주문한 기계부품들이 / 예정대로 도착해서, / 생산은 뒤처지지 않을 것이다.

8 interest [íntərəst] 관심, 흥미 ○○○○○

Potential customers / have expressed **interest** / in the new line
interest in~ ~에 대한 관심

of trucks from Doman Motors.

잠재적인 고객들은 / Doman Motors의 새로운 트럭 종류에 대한 / 관심을 표현했다.

9 presentation [prèzəntéiʃən] 발표, 제출 ○○○○○

Our human resources team / is preparing / a comprehensive
인사부

presentation / on our updated workplace policies.

우리 인사부는 / 개정된 직장 정책에 대해 / 종합적인 발표를 / 준비하고 있다.

10 benefit [bénəfit] 혜택, 이득 ○○○○○

The **benefits** that Bright Fashion offers / help / the company to
attract the best workers in the textile industry.
직물, 옷감

브라이트 패션이 제공하는 혜택은 / 회사가 직물산업에서 가장 훌륭한 직원들을 유치할 수 있도록 / 돕는다.

11 supply [səplái] 공급, 보급품 ○○○○○

The administrative assistant / is responsible / for ordering
staplers, pens, paper clips, and other office **supplies**.
사무용품

행정 보조 담당자는 / 스테이플러, 펜, 종이 클립과 그 밖의 다른 사무용품을 주문하는 것을 / 책임지고 있다.

12 expense [ikspéns] 돈, 비용 ○○○○○

In an effort to reduce **expenses**, / the CFO of the Eckhart
~하기 위한 노력으로

Corporation / has halved the advertising budget.

*CFO 재정 담당 이사(Chief Finance Officer)

비용을 줄이기 위한 노력으로, / 에크하르트 사의 재정 담당 이사는 / 광고예산을 반으로 줄였다.

완전절친
TOEIC 스타트 RC

형용사

- 형용사의 형태, 역할, 자리
- 수량형용사
- 형용사와 대명사 둘 다 가능한 수량형용사
- 혼동하기 쉬운 형용사
- 단원 별 문제

★ 명사 필수 어휘 3

✳ **형용사는 어떤 품사인가요?**

형용사는 성질, 모양, 상태 등을 나타내는 말로, 명사를 꾸며 주거나 설명해줍니다. 또한 2형식과 5형식의 문장에서 보어로도 쓰입니다.

✳ **형용사는 시험에서 몇 문제나 출제되나요?**

형용사는 크게 두 가지 유형으로 출제가 됩니다. 하나는 형용사 자리에 관한 문제로 매월 2–3문제 정도 출제가 되고, 또 다른 하나는 형용사 어휘 문제로 매월 2–3문제 정도 출제가 됩니다.

출제 포인트	문항 수
형용사 자리	매월 2–3문제 출제
형용사 어휘	매월 2–3문제 출제

1 형용사의 형태

형용사는 다음과 같은 접미사의 형태를 가집니다. 여러분들이 알고 있는 단어를 통해서 형용사 접미사를 정리하고 모르는 단어도 암기할 수 있도록 하세요.

● **형용사를 만드는 접미사**

-able/ible	able ~할 수 있는 comfortable 편안한 responsible 책임이 있는
-ful	beautiful 아름다운 hopeful 희망에 찬 painful 아픈 successful 성공한
-less	hopeless 희망을 잃은 thoughtless 경솔한 careless 부주의한
-ate	private 사적인 fortunate 운이 좋은, 행운의 moderate 적당한, 적정한
-ant	important 중요한 significant 중요한[의미있는] pleasant (사물, 일이) 즐거운
-ent	excellent 우수한 convenient 편리한 confident 확신하고 있는 current 지금의
-y	cloudy 흐린 healthy 건강한 windy 바람이 센 lucky 행운의
-ous	serious 진지한 various 가지각색의, 다양한 cautious 조심성 있는, 조심하는
-ic	energetic 활기찬 dramatic 극적인 domestic 국내의
-al	normal 표준의 additional 추가적인 environmental 환경의, 환경보호의
-cal	classical 고전적인 economical 경제적인 political 정치의
-ing	interesting 흥미로운 amazing 놀랄만한, 굉장한 demanding 요구가 지나친
-ial	industrial 산업의 beneficial 유익한 memorial 기념의
-ary	necessary 필요한 imaginary 상상의 voluntary 자발적인
-ive	productive 생산적인 attentive 주의 깊은, 조심성 있는 competitive 경쟁의
-ly	friendly 친한 lonely 고독한 lovely 사랑스러운 costly 값비싼

2 형용사의 역할

1 명사 수식

형용사는 명사를 수식합니다.

This is an **interesting** class. 이것은 재미있는 수업이다.
　　　　　　형용사　　└─▲명사

2 보어

● **주격 보어:** 주격 보어는 주어의 상태나 성격을 설명합니다.

The manger looked **happy** yesterday. 매니저는 어제 행복해 보였다.
　　▲─────────────┘ 형용사

● **목적격 보어:** 목적격 보어는 목적어의 상태나 성격을 설명합니다.

We must keep vegetables **fresh**. 우리는 야채를 신선하게 보관해야 한다.
　　　　　　　　　▲──────┘ 형용사

★ 3 형용사의 자리

형용사 문제는 매달 시험에서 4–6문제 출제가 되는데 이중 2–3문제가 형용사 자리에 관한 문제입니다. 다음에 나오는 형용사 자리를 예문과 함께 익히도록 하세요.

1 형용사 + 명사

형용사는 명사를 수식하고, 명사 앞에 옵니다.

Travelers need to take care of their **personal** items at all times.
　　　　　　　　　　　　　　　　　　　형용사　　명사
여행객들은 항상 그들의 소지품을 신경 써야 할 필요가 있다.

Check Up

1　다음 단어들 중에서 형용사를 모두 고르세요.

(A) remove　　　(B) current　　　(C) marketing

(D) interesting　(E) healthy　　　(F) ability

2 주어 + 동사 + 보어(형용사)

형용사는 보어 자리에 와서 주어의 상태를 설명해줍니다.

This week's sales were high, but the stock prices fell again yesterday.
　　　　주어　　　　　동사　보어(형용사)
이번 주 판매가 높았지만, 어제 주가가 다시 떨어졌다.

3 주어 + 동사 + 부사 + 보어(형용사)

형용사는 부사의 수식을 받습니다.

This car is very economical. 이 차는 매우 경제적이다.
　주어　동사　부사　　보어(형용사)

4 관사 + 형용사 + 명사

형용사는 명사를 수식하고, 그 앞에 관사를 붙여줍니다.

The company had an exceptional year, exceeding expected sales goals.
　　　　　　　　관사　　형용사　　명사
회사는 예상 판매 목표를 초과하는 이례적인 한 해를 보냈다.

5 부사 + 형용사 + 명사

부사는 형용사를 수식하고, 형용사는 명사를 수식합니다.

Auditions will be held at the newly renovated Hunter Theater.
　　　　　　　　　　　　　　　부사　　형용사　　　명사
새롭게 보수된 헌터 극장에서 오디션이 열릴 것이다.

6 전치사 + 형용사 + 명사

전치사 뒤에 명사구가 오고, 명사구는 명사와 명사를 수식하는 형용사로 이루어져 있습니다.

Our company provides translation services at reasonable prices.
　　　　　　　　　　　　　　　　　전치사　　형용사　　　명사
우리 회사는 합리적인 가격으로 번역 서비스를 제공한다.

7 형용사 and 형용사

다음에 나오는 형용사 and 형용사 어휘는 시험에서 출제되었던 어휘이므로 꼭 암기하도록 하세요.

> fresh and innovative 참신하고 혁신적인
> experienced and dynamic 숙련되고 열정적인
> dedicated and talented 헌신적이고 재능 있는
> oversized and heavy 크기가 크고 무거운
> affordable and effective 저렴하고 효율적인
> durable and stylish 내구성 있고 멋스러운

Coming up with fresh and innovative ideas is not that easy for everyone.
　　　　　　　 형용사　　　　 형용사
참신하고 혁신적인 아이디어를 생각해내는 것은 모두에게 그렇게 쉬운 일이 아니다.

The best way to transport an oversized and heavy item is with a company such as DX
　　　　　　　　　　　　　　 형용사　　　 형용사
Monkey.
크기가 크고 무거운 물건을 운반하는 가장 좋은 방법은 DX Monkey와 같은 회사와 함께 하는 것입니다.

Anderson Company produces durable and stylish handbags.
　　　　　　　　　　　　　　 형용사　　　 형용사
Anderson 사는 내구성 있고 멋스러운 핸드백을 생산한다.

 Check Up

2　다음 중에서 형용사가 나오는 위치가 아닌 것을 고르세요.

　(A) 부사와 명사 사이　　　(B) 전치사와 명사 사이　　　(C) 관사 앞　　　(D) 형용사 and 뒤

Words

stock prices 주가 | economical [ì:kənámikəl] 경제적인 | exceptional [iksépʃənl] 예외적인, 이례적인 | newly [njú:li]
새롭게 | renovated [rénəvèitid] 보수된 | at reasonable prices 합리적인 가격으로 | durable [djúərəbl] 내구성 있는 |
stylish [stáiliʃ] 멋스러운

4 **수량형용사**

수량형용사는 뒤에 나오는 명사의 양과 수를 한정하는 형용사를 말합니다. 종류에는 가산명사와 함께 쓰는 수량형용사, 불가산명사와 함께 쓰는 수량형용사, 그리고 둘 다 수식할 수 있는 수량형용사가 있습니다.

	수량형용사	가산명사와 쓰이는 경우	불가산명사와 쓰이는 경우
단수 가산명사와 쓰이는 수량형용사	one each every	one employee each employee every employee	불가산명사와 함께 쓸 수 없습니다.
복수 가산명사와 쓰이는 수량형용사	two/three/four a few several many	two employees a few employees several employees many employees	불가산명사와 함께 쓸 수 없습니다.
불가산명사와 쓰이는 수량형용사	little a little much	가산명사와 쓸 수 없습니다.	little money a little money much money
가산명사와 불가산명사에 둘 다 쓸 수 있는 수량형용사	no some/any a lot of/lots of most all	no employees some/any employees a lot of/lots of employees most employees all employees	no information some/any information a lot of/lots of information most information all information

● 가산명사와 쓰이는 수량형용사

Every employee must attend the weekly meeting. 모든 직원은 주간회의에 참석해야 합니다.
수량형용사 단수명사

The construction of the building will take **several** months. 건물의 건설은 몇 달이 걸릴 것입니다.
수량형용사 복수명사

● 불가산명사와 쓰이는 수량형용사

He is afraid of even **a little** work. 그는 사소한 일도 하기 싫어한다.
수량형용사 불가산명사

● 가산명사와 불가산명사에 둘 다 쓰는 경우

A lot of shoppers were familiar with the products made by Home Décor.
수량형용사   가산명사
많은 쇼핑객들이 홈 데코에서 만든 제품에 익숙했다.

She encountered **a lot of** traffic on her way to work. 그녀가 일하러 가는 길에 차가 많이 막혔다.
수량형용사 불가산명사

5 형용사와 대명사 둘 다 가능한 수량형용사

다음은 형용사나 대명사 둘 다 쓰일 수 있는 수량형용사입니다.

each 각각(의) **most** 대부분(의) **all** 모두(모든) **much** 많은(양) **serveral** 몇몇(의) **some** 약간(의)

<u>Several</u> employees are fired because of the recession. 몇몇의 직원들은 불경기 때문에 해고된다.
수량형용사

<u>Several</u> of the employees are fired because of the recession. 직원들의 몇몇은 불경기 때문에 해고된다.
　대명사

<u>Most</u> people had never heard of the book *The Last Thinker*.
수량형용사
대부분의 사람들은 *The Last Thinker*라는 책에 관해 전혀 들어본 적이 없었다.

<u>Most</u> of them are operating on the new computer system. 그들 대부분은 새로운 컴퓨터 시스템을 사용합니다.
대명사

6 혼동하기 쉬운 형용사

① 부사처럼 보이는 형용사

형태는 부사처럼 보이지만 품사는 형용사인 단어들입니다.

costly 비용이 많이 드는	**elderly** 나이가 든	**friendly** 다정한
lovely 사랑스러운	**orderly** 질서 있는	**timely** 시기 적절한

 Check Up

다음 빈칸에 알맞은 것을 고르세요.

3 ------- museums require visitors to provide contact information.

(A) Much　　　　(B) Every　　　　(C) All　　　　(D) Each

4 ------- department must submit plans for quality improvement.

(A) Little　　　　(B) Two　　　　(C) Many　　　　(D) Each

The employees working at the service center are very **friendly**.
서비스 센터에서 일하는 직원들은 아주 친절하다.

2 의미를 혼동하기 쉬운 형용사

단어는 비슷하지만 의미가 다른 형용사들입니다.

comprehensible 이해하기 쉬운	numerical 수의, 수적인
comprehensive 종합적인, 포괄적인	numerous 다수의, 수많은
considerable 상당한	persuadable 설득될 수 있는
considerate 이해심 있는	persuasive 설득력 있는
economic 경제의	respectful 정중한, 예의 바른
economical 경제적인, 검소한	respective 각각의, 개개의
favorable 유리한	responsible 책임이 있는
favorite 좋아하는	responsive 반응하는
healthful 건강에 좋은	sensible 분별 있는
healthy 건강한	sensitive 민감한, 예민한
industrial 산업의	successful 성공적인
industrious 근면한, 부지런한	successive 연속적인

Her speech was clear and **comprehensible**. 그녀의 연설은 명백하고 이해하기 쉬웠습니다.
　　　　　　　　　　　　　　　　　이해하기 쉬운

The report presents a **comprehensive** analysis on African economy.
　　　　　　　　　　종합적인
이 보고서는 아프리카 경제에 관한 종합적인 분석을 나타냅니다.

Our new advertisement campaign was **successful**. 우리의 새 광고 캠페인은 성공적이었다.
　　　　　　　　　　　　　　　　성공적인

Oil prices declined in December for the sixth **successive** month.
　　　　　　　　　　　　　　　　　　연속적인

12월 현재 석유가격이 6개월 연속으로 떨어졌다.

 Check Up

5 다음 단어들 중에서 형용사를 고르세요.

(A) easily　　　　　(B) timely　　　　　(C) finally　　　　　(D) greatly

6 다음 괄호에서 적절한 것을 고르세요.

The manager is [responsible / responsive] for purchasing office supplies.

연습문제 다음 괄호에서 적절한 것을 고르세요.

1 The building has been [vacant / vacantly] for a year due to renovation.

2 The internship program is [benefits / beneficial] to students.

3 Employees at TNT may wear [casually / casual] clothing on Fridays.

4 Mr. Smith is an extremely [value / valuable] member of the sales team.

기출문제 빈칸에 가장 적절한 것을 고르세요.

5 A candidate for the manager position must have ------- skills.

(A) organizational
(B) organizes
(C) organization
(D) organize

6 Although the Cineplex Theater has ------- parking facilities, it is easily accessible.

(A) limiting
(B) limit
(C) limited
(D) limits

7 Online advertising is usually less ------- than television advertising.

(A) expense
(B) expensively
(C) expensive
(D) expenses

8 Ms. Cain will receive an award for her ------- contributions to Geneva Steel, Ltd.

(A) impress
(B) impressive
(C) impressively
(D) impressed

Words

1. vacant [véikənt] 텅 빈, 공허한 | renovation [rènəvéiʃən] 수리, 수선 2. benefit [bénəfit] 혜택, 이득 3. casual [kǽʒuəl] 평상시의, 격식을 차리지 않는 | 4. extremely [ikstrí:mli] 아주 | valuable [vǽljuəbl] 귀중한 5. organizational [ɔ̀:rgənizéiʃənl] 조직의 | organize [ɔ́:rgənàiz] 준비[조직]하다; 정리하다 6. accessible [æksésəbl] 접근하기 쉬운 7. less [les] 더 적게 | expensive [ikspénsiv] 비싼 8. contribution [kὰntrəbjú:ʃən] 공헌, 기여 | impressive [imprésiv] 인상적인

Part 5

1 We received ------- service at the restaurant.

(A) except
(B) exception
(C) exceptional
(D) exceptionally

2 Please mail the ------- rental agreement by June 20.

(A) completed
(B) complete
(C) completing
(D) completes

3 Please follow the ------- instructions in order to return any items for a refund.

(A) attach
(B) attaching
(C) attached
(D) attaches

4 According to the recent report, ------- air is very dangerous.

(A) polluted
(B) pollutes
(C) pollution
(D) pollute

5 All employees should back up their computer files on a ------- basis.

(A) regularly
(B) regular
(C) regularity
(D) regularize

6 Please submit the ------- budget report this afternoon.

(A) revise
(B) revised
(C) revising
(D) revision

7 Because of the ------- storm, all afternoon flights are cancelled.

(A) approached
(B) approach
(C) approaches
(D) approaching

8 Fantasy Tours can help you plan your ------- vacation.

(A) idealize
(B) ideal
(C) ideally
(D) idealist

Words

1. exception [iksépʃən] 예외 | exceptional [iksépʃənl] 아주 훌륭한, 특출난 2. rental [réntl] 임대 | agreement [əgríːmənt] 계약서; 협정, 합의 | complete [kəmplíːt] 작성하다 3. instruction [instrʌ́kʃən] 설명서 | refund [rífʌnd] 환불 | attached [ətǽtʃt] 첨부된 4. according to ~에 따르면 | pollute [pəlúːt] 오염시키다 5. back something up (파일을) 백업하다 | regular [régjulər] 규칙적인, 정규적인 | on a regular basis 정기적으로 6. budget report 예산 보고서 | revise [riváiz] 수정[변경]하다 7. approach [əpróutʃ] 다가오다 8. ideal [aidíːəl] 이상적인

Part 6

Questions 9-10 refer to the following e-mail.

To: John Smith <jsmith@yahoo.com>

From: Jenny Krause <jkrause@pinlink.net>

Subject: References

Date: July 20

Dear Mr. Smith,

Thank you for taking the time to meet with me last week. Based on our
conversation, I believe you will find my qualifications ------- for the position
                                                               9
of the marketing manager. I have attached a list of references per your
request. Two are my ------- employers and the third is a professor from Orem
                       10
University. I hope to get the opportunity to work for your company. I think I
could contribute greatly to your firm.

Sincerely,

Jenny Krause

---

9 (A) comfortable
   (B) serious
   (C) adequate
   (D) private

10 (A) former
    (B) formerly
    (C) formation
    (D) form

Words

9-10. take the time 시간을 내다 | qualification [kwὰdəfikéiʃən] 자격 | adequate [ǽdikwət] 적절한 | per your request
당신의 요청대로 | former [fɔ́ːrmə(r)] 예전의 | formation [fɔːrméiʃən] 형성 | contribute [kəntríbjuːt] 기여하다 | greatly
[gréitli] 크게

Questions 11-12 refer to the following memo.

From: John Smith

To: Johnson Inc., Staff

Date: June 12

Re: Entrance closure

Attention employees:

The main entrance of Johnson Inc., will be ------- starting on Monday, 18

June due to renovation of the building. ------- Signs will be posted to direct

customers around the building, and a temporary reception desk will be

stationed at the entrance to receive them.

Thank you for your cooperation in this matter.

11 (A) unable
   (B) inaccessible
   (C) improper
   (D) useable

新 12 (A) We will meet again after we finish renovation.
   (B) We are experienced in this work.
   (C) The work will be postponed for a week due to bad weather.
   (D) Work on the building will continue until the following Monday.

Words

11-12. entrance [éntrəns] (출)입구, 문 ㅣ closure [klóuʒər] 폐쇄 ㅣ inaccessible [ìnəksésəbl] 이용할 수 없는 ㅣ improper [imprάpər] 부적절한 ㅣ useable [jú:zəbl] 사용 가능한 ㅣ renovation [rènəvéiʃən] 수리, 보수 ㅣ direct [dirékt; dairékt] (길을) 안내하다[알려 주다] ㅣ reception desk 접수처 ㅣ station [stéiʃən] ~을 두다 ㅣ permanent [pə́:rmənənt] 영구적인 ㅣ lasting [lǽstiŋ] 오래가는, 지속적인 ㅣ temporary [témpərèri] 임시의 ㅣ generous [dʒénərəs] 후한

3

13 profit [práfit] 이윤 ✓◦◦◦◦

Johnson Electronics / has announced / that its **profits** / have risen 20 percent / in the past six months.
rise 증가하다

존슨 일렉트로닉스는 / 자사의 이윤이 / 지난 6개월 동안 / 20% 증가했다고 / 발표했다.

14 service [sə́:rvis] 서비스, 봉사 ◦◦◦◦◦

The Lyndon City Neighbors Association / is looking for
look for ~을 찾다
local residents / who are interested in providing much-needed
지역 주민들   절실히 필요한
services / to the community.

린던 시 이웃 협회는 / 지역 사회에 / 절실히 필요한 봉사를 제공하는데 관심 있는 / 지역 주민을 찾고 있다.

15 market [má:rkit] 시장 ◦◦◦◦◦

Bentley Motor Corporation / believes / there will be a strong
(큰 규모의) 기업, 회사
market / for its MS-5 model sedan / in Europe.

벤틀리 모터 사는 / 유럽에서 / 자사의 MS-5 모델 세단에 대한 / 상당한 시장이 형성될 것이라고 / 믿고 있다.

16 opportunity [àpərtú:nəti] 기회 ◦◦◦◦◦

The subscribers / of the Network Magazine / will have the
구독자
opportunity / to preview / the new laptop computer.
미리 보다

네트워크 매거진의 / 구독자들은 / 새로운 노트북 컴퓨터를 / 미리 볼 수 있는 / 기회를 가질 것이다.

17 variety [vəráiəti] 여러 가지, 갖가지 ◦◦◦◦◦

Weldon's Office Max / sells computer desks / in a **variety** of sizes and styles / to suit your work space.
맞다, 어울리다

웰던스 오피스 맥스는 / 귀하의 작업 공간에 맞는 / 다양한 사이즈와 스타일의 / 컴퓨터 책상을 판매합니다.

18 period [píəriəd] 기간, 시간 ◦◦◦◦◦

The hotel employees / have the right / to a 50-minute meal
권리를 가지다
period / during their shift.
근무교대 (시간)

호텔 근로자들은 / 교대 근무 동안 / 50분의 식사 시간을 / 가질 권리가 있다.

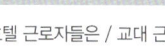

완전절친
TOEIC 스타트 RC

부사

- 부사의 형태, 역할, 자리
- 숫자를 수식하는 부사
- 형용사에서 -ly가 붙으면 의미가 달라지는 부사
- 그 외 자주 출제되는 주요한 부사들
- 시제와 함께 쓰는 부사
- 부정부사, 빈도부사
- 단원 별 문제

★ 명사 필수 어휘 4

✽ 부사는 어떤 품사인가요?

부사(adverb)는 수식어에 속하는 품사로 문장에서 동사, 형용사, 부사, 혹은 문장 전체를 수식하는 품사입니다.

✽ 부사는 시험에서 몇 문제나 출제되나요?

부사는 크게 두 가지 유형으로 출제가 됩니다. 하나는 부사의 자리에 관한 문제로 매월 2–3문제 정도 출제가 되고, 또 다른 하나는 부사 어휘 문제로 매월 2–3문제 정도 출제가 됩니다.

출제 포인트	문항 수
부사의 자리	매월 2–3문제 출제
부사 어휘	매월 2–3문제 출제

1　부사의 형태

대부분의 부사는 형용사 + ly의 형태이지만 다른 종류의 부사들도 많습니다.

–ly (방식)	additionally 부가적으로　carefully 주의 깊게, 조심스럽게　directly 직접적으로, 바로 efficiently 효과적으로　finally 마침내　ideally 이상적으로, 더할 나위 없이 loudly 큰소리로　originally 원래는, 본래는　promptly 정각에, 즉시, 신속하게 regularly 정기적으로　severely 심하게, 엄격하게　successfully 성공적으로, 번창하여
–ward (방향)	upward 위쪽으로　downward 아래쪽으로　eastward 동쪽으로
–way(s), –wise (방법, 방향)	always 항상　anyway 어쨌든　otherwise 달리
그 외의 부사들	almost 거의　just 단지　still 아직까지　even 심지어 sometimes 때때로　already 이미　also 또한　then 그때, 그리고 나서

🔖 Check Up

1　다음 단어들 중에서 부사를 모두 고르세요.

(A) likely　　(B) finally　　(C) fast

(D) directly　　(E) severe　　(F) loud

2 부사의 역할

1 형용사 수식

부사는 형용사를 수식합니다.

Construction of the shopping center is <u>nearly</u> <u>complete</u>. 쇼핑센터의 건설이 거의 완료단계에 있다.
　　　　　　　　　　　　　　　　　　　부사　　형용사

2 동사 수식

부사는 동사 옆에 와서 동사를 수식하는 역할을 합니다.

Mr. Gomez <u>convincingly</u> <u>presented</u> his marketing plan. 고메즈 씨는 설득력 있게 자신의 마케팅 계획을 설명했다.
　　　　　　　부사　　　　　　동사

3 부사 수식

부사는 부사를 수식할 수 있습니다.

She solved problems <u>very</u> <u>easily</u>. 그녀는 문제들을 아주 쉽게 해결했다.
　　　　　　　　　　　부사　　부사

4 문장 전체 수식

부사는 문장 전체를 수식할 수 있습니다.

<u>Finally</u>, we just got arrived Paris! 마침내, 우리는 파리에 도착했어요!
부사

★ 3 부사의 자리

부사 문제는 매달 정기시험에서 4-6문제 출제되는데 이중 2-3문제는 부사 자리에 관한 문제
이므로 다음에 나오는 부사의 자리를 확실하게 정리해 두세요.

Words

convincingly [kənvínsiŋli] 설득력 있게

1 부사 + 형용사

부사는 형용사의 앞에서 형용사를 수식합니다.

Mr. Brown became a **nationally** renowned businessman. 브라운 씨는 전국적으로 유명한 기업가가 되었다.
　　　　　　　　　　　부사　　　　형용사

The bridge was **finally** complete in 1971. 그 다리는 1971년에 마침내 완성되었다.
　　　　　　부사　　　형용사

2 부사 + 동사 / 동사 + 부사

부사는 동사의 앞이나 뒤에서 동사를 수식합니다.

When you give a speech, you should speak **clearly**. 연설을 할 때는, 명확하게 말해야 한다.
　　　　　　　　　　　　　　　　　동사　　　부사

The Well Recreation Center is **urgently** seeking swimming instructors.
　　　　　　　　　　　　　부사　　　　동사
Well 레크리에이션 센터는 급하게 수영 강사를 찾고 있다.

3 부사 + 부사

부사는 부사의 앞에서 부사를 수식할 수 있습니다.

John speaks **very** carefully when talking to his boss. 존은 상사에게 말할 때 아주 조심스럽게 말한다.
　　　　　부사　　부사

Reimbursements were made **surprisingly** promptly. 상환은 놀라울 정도로 빠르게 이루어졌다.
　　　　　　　　　　　부사　　　　부사

4 부사 + 문장

부사는 문장 앞이나 뒤에서 문장 전체를 수식할 수 있습니다.

clearly 분명히, 명확하게 increasingly 점차적으로 more importantly 더욱 중요하게
recently 최근에 regrettably 유감스럽게도 unfortunately 불행하게도

Clearly, he's not a man of his word. 분명히, 그는 약속을 지키는 사람이 아니다.
부사

Check Up

2 다음 중에서 부사가 나오는 위치가 아닌 것을 고르세요.

(A) 형용사 + 명사 앞　　(B) 조동사와 동사원형 사이　　(C) 동사 뒤　　(D) 명사 앞

Recently, the president decided to sell a building. 최근에, 그 회장은 빌딩 하나를 팔기로 결심했다.
　　부사

Unfortunately, we must cancel the weekly meeting. 유감스럽게도, 우리는 주간미팅을 취소해야 합니다.
　　부사

4 숫자를 수식하는 부사

다음에 나오는 숫자 수식 부사들은 뒤에 나오는 숫자를 수식하는 부사로 토익 정기시험에서 두 달에 한 번 정도 출제됩니다. 가장 많이 출제된 부사는 approximately(대략)입니다.

● 숫자 수식 부사
숫자를 수식할 때 쓰이는 부사들은 다음과 같습니다.

> **almost** 거의 **nearly** 거의 **about** 약 **approximately** 대략 **at least** 적어도
> **over** 이상 **more than** 이상으로 **up to** ~까지 **exactly** 정확하게

It will take about 10 hours to complete all the safety training courses.
모든 안전교육 코스를 이수하는데 약 10시간이 소요될 것이다.

The flight from New York to Washington will take approximately 3 hours.
뉴욕에서 워싱턴까지의 비행은 대략 3시간 정도 걸린다.

The guest speaker should arrive at least thirty minutes before the start of the seminar.
초청 연사는 세미나 시작으로부터 적어도 30분 전까지 도착해야 합니다.

5 형용사에서 -ly가 붙으면 의미가 달라지는 부사

형용사에서 −ly가 붙으면 원래 의미와 달라지는 부사들이 있습니다.

> **close** 접하여, 바로 곁에　　**high** 높이, 높게　　**near** 가까이　　**great** 잘
> **closely** 자세히, 면밀히　　**highly** 고도로, 아주　　**nearly** 거의　　**greatly** 매우
>
> **hard** 굳게, 열심히　　**late** 늦게, 늦도록　　**short** 짧게, 간단히
> **hardly** 거의 ~하지 않다(부정부사)　　**lately** 최근에　　**shortly** 바로

Words
renowned [rináund] 유명한 (= famous) | give a speech 연설하다 | urgently [ə́:rdʒəntli] 급하게, 긴급하게 | instructor
[instrʌ́ktər] 강사 | safety training courses 안전교육 코스

Mr. Park has been a **great** asset to our department. 박 씨는 우리 부서의 큰 자산이었습니다.

The new logo will **greatly** improve the firms image. 새로운 로고가 회사의 이미지를 크게 향상시켜줄 것이다.

Edward Sanchez works **hard**, so I want to recommend him to your company.
에드워드 산체스는 열심히 일합니다. 그래서 그를 당신 회사에 추천하고 싶습니다.

They **hardly** ever talk about politics with him. 그들은 그와 함께 정치에 대해서 거의 이야기하지 않는다.

Jessica worked **late** to finish financial reports. 제시카는 재무 보고서를 끝내기 위해 늦게까지 일했다.

How have you been **lately**? 요즘 어떻게 지내셨나요?

6 그 외 자주 출제되는 주요한 부사들

그 외에도 자주 출제되는 중요한 부사들이 있습니다. already, yet, ever가 있고 yet은 문장의 종류에 따라 다양하게 쓰이니 그 쓰임새를 잘 알아두기 바랍니다.

already (이미, 벌써)	All the hotels are **already** booked out. 모든 호텔들이 이미 예약됐어요.
yet (부정문: 아직까지, 벌써 의문문: 이미)	He has not **yet** finished his project. 그는 그의 프로젝트를 아직까지 완성하지 못했다. Have you finished your homework **yet**? 너는 이미 너의 숙제를 끝냈니?
have yet to (아직 ~하지 않다)	I have **yet** to call him because I was busy. 나는 바빠서 아직 그에게 전화하지 못했다.
ever (지금까지, 이전에)	Have you **ever** been to New York? 이전에 뉴욕에 가보신 적이 있나요?

7 시제와 함께 쓰는 부사

특정 시제와 함께 쓰는 부사들이 있습니다. 부사를 선택하는 문제가 나올 경우 시제를 확인하고 답을 고르면 됩니다.

just (틀림없이, 꼭, 방금) 완료나 과거시제와 함께 쓰임	I **just** finished reading the monthly report. 나는 방금 월간보고서 읽기를 끝냈다.
now (지금, 이제) 현재시제와 함께 쓰임	Our company **now** has offices in Shanghai and Tokyo. 우리 회사는 이제 상하이와 도쿄에 사무실이 있다.
soon (이내, 곧) 미래시제와 함께 쓰임	I will meet you **soon** at the office. 사무실에서 당신을 곧 만나겠습니다.
finally (마침내, 결국, 드디어) 과거나 완료시제와 함께 쓰임	He **finally** finished his project. 그는 마침내 그의 프로젝트를 마무리했다.

8 부정부사

부정의 의미를 가지는 부정부사는 동사 앞에 위치합니다. 부정부사가 들어간 문장에서는 not 이 필요 없습니다. hardly는 ever와 같이 쓰면 '지금까지 거의 ~하지 않다'라는 뜻이 됩니다.

> hardly, seldom, barely, rarely 거의 ~하지 않다

Because the wind was so strong, he could hardly open his eyes.
바람이 너무 강했기 때문에, 그는 거의 눈을 뜰 수 없었다.

Our company rarely invests in information technology companies.
우리 회사는 정보 기술 회사들에는 거의 투자하지 않는다.

She lives in Spain, so we hardly ever see her. 그녀는 스페인에 산다. 그래서 우리는 그녀를 거의 본 적이 없다.

 Check Up

다음 빈칸에 알맞은 것을 고르세요.

3 It took ------- four hours to get my home.

    (A) near   (B) nearly   (C) great   (D) greatly

4 After hours of discussion, the group ------- agreed to start the project.

    (A) ever   (B) soon   (C) finally   (D) now

Words

recommend [rèkəménd] 추천하다 | asset [ǽset] 자산 | book [buk] (식당, 호텔 등에) 예약하다; 책 | invest in ~에 투자하다 | information technology 정보 기술

빈도부사는 일반적으로 조동사와 be동사 뒤, 일반동사 앞에 위치합니다. 단, 횟수를 나타내는 빈도부사는 보통 문장 뒤에 위치합니다.

100%	always 항상	Ben **always** has a sandwich for lunch. 벤은 항상 점심으로 샌드위치를 먹는다.
50%	usually 보통 often 자주 sometimes(=occasionally) 때때로	I **usually** go shopping on Saturday. 나는 토요일에 보통 쇼핑을 간다. She **often** works at the weekend. 그녀는 주말에 자주 일합니다. We play tennis **occasionally**. 우리는 때때로 테니스를 친다.
0%	never 결코 ~하지 않는	It **never** rains here in the summer. 여기는 여름에 비가 결코 내리지 않는다.

● 횟수의 빈도부사

everyday 매일
weekly 매주
monthly 매달
annually/yearly 매년

I work out **everyday**. 나는 매일 운동한다.
He submitted the **weekly** report. 그는 주간 보고서를 제출했다.
They meet **monthly** to discuss progress.
그들은 진행 상황을 논의하기 위해 매달 만난다.
The contract will be renewed **annually**. 계약은 매년 갱신될 것입니다.
The magazine is issued twice **yearly**. 그 잡지는 1년에 2번 발행된다.

 Check Up

해석을 보고 다음 문장의 괄호에서 적절한 것을 고르세요.

5 He is [usually / often] late for work. 그는 종종 회사에 지각한다.

6 Mr. Kim completed the [weekly / monthly] report this morning.
김 씨는 오늘 아침에 월간 보고서를 완료했다.

Words

contract [kάːntrækt] 계약 | issue [íʃuː] 발행(발표)하다; 주제, 쟁점

연습문제 다음 괄호에서 적절한 것을 고르세요.

1 The sales people travel [regulate / regularly] for business.

2 Eating and drinking are [strictly / strict] forbidden in the theater.

3 The company has [success / successfully] introduced a new product to the market.

4 The theater is [convenient / conveniently] located within easy walking distance.

기출문제 빈칸에 가장 적절한 것을 고르세요.

5 Mr. Morris ------- completed his first year as an intern.

(A) success
(B) successful
(C) successfully
(D) successes

6 Utah Business Center is ------- opening after two years of construction.

(A) final
(B) finality
(C) finals
(D) finally

7 Please explain the nature of the problem ------- on the product return form.

(A) cleared
(B) clearable
(C) clear
(D) clearly

8 Joy Travel's transportation Information is ------- accessible online.

(A) readily
(B) ready
(C) reading
(D) readiness

Words

1. sales people 영업사원들 | for business 사업차 2. forbid [fərbíd] 금지하다(forbid-forbade-forbidden) 3. introduce [ìntrədjúːs] (사용할 수 있도록) 내놓다 4. convenient [kənvíːniənt] 편리한 8. transportation [trὰnspərtéiʃən] 교통 | accessible [æksésəbl] 접근하기 쉬운 | readily [rédəli] 즉시, 쉽사리

Part 5

1 Sears ------- opened three new stores last year.

(A) successfully
(B) successful
(C) successes
(D) success

2 The manager ordered him to enter the client data -------.

(A) accurate
(B) accurately
(C) accurateness
(D) accuracy

3 Employees should attend ------- two safety workshops a year.

(A) so that
(B) at least
(C) only if
(D) as much

4 Mr. Peterson ------- identified the source of a problem in the computer.

(A) ease
(B) easy
(C) easiest
(D) easily

5 The accounting department ------- released its annual sales figures at the meeting.

(A) ever
(B) just
(C) lately
(D) soon

6 Wynn Hotel has become the ------- popular venue for conferences since last year.

(A) increasingly
(B) increase
(C) increases
(D) increasing

7 The important file was deleted ------- when the computer's software was upgraded.

(A) accident
(B) accidents
(C) accidental
(D) accidentally

8 Ms. Stevens has worked ------- hard to finish the project.

(A) exception
(B) except
(C) exceptionally
(D) exceptional

Words

2. enter [éntər] 입력하다 | accurate [ǽkjurət] 정확한 3. so that ~하기 위해서 | at least 적어도 | only if 오로지 ~한다면 | as much 꼭 그만큼, 바로 그만큼 4. source [sɔːrs] 근원 5. department [dipάːrtmənt] 부서 | accounting department 회계부서 | release [rilíːs] 공개하다 | annual [ǽnjuəl] 매년의, 연례의 | sales figures 매출액 6. venue [vénjuː] 장소 7. delete [dilíːt] 삭제하다 | accidentally [ǽksədéntəli] 실수로, 우연히 8. exceptional [iksépʃənl] 특별히; 예외적인, 이례적인

Part 6

Questions 9-10 refer to the following e-mail.

To: mpeterson@somail.net

From: jjohnson@lineair.com.us

Date: 25 March

Dear Peterson,

Thanks for flying with Line Airlines.

We'd like to hear ------- about your recent trip from Huston to Las Vegas on 15
                       9
March. We would be grateful if you could complete a short survey about your
experience with our company. This will take approximately five minutes of your
time. ------- Thank you again for your business.
       10

James Johnson

Personnel Manager

Line Airlines

Week 1
Week 2
Week 3
Week 4

9 (A) eagerly
  (B) highly
  (C) nearly
  (D) kindly

新 10 (A) We will make a presentation on
       travel services.
  (B) I am so sorry to hear about your
       travel experience.
  (C) Your feedback will help us
       improve the way we serve you.
  (D) Thank you for your generous
       donation.

Words

9-10. eagerly [íːgərli] 간절히 | grateful [gréitfl] 고마워하는, 감사하는 | generally [ʤénrəli] 일반적으로 | feedback
[fíːdbæk] 피드백, 조언 | serve [səːrv] 서비스하다; (음식을) 제공하다 | personnel manager 인사부장

Questions 11-12 refer to the following memo.

To: Corning Inc., staff

From: James Scott, Facilities Director

Date: May 20

Re: Parking restriction

Resurfacing of the parking areas will begin next week. The first area to be
affected is parking area A. This parking area will be ------- closed as of May 20.
            11
Those who ------- use parking area A must obtain a permit for an alternate
        12
parking area from the facilities department. Please note that this closure is
expected to last until late May.

11 (A) easily
   (B) temporarily
   (C) mainly
   (D) certainly

12 (A) regular
   (B) regulate
   (C) regularly
   (D) regularity

Words

11-12. resurface [ri:sə́:rfis] 재포장하다 | affect [əfékt] ~에 영향을 미치다 | temporarily [tèmpərérəli] 일시적으로, 임시로
| mainly [méinli] 주로, 대부분 | certainly [sə́:rtnli] 틀림없이, 분명히 | those who ~ ~하는 사람들 | obtain [əbtéin] 얻다,
획득하다 | permit [pərmít] 허가증 | alternate [ɔ́:ltərnèit] 대체하는, 번갈아 생기는 | facilities department 시설 부서 | be
expected to ~할 것으로 예상되다

4

19 competition [kɑ̀mpətíʃən] 경쟁 ✓ ○○○○○

Rising **competition** / from the overseas education market / will
force / universities / to be more aggressive / in recruiting
강요하다   공격적인   recruit 모집하다
students.

해외 교육시장으로부터의 / 치솟는 경쟁이 / 대학들로 하여금 / 학생들을 모집하는데 / 더 적극적이 될 수 있도록 / 강요할 것이다.

20 strategy [strǽtədʒi] 전략 ○○○○○

Sears Department Store / recently changed / its marketing
strategy / in order to attract more customers.
               ~하기 위해서

시어스 백화점은 / 좀 더 많은 고객들을 유치하기 위해서 / 자사의 마케팅 전략을 / 최근 변경했다.

21 facility [fəsíləti] 시설 ○○○○○

The Tower Apartments Complex / is going to be completed / next
month, / and it will accommodate / a swimming pool and other
                             제공하다, 수용하다
facilities.

타워 아파트 단지가 / 다음달에 / 완성되는데, / 단지는 / 수영장과 다른 시설들을 / 제공할 것이다.

22 receipt [risíːt] 영수증, 수취 ○○○○○

We / recommend / that you keep the original store **receipt** / as
proof of purchase.

우리는 / 추천한다 / 당신이 원래의 가게 영수증을 보관하기를 / 구매의 증거로서

23 result [rizʌ́lt] 결과 ○○○○○

On Friday, / Ms. Jones / should receive / the **results** of the
survey / conducted last month / among employees.

금요일에, / 존스 씨는 / 직원들 사이에서 / 지난달에 수행된 / 조사의 결과를 / 받아야 한다.

24 experience [ikspíəriəns] 경험 ○○○○○

The members of the board / feel / that Mr. Watson has enough
experience / to fill the sales manager position.

이사회의 구성원들은 / 왓슨 씨가 / 영업부장 직위를 수행할 만큼 / 충분한 경험을 가지고 있다고 / 생각한다.

Week 1
Week 2
Week 3
Week 4

완전절친
TOEIC 스타트 RC

접속사

- 등위접속사
- 상관접속사
- 종속접속사
- 의미가 같은 종속접속사와 전치사
- 접속부사
- 단원 별 문제

★ 명사 필수 어휘 5

Day 05 접속사

❋ **접속사는 어떤 품사인가요?**

접속사는 문장에서 연결 역할을 하는 품사입니다.

❋ **접속사는 시험에서 몇 문제나 출제되나요?**

접속사는 매월 2-3문제씩 빠짐없이 출제됩니다.

❋ **접속사의 종류에는 어떤 것들이 있나요?**

접속사는 크게 등위접속사, 상관접속사, 종속접속사로 나눌 수 있습니다.

종류	역할	예
등위접속사	대등한 관계의 단어, 구, 절, 문장을 연결	for, and, nor, but, or, yet, so 각 등위접속사의 앞글자를 따서 FANBOYS라고 외우면 쉽습니다.
상관접속사	단어 전후에서 서로 짝을 이루는 접속사	not only A but also B　　both A and B either A or B　　neither A nor B 등
종속접속사	종속절(명사절, 형용사절, 부사절)을 이끄는 접속사	명사절: that, if/whether 등 형용사절: who, which 등 부사절: when, because, although, though 등

---

1 등위접속사

등위접속사는 단어와 단어, 구와 구, 문장과 문장을 동등하게 연결하는 접속사로 FANBOYS가 있습니다. 이 중에 and, but, or, 그리고 so가 많이 출제됩니다.

● **등위접속사(FANBOYS)의 종류**

종류	의미	역할
for	왜냐하면, ~이니까	앞의 내용에 대한 이유
and	그리고, ~와	나열, 추가
nor	둘 다 아닌	부정의 연속
but	그러나, 하지만	반대 및 대조
or	또는	선택
yet	그럼에도 불구하고, 하지만	역접
so	그래서, 그러므로	앞의 내용에 대한 결과

The store sells fresh fruits **and** vegetables. 그 가게는 신선한 과일과 야채를 판매한다.

They rushed to the hospital, **but** they were late. 그들은 서둘러 병원으로 갔지만, 너무 늦었다.

Are you using cash **or** credit card? 현금을 사용하시나요 아니면 신용카드를 사용하시나요?

Ms. Diaz has an appointment, **so** she cannot go to the party.
디아즈 씨는 약속이 있어서 파티에 갈 수 없다.

2 상관접속사

상관접속사는 두 개 이상의 단어가 한 문장 안의 다른 어구들을 연결합니다.

either A or B A 또는 B 중의 하나	**neither A nor B** A도 B도 아닌
not A but B A가 아닌 B	**not only A but also B** A 뿐만 아니라 B 역시
A as well as B B 뿐만 아니라 A도	(= **B as well as A**)
between A and B A와 B 사이에	**both A and B** A와 B 둘 다

Applicants for the position may submit résumés **either** by fax **or** e-mail.
그 자리를 위한 지원자들은 팩스나 이메일로 이력서를 제출할 수 있다.

Neither disturbing other students **nor** eating is allowed in a classroom.
교실에서는 다른 학생들을 방해하거나 음식을 먹는 것이 허용되지 않습니다.

Shopping online is **not only** convenient **but also** affordable.
온라인 쇼핑은 편리할 뿐만 아니라 가격이 적당하다.

Technical assistance is available by **both** phone **and** internet.
기술적인 도움은 전화나 인터넷 둘 다 이용 가능하다.

 Check Up

1 다음 중에서 등위접속사로 쓰일 수 없는 것을 고르세요.

(A) and, but   (B) so, for   (C) nor, or   (D) if, as

2 다음 문장의 괄호에서 적절한 것을 고르세요.

Either Mr. Graham [nor / or / and] Ms. Krause will be in the office.

Words

disturb [dɪstɜ́ːrb] 방해하다 | technical [téknikəl] 기술적인 | available [əvéiləbl] 이용 가능한

3 종속접속사

● 명사절 접속사

명사와 똑같이 문장에서 주어, 목적어, 그리고 보어 역할을 하는 절, 명사절을 이끄는 접속사입니다.

종류	의미
명사절을 이끄는 접속사	that ~라는 것
	whether/if ~인지 아닌지
명사절을 이끄는 의문사	who 누가 ~하는지 where 어디서 ~하는지 when 언제 ~하는지 how 어떻게 ~하는지 what 무엇이(을) ~하는지 which 어느 것이(을) ~하는지 why 왜 ~하는지

I know **that** John is an excellent teacher. 저는 존이 훌륭한 선생님이라는 것을 알고 있습니다.

I don't know **whether** he will come or not. 저는 그가 올지 안 올지 잘 모르겠습니다.

I don't know **who** took these photos. 나는 이 사진들을 누가 찍었는지 모른다.

I don't know **which** is better for us. 나는 어느 것이 우리에게 더 나은지 모르겠어.

● 형용사절 접속사

형용사절은 문장에서 명사를 수식하는 형용사 역할을 합니다. 다른 말로 관계대명사절이라고도 부르는데 이 절을 이끄는 접속사는 아래와 같습니다.

형용사절 접속사	사람	사물
	who, that	which, that

The man **who** is standing at the door is my teacher. 문 앞에 서있는 남자는 제 선생님입니다.

The musical, **which** I watched last week, was excellent. 지난주에 제가 본 뮤지컬은 훌륭했습니다.

● 부사절 접속사

부사절 종속접속사는 문장에서 종속절을 이끌어 줍니다.

종류	의미
이유	because, since, as, now that ~이기 때문에
양보	though, although, even though, even if 비록 ~임에도 불구하고
시간	after ~한 후에 before ~하기 전에 until ~할 때까지
	since ~한 이래로 when ~할 때 as soon as ~하자마자
조건	if, providing/provided (that) 만약 ~한다면 as long as ~하는 한
	once 일단 ~하면 unless(= if ~ not) 만약 ~이 아니라면

목적	so that, in order that ~하기 위해서
결과	so + 형용사(~) + that 절(...) = such a + 형용사(~) + 명사 + that 절(...) 너무 ~해서 ...하다

Ms. Benson is unable to attend the meeting **because** her flight has been delayed.
벤슨 씨는 그녀의 항공편이 지연되었기 때문에 회의에 참석할 수 없다.

Although he was born in America, he is a Korean boy. 비록 그가 미국에서 태어났을지라도, 그는 한국 소년이다.

Please present the confirmation of reservation **when** you check in.
탑승 수속을 할 때 예약 확인서를 제출해주세요.

As long as we receive your payment today, we will ship your package tomorrow morning.
오늘 저희가 귀하의 결제를 받는 한, 저희는 내일 아침 당신의 소포를 배송할 것입니다.

Come early **in order that** you may see him. 그를 만날 수 있도록 일찍 오시오.

He was **so** good a runner **that** I couldn't catch him. 그가 너무 훌륭한 주자라서 나는 따라 잡을 수가 없었다.
= He was **such** a good runner **that** I couldn't catch him.

● 주절과 종속절

종속절은 주어와 동사로 이루어진 절 앞에 종속접속사가 오는 불완전한 절입니다. 주절의 의미를 보충하는 역할을 합니다.

주절은 스스로 완전한 문장이고, 종속절은 주절 앞이나 주절 뒤에 나올 수 있습니다.
When I was young, I was a good boy. 내가 어렸을 때, 나는 착한 소년이었습니다.
　　　　종속절　　　　　　　　주절

종속절이 주절 앞에 나올 경우, 종속절 뒤에는 콤마를 찍어야 합니다.
When I was young, I was a good boy.

종속절이 주절 뒤에 나올 경우, 주설 뒤에는 콤마를 찍지 않습니다.
I was a good boy **when I was young**.

 Check Up

다음 문장의 괄호에서 적절한 것을 고르세요.

3   The problem is [that / who] the computer doesn't work.

4   The service agreement will become official [when / which] Mr. Singh has approved
   it.

Words

be unable to ~할 수 없다 | present [prizént] 제시하다 | reservation [rèzərvéiʃən] 예약
Check up 4. official [əfíʃəl] 공식적인 | approve [əprúːv] 승인하다

4 의미가 같은 종속접속사와 전치사

다음에 나오는 전치사와 접속사는 같은 의미를 갖고 있지만, 종속접속사 다음에는 절(주어 + 동사)이 오고, 전치사 다음에는 명사, 대명사, 동명사, 명사구 등이 옵니다.

전치사 (+ 명사, 대명사, 동명사, 명사구)	종속접속사 (+ 주어 + 동사)	의미
because of, due to, owing to	because, since, as, now that	～때문에
despite, in spite of	although, even though, though	비록 ～이긴 하지만
during	while	～하는 동안
except	except that	～을 제외하고
without	unless	～이 없다면
in case of, in the event of	if, provided that	～의 경우에
following, after	after	～후에

● 전치사 (+ 명사, 대명사, 동명사, 명사구)

Due to the bad weather, the plane changed its course. 나쁜 날씨 때문에, 비행기는 항로를 변경했다.
전치사   명사구

In spite of his financial problems, he has bought a new car.
전치사   명사구
그의 재정상 문제들에도 불구하고, 그는 새 차를 구입했다.

He goes to work every day except weekend. 그는 주말을 제외하고 매일 출근한다.
전치사   명사

In case of rain, the show will be canceled. 우천 시, 공연은 취소될 예정입니다.
전치사   명사

● 종속접속사 (+ 주어 + 동사)

Although the service was slow, the waiter was kind and polite.
종속접속사   주어   동사
비록 서비스는 느렸지만, 웨이터는 친절하고 공손했다.

They arrived while we were having dinner. 우리가 저녁을 먹는 동안 그들이 도착했다.
종속접속사 주어   동사

I will not go unless you go with me. 네가 나와 함께 안 간다면, 나는 가지 않겠어.
종속접속사 주어 동사

I always feel so fresh after I work out. 운동을 하고 나면 저는 항상 상쾌한 기분이 들어요.
종속접속사 주어   동사구

품사는 부사이면서 접속사의 의미와 역할을 하는 단어를 접속부사라고 합니다. 세미콜론(;)과 콤마(,)와 함께 두 문장을 연결할 수 있습니다. 접속부사는 한 문장에서 다른 문장으로 분위기를 자연스럽게 전환할 수 있는 연결고리 역할을 합니다. Part 6에서 많이 출제되므로 꼭 암기해둡시다.

역할	접속부사		등위접속사
부가	besides, in addition 게다가 furthermore, moreover 더욱이		and 그리고 and then 그리고 나서
대조	however 그러나 on the other hand 반대로	nevertheless 그럼에도 불구하고 otherwise 그렇지 않으면	but 그러나
결과	accordingly 따라서 therefore, thus 그러므로	consequently 그 결과로 as a result 결과적으로	so 그래서
시간	meanwhile 한편, 그 동안에 thereafter 그 후에	in the meantime 그 동안에	

 Check Up

다음 문장의 괄호에서 적절한 것을 고르세요.

5 [Because of / Because] its convenience, many employers now post job openings online.

6 [While / During] the summer, she worked as a lifeguard.

In addition, when you laugh, your brain works better. 게다가, 웃으면 두뇌 활동이 활발해진다.

I don't want to go skiing; **moreover**, the weather is too cold.
나는 스키 타러 가고 싶지 않다: 게다가, 날씨가 너무 춥다.

Borrowing periods may be extended through the library website. **However**, overdue items are not eligible for renewal.
차용 기간은 도서관 웹 사이트를 통해 연장될 수 있습니다. 그러나, 기한이 지난 항목은 갱신할 수 없습니다.

Consequently, we don't have to discuss it.
결과적으로, 우리는 그것을 토론할 필요가 없다.

Our company takes no responsibility for items lost in transit. **Therefore**, we recommend that you insure your package against loss.
우리 회사는 운송 중 분실한 물건에 대해 책임지지 않습니다. 그러므로, 저희는 물건 분실에 대비하여 보험에 가입하실 것을 추천합니다.

To expedite delivery of your order, parts are sent directly from the supplier. **As a result**, your order might arrive in several shipments.
주문 배송을 빠르게 처리하기 위해, 공급업자로부터 직접 부품들이 배송됩니다. 그 결과로, 귀하의 주문은 여러 번 나눠져 배송될 수 있습니다.

The flight will take off soon. **Meanwhile**, please remain seated.
비행기가 곧 이륙할 예정입니다. 그동안에, 자리에 앉아 주십시오

 **Check Up**

다음 문장의 괄호에서 적절한 것을 고르세요.

7 The house was too big. [Besides / Thereafter], we couldn't afford it.

8 [Although / However] Mr. Chang ordered a computer last Saturday, it was not delivered until today.

Words

overdue [óuvərdú] 기한이 지난 ┃ renewal [rinjú:əl] 갱신 ┃ insure a package 소포를 보험에 들다 ┃ expedite [ékspədàit] 더 신속히 처리하다

연습문제   다음 괄호에서 적절한 것을 고르세요.

1   Both Center Street [so / and] Parkway Avenue will be closed for repairs next Sunday.

2   The company is closed on October 25th [due to / since] the holiday weekend.

3   Diners with a reservation at Reno restaurant will be seated [once / because of] the entire party has arrived.

4   We ask [that / so that] you please refrain from bringing food into the concert hall.

기출문제   빈칸에 가장 적절한 것을 고르세요.

5   The new restaurant offers foods from around the world ------- reasonable prices.

(A) yet
(B) so
(C) but
(D) and

6   The building will be closed between eight ------- ten o'clock for a safety check.

(A) and
(B) of
(C) if
(D) yet

7   Mr. Anderson must find ------- a caterer and a photographer for the awards ceremony.

(A) whether
(B) both
(C) either
(D) never

8   Please describe your recent experience with Fun Tours ------- we can improve our services.

(A) when
(B) while
(C) although
(D) so that

Words

1. repair [ripέər] 수리 3. diner [dáinər] (식당에서 식사하는) 손님 4. refrain from ~하는 것을 금하다 6. safety check 안전 점검 7. caterer [kéitərər] 출장 요리사 | awards ceremony 시상식 8. describe [diskráib] 말[서술]하다

Part 5

1 Dinner will be catered by Smith Café ------- Sizzler Grill.

(A) but
(B) nor
(C) and
(D) yet

2 Passengers should show ------- tickets and passports when boarding a plane.

(A) both
(B) either
(C) as
(D) if

3 Sales people are required to submit monthly reports by ------- fax or e-mail.

(A) neither
(B) both
(C) either
(D) nor

4 ------- we requested information about the products a week ago, it still has not arrived.

(A) Until
(B) Only if
(C) Nevertheless
(D) Although

5 No photographs or videos may be taken ------- the play has started.

(A) which
(B) once
(C) despite
(D) instead

6 ------- the cafeteria is undergoing renovation, food will be available from the snack bar.

(A) Despite
(B) While
(C) During
(D) Within

7 ------- she joined our company, Ms. Krause has worked in the marketing department.

(A) Since
(B) Unless
(C) Meanwhile
(D) Accordingly

8 Mr. Smith not only wrote a report ------- analyzed the data for the presentation.

(A) however
(B) also
(C) and
(D) but

Words

1. cater [kéitər] (사업으로 행사에) 음식을 공급하다, 제공하다 2. passenger [pǽsəndʒər] 승객 ┃ passport [pǽspɔːrt] 여권 ┃ board [bɔːrd] 탑승하다 3. be required to ~하도록 요구되다 ┃ monthly report 월간 보고서 5. photograph [fóutəgræf] 사진 ┃ instead [instéd] ~대신에 6. undergo [ʌ̀ndərgóu] (변화 등을) 겪다, 받다 7. join the company 입사하다

Part 6

Questions 9-10 refer to the following notice.

Use of the laundry room at Cinnamon Apartment Complex is restricted to residents of the complex. This facility includes ten washing machines ------- ten dryers and is available for use 24 hours a day. ------- we cannot monitor the facility at all times, we ask for your cooperation in keeping it well maintained. If you find any machine malfunctioning, please call our maintenance office at 801-5566. In most cases, a technician will repair the machine within 24 hours of receiving your call.

9 (A) and
   (B) but
   (C) so
   (D) for

10 (A) In order that
   (B) When
   (C) Except that
   (D) Because

Week 1
Week 2
Week 3
Week 4

Words

9-10. laundry room 세탁실 | complex [kəmpléks] 복합 건물, (건물)단지 | be restricted to ~로 제한되다 | at all times 항상 | maintain [meintéin] 유지하다 | malfunction [mælfʌ́ŋkʃən] 고장, 기능 불량 | maintenance [méintənəns] 관리; 유지 | in most cases 대개의 경우

Questions 11-12 refer to the following letter.

April 21

Dear Anderson,

Thank you for purchasing your new AT&T mobile phone. We promise to provide you with reliable service. The enclosed brochure provides a detailed summary of your service plan ------- an explanation of fees. If you are dissatisfied with
11
your phone, you will be issued a refund. ------- If you have further questions
12
about the mobile service, please contact us, and we will be happy to assist you.

John Graham
Regional Sales Representative

11 (A) and
(B) but
(C) so
(D) yet

新 12 (A) You have accumulated more than 1,500 points.
(B) Rewards card members can pay their bills easily on our website.
(C) You have been approved for an exciting offer.
(D) All of our products come with a 30-day money-back guarantee.

25 environment [inváiərənmənt] 환경 ✔ ○ ○ ○ ○

Due to the importance / maintaining a quiet work **environment**, / employees / are asked to refrain from engaging in / loud
~하는 것으로부터 금하다 engage in ~에 관여[종사]하다
conversations.

조용한 작업환경을 유지하는 것이 / 중요하기 때문에 / 근로자들은 / 큰소리로 대화하는 것을 / 금하도록 요청받고 있다.

26 condition [kəndíʃn] 상태 ○ ○ ○ ○ ○

Due to unfavorable weather **condition**, / we cannot guarantee /
좋지 않은   보장하다
that the shuttle bus will arrive / at the airport / by 8 o'clock.

나쁜 날씨 상태 때문에 / 셔틀 버스가 / 공항에 / 8시까지 / 도착하는 것을 / 보장할 수 없습니다.

27 demand [dimǽnd] 요구 ○ ○ ○ ○ ○

In response to client **demand**, / the new water-purification system
물 정화 시스템
/ will be available / for both lease and purchase.
~을 위해 이용 가능한

고객의 요구에 응해서 / 새로운 물 정화 시스템은 / 임대나 구매 둘 다로 / 이용 가능할 것이다.

28 effort [éfərt] 노력 ○ ○ ○ ○ ○

The company has announced plans / for the new marketing campaign / in an **effort** to appeal / to the customers.
~하기 위한 노력으로

회사는 / 고객들에게 / 마음에 들기 위한 노력으로 / 새로운 마케팅 캠페인 / 계획을 발표했다.

29 challenge [ʧǽlindʒ] 과제; 도전 ○ ○ ○ ○ ○

The **challenge** / of being a successful architect / lies in designing
놓여있다
buildings / that are both functional and aesthetically appealing.
미학적으로

성공적인 건축가가 되기 위한 / 과제는 / 기능적이면서 미학적으로도 매력있는 / 건물을 디자인하는데 달려있다.

30 expansion [ikspǽnʃən] 확장, 진출 ○ ○ ○ ○ ○

A follow-up meeting / to discuss / the **expansion** of Albertson
후속의
Inc., into Spain / has been scheduled for Monday, / May 30.

앨버튼 주식회사의 스페인 진출을 / 논의하기 위한 / 후속 모임이 / 5월 30일 / 월요일로 예정되었다.

Week 1
Week 2
Week 3
Week 4

완전절친
TOEIC 스타트 RC

동사의 형태와 종류

- 동사의 형태
- 동사의 종류와 5형식
- 단원 별 문제

★ 동사 필수 어휘 1

Day 01 동사의 형태와 종류

✳ 동사는 어떤 품사인가요?

동사(verb)는 동작을 나타내거나 상태를 나타내는 품사입니다.

✳ 동사는 시험에서 몇 문제나 출제되나요?

동사는 매월 3–4문제씩 빠짐없이 출제됩니다.

✳ 동사의 종류에는 어떤 것들이 있나요?

일반동사는 동작이나 행동을 나타내고 '(동작을) 하다'로 해석합니다. 예로는 see, eat, play, sleep 등이 있습니다. be동사는 상태를 나타내고 ' ~이다, ~있다'로 해석합니다. be동사의 변화형으로는 am, are, is 등이 있습니다.

✳ 동사의 형태에는 어떤 것들이 있나요?

동사의 형태는 동사원형, 3인칭 단수 현재형, 과거형, 현재분사형 그리고 과거분사형이 있습니다. be동사의 현재형과 과거형은 다음과 같습니다.

● be동사의 현재형과 과거형

주어(단수)	현재형	과거형	주어(복수)	현재형	과거형
I	am	was	we		
you	are	were	you	are	were
he, she	is	was	they		

1 동사의 형태

1 동사원형

동사의 원래 형태를 쓰고, 현재시제를 만듭니다. **ex)** play, see, smell, touch 등

● 동사원형을 쓰는 경우

① 주어(I, you, we, they) 뒤에는 동사원형(3인칭 단수(he, she, it) 제외)

<u>They</u> **speak** both English and Japanese. 그들은 영어와 일본어 둘 다 말할 수 있다.
　　　동사원형

② 조동사 + 동사원형

조동사 다음에는 반드시 동사원형을 써야 합니다.

조동사 must / had to   will / would   can / could   shall / should   may / might

No one can **predict** the future. 아무도 미래를 예측할 수 없다.
　　　　　　동사원형

③ 명령문이 시작할 때

Turn off the light upon leaving the office. 사무실을 나갈 때는 불을 끄세요.
　동사원형

④ 공손한 명령문에서 Please 뒤

Please **welcome** the new manager, Mr. Perez, to our sales team.
　　　　　　동사원형
우리 영업부서의 새로운 부장, 페레즈 씨를 환영해 주세요.

② 3인칭 단수 동사

3인칭 주어(she, he, it) 뒤에는 동사원형에 −s를 붙이고 3인칭 단수 현재형 동사를 써야 합니다. be동사의 경우에는 is를 써야 합니다.

ex) play-plays, see-sees, smell-smells, touch-touches, need-needs 등

She **is** the manager of the sales department. 그녀는 영업부 부장이다.
　단수 동사

The file **needs** updating. 그 파일은 업데이드가 필요하나.
　　　단수 동사

Check Up

1　다음 문장의 괄호에서 적절한 것을 고르시오.

Before you leave the hotel, please [complete / completion] a customer satisfaction survey.

2　다음에 나오는 빈칸을 채우세요. (동사원형 − 과거 − 과거분사)

put - ＿＿＿＿＿＿ - ＿＿＿＿＿＿　　　become - ＿＿＿＿＿＿ - ＿＿＿＿＿＿

Words

predict [pridíkt] 예측하다, 예언하다 | upon(on) ~ing ~하자마자 곧 | update [ʌ̀pdéit] (데이터를) 업데이트하다
Check up 1. customer satisfaction survey 고객 만족 설문 조사

3 과거형

규칙, 불규칙 변화형으로 과거시제를 만듭니다. 규칙 변화형은 동사원형에 -ed를 붙이고 불규칙 변화형
은 따로 외우도록 합니다. 과거동사는 과거를 나타내는 시간의 부사절과 함께 쓰입니다. 시간의 부사절에는
last week/month/year(지난 주/달/해)나 yesterday(어제)가 있습니다.

I really **learned** a lot from the workshop last month. 나는 지난 달 워크숍으로부터 많이 배웠다.
　　　　　과거동사

They **went** to New York last week. 그들은 지난 주에 뉴욕에 갔다.
　　　과거동사

4 현재분사형

동사원형에 -ing를 붙여서 현재분사를 만들고, 현재분사는 be동사 뒤에 나와 현재진행 시제를 만듭니다.

They are **discussing** the matter in the meeting room. 그들은 회의실에서 그 문제를 논의하고 있습니다.
　　　　　현재분사

5 과거분사형

● 과거분사의 형태
동사의 과거형처럼 규칙 변화하는 동사는 어미에 -ed를 붙여주고, 불규칙 변화 동사는 외우도록 합니다.

① **동사의 규칙 변화형:** 동사원형에 -ed를 붙입니다. (play-played-played, smell-smelled-smelled)

② **동사의 불규칙 변화형**
　A-A-A형(cut-cut-cut), A-B-A형(come-came-come), A-B-C형(see-saw-seen)

● 과거분사를 쓰는 경우
과거분사는 완료시제와 수동태 문장에서 쓰입니다. 완료시제는 have동사 뒤, 수동태는 be동사 뒤에 과거분
사가 옵니다.

① **완료시제 문장**
　▶ 완료시제 [have/has/had/will have + 과거분사]
　He hasn't **seen** the report yet. 그는 아직 그 보고서를 보지 못했다.
　　　　　과거분사

② **수동태 문장**
　▶ 수동태 [be동사 + 과거분사]
　The computers are **fixed** by Kimberley. 그 컴퓨터들은 킴벌리에 의해 수리된다.
　　　　　　　과거분사

○ 불규칙 변화 동사는 p.352 동사 활용표를 참고하세요.

2 동사의 종류와 5형식

● **자동사란?**

스스로 자립할 수 있는 동사로, 뒤에 목적어가 따르지 않습니다. 목적어가 오려면 전치사가 필요합니다. 자동사에는 완전자동사(1형식)와 불완전자동사(2형식)가 있습니다.

● **타동사란?**

타의 도움을 필요로 하는 동사로, 목적어가 반드시 뒤에 옵니다. 타동사에는 완전타동사(3형식)와 불완전타동사(5형식)가 있습니다(4형식은 수여동사).

① 1형식 문장: 주어(S) + 완전자동사(V)

1형식 문장은 주어와 동사로만 만들어진 문장을 말합니다. 완전자동사는 동사가 보어나 목적어 없이도 주어의 상태나 동작을 완전하게 서술해주는 동사입니다.

Mr. Adams arrived. 아담스 씨는 도착했다.
   주어   동사

1형식 문장은 기본적으로 주어와 동사만 필요하지만 아래의 경우와 같이 동사를 수식하는 부사구와 같은 수식어구가 붙을 수도 있습니다.

The performance begins in 30 minutes. 공연은 30분 이내에 시작한다.
    주어   동사 ◀──── 부사구(전치사구)

▶ 유도부사 There로 시작하는 1형식의 분상의 경우, 주어와 동사는 도치됩니다.
    There + be동사 + 주어 + (부사구)

    There is a book (on the table). (= A book is there on the table.) 탁자 위에 책이 있다.

② 2형식 문장: 주어(S) + 불완전자동사(V) + 보어(C)

2형식 문장은 불완전자동사가 쓰인 문장입니다. 불완전자동사로는 주어를 설명하기에 부족해서 뒤에 보어를 통해 부족한 점을 보충해 줍니다. 보어 자리에 형용사나 명사가 쓰입니다.

 Check Up

3 다음 문장의 괄호에서 적절한 것을 고르시오.

The customer service representative [became / mentioned] angry.

Words

Check up 3. representative [rèprizéntətiv] 직원; 대표

● 형용사 보어

형용사가 보어로 쓰일 경우 주어의 상태나 성격을 설명해줍니다.

He became happy. 그는 행복하게 되었다.
주어   동사   보어(형용사)

● 명사 보어

명사가 보어자리에 올 경우 보어는 주어와 동격이 됩니다.

He is a doctor. 그는 의사이다.
주어 동사 보어(명사)

불완전 자동사의 종류는 다음과 같습니다.

종류	역할	예
지각동사	사람이 보고, 듣고, 맛보고, 느끼고, 냄새를 맡는 것과 관련한 동사	look ~처럼 보인다 feel ~처럼 느끼다 smell ~한 냄새가 나다 sound ~처럼 들리다
상태의 변화 동사	'~하게 되다'의 뜻으로 상태의 변화를 나타내는 동사	become ~이 되다 grow / turn / get ~인 상태가 되다
유지, 정지의 동사	지속성을 나타내는 동사로, 뜻은 '~인 채로 있다', '계속 ~이다' 등	remain ~인 상태로 남다 stay ~인 채로 머물다 keep ~인 상태를 유지하다

● 지각동사

Mr. Kim looks smart and intelligent. 김 씨는 똑똑하고 지적으로 보인다.
I feel better today. 오늘은 기분이 좋다.

● 상태의 변화 동사

John became a teacher. 존은 선생님이 되었다.

▶ John과 teacher는 동격

He became excited to hear the news. 그는 그 소식을 듣고 흥분했다.

▶ 보어 excited는 주어 he의 상태 설명

Her face turned red with embarrassment. 그녀의 부끄러워 얼굴이 빨개졌다.

▶ 보어 red는 주어 her face의 상태 설명

● 유지, 정지의 동사

The manager position has remained vacant since last month.
부서장 직책은 지난달 이후로 공석으로 남아있었다.

▶ 보어 vacant는 주어 The manager position의 상태 설명

The company stays competitive with latest technologies. 그 회사는 최신 기술로 경쟁력을 유지한다.

▶ 보어 competitive는 주어 The company의 상태 설명

③ 3형식 문장: 주어(S) + 완전타동사(V) + 목적어(O)

3형식은 동사 뒤에 목적어가 옵니다. 완전타동사는 완전한 동사라 보충해 주는 말인 보어도 필요 없고, 목적어 한 개 만이 올 수 있습니다. 타동사의 목적어로는 명사, 명사구, 동명사 등을 쓸 수 있습니다.

The company president **announced** a new policy. 회사 사장은 새로운 정책을 발표했다.
      주어   타동사   목적어(명사구)

● 타동사의 종류

타동사 뒤에는 전치사를 쓰지 않습니다.

타동사	의미	틀린 표현
access	~에 접속하다	access to(x)
check	~을 점검하다	check for(x)
discuss	~에 관해 토론하다	discuss about(x)
explain	~을 설명하다	explain about(x)
express	~을 표현하다	express about(x)
join	~에 가입하다	join into(x)
marry	~와 결혼하다	marry with(x)
mention	~을 언급하다	mention about(x)

The manager **checked** the errors of the report. 그 매니저는 보고서의 오류들을 확인했다.
               checked for(X)

The city council will meet to **discuss** urban development. 시의회는 도시개발 문제를 논의하기 위해 만날 것이다.
                       discuss about(X)

He **joined** the company three years ago. 그는 3년 전에 회사에 입사했다.
   joined into(X)

You don't have to **mention** his name. 당신은 그의 이름을 언급할 필요가 없다.
             mention about(X)

 Check Up

다음 문장의 괄호에서 적절한 것을 고르시오.

4 We met to [discuss / discuss about] business matters.

5 We have to [compete / compete with] the other companies.

Words

embarrassment [imbǽrəsmənt] 어색함, 쑥스러움 | vacant [véikənt] 비어 있는 | competitive [kəmpétətiv] 경쟁을 하는 | latest [léitist] 최신의

● 타동사 = 자동사 + 전치사

다음에 나오는 '자동사 + 전치사'는 타동사 역할을 하고, 타동사처럼 뒤에 목적어를 바로 쓸 수 있습니다.

account for ~을 밝히다, 설명하다	add to ~을 더하다
agree on/to/with ~에 동의하다	arrive at ~에 도착하다
compete with ~와 경쟁하다	contribute to ~에 기여[공헌]하다
deal with ~을 다루다, 취급하다	differ from ~와 다르다
listen to ~의 말에 귀 기울이다	look for ~을 찾다
object to ~에 반대하다	participate in ~에 참석하다
react to ~에 반응하다	subscribe to ~을 구독하다
talk about ~에 대해 이야기하다	wait for ~을 기다리다

Employees **participated in** the monthly meeting. 직원들은 월례회의에 참석했다.
　　　　　　participate(X)

I **subscribe to** a business journal. 저는 비즈니스 잡지를 구독합니다.
　subscribe(X)

The manager will **talk about** the project with the employees.
　　　　　　　　talk(X)
부장은 직원들과 프로젝트에 대해서 이야기할 것이다.

● 같은 의미로 쓰이는 타동사와 자동사

타동사와 자동사	의미	타동사와 자동사	의미
oppose = object to	반대하다	explain = account for	설명하다
answer = respond to	답변하다	contact = communicate with	연락하다
attend = participate in	참석하다	handle = deal with	다루다
reach = arrive at/in	도착하다	seek = look for	찾다, 구하다

The manager **explained** his plan to the employees. 부장은 그의 직원들에게 그의 계획을 설명했다.
　　　　　　 = account for

They don't know how to **handle** it. 그들은 그것을 어떻게 다루어야 할지 모릅니다.
　　　　　　　　　 = deal with

4 **4형식 문장: 주어(S) + 수여동사(V) + 간접목적어(I.O.) + 직접목적어(D.O.)**

수여동사는 간접목적어(~에게)와 직접목적어(~을)를 둘 다 취하는 동사로 4형식에 쓰입니다. '주다'라는 뜻을 가진 동사입니다.

● 수여동사

give 주다　bring 가져오다　send 보내다　offer 제공하다　write 써주다　make 만들어주다　buy 사주다

Words

journal [ʤə́:rnl] 신문[잡지], 학술지

110

My father **gave** me a book for my birthday present. 아버지는 생일 선물로 나에게 책을 주셨다.
　　주어　　수여동사 간목　　직목

Brandon **brought** Mary flowers. 브랜든은 매리에게 꽃을 가져다주었다.
　주어　　수여동사　　간목　　직목

My mom **made** me a pizza. 엄마가 나에게 피자를 만들어주었다.
　주어　　수여동사 간목　직목

⑤ 5형식 문장: 주어(S) + 불완전타동사(V) + 목적어(O) + 목적보어(O.C.)

5형식 문장은 목적어 뒤에 목적보어가 쓰입니다. 목적보어 자리에는 명사, 형용사, 분사, to부정사, 동사원형 등이 올 수 있습니다. 불완전타동사는 타동사이기 때문에 목적어가 필요하고, 불완전하기 때문에 보충해주는 보어가 필요합니다.

● 명사 목적보어

The president of the company appointed her **manager**. 회사 사장은 그녀를 부장으로 임명했다.
　　　　주어　　　　　　　　동사　　목적어　　목보

● 형용사 목적보어

The news made him **happy**. 그 소식은 그를 행복하게 해주었다.
　주어　　동사　목적어　목보

● 동사원형/과거분사 목적보어

사역동사의 목적보어 자리에는 동사원형 또는 과거분사를 써야 합니다. 사역동사는 '~에게 …하도록 시키다'라는 의미를 가진 동사로 have, make, let 등이 있습니다.

사역동사	예문
make/let + 목적어 + 동사원형(목적보어)	Mr. Johnson **made** his son clean his room. 존슨 씨는 그의 아들에게 방을 치우도록 시켰다.
have + 사람목적어 + 동사원형(목적보어)	The manager **had** his employees write the weekly report. 부장은 그의 직원들에게 주간 보고서를 작성하도록 시켰다.
have + 사물목적어 + 과거분사(목적보어)	Steve **has** his watch repaired. 스티브는 그의 시계를 수리시켰다.

 Check Up

다음 문장의 빈칸에 들어갈 적절한 것을 고르시오.

6 The coach wants to make his team [strong / strongly].

● 부정사 목적보어

부정사를 목적보어로 취하는 동사들은 '~에게 …하는 것을 v하다'로 해석됩니다. 뒤에 목적어와 목적보어가 오기 때문에 주로 남에게 건네는 말들로 구성되어 있습니다.

주어	동사	목적어	목적보어
He 그는	advised 충고했다 encouraged 독려했다 forced 강요했다 ordered 명령했다. 지시했다 reminded 상기시켜주었다 told 말했다 warned 경고했다	me 나에게	to study hard. 열심히 공부하라고

They **advised** people to stop eating fast food.
그들은 사람들에게 패스트푸드를 먹는 것을 그만두도록 충고했다.

Her doctor **ordered** her to rest for a week.
그녀의 의사는 그녀에게 한 주 동안 쉬라고 지시했다.

He **reminded** his assistant to reserve a meeting room.
그는 그의 조수에게 회의실을 예약하는 것을 상기시켜주었다.

His doctor **warned** him to stay away from alcohol.
의사는 그에게 술을 멀리하라고 경고했다.

● 동사원형/부정사 둘 다 오는 목적보어

준사역동사 help의 목적보어 자리에는 동사원형과 to 부정사 모두 올 수 있고, 두 개의 의미 차이는 없습니다.

She **helped** him choose some new clothes. 그녀는 그가 새 옷을 몇 개 고르도록 도와주었다.
(= She **helped** him to choose some new clothes.)

 Check Up

다음 문장의 빈칸에 들어갈 적절한 것을 고르시오.

7 The new software will help staff members [work / working] efficiently.

8 She reminded him [singing / to sign] the contract.

연습문제 다음 괄호에서 적절한 것을 고르세요.

1 The new printer [operates / delivers] more quickly than the previous model did.

2 All members are invited to [attend / participate] in dinner reception at 8 P.M.

3 The company has [offered / hired] Mr. Oaks a job in Seattle.

4 The annual office party will be [held / became] in the cafeteria.

기출문제 빈칸에 가장 적절한 것을 고르세요.

5 Management requires all employees to ------- a training course.

(A) attend
(B) answer
(C) arrive
(D) mention

6 Please ------- all safety regulations when using the fitness facilities.

(A) observe
(B) explain
(C) comment
(D) construct

7 The company decided to ------- the price of the finished products.

(A) increase
(B) remain
(C) discuss
(D) mention

8 To enter the company, you must ------- your identification card.

(A) state
(B) place
(C) inspect
(D) present

Week 1 Week 2 Week 3 Week 4

Words

1. previous model 이전 모델 | deliver [dɪlívə(r)] 배달하다 2. be invited to ~하도록 초대되다 | participate in 참여하다 4. annual office party 연례 사무실 파티 6. regulation [règjuléiʃən] 규정 | observe [əbzə́ːrv] 준수하다 | comment [kάment] 논평하다 | construct [kənstrʌ́kt] 건설하다 7. finished products 완제품 8. identification card 신분증 | inspect [inspékt] 검사하다, 점검하다 | present [préznt] 제시하다

Part 5

1 Sam Company's new digital camera ------- clear and vivid images.

(A) creates
(B) interests
(C) appears
(D) results

2 JM Automobiles will ------- a new advertising campaign to boost sales.

(A) strike
(B) pass
(C) spend
(D) launch

3 Our online service ------- you to view your account.

(A) allowance
(B) allows
(C) allowing
(D) allowable

4 We ------- tours of our production facility every month for our new clients.

(A) conduct
(B) visit
(C) inspect
(D) arrive

5 The road construction on Center Street has ------- traffic delay.

(A) caused
(B) departed
(C) directed
(D) operated

6 Market analysts ------- an increase in sales of Hybrid vehicles next year.

(A) predict
(B) inspect
(C) hold
(D) earn

7 All researchers must ------- in the training on laboratory safety procedures.

(A) attend
(B) participate
(C) support
(D) cooperate

8 It will be necessary to reorganize all departments to ------- the productivity.

(A) finish
(B) increase
(C) carry
(D) rely

Words

1. create [kriéit] 만들다, 창조하다 ┃ appear [əpíər] 나타나다 ┃ result [rizʌlt] 발생하다 2. advertising campaign 광고 캠페인 ┃ boost [buːst] 신장시키다 3. allowance [əláuəns] 용돈; 비용(수당) 4. conduct [kándʌkt] 실시하다, 지휘하다 ┃ inspect [inspékt] 검사하다 5. cause [kɔːz] ~을 야기하다, 초래하다 ┃ depart [dipáːrt] 떠나다, 출발하다 ┃ direct [dirékt; dairékt] 감독하다; 지휘하다 ┃ operate [ápərèit] 작동하다; 영업하다 6. hold [hould] 개최하다 ┃ earn [əːrn] 벌다, 얻다, (수익 등을) 올리다 7. laboratory [lǽbərətɔːri] 실험실 ┃ safety procedures 안전 절차 ┃ support [səpɔ́ːrt] 지지하다 8. reorganize [riːɔ́ːrɡənaiz] 재구성하다

Part 6

Questions 9-10 refer to the following notice.

Our record shows that your subscription to Max Business Magazine will expire on March 31. Please ------- the attached form to renew your subscription. To
        9
ensure that your service continues without interruption in the future, we also invite you to register for our automatic billing program. Customers who -------
        10
in the program will also receive a 10 percent discount off the regular price. Act now and start saving today!

Week 1

Week 2

Week 3

Week 4

9 (A) uses
   (B) to use
   (C) use
   (D) using

10 (A) enroll
    (B) pay
    (C) invest
    (D) train

Words

9-10. subscription [səbskrípʃən] 구독 | expire [ikspáiər] (기한이) 만료되다 | ensure [inʃúər] 보장하다, 반드시 ~하게 하다 | interruption [ìntərʌ́pʃən] 중단, 가로막음 | register [rédʒistər] 등록하다 | automatic [ɔ̀:təmǽtik] 자동의 | automatic billing program 자동 청구서 프로그램 | regular price 정가

Questions 11-12 refer to the following letter.

Dear Mr. Covey,

We have ------- your letter of July 21 in which you expressed dissatisfaction
with your new laptop computer. We're sorry to learn that the enter key on your
keyboard is not functioning properly. Since you purchased the computer less
than 30 days ago, ------- The customer service team at Office Max Computers
is dedicated to ensuring your satisfaction. Please feel free to contact us if you
have further questions.

Sincerely,

Adam Scott

Customer Service Manager

11 (A) receive
    (B) received
    (C) receiving
    (D) to receive

新 12 (A) we train our checkout clerks to be
          both friendly and efficient.
      (B) discounted items are not eligible
          to be returned.
      (C) we are able to offer you either a
          refund or a replacement.
      (D) we can provide you estimated
          delivery date at the time of your
          purchase.

Words

11-12. dissatisfaction [dìssætisfǽkʃən] 불만 | laptop computer 노트북 컴퓨터 | function [fʌ́ŋkʃən] 기능[작용]하다 |
purchase [pə́ːrtʃəs] 구매하다 | less than ~보다 적은 | refund [rí:fʌnd] 환불 | replacement [ripléismənt] 교환; 교환품 |
be dedicated to ~에 전념하다

1

단원 별 필수 어휘들은 RC문제를 빠르고 정확하게 풀기 위한 기초가 됩니다. 단어를 아는 만큼 실전에서 새로운 문제가 나와도 당황하지 않고 잘 풀 수 있습니다. 어휘 학습 방법(p.9)을 읽어보고 차근차근 순서에 따라 어휘를 암기해봅니다.

※읽은 횟수를 표시하면서 5번씩 읽으세요.

1 increase [inkríːs] 증가하다, 인상되다

The company / decided to **increase** / the price of the finished products / as a result of the rising cost / in raw materials.
완제품   원자재

회사는 / 원자재 / 가격 인상의 결과로 / 완제품의 가격을 / 인상하기로 결정했다.

2 promote [prəmóut] 승진시키다, 홍보하다

Ms. Helen / has been **promoted** to manager / of the Red Lotus Hotel / and will be supervised / by Mr. Ping.
supervise 감독하다, 관리하다

헬렌 씨는 / 레드 로투스 호텔의 / 매니저로 승진되었고 / 핑 씨의 / 관리를 받게 될 것이다.

3 announce [ənáuns] 발표하다

The editorial team / intends to **announce** / major changes / to the magazine's image / at the monthly meeting.

편집팀은 / 월례회의에서 / 잡지 이미지에 대한 / 주요한 변경사항을 / 발표하려고 한다.

4 recommend [rèkəménd] 추천하다; 권하다

A bank / **recommends** / its customers / to change their password / at least three times a year.

은행은 / 고객들에게 / 적어도 1년에 3번 / 그들의 비밀번호를 교체하도록 / 권고한다.

5 attend [əténd] 참석하다

Five applicants / were invited to **attend** / the interviews / with the management team.

경영진과의 / 인터뷰에 / 참석하도록 / 5명의 지원자가 / 초대되었다.

6 complete [kəmplíːt] 완성하다, 이수하다

Job applicants / must **complete** / the Basic Computer Skills course.

구직자들은 / 기초 컴퓨터 코스를 / 이수해야 한다.

완전절친
TOEIC 스타트 RC

수의 일치

- 단수 주어가 되는 표현들
- 복수 주어가 되는 표현들
- 주어 + [전치사구, 절] + 동사
- 선행사와 동사의 수 일치
- 지시형용사와 수량형용사의 수 일치
- 상관접속사 수의 일치
- 단원 별 문제

★ 동사 필수 어휘 2

✳ 수의 일치란 무엇인가요?

주어가 단수로 쓰이면 뒤에 단수 동사가 오고, 복수로 쓰이면 뒤에 복수 동사가 오는 것을 말합니다.

✳ 수의 일치 문제는 시험에서 몇 문제나 출제되나요?

수의 일치 문제는 매년 4–7문제 정도, 2~3달에 한번 정도 출제됩니다.

✳ 수의 일치에는 어떤 것들이 있나요?

수의 일치에는 아래의 표에서 볼 수 있는 것처럼 (1) 주어와 동사의 수 일치, (2) 수량형용사와 뒤에 오는 명사의 수 일치, (3) 명사와 대명사의 수 일치 등으로 나눌 수 있습니다.
(2)번은 ⊕ Week 1–3. 형용사의 (4) 수량형용사 p.66 참조
(3)번은 ⊕ Week 1–2. 대명사 (4) 대명사의 수 일치 p.54 참조

(1) 주어와 동사의 수 일치	단수 명사 → 단수 동사 복수 명사 → 복수 동사	A student is ~ Students are ~
(2) 수량형용사와 명사의 수 일치	every + 단수 명사 many + 복수 명사	Every student ~ Many students ~
(3) 명사와 대명사의 수 일치	단수 명사 → 단수 대명사 복수 명사 → 복수 대명사	A student → He, She Students → They

✳ 단수 주어 + 단수 동사 / 복수 주어 + 복수 동사

동사에 −s를 붙이면 단수 동사가 되고, 명사에 −s가 붙으면 복수 주어가 됩니다.

단수 주어	셀 수 있는 명사 하나 (a book) 셀 수 없는 명사 (information)	**단수 동사**	3인칭 단수형 (reads)
복수 주어	셀 수 있는 명사의 복수형 (books)	**복수 동사**	동사원형 (read)

1 단수 주어가 되는 표현들

다음에 나오는 표현들은 단수 주어로 뒤에 단수 동사를 취하는 중요한 표현들입니다. 불가산 명사(셀 수 없는 명사), one/each/every + 단수 명사, the number of + 복수 명사, 동명사/to 부정사/명사절, every/some/any/no + one/body/thing이 단수 주어가 되어 뒤에 단수 동사가 쓰입니다. 유도부사 there + be동사 구문에서 단수 명사가 주어로 오면 be동사는 단수로 쓰입니다.

● **불가산명사(셀 수 없는 명사)**

advice 충고 clothing 의류 equipment 장비 furniture 가구 homework 숙제
information 정보 knowledge 지식 luggage/baggage 수하물 machinery 기계
merchandise 상품 money 돈 pollution 오염 scenery 경치 stationery 문구

The furniture **is** scheduled to be delivered on Friday. 가구는 금요일에 배송될 것으로 일정이 잡혀있습니다.

Homework **is** an important part of education. 숙제는 교육의 중요한 부분이다.

Knowledge **is** power. 아는 것이 힘이다.

● **one/each/every + 단수 명사**

Each student **takes** at least one course.
각 학생들은 적어도 1개의 강의는 수강한다.

Every employee **needs** to submit the report by next Monday.
모든 직원은 다음주 월요일까지 보고서를 제출할 필요가 있다.

● **the number of + 복수 명사: ~의 수**

The number of employees **was** reduced. 직원 수가 줄어들었다.

The number of cars **is** increasing in Korea. 한국의 자동차 수가 증가하고 있다.

 Check Up

다음 문장의 괄호에서 적절한 것을 고르세요.

1 [All / Each] department must submit plans for quality improvement by March 1.

- 동명사/to부정사/명사절: ~하는 것

Being an analyst **requires** many skills and abilities. 분석가가 되는 것은 많은 기술과 능력을 필요로 한다.

To be an analyst **requires** many skills and abilities.

That anyone becomes an analyst **requires** many skills and abilities.

- every/some/any/no + one/body/thing

Everyone **wants** to be healthy. 모든 사람은 건강하기를 원한다.

Everything **is** changing. 모든 것은 변한다.

There **is** something I want to ask. 내가 부탁하고 싶은 게 있어.

Does anybody have a good idea? 누구 좋은 생각 없습니까?

There **is** anything you can't do. 당신은 못하는 게 없네요.

- There(유도부사) is + 단수 명사(주어)

There **is** a meeting room on the second floor. 2층에 회의실이 있다.

There **is** a movie theater near my house. 우리집 근처에 영화관이 있다.

2 복수 주어가 되는 표현들

다음에 나오는 표현들은 복수 주어로 복수 동사를 취하는 중요한 표현들입니다. 복수 명사, a number of + 복수 명사, 단수 명사 and 단수 명사는 복수 주어가 되어 뒤에 복수 동사가 쓰입니다. 유도부사 there + be동사 구문에서 복수 명사가 주어로 오면 be동사는 복수로 쓰입니다.

● 복수 명사

The applicants **have** a lot of experience in sales. 그 지원자들은 판매에 많은 경험이 있다.

● A number of + 복수 명사

A number of airlines **offer** mileage cards to customers.
많은 항공사들이 손님들에게 마일리지 카드를 제공한다.

A number of people **are** waiting for churros. 많은 사람들이 츄러스를 기다리고 있다.

● 단수 명사 and 단수 명사

David and I **are** writing this newspaper article. 데이비드와 나는 이 신문 기사를 씁니다.

● There are + 복수 명사(주어)

There **are** many employees here in this office. 여기 사무실에는 많은 직원들이 있다.

There **are** only two cars on the parking lot. 주차장에 차량이 두 대 뿐이다.

 Check Up

다음 문장의 괄호에서 적절한 것을 고르세요.

2 Applicants [are required / is required] to submit a résumé by tomorrow.

3 The discount for new customers [apply / applies] only to online orders.

Words

Check up 2. applicant [ǽplikənt] 지원자 | resume [rizúːm] 이력서 3. apply to ~에 적용되다

3 주어 + [수식구/수식절] + 동사

주어 뒤에 동사가 바로 오지 않고 사이에 전치사구, 분사구, 형용사절, 관계사절 등이 주어를 수식하는 경우 수식구와 수식절에 있는 명사는 주어 역할을 하지 않습니다.

The popularity of new games **is** growing rapidly. 새로운 게임들의 인기가 빠르게 커지고 있다.

▶ 전치사구 of new games는 선행하는 주어 The popularity(인기)를 수식할 뿐, 주어와 동사의 결정에 아무런 영향도 주지 못합니다.

The discounts that were advertised in Provo Daily **do** not apply to software.
Provo Daily에 광고된 할인은 소프트웨어 제품에는 적용되지 않는다.

▶ 전치사구 that were advertised in Provo Daily는 선행하는 주어 The discounts(할인)를 수식할 뿐, 주어와 동사의 결정에 아무런 영향도 주지 못합니다.

4 선행사와 동사의 수 일치

관계대명사 앞에 있는 선행사(명사)가 단수인지, 복수인지를 확인해서 관계대명사 뒤 동사와 수 일치를 시켜야 합니다.

● 단수 명사 + 주격 관계대명사(who, which, that) + 단수 동사

The computer that **was bought** a year ago did not work. 일년 전에 구입한 그 컴퓨터는 작동하지 않았다.

Anyone who **wants** to come is welcome. 누구든 오기를 원하는 사람은 환영한다.

● 복수 명사 + 주격 관계대명사(who, which, that) + 복수 동사

I ordered a number of products which **were** on sale. 나는 할인 중인 많은 제품들을 주문했다.

I know men who **are wearing** uniforms. 나는 유니폼을 입고 있는 남자들을 안다.

  Check Up

다음 문장의 괄호에서 적절한 것을 고르세요.

4 We have a train system that [connect / connects] the international and domestic flight terminals.

Words

popularity [pàːpjulǽrəti] 인기 | rapidly [rǽpidli] 빠르게 | advertise [ǽdvərtaiz] 광고하다 | apply to ~에 적용되다
Check up 4. domestic [dəméstik] 국내의

5 지시형용사와 수량형용사의 수 일치

지시형용사나 수량형용사가 명사 앞에 쓰일 때의 수 일치 규칙은 다음과 같습니다.

● This/That(지시형용사) + 단수 명사 + 단수 동사

This blue jacket suits you for this party. 이 파란색 재킷은 이번 파티에서 당신에게 어울립니다.

That clock is on the wall. 저 시계가 벽에 걸려 있습니다.

● These/Those(지시형용사) + 복수 명사 + 복수 동사

These small chips are very expensive. 이 작은 칩들은 매우 비쌉니다.

Those people are coming to watch old Charlie Chaplin films.
저 사람들은 오래된 찰리 채플린의 영화를 보러 올 것입니다.

● many/several/all/a few(수량형용사) + 복수 명사 + 복수 동사

Many people volunteer for the overseas medical mission. 많은 사람들이 해외 의료 사절단에 지원한다.

Several customers complain about a device on the website.
몇몇 고객들은 웹사이트에서 어떤 장치에 대해 불평한다.

All museums require visitors to provide contact information.
모든 박물관은 방문자들에게 연락처를 제공하라고 요구한다.

A few people have supper outside. 몇몇의 사람들이 밖에서 저녁을 먹고 있다.

● another(수량형용사) + 단수 명사 + 단수 동사

Another bus is coming soon. 또 다른 버스가 곧 올 거야.

Another way to the shop takes a long time. 그 가게로 가는 또 다른 길은 시간이 오래 걸린다.

● Other(수량형용사) + 복수 명사 + 복수 동사

Other people do not want to do it. 다른 사람들은 그 일을 하기 싫어한다.

Business and **other** analysts are optimistic about this project.
업계와 다른 분석가들은 이 프로젝트에 낙관적이다.

 **Check Up**

다음 문장의 괄호에서 적절한 것을 고르세요.

5   [All / Every] employees should attend the meeting in the conference room.

Words

suit [su:t] 어울리다 | overseas [òuvərsíːz] 해외의 | medical mission 의료 사절단 | device [diváis] 기계; 장치 | contact
information 연락처 | optimistic [àptəmístik] 낙관적인

6 상관접속사 수의 일치

상관접속사 종류	의미	동사 수의 일치
both A and B	A와 B 둘 다	both는 항상 복수취급
either A or B	A와 B 둘 중의 하나	B에 수 일치
neither A nor B	A와 B 둘 다 아닌	B에 수 일치
not only A but also B	A뿐만 아니라 B도	B에 수 일치
A as well as B	B뿐만 아니라 A도	A에 수 일치

Both she **and** I are employed in the Personnel Department.
그녀와 나는 둘 다 인사부에 고용되어 있다.

Either the manager **or** his secretary has to attend the monthly staff meeting.
부장 혹은 그의 비서 둘 중 한 사람은 월례 직원회의에 참여해야 한다.

Neither Ms. Brown **nor** I attend the training seminar.
브라운 씨와 저는 둘 다 훈련 세미나에 참석하지 않습니다.

Not only a president **but also** employees are responsible for the management of a company.
사장뿐 아니라 직원들도 회사의 경영에 책임이 있습니다.

They **as well as** I are going out for brunch early Sunday morning.
나뿐만 아니라 그들은 일요일 아침 일찍 브런치를 먹으러 나갈 예정입니다.

 Check Up

다음 문장의 괄호에서 적절한 것을 고르세요.

6 Not only you but also she [are / is] pretty.

7 Neither the CEO nor the vice president will [attend / attends] meeting.

Words

employed [imploid] 근무하고 있는 | training seminar 훈련 세미나 | president [prézədənt] 사장

연습문제 다음 괄호에서 적절한 것을 고르세요.

1 Discount [ticket / tickets] for the music concert are available in Ms. Klein's office.

2 Albertson [publishes / publishing] a monthly newsletter that is mailed to customers.

3 The directors [regulate / regulating] the use of corporate funds for advertising campaign.

4 The company [plans / plan] to expand its facility by the end of this year.

기출문제 빈칸에 가장 적절한 것을 고르세요.

5 The Johnson Corporation ------- significant revenue growth in the new year.

(A) anticipates
(B) anticipation
(C) anticipate
(D) anticipating

6 Applicants ------- to submit two letters of recommendation and a résumé.

(A) require
(B) requires
(C) is requiring
(D) are required

7 Our research ------- were recently published in Science Magazine.

(A) results
(B) resulting
(C) result
(D) resulted

8 The new menu for Sizzler ------- beef tenderloin and mushroom risotto.

(A) includes
(B) included
(C) including
(D) include

Words

1. available [əvéiləbl] 이용할 수 있는 2. a monthly newsletter 월간 소식지 3. regulate [régjulèit] 조정하다 | corporate [kɔ́:rpərət] 기업[회사]의 | fund [fʌnd] 기금 4. facility [fəsíləti] 시설물 5. anticipation [æntìsəpéiʃən] 예상 | anticipate [æntísəpèit] 예기하다, 예상하다 7. publish [pʌ́bliʃ] 게재하다; 출간하다 8. tenderloin [téndərlɔ̀in] (쇠고기·돼지고기의) 안심 | mushroom [mʌ́ʃru:m] 버섯 | risotto [risɔ́:tou] 리조또

Part 5

1 ------- attendees must register at the reception desk.

(A) Every
(B) Each
(C) All
(D) Much

2 We need to make sure that each of our customers ------- completely satisfied.

(A) are
(B) is
(C) being
(D) were

3 MS Software's technical support department ------- twenty-four hours a day.

(A) operators
(B) operating
(C) operates
(D) operation

4 The ------- advertised in yesterday's News Daily do not apply to computers.

(A) discounts
(B) discounted
(C) discounting
(D) discount

5 Computer users are strongly encouraged to read the manual that ------- their product.

(A) accompanies
(B) accompany
(C) accompaniment
(D) accompanying

6 ------- packet will include the conference schedule as well as accommodation.

(A) Few
(B) Every
(C) Whole
(D) Many

7 ------- in mail delivery are usually due to the increased volume of packages and letters.

(A) Delays
(B) Delaying
(C) Delayed
(D) Delay

8 Staff members should notify the personnel department if they ------- to be absent more than two weeks.

(A) expects
(B) expecting
(C) expectation
(D) expect

Words

1. register [rédʒistər] 등록하다 3. technical support department 기술 지원 부서 5. be encouraged to ~하도록 권장[장려]하다 | accompany [əkʌ́mpəni] 동반하다, 행동하다 | accompanying [əkʌ́mpəniiŋ] 수반하는 6. cell phone 휴대전화 7. volume [vɑ́:lju:m] ~양; 용량 | package [pǽkidʒ] 소포 8. personnel department 인사부서

Part 6

Questions 9-10 refer to the following advertisement.

The ABC Travel Agency will open its second branch office in Seattle on 1 May of this year. Thus, we are seeking five experienced travel assistants. Main responsibilities ------- booking flights, hotel rooms, and maintaining customer
9
databases. These positions require superior communication, customer service, and computer skills. ------- To apply, please send a resume and cover letter to
10
abcmanager@travel.com.

9 (A) include
(B) includes
(C) to include
(D) including

新 **10** (A) Applicants should have at least three years of experience in the travel industry.
(B) I'm currently interviewing candidates for all the positions.
(C) Employees who wish to apply should first meet with their managers.
(D) For example, a competitive benefit package will be offered to full-time workers.

Questions 11-12 refer to the following e-mail.

Date: July 30

To: Peter Strong

From: Day's Inn

Dear Mr. Strong:

Thank you for staying at the Day's Inn on July 21. We hope you enjoyed your visit with us. Since every guest ------- important to us, please take a moment to
11
complete the customer satisfaction survey attached to this message to let us know how well we met your needs and expectations. Please contact me directly should you have ------- additional comments or questions. We look
12
forward to serving you again.

Sincerely,

James Johnson, General Manager

Day's Inn

11 (A) is
    (B) are
    (C) being
    (D) to be

12 (A) each
    (B) every
    (C) any
    (D) one

Words

11-12. take a moment 잠시 시간을 내다 | customer satisfaction survey 고객만족 설문조사 | directly [diréktli; dairéktli] 직접적으로 | additional [ədíʃənl] 추가적인 | comment [kάment] 언급, 논평 | look forward to ~ing ~을 고대하다

2

---

7 reduce [ridú:s] 줄이다 ☑️⚪⚪⚪⚪

Each department <u>is required to</u> / make an extra effort / to
　　　　　　　be required to ～하도록 요구하다
reduce / the amount of <u>unnecessary</u> photocopying.
　　　　　　　　　　　　　불필요한

각 부서는 / 불필요한 복사량을 / 줄이기 위해 / 추가적인 노력을 기울이도록 / 요구 받고 있다.

---

8 apply [əplái] 적용하다, 바르다 ⚪⚪⚪⚪⚪

Do not cover / the product bar code / when you **apply** / new price labels / to packages <u>on display</u>.
　　　　　　　　　　　　　　　　　　진열된

진열된 패키지에 / 새로운 가격표를 / 붙일 때 / 제품 바코드를 / 가리지 마십시오.

---

9 detail [dí:teil] (상세히) 알리다, 열거하다 ⚪⚪⚪⚪⚪

Accounting department <u>has compiled</u> / a report / that **details**
　　　　　　　　　　편집하다, 편찬하다
the company's <u>financial performance</u>.
　　　　　　　재정 실적

회계부서는 / 회사의 재정 실적을 상세하게 기술하는 / 보고서를 / 편집하고 있다.

---

10 close [klous] 닫다 ⚪⚪⚪⚪⚪

Due to <u>extensive</u> <u>renovations</u>, / the Lyndon Public Library / will be
　　　광범위한　　개조
closed / from May 1 until May 15.

광범위한 개조작업 때문에 / 린던 공립 도서관은 / 5월 1일부터 15일까지 / 문을 닫을 것이다.

---

11 grow [grou] 자라다, 크다 ⚪⚪⚪⚪⚪

The plants / used to <u>landscape</u> the Asian <u>headquarters</u> / **grow**
　　　　　　　　　풍경　　　　　　　본사
very well / in a dry <u>climate</u>.
　　　　　　　　기후

아시아 본사에서 풍경미화를 위해 사용된 / 식물들은 / 건조한 기후에서 / 매우 잘 자란다.

---

12 limit [límit] 제한하다 ⚪⚪⚪⚪⚪

Seminars / at the Marriot Business Center / will be **limited** to
twenty people / to allow for <u>interactive</u> <u>discussions</u> and
　　　　　　　　　　　　　상호호환적인　　토론
<u>personalized</u> <u>attention</u>.
　개인별　　집중

메리어트 비즈니스 센터에서의 / 세미나들은 / 상호호환적인 토론과 개인별 집중을 위해서 / 20명으로 제한될 것이다.

완전절친
TOEIC 스타트 RC

동사의 시제

- 단순 시제
- 진행 시제
- 완료 시제
- 완료 진행 시제
- 단원 별 문제

★ 동사 필수 어휘 3

* 시제(tense)란 무엇인가요?

시제란 어떤 사건이나 행동을 시간에 따라 표현하는 것으로 영어에는 아래 도표에 나오는 것처럼 12시제가 있습니다.

* 시제관련 문제는 기출에서 몇 문제나 출제되나요?

시제관련 문제는 매달 평균 1문제 정도 출제되며 단순미래, 단순과거, 그리고 현재완료 문제가 가장 많이 출제됩니다.

● 12시제   ◘ 과거시제와 p.p.형은 동사 활용표 p.352 참조

	단순 (simple)	진행 (progressive)	완료 (perfect)	완료 진행 (perfect progressive)
과거 (past)	단순과거 동사원형+(e)d	과거진행 was/were + 동사원형ing	과거완료 had + p.p.	과거완료 진행 had been + 동사원형ing
현재 (present)	단순현재 동사원형+(e)s	현재진행 am/are/is + 동사원형ing	현재완료 have/has + p.p.	현재완료 진행 have/has been + 동사원형ing
미래 (future)	단순미래 will(be going to) + 동사원형	미래진행 will be + 동사원형ing	미래완료 will have + p.p.	미래완료 진행 will have been + 동사원형ing

Check Up

1 다음 단어의 시제를 쓰세요.

studied: _____   will study: _____

had studied: _____   was studying: _____

will have been studying: _____

1 단순 시제

단순 시제는 특정한 시간에 발생한 일이나 상태를 나타낼 때 사용하는 시제입니다. 단순 과거와 단순 미래는 토익 정기시험에서 가장 출제가 많이 됩니다.

과거 시제	동사원형 + (e)d Peter studied last night. 피터는 지난밤에 공부했다.
현재 시제	동사원형 + (e)s Peter studies every day. 피터는 매일 공부한다.
미래 시제	will(be going to) + 동사원형 Peter will study tomorrow. 피터는 내일 공부할 것이다.

★ **1 과거 시제**

과거 시제는 과거의 한 시점에서 발생한 사실이나 습관에 쓰입니다. 다음과 같은 과거의 시점을 나타내주는 부사구가 과거 시제와 함께 나옵니다.

last	last night 어젯밤 last week 지난주 last month 지난달
ago	three days ago 3일 전에 a week ago 일주일 전에 a month ago 한 달 전에
previous	previous night 전날 밤 previous week 지난주 previous year 지난해
on, in	on + 과거의 날짜나 요일(on March 12th, on last Sunday) in + 과거의 달, 계절, 연도(in June, in the winter, in 1999)
기타표현	yesterday 어제 at that time 그때 those days 그 당시에

The company **was founded** 30 years ago. 그 회사는 30년 전에 설립되었다.

The manager **reviewed** the monthly report yesterday. 부장은 어제 월별 보고서를 검토했다.

Check Up

2   다음 동사를 과거와 미래 시제로 바꾸세요.

현재: _____ read _____   과거: _____   미래: _____

2 현재 시제

현재 시제는 현재의 동작이나 상태를 나타낼 때, 규칙적인 습관이나 일반적인 습관을 말할 때, 일반적인 사실이나 진리를 표현할 때 사용합니다.

The manager **looks** happy. 부장은 행복해 보인다.

▶ 현재의 동작이나 상태

We **purchase** office supplies <u>once every three months</u>. 우리는 3개월에 한 번씩 사무용품을 구입한다.

▶ 규칙적인 습관

★ 3 미래 시제

미래 시제는 미래의 한 시점에서 발생할 일을 말할 때 사용하는 시제로, 일반적으로 조동사 will(= be going to)을 사용합니다. 미래 시제는 다음에 나오는 미래를 나타내는 부사구와 함께 쓰입니다. 미래 시제는 토익 정기시험에서 가장 출제가 많이 되는 시제입니다.

until + 미래시점	until next Monday 다음 월요일까지 until next week 다음주까지
within + 시간의 기간	within the next two weeks 앞으로 2주 안에
next	next week 다음 주 next month 다음 달 next year 다음 해
기타표현	tomorrow 내일 as of + 미래시점 ~일자로
	at the end of the week/month/year 주/월/연말에

The company **will announce** the annual financial results <u>next week</u>.
회사는 다음 주에 연례 재정 결과를 발표할 것이다.

The special sales at Jay Bakery **will begin** <u>tomorrow</u>. 제이 제과점의 특별 세일이 내일 시작될 것이다.

Our fax number **will change** <u>as of May 6th</u>. 저희 팩스 번호가 5월 6일자로 바뀝니다.

 Check Up

3 다음 문장의 괄호에서 적절한 것을 고르세요.

Mr. Cook [finished / finishes] reviewing the report last week.

Words

office supplies 사무용품 | financial results 재정 결과 | special sales 특별 세일

2 진행 시제

진행 시제는 현재, 과거, 미래진행이 있고 주어진 시점에서 동작이 계속 진행중임을 나타냅니다. 진행 시제는 be-ing의 형태로 다음과 같이 세 종류가 있습니다.

과거진행 시제	was/were + 동사원형ing　　　현재(말하는 시점)
	Peter **was studying** when they came. 그들이 왔을 때 피터는 공부하고 있었다.
현재진행 시제	am/are/is + 동사원형ing
	Peter **is studying** right now. 피터는 현재 공부하고 있다.
미래진행 시제	will be + 동사원형ing
	Peter **will be studying** when you come. 당신이 올 때 피터는 공부하고 있을 것이다.

① 과거진행 시제

과거진행 시제는 과거에 진행되었던 일을 나디'냅니다. 형태는 was/were + 동사원형ing로, 과거를 나타내는 부사구와 함께 쓰입니다

We **were talking** about the meeting that we attended last week.
우리는 지난주에 참석했던 회의에 대해서 이야기하고 있었다.

② 현재진행 시제

현재진행 시제는 현재에 진행되고 있는 동작을 표현하거나 문장에 미래의 부사구를 써서 가까운 미래에 일어날 일을 표현할 때 쓰입니다. 형태는 am/are/is + 동사원형ing로 현재를 나타내는 부사구와 함께 쓰입니다.

Some people **are crossing** the street.
몇몇 사람들이 도로를 건너고 있다.

 Check Up

4 **다음 동사를 시제에 맞게 바꾸세요.**

단순현재: _____live_____　　　　과거진행: _____

현재진행: _____　　　　미래진행: _____

미래진행 시제는 미래에 진행될 일을 나타냅니다. 형태는 will be + 동사원형ing로 미래를 나타내는 부사구와 함께 쓰입니다.

Who **will be attending** the meeting <u>next week</u>? 누가 다음 주 회의에 참석할 것인가?

3 완료 시제

기준 시점보다 먼저 발생한 일이나 사건이 기준점에 완료되는 것을 표현합니다. 시험에서 출제 빈도가 높은 시제입니다.

과거완료 시제	had + p.p. 현재(말하는 시점) ─────3과 공부 시작─────┤ 2과 공부 Peter **had** already **studied** Chapter 2 before he began studying Chapter 3. 피터는 3과 공부를 시작하기 전에 이미 2과를 공부했다.
현재완료 시제	have/has + p.p. ────────┤ 2과 공부 Peter **has** already **studied** Chapter 2. 피터는 이미 2과를 공부했다.
미래완료 시제	will have + p.p. 3과 공부 ────────┤──────── 4과 공부 시작 Peter **will** already **have studied** Chapter 3 before he studies Chapter 4. 피터는 4과를 공부하기 전에 그는 이미 3과를 공부했을 것이다. ▶ 시간과 조건의 부사절에서는 현재가 미래를 대신한다(before he studies Chapter 4).

Check Up

5 다음 동사를 시제에 맞게 바꾸세요.

단순현재: _____walk_____   과거진행: _____

현재진행: _____   미래진행: _____

★ ① 현재완료 시제

현재완료 시제의 형태는 have/has + p.p.이고, 어떤 사건이나 동작이 과거에서 시작되어 현재까지 영향을 미치거나 이어지는 경우에 쓰입니다. 기간을 나타내주는 전치사구(since, for, in, over 등)가 함께 나옵니다.

● Since + 과거 시제의 문장

Mr. Miller **has lived** in Washington **since** he <u>was</u> born. 밀러 씨는 그가 때어났을 때부터 워싱턴에서 살았다.

Mr. Hall **has lived** in Washington **since** <u>2010</u>. 홀 씨는 2010년 이후로 워싱턴에 살았다.

● 기간을 나타내주는 전치사구 (과거시점에서 완료시점까지)

for the past(last) two years 지난 2년 동안
in the past years 지난 몇 년 간
over the last three years 지난 3년 동안에 걸쳐서

The demand for exports **has risen** steadily **for** <u>the past two years</u>.
수출 수요가 지난 2년 동안 꾸준하게 증가했다.

② 과거완료 시제

과거완료 시제의 형태는 had + p.p.이고, 내과거에서 시작해서 과거까지 영향을 미친 일을 표현할 때 쓰입니다. 즉, 과거에 발생한 두 가지 사건에 대해 먼저 일어난 일을 표현할 때 사용합니다.

Mr. Green **had finished** his internship at Microsoft **when I got hired**.
내가 마이크로소프트에 고용되었을 때 그린 씨는 그의 인턴과정을 이미 끝마쳤다.

③ 미래완료 시제

미래완료 시제의 형태는 will have + p.p.이고, 과거나 현재에 일어나고 있는 동작이 미래의 일정한 시점에 완료되거나 그때까지 영향을 미칠 때 쓰입니다.

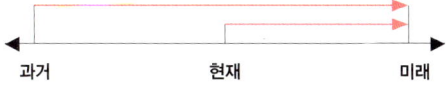

Mr. Cox **will have served** at Johnson Inc., **for** 30 years **by the time** he retires.
콕스 씨는 그가 은퇴할 때까지 30년 동안을 존슨 주식회사에서 일하게 될 것이다.

4 완료 진행 시제

기준 시점보다 먼저 발생한 일이나 사건이 기준점까지 계속 진행중일 때 사용합니다.

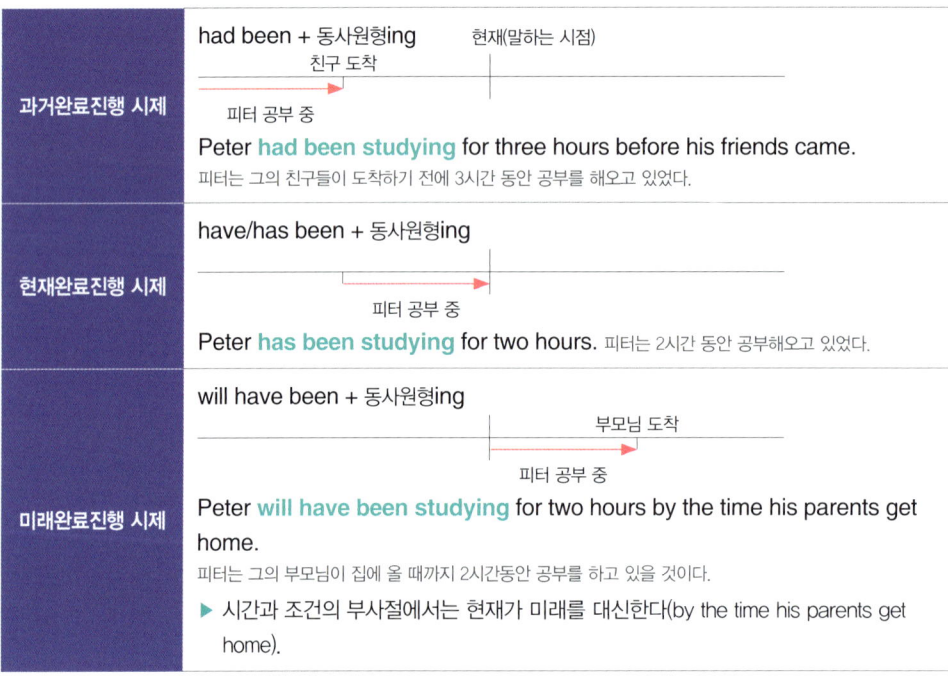

과거완료진행 시제	had been + 동사원형ing 현재(말하는 시점) 친구 도착 피터 공부 중 Peter **had been studying** for three hours before his friends came. 피터는 그의 친구들이 도착하기 전에 3시간 동안 공부를 해오고 있었다.
현재완료진행 시제	have/has been + 동사원형ing 피터 공부 중 Peter **has been studying** for two hours. 피터는 2시간 동안 공부해오고 있었다.
미래완료진행 시제	will have been + 동사원형ing 부모님 도착 피터 공부 중 Peter **will have been studying** for two hours by the time his parents get home. 피터는 그의 부모님이 집에 올 때까지 2시간동안 공부를 하고 있을 것이다. ▶ 시간과 조건의 부사절에서는 현재가 미래를 대신한다(by the time his parents get home).

Check Up

6 다음 동사를 시제에 맞게 바꾸세요.

단순현재: _____consider_____   과거완료 진행: _____

현재완료 진행: _____   미래완료 진행: _____

연습문제 다음 괄호에서 적절한 것을 고르세요.

1 Mr. Scott [received / has received] a promotion last month.

2 Stores are reporting that spring merchandise [is selling / sold] very well right now.

3 The price of raw materials [increased / has increased] significantly since last year.

4 Computers [have developed / developed] considerably over the last ten years.

기출문제 빈칸에 가장 적절한 것을 고르세요.

5 Construction crews ------- working on the new shopping mall next month.

(A) will begin
(B) begin
(C) began
(D) have begun

6 The board ------- sometime next week to evaluate the proposed project.

(A) will convene
(B) convened
(C) to convene
(D) convening

7 The marketing division ------- new staff members last January.

(A) welcomed
(B) welcoming
(C) will welcome
(D) has welcomed

8 As of next month, the computer lab ------- closing at 5:00 P.M. during weekdays.

(A) has been
(B) are
(C) was
(D) will be

Words

1. receive a promotion 승진하다 2. merchandise [mə́ːrtʃəndàiz] 상품 3. raw materials 원자재 | significantly [signífikəntli] 상당히 4. considerably [kənsídərəbli] 상당히 6. evaluate [ivǽljuèit] 평가하다 | convene [kənvíːn] 소집하다; 모임을 갖다 7. marketing division 마케팅 부서 8. as of ~현재로, ~일자로

Part 5

1 When Mr. King goes to London next week, he ------- at the Grand Hotel.

(A) stay
(B) stays
(C) will stay
(D) has stayed

2 Beginning next month, local residents ------- a weekly newsletter of events.

(A) have received
(B) will receive
(C) to receive
(D) will be received

3 The product catalogue ------- by registered mail this morning.

(A) arrived
(B) arrival
(C) arrive
(D) to arrive

4 Mr. Monson ------- World Trading Company three years ago.

(A) start
(B) starting
(C) started
(D) will start

5 Mr. Lee ------- as an accountant for the past three years.

(A) employed
(B) will employ
(C) has been employed
(D) employing

6 When the technicians discovered the computer problem, several files -------.

(A) disappearing
(B) had disappeared
(C) have disappeared
(D) disappear

7 Next month, Mr. Anderson ------- at Delta Publishing Company for ten years.

(A) work
(B) working
(C) has worked
(D) will have worked

8 Several shop owners ------- about the property on Center Street before Smith Group purchased it.

(A) inquiring
(B) had inquired
(C) would be inquiring
(D) will have inquired

Words

1. stay at ~에 머물다 2. a weekly newsletter 주간 소식지 3. catalogue [kǽtəlɔ̀ːg] 카탈로그 (= brochure, booklet, pamphlet) | registered mail 등기우편 4. trading company 무역회사 5. employ [implɔ́i] 고용하다 6. technician [tekníʃən] 기술자 | disappear [dìsəpíər] 사라지다 7. publishing company 출판사 8. inquire [inkwáiər] 묻다, 알아보다

Part 6

Questions 9-10 refer to the following advertisement.

Reasonable Guitar Lessons

Would you like to learn to play the guitar in an enjoyable environment?

We ------- three professionally trained guitar instructors last month. Each one
　　　9

of them ------- at least ten years of experience in teaching guitar lessons.
　　　10

Whether you are learning the guitar for the first time, or you are an experienced

musician, we can help you improve your skills. For a list of fees and other

information, visit our website at www.skillsguitar.com.

9　(A) employ
　　(B) employed
　　(C) will employ
　　(D) has employed

10　(A) has
　　(B) have
　　(C) has been
　　(D) to have

Words

9-10. professionally [prəféʃənəli] 전문적으로 | at least 적어도 | for the first time 처음으로

Questions 11-12 refer to the following letter.

August 10

Mr. James Johnson

100 Center Street

Provo, Utah 84604

Dear Mr. Johnson:

The customer service department at Radio Shock has received your request

for the replacement of the camera that you ------- last week. Please accept
11

our apologies for any inconvenience the malfunctioning equipment has caused

you. ------- However, you must send us the original receipt.
12

Thank you for choosing Radio Shock.

Peter Moore

Customer Service Representative

Radio Shock

11 (A) purchase

(B) purchased

(C) to purchase

(D) purchasing

新 **12** (A) The BT300 camera is one of our
top-selling models.

(B) Instruction manuals can be
downloaded from our website.

(C) Please e-mail this form to the
Customer Service Department.

(D) We will be happy to provide you
with a new camera free of charge.

Words
....
11-12. customer service department 고객 서비스 부서 | replacement [ripléismənt] 교환, 교체 | apology [əpάlədʒi]
사과 | inconvenience [ìnkənvíːnjəns] 불편함 | malfunctioning [mælfʌ́ŋkʃəniŋ] 오작동하는 | provide A with B A에게
B를 제공하다 | free of charge 무료로, 공짜로 | original [ərídʒənl] 원본의

3

Week 1
Week 2
Week 3
Week 4

13 propose [prəpóuz] 제안하다 ✓ ○○○○

If you have ideas / for <u>merchandising</u> new items / that you /
　　　　　　　　　　판매, 판촉
would like to **propose**, / please give them / to Mr. Anderson.

새로운 상품 판매를 위해 / 당신이 / 제안하고 싶은 / 아이디어가 있다면 / 그것들을 / 앤더슨 씨에게 / 제출해 주세요.

14 provide [prəváid] 제공하다 ●○○○○

We were unable to **provide** / additional <u>funding</u> / to the
　　　provide A to B B에게 A를 제공하다 추가적인　　자금
advertising department / because of the <u>insufficient</u> <u>budget</u>.
　　　　　　　　　　　　　　　　　　불충분한　　예산

우리는 / 불충분한 예산 때문에 / 광고부서에 / 추가적인 자금을 / 제공할 수 없었다.

15 allow [əláu] 허용하다 ●○○○○

Mervyns' discount coupons **allow** / customers to get a 20%
　　　　　　　　　　　allow A to B A가 B할 수 있도록 허용하다
discount off / all the purchased <u>items</u>.
　　　　　　　　　　　물건들

머빈의 할인 쿠폰은 / 고객으로 하여금 / 구매한 모든 물건들에 / 20% 할인을 받을 수 있도록 / 허용한다.

16 require [rikwáiər] 요구하다 ●○○○○

Technicians / <u>are **required** to</u> / wear protective gloves and
　　　　　　be required to ~하도록 요구되다
goggles / <u>at all times</u> / in the laboratory.
　　　　　　항상

기술자들은 / 실험실 안에서 / 항상 / 보호 장갑과 안경을 착용하도록 / 요구된다.

17 attract [ətrǽkt] 끌어들이다, 끌어모으다 ●○○○○

The <u>organizers</u> / of the San Jose City Marathon / are advertising
　　주최측
locally / in an effort to / **attract** as many runners as possible.
지역적으로 　~하기 위한 노력으로

산 호세 시 마라톤 / 주최 측은 / 가능한 많은 마라톤 참석자들을 끌어 모으기 / 위한 노력으로 / 지역적으로 홍보하고 있다.

18 prefer [prifə́:r] 선호하다 ●○○○○

A recent survey indicates / that Hartford Bank customers / **prefer**
online banking / for its convenience.

최근 설문조사는 / 하트퍼드 은행 고객들이 / 편의상 / 온라인 뱅킹을 선호한다는 것을 / 보여준다.

완전절친
TOEIC 스타트 RC

수동태와 능동태

- 수동태와 능동태의 차이
- 시제 별 수동태의 형태
- 수동태를 만들 수 없는 자동사
- 수동태 문장의 다양한 전치사
- 단원 별 문제

★ 동사 필수 어휘 4

수동태와 능동태

✳ 수동태란 무엇인가요?

수동태는 주어가 동사의 대상이 되어 쓰인 문장을 말합니다. 수동태 문장에서 무엇보다 중요한 것은 주어가 '동사의 주체로 쓰였는지' 아니면 '동사의 대상으로 쓰였는지'를 구분하는 것입니다. 주어가 동사의 대상으로 쓰이면 수동태를 써야 하고, 동사의 주체로 쓰이면 능동태 문장을 써야 합니다.

능동태: 주어가 동사를 직접 하거나 주어가 뒤에 나오는 대상에게 영향을 줄 때 씁니다.

<u>He</u> repairs the computer. 그는 컴퓨터를 고친다.

<u>Maria</u> gives money to me. 마리아는 나에게 돈을 준다.

수동태: 주어가 동사의 영향을 받거나 당할 때 수동태 문장을 씁니다.

The computer is repaired by <u>him</u>. 컴퓨터가 그에 의해서 수리된다.

I am given money by <u>Maria</u>. 나는 마리아에 의해 돈이 주어진다.

1   수동태와 능동태의 차이

능동태 문장에서는 동사 뒤에 목적어가 있습니다. 반면 수동태 문장에서는 동사 뒤에 목적어가 없습니다. 일반적으로 능동태 문장의 주어는 사람이고 수동태 문장의 주어는 사물입니다.

● 능동태

Mr. Krause **expressed** his respect for the retiring vice president.
　주어　　　　동사　　　　목적어
크라우스 씨는 퇴직하는 부사장에게 그의 존경을 표했다.

● 수동태

The factory **was built** for the production of cars.
　주어　　　　동사　　　　　전치사구
그 공장은 자동차 생산을 위해서 지어졌다.

 Check Up

1　다음 문장을 수동태로 바꾸세요.

Steve mailed the package. 스티브가 소포를 부쳤다.

→ _____

● 능동태를 수동태로 바꾸는 방법

① 능동태 문장의 목적어는 수동태 문장의 주어가 된다.
② 능동태 문장의 타동사는 수동태 문장의 'be(능동태 시제와 주어와 수 일치) + p.p.(과거분사)'가 된다.
③ 능동태 문장의 주어는 수동태 문장의 'by + 목적격'이 된다.

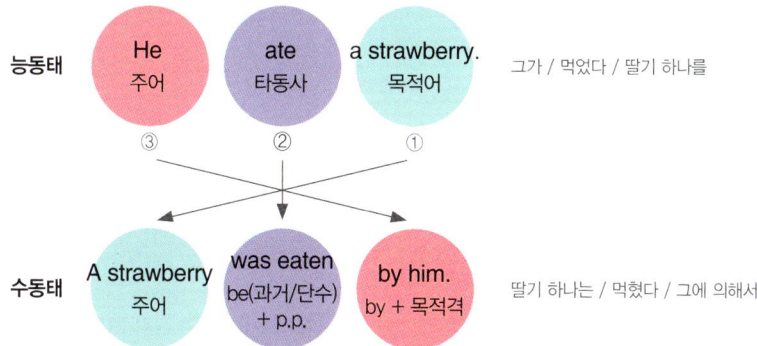

2 시제 별 수동태의 형태

다음 문장을 시제 별 수동태로 바꾸어 보았습니다.

He designs the car. 그는 차를 디자인하다.

시제	주어	be동사		과거분사	by 목적격
		단수	복수		
단순현재	The car/Cars	is	are	designed	by him
단순과거	The car/Cars	was	were	designed	by him
단순미래	The car/Cars	will be	will be	designed	by him
현재완료	The car/Cars	has been	have been	designed	by him
과거완료	The car/Cars	had been	had been	designed	by him
미래완료	The car/Cars	will have been	will have been	designed	by him
현재진행	The car/Cars	is being	are being	designed	by him
과거진행	The car/Cars	was being	were being	designed	by him

 Check Up

2 다음 빈칸에 알맞은 것을 고르세요.

The car [was repaired / repaired] by the mechanic.

Words

production [prədΛkʃən] 생산 **Check up** 2. mechanic [məkǽnik] 정비공

Your question has been sent to Wilson Smith.
귀하의 문의는 윌슨 스미스에게 보내졌습니다.

The employee contact information has recently been updated by personnel department.
직원 연락처가 인사부에 의해서 최근 갱신되었습니다.

The monthly staff meeting will be held on May 2.
월간 직원 회의는 5월 2일에 열릴 것이다.

An exhibition is being held in the Benson Gallery right now.
전시회가 현재 벤슨 화랑에서 열리고 있다.

3 수동태를 만들 수 없는 자동사

타동사가 포함된 3형식의 문장은 수동태 문장으로 바꿀 수 있습니다. 그러나 자동사가 포함된
1형식과 2형식의 문장은 수동태 문장의 주어가 되는 목적어가 없기 때문에 수동태로 바꿀 수
없습니다.

● 수동태 불가 자동사들

appear 나타나다	arrive 도착하다	become 되다
come 오다	disappear 사라지다	exist 존재하다
occur 발생하다	remain 남아 있다	rise 일어서다
stay 머물다	take place 일어나다, 발생하다	

An unexpected problem occurred during the performance. 공연을 하는 동안 예상 밖의 문제점이 발생했다.

One of the items that I ordered arrived a week later. 내가 주문한 품목 중 한 가지 품목은 일주일 늦게 도착했다.

▶ 동사 occur과 arrive는 자동사이므로 수동태로 만들 수 없다.

 Check Up

다음 문장의 괄호에서 적절한 것을 고르세요.

3   The police car [has parked / has been parked] on the street.

4   The sun [has disappeared / has been disappeared] behind a cloud.

4 수동태 문장의 다양한 전치사

일반적으로 수동태의 문장에서 행위자를 표현할 때 'by + 목적격'을 사용합니다.

Books should be returned **by borrowers** within three weeks.
책들은 3주 이내에 대출한 사람에 의해 반납되어야 한다.

예외적으로 다음과 같이 전치사 by가 아닌 다른 전치사를 쓰는 수동태 표현들이 있습니다.

● 전치사 at을 쓰는 관용표현

be disappointed at ~에 실망하다	be gratified at(with) ~에 만족하다
be frightened(shocked/surprised) at ~에 깜짝 놀라다	

He **was disappointed at** the test result. 그는 테스트 결과에 실망했다.
I **was surprised at** the news. 나는 뉴스를 보고 깜짝 놀랐다.

● 전치사 in을 쓰는 관용표현

be engaged in ~에 종사하다	be indulged in ~에 몰두하다
be interested in ~에 관심을 갖다	be involved in ~에 관여하다

Mr. Murphy **is engaged in** selling computer software. 머피 씨는 컴퓨터 소프트웨어를 파는데 종사하고 있다.
I **am interested in** attending the conference. 나는 회의에 참석하는데 관심이 있다.

● 전치사 with를 쓰는 관용표현

be covered with ~로 덮여 있다	be crowded with ~로 붐비다
be equipped with ~로 장비를 갖추다	be gratified with(at) ~에 만족하다
be pleased with ~에 기쁘다	be satisfied with ~에 만족하다

That restaurant **is crowded with** customers at all times. 저 식당은 항상 손님들로 붐빈다.
The manager **was satisfied with** the presentation. 부장은 프레젠테이션에 만족했다.

 **Check Up**

5 다음 문장의 괄호에서 적절한 것을 고르세요.

Our department is composed [at / of / on] the best employees in our company.

Words

exhibition [èksəbíʃən] 전시회 | unexpected [ʌnikspéktid] 예상 밖의 | borrower [bárouər] 대출자 | conference [kánfərəns] 회의[학회] | at all times 항상

● 기타 관용표현

be based on ~에 근거하다	**be composed of** ~로 구성되어 있다
be dedicated to ~에 헌신하다	**be related to** ~에 관계가 있다
be tired of ~로 피곤하다	**be worried about** ~을 걱정하다

Your grade **will be based on** a final exam and three papers.
당신의 학점은 기말고사와 3개의 과제물에 근거할 것이다.

The committee **is composed of** 10 members.
위원회는 10명의 회원으로 구성되어 있다.

★ ● 5형식 수동태 표현

be advised to ~하도록 조언을 듣다	**be allowed to** ~하도록 허락되다
be asked to ~하도록 요청받다	**be encouraged to** ~하도록 권고받다
be expected to ~하리라 기대되다	**be permitted to** ~하도록 허락되다
be reminded to ~하도록 상기되다	**be requested to** ~하도록 요청받다
be required to ~하도록 요구되다	**be told to** ~하라는 말을 듣다

We **were advised to** study hard by John.
우리는 존으로부터 공부를 열심히 하라고 조언을 들었다.
(←John **advised** us to study hard.)

Participants **were requested to** arrive by the manager on Monday.
참여자들은 월요일에 도착하도록 매니저로부터 요청받았다.
(←The manager **requested** participants to arrive on Monday.)

All new employees **are reminded to** attend orientation meeting (by the supervisor).
모든 새로운 직원들은 (감독관으로부터) 오리엔테이션 미팅에 참여하도록 상기된다.
(←The supervisor **reminds** all new employees to attend orientation meeting.)

 Check Up

6 다음 문장의 괄호에서 적절한 것을 고르세요.

The increase in personnel is [expecting / expected] to help us meet our project deadlines.

Words

Check up 6. personnel [pə̀ːrsənél] (조직·군대의) 인원 ｜ meet a deadline 마감 기한을 맞추다

연습문제 다음 괄호에서 적절한 것을 고르세요.

1 Job interviews [will be conducted / have conducted] next Monday in the conference room.

2 The employee training guidelines were [revised / revising] by the personnel department.

3 Mr. Wu has been [recommended / recommend] for the manager's position by his supervisor.

4 The price quoted for catering services is [guarantee / guaranteed] for a month.

기출문제 빈칸에 가장 적절한 것을 고르세요.

5 Guests ------- to present an identification card when checking into the hotel.

(A) requests
(B) requesting
(C) to request
(D) are requested

6 The manager of the LA factory ------- to increase production of cars by 20 percent.

(A) was told
(B) told
(C) is telling
(D) will tell

7 The computers must be ------- by Friday in order to get on time.

(A) order
(B) ordering
(C) ordered
(D) orders

8 The offices of Johnson Advertising ------- in Seattle and New York.

(A) located
(B) locating
(C) is locating
(D) are located

Words

1. conduct [kάndʌkt] (특정 활동을) 하다; 행동하다 2. personnel department 인사부 3. recommend [rèkəménd] 추천하다 4. quoted [kwout] 견적된 ㅣ catering service 출장요리 서비스 5. present [préznt] 제시하다 ㅣ an identification card 신분증 6. increase [inkrí:s] 증가하다 7. on time 정시에 8. be located in ~에 위치해 있는

Part 5

1 On performance days, tickets for music concerts can ------- at the box office.

(A) purchasing
(B) were purchased
(C) be purchased
(D) to purchase

2 All passengers ------- present a boarding pass to the airline attendant.

(A) are required to
(B) requiring
(C) requires
(D) be required

3 All flights leaving San Francisco International Airport ------- until further notice.

(A) will be postponed
(B) are postponing
(C) should postpone
(D) postponing

4 The quarterly budget report will be ------- by Friday if the manager approves it.

(A) submit
(B) submitted
(C) submits
(D) submitting

5 The company's new skin care products are being ------- to both men and women.

(A) market
(B) markets
(C) marketed
(D) marketing

6 The results of our latest customer survey ------- in the document.

(A) summarizes
(B) are summarizing
(C) summarized
(D) are summarized

7 At a retirement dinner last night, Peter Robert ------- for his 20 years of service at Martin Company.

(A) honored
(B) had honored
(C) to be honored
(D) was honored

8 The pamphlets ------- to include the updated interior designs last month.

(A) designing
(B) were designed
(C) designs
(D) are designing

1. on performance days 공연하는 날 | at the box office 매표소에서 | purchase [pə́:rtʃəs] 구매하다 2. boarding pass 탑승권 | airline attendant 승무원 3. until further notice 추후 공지가 있을 때까지 4. quarterly [kwɔ́:rtərli] 분기별의 | budget report 예산 보고서 5. market [mɑ́:rkit] (상품을) 시장에 내놓다 6. summarize [sʌ́məraiz] 요약하다 7. retirement [ritáiərmənt] 은퇴 8. pamphlet [pǽmflət] 팜플렛 | updated [ʌ̀pdéitid] 최신의 | interior design 인테리어 디자인

Part 6

Questions 9-10 refer to the following instructions.

Be sure to read the following instructions before operating your new washing machine. Make sure that your washing machine has been ------- on a solid
9
foundation to support its weight. In order to prevent noise and vibration, the appliance should be -------. Lastly, be sure to attach the water-supply hoses at
10
the back of the machine securely to water valves.

9 (A) install
   (B) installing
   (C) installed
   (D) installation

10 (A) to level
   (B) leveled
   (C) leveling
   (D) levels

Words

9-10. washing machine 세탁기 | solid [sɑ́:lid] 탄탄한 | foundation [faundéiʃən] 기초 | prevent [privént] 막다[방지하다]
| vibration [vaibréiʃən] 진동 | appliance [əpláiəns] (가정용) 기기 | level [lévəl] 평평하게 하다 | securely [sikjúərli] 단단히,
튼튼하게

Questions 11-12 refer to the following letter.

From: Peter Smith

Subject: Promotion

Date: April 15

Dear Anderson,

This is to inform you that your promotion ------- by the Personnel Department.
11
Effective 1 May, your new title will be Manager of the marketing department.
------- After reviewing this document, feel free to contact me with any questions
12
you may have. We look forward to the additional contributions you will make to
the company in the future.

Sincerely,

Peter Smith

Director, Human Resources

11 (A) has approved
   (B) has been approving
   (C) has been approved
   (D) approved

新 12 (A) Again, I apologize for taking so
        long to get back to you.
     (B) An official description of your new
         responsibilities is attached.
     (C) Applicants can submit résumés
         online or in person.
     (D) It can be difficult to find qualified
         candidates for a position.

Words

11-12. inform [infɔ́ːrm] 알리다 | promotion [prəmóuʃən] 승진 | description [diskrípʃən] 서술[기술/묘사] | contribution
[kὰntrəbjúːʃən] 기여, 공헌

4

19 deliver [dilívər] 배달하다, 운반하다 ✔ ○○○○

All construction materials / will be **delivered** / to the loading dock
　　　　　건설　　　재료
/ at the backside of the building.

> 모든 건설 재료들은 / 건물 뒤편에 있는 / 적하장으로 / 운반될 것이다.

20 qualify [kwάlifài] (〜할) 자격이 있다 ○○○○○

According to the brochure, / any purchases over $500 / **qualify**
　〜에 따르면
for / free shipping and handling.
　　　　배달　　　　취급

> 소책자에 따르면 / 500달러 이상의 구매는 / 무료 배달과 취급을 / 위한 자격이 있다.

21 select [silékt] 선발하다, 선정하다 ○○○○○

Once the applicants submit their application, / we can begin /
일단 〜하면　지원자들
selecting candidates to interview.

> 지원자들이 지원서류를 제출하고 나면 / 우리가 / 면접할 후보 선정을 / 시작할 수 있다.

22 reserve [rizə́:rv] 예약하다 ○○○○○

In order to / **reserve** a table for the luncheon, / you need to call /
　　　　　　　　　　　　　　오찬
at least 24 hours / in advance.
　　　　　　　　　미리

> 오찬을 위한 테이블을 예약 / 하기 위해서 / 적어도 24시간 전에 / 미리 / 전화를 해야 한다.

23 locate [lóukeit] 〜의 정확한 위치를 찾아내다 ○○○○○

Hotel employees / will be happy to help / guests **locate** a nearby
　　　　　　　　　　〜하게 되어 기쁘다
restaurant or movie theater.

> 호텔 직원들은 / 손님들이 근처 레스토랑이나 극장을 찾도록 / 기꺼이 도울 것이다.

24 accommodate [əkάmədeit] 수용하다 ○○○○○

To **accommodate** / the increasing number of visitors, / McCarthy
Building / will construct an additional parking facility.
　　　　　　　　　　　　　　　추가적인

> 증가하는 방문객들을 / 수용하기 위해서, / 매카시 빌딩은 / 추가 주차 시설을 / 건설할 것이다.

Week 1
Week 2
Week 3
Week 4

완전절친
TOEIC 스타트 RC

관계대명사

- 관계대명사의 역할, 종류, 격
- 관계부사
- 복합 관계대명사/복합 관계부사
- 선행사와 동사의 수 일치
- 관계대명사의 생략
- 선행사 찾기
- 단원 별 문제

★ 동사 필수 어휘 5

관계대명사

✳ 관계대명사란 무엇인가요?

문장에서 형용사절은 선행하는 명사를 수식하기 위해서 사용하는데 형용사절을 선행사와 이어주는 접속사를 관계대명사라고 합니다.

People spend more time on their cell phones. (관계대명사가 없는 문장)
사람들은 그들의 휴대전화를 하는데 더 많은 시간을 쓴다.

People who have long commutes spend more time on their cell phones. (관계대명사 who가 있는 문장)

장거리 통근을 하는 사람들은 그들의 휴대전화를 하는데 더 많은 시간을 쓴다.

▶ who have long commutes는 형용사절로 명사를 수식한다.

✳ 관계대명사는 시험에서 몇 문제나 출제되나요?

관계대명사 문제는 토익 정기시험에서 평균적으로 두 달에 1회 출제됩니다.

---

1 관계대명사의 역할

관계대명사는 문장에서 다음과 같은 역할을 합니다.

● 두 문장을 한 문장으로 줄일 경우

I know the man, **and he** works in an advertising company. 나는 한 남자를 안다. 그리고 그는 광고 회사에서 일한다.

접속사(and) + 대명사(he) = 관계대명사(who)

I know the man who works in an advertising company. 나는 광고회사에서 일하는 그 남자를 안다.

● 형용사절을 이끌며 앞에 나오는 명사(선행사)를 수식

The man who is standing at the door is my teacher. 문 앞에 서있는 남자는 내 선생님이다.

형용사절

> **TIP 선행사란 무엇인가요?**
> 선행사란 관계대명사 앞에서 관계대명사절의 수식을 받는 명사(구)를 뜻합니다. 선행하는 명사가 사물인지 사람인지에 따라 who, which, that을 구별해서 사용해야 합니다.

🎨 Check Up

1 관계대명사절(형용사절)이 문장에서 하는 역할을 고르세요.

    (A) 동사 수식   (B) 형용사 수식   (C) 부사 수식   (D) 명사 수식

2 관계대명사의 종류

선행사	주격 + 동사	소유격 + 명사	목적격 + 주어 + 동사
사람	who	whose	whom
사물, 동물	which	whose / of which	which
사람, 사물, 동물	that	-	that

다음은 선행사의 종류에 따라 관계대명사를 구분해 보았습니다. 관계대명사 뒤에는 불완전한 문장이 옵니다.

● who [사람]

선행사가 사람일 경우 관계대명사 who나 that을 씁니다.

Customers [who were surveyed] said that they were very satisfied with the computer.

조사된 고객들은 그 컴퓨터에 매우 만족했다고 말했다.

● which [사물]

선행사가 사물일 경우 관계대명사는 which나 that을 사용합니다.

The computer [which I bought yesterday] was expensive. 내가 어제 샀던 컴퓨터는 비쌌다.

● that [사람, 사물]

관계대명사 that은 선행사가 사람일 경우나, 사물일 경우에 모두 쓸 수 있습니다.

This is the most interesting novel [that I have ever read]. 이것은 내가 읽은 것 중에서 가장 흥미로운 소설이다.

 Check Up

다음 괄호에서 알맞은 관계대명사를 고르세요.

2 The girl [who / which] has flowers in her hands is Anna.

3 Peaches are the fruit [which / whom] I like.

Words

commute [kəmjúːt] 통근하다 | be satisfied with ~에 만족하다 **Check up** 3. peach [piːtʃ] 복숭아

3 관계대명사의 격

뒤에 나오는 동사, 명사, 혹은 주어 + 동사의 쓰임에 따라 알맞은 격의 관계대명사를 써야 합니다.

● 선행사 + 주격 관계대명사 + 동사

주격 관계대명사는 선행사가 주격이고, 뒤에 동사를 연결해 줍니다.

He is a manager [who(that) works at Johnson Company]. 그는 존슨 사에서 일하는 매니저입니다.
　　　선행사　　주격 관계대명사　동사

I like the cat [which(that) is playing with my baby]. 나는 우리 아기랑 놀고 있는 고양이를 좋아한다.
　　　선행사　주격 관계대명사 동사

● 선행사 + 소유격 관계대명사 + 명사

소유격 관계대명사는 두 개의 명사 사이에 옵니다. 소유격 관계대명사에서 that은 쓸 수 없습니다.

The customer [whose name was on the waiting list] just left the restaurant.
　　선행사　　소유격 관계대명사 명사
대기자 명단에 이름이 있던 손님은 방금 음식점을 나갔다.

● 선행사 + 목적격 관계대명사 + 주어 + 동사

목적격 관계대명사 뒤에는 주어 + 동사가 나옵니다.

The computer software [which(that) I bought] was expensive. 내가 샀던 컴퓨터 소프트웨어는 비쌌다.
　　　　선행사　　　　목적격 관계대명사 주어　동사

Tom is a boy [whom(that) I wanted to meet]. 탐은 내가 만나기 원하던 소년이다.
　　선행사　목적격 관계대명사 주어　동사

 Check Up

다음 괄호 안에 알맞은 관계대명사를 모두 쓰세요.

4 Mr. Watson is the doctor (　　　　　) everyone respect.

5 I have a friend (　　　　　) lives in LA.

4 관계부사

관계부사는 문장에서 접속부사의 역할을 하며, 전치사 + which로 바꾸어 쓸 수 있습니다. 관계부사 다음에는 항상 완전한 문장이 옵니다.

선행사	관계부사	전치사 + 관계대명사
시간과 날짜	when	at / in / on which
장소	where	at / in / on which
이유	why	for which
방법	how	in which

● when

I can clearly remember the day **when** I met you. 내가 너를 만났던 날을 명확하게 기억할 수 있다.
= I can clearly remember the day **on which** I met you.

● where

This is the place **where** I was born. 이곳은 내가 태어난 곳이다.
= This is the place **at which** I was born.

● why

Please tell me the reason **why** he was disappointed. 그가 실망했던 이유를 내게 말해 주세요.
= Please tell me the reason **for which** he was disappointed.

● how

관계부사 how와 the way는 한 문장 안에서 같이 쓰이지 않습니다.
The computer technician tried to figure **how / the way** the program works.
그 컴퓨터 기술자는 프로그램이 어떻게 작용하는지 알아내기 위해 노력했다.
= The computer technician tried to figure **in which** the program works.

 Check Up

다음 괄호 안에 알맞은 관계부사를 쓰세요.

6 This is the house (　　　　　　) he lives.

7 Tell me (　　　　　) you make money.

8 I remember the day (　　　　　　) I first met you.

Words
waiting list 대기자 명단 | figure [fígjər] 알아내다

복합 관계대명사/복합 관계부사

복합 관계대명사와 복합 관계부사는 선행사를 포함한 관계대명사/관계부사의 역할을 합니다. 복합 관계대명사와 복합 관계부사 문제를 위해서 어떤 의미로 쓰이는지 암기해 두세요.

1 복합 관계대명사

복합 관계대명사는 관계대명사 + ever의 형태를 취하며 이미 선행사를 포함하고 있으므로 앞에 선행사가 없습니다.

사람	whoever = anyone who	～하는 사람은 누구나
선택	whichever = anything that	～하는 것은 어느 것이나
기타	whatever = anything that/which	～하는 것은 무엇이든지

● whoever

Whoever breaks this rule will be punished. 이 규칙을 어기는 사람들은 누구나 처벌받을 것이다.

● whichever

Whichever way you take, you will get to the airport. 당신이 어떤 길로 가든 공항에 도달할 것이다.

● whatever

You should ask for **whatever** you want. 당신이 원하는 것은 무엇이든 요구해야 한다.

2 복합 관계부사

복합 관계부사는 그 자체로 선행사를 포함하고 있으며 부사절을 이끕니다.

시간/장소	whenever = at any time when	～할 때는 언제든지
	wherever = to / in any place where	～하는 곳은 어디든지
양보	however = no matter how	아무리 ～라도

● whenever

You can call me **whenever** you want. 당신이 원할 때면 언제든지 나에게 전화해도 좋아요.

● wherever

She was warmly received **wherever** she went. 그녀는 가는 곳마다 환대를 받았다.

● however

The employees may dress **however** they please. 직원들은 그들이 좋아하는 방식으로 옷을 입을 수 있다.

6 선행사와 동사의 수 일치

선행사가 단수인지 복수인지에 따라 동사를 수 일치시켜야 합니다.

● 단수 선행사 + 관계대명사 + 단수 동사

There is a woman who wants to see you. 당신을 만나고 싶어하는 여자가 있습니다.

● 복수 선행사 + 관계대명사 + 복수 동사

Employees who register today will receive a 10 percent discount.
오늘 등록하는 직원들은 10퍼센트 할인을 받을 것이다.

7 관계대명사의 생략

선행사 + 관계대명사 + be동사 + 분사인 문장의 경우 관계대명사와 be동사를 함께 생략할 수 있습니다.

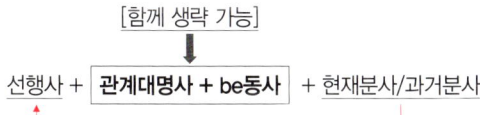

The man (who is) standing at the door is the president. 문 앞에 서있는 남자는 사장이다.

 Check Up

다음 빈칸에 알맞은 것을 고르세요.

9   I'll give you ------- you need.

   (A) whatever   (B) wherever

10 ------- wants to play baseball can play it.

   (A) Whichever   (B) Whoever

Words

punish [pʌ́niʃ] 처벌하다, 벌주다 | warmly [wɔ́ːrmli] 따뜻하게 | dress [dres] 옷을 입다 | please [pliːz] (남을) 기쁘게 하다, 원하다

선행사 찾기

일반적으로 선행사는 관계대명사 바로 앞에 오지만, 선행사와 관계대명사 사이에 수식어구(전치사구)가 있을 경우 수식어구에 있는 명사가 선행사가 아니고 관계대명사의 수식을 받는 명사(구)가 선행사가 됩니다.

There are **several employees** (in this department) **who** work for the new project.
　　　　　　　선행사　　　　　　　　　전치사구

이 부서에는 새로운 프로젝트를 위해서 일하는 몇 명의 직원들이 있다.

연습문제 다음 괄호에서 적절한 것을 고르세요.

1 Managers [who / which] have the time should serve on the planning committee.

2 The hotel [where / when] the reception is being held is located on Main Street.

3 We know the fact [that / who] the manager is from Canada.

4 The person [who / whose] job is to process job applications is the human resources manager.

 기출문제 빈칸에 가장 적절한 것을 고르세요.

5 Employees ------- wish to attend the annual conference must register by Friday.

(A) which
(B) whose
(C) what
(D) who

6 Peter Cook, ------- book was published last month, will give a talk at the job fair.

(A) which
(B) whom
(C) what
(D) whose

7 Any customers ------- purchase goods from Sears website will receive a 5% discount.

(A) whom
(B) whose
(C) who
(D) which

8 The architect ------- designed this museum plans to retire next year.

(A) some
(B) he
(C) who
(D) also

Week 1
Week 2
Week 3
Week 4

Words

1. planning committee 기획 위원회 2. be located on ~에 위치해 있다 4. job application 일자리 지원서, 구직 | human resources manager 인사부장 5. annual conference 연례회의 6. publish [pʌ́bliʃ] 출판하다 | give a talk 연설하다 | job fair 직업 박람회 7. purchase [pə́:rtʃəs] 구매하다

Part 5

1 Seating is guaranteed for those ------- register before June 15th.

(A) whose
(B) who
(C) what
(D) their

2 Anyone ------- experiences problems with air conditioner should contact the maintenance department.

(A) who
(B) which
(C) whom
(D) whose

3 The new hotel, ------- is scheduled to open in March, is now near completion.

(A) which
(B) that
(C) when
(D) who

4 Candidates ------- are interested in attending the job fair should register by June 20.

(A) which
(B) whose
(C) who
(D) since

5 TC Construction has launched a project ------- will convert an old hotel into a museum.

(A) that
(B) what
(C) who
(D) whose

6 Enclosed is a list of companies ------- services can meet our needs.

(A) who
(B) that
(C) whose
(D) which

7 ------- intends to attend this year's safety workshop must contact Mr. Hall.

(A) Whoever
(B) Anyone
(C) Everybody
(D) Someone

8 Speed Motors, ------- specializes in the manufacture of cars, is located in Seattle.

(A) whom
(B) which
(C) what
(D) whose

Words

1. seating [síːtiŋ] 좌석, 자리 2. maintenance department 관리부 3. be near completion 완성에 가깝다 4. job fair 취업 박람회 5. launch [lɔːntʃ] 착수하다, 개시하다 | convert A into B A를 B로 전환하다 6. needs [niːdz] 필요성 7. intend to ~할 의향이 있다 8. specialize in ~을 전문으로 하다 | manufacture [mænjufǽktʃər] 생산[제조] | be located in ~에 위치해 있다

Part 6

Questions 9-10 refer to the following e-mail.

To: Susan Anderson

From: Mary Johnson

Subject: Travel Expense Report

Date: June 2

Dear Ms. Anderson,

Thank you for submitting your expense report for your business travels in May.
I am writing to remind you of a few policies ------- you may have forgotten.
9
First, please note that you should not have signed the expense report yourself.
Instead, your immediate supervisor must sign the document in advance. In
addition, your report is missing the receipt for a lunch listed on May 6. Without
this receipt, we cannot reimburse the full amount ------- you claimed for the trip.
10
Please make the necessary changes and resubmit the report by June 10.

Sincerely,

Mary Johnson

9 (A) which
   (B) who
   (C) whose
   (D) of which

10 (A) what
    (B) who
    (C) whose
    (D) that

Words

9-10. remind [rimáind] 상기시키다 | supervisor [sú:pərvàizər] 감독관 | reimburse [rì:imbə́:rs] 상환하다 | make the changes 수정을 하다

Questions 11-12 refer to the following e-mail.

To: marrycook@hotmail.com

From: mjohn@officecompu.com

Date: March 4

Subject: Order # 22369

Dear Ms. Cook:

Thank you for your purchase of ten computers. I'm writing to inform you that we are unable to ship merchandise ------- you ordered. The item is out of stock
11
until March 20. I apologize if this inconveniences you. ------- Otherwise, you
12
can expect delivery in approximately two weeks from today. If you have any questions, please contact me via e-mail or phone (1-800-222-2266).

Sincerely,

John Manning

11 (A) who
　　(B) that
　　(C) whose
　　(D) of which

新 12 (A) The price of the product is expected to rise worldwide.
　　(B) Your order will arrive with a week.
　　(C) Please let me know if you would like to cancel your order because of this delay.
　　(D) Please let me know if we can talk by phone next week.

Words

11-12. purchase [pə́:rtʃəs] 구매하다, 구매 | inform [infɔ́:rm] 알리다, 공지하다 | merchandise [mə́:rtʃəndàiz] 상품 | apologize [əpάlədʒàiz] 사과하다 | inconvenience [ìnkənvíːnjəns] 불편; 불편하게 하다 | otherwise [ʌ́ðərwàiz] 그렇지 않으면 | approximately [əprάksəmətli] 대략

5

---

25 predict [pridíkt] 예상하다

Market analysts / **predict** an increase / in sales of hybrid vehicles
분석가들
/ next year.

시장 분석가들은 / 내년 / 하이브리드 차량 판매가 / 증가할 것으로 예상하고 있다.

---

26 consult [kənsʌ́lt] 상의하다

When designing the new products, / try to **consult** with / your
~와 상의하다
colleagues / for better ideas.

새로운 제품을 디자인할 때 / 좀 더 나은 아이디어를 위해서 / 당신의 동료들과 / 상의하도록 하세요.

---

27 anticipate [æntísipeit] 예상하다

The managers / **anticipated** / that this year's budget would be
sufficient / to finance all the projects.
충분한

매니저는 / 금년도 예산이 / 모든 프로젝트의 재원을 조달하기에 / 충분할 거라고 / 예견했다.

---

28 offer [ɔ́:fər] 제공하다

Delta Airlines / **offers** special discounts / to the customers / who
특별할인
are using its airlines frequently.
자주

델타 항공사는 / 비행기를 자주 이용하는 / 손님들에게 / 특별 할인을 제공한다.

---

29 purchase [pə́:rtʃəs] 구매하다

Some fans lined up / outside of the box office / for hours / to
purchase a ticket for the concert.

몇몇의 팬들은 / 공연 티켓을 구매하기 위해서 / 매표소 밖에서 / 수시간 동안 / 줄을 서 있었다.

---

30 contribute [kəntríbju:t] 기여하다 ●●●●●

Upgrading the technological equipment / at Benson Training
Center / may **contribute** to / a better learning experience for the
students.

벤슨 무역 센터에 있는 / 기술적인 설비를 개선하는 것은 / 학생들을 위한 더 좋은 학습 경험에 / 기여할 것입니다.

완전절친
TOEIC 스타트 RC

Week 3
Day 1

to 부정사

- to 부정사의 명사적 용법, 형용사적 용법, 부사적 용법
- 단원 별 문제

★ 형용사 필수 어휘 1

to 부정사

✳ to 부정사란 무엇인가요?

'to + 동사원형'의 형태로 동사의 성질을 지니고 있으면서 문장 안에서 명사, 형용사, 부사의 역할을 하는 준동사를 to 부정사라고 합니다.

✳ to 부정사는 시험에서 몇 문제나 출제되나요?

부정사 문제는 3개월마다 2문제 정도 출제됩니다.

✳ 부정사는 문장에서 어떤 역할을 하나요?

명사 역할	주어, 목적어, 보어 자리
형용사 역할	명사 + to 부정사(명사 수식)
부사 역할	목적, 원인, 판단의 근거(형용사 수식과 의미)

주어 자리 **To become** an engineer is my dream. 엔지니어가 되는 것은 나의 꿈이다.
　　　　　　주어

목적어 자리 I want **to become** an engineer. 나는 엔지니어가 되기를 원한다.
　　　　　　　　목적어

보어 자리 My dream is **to become** an engineer. 내 꿈은 엔지니어가 되는 것이다.
　　　　　　　　보어

형용사 자리 I made a decision **to wait**. 나는 기다리기로 결정했다.
　　　　　　　　명사　　to 부정사(명사 수식)

수식어 자리 I studied hard **to become** an engineer. 나는 엔지니어가 되기 위해 열심히 공부했다.
　　　　　　　　　　　　부사(목적)

 Check Up

1　다음 중에서 to 부정사가 문장에서 하는 역할이 아닌 것을 고르세요.

　　(A) 명사　　　　　(B) 형용사　　　　　(C) 동사　　　　　(D) 부사

1 | to 부정사의 명사적 용법

'to + 동사원형'이 명사 역할을 하는 경우, 문장의 주어, 목적어, 그리고 보어 자리에 올 수 있습니다.

1 주어

to 부정사는 문장에서 주어 역할을 할 수 있습니다.

To update our car model is my main duty. 우리의 차 모델을 업데이트하는 것이 나의 주된 업무다.
　　주어

2 목적어

다음에 나오는 동사는 to 부정사를 목적어로 취하는 동사입니다.

arrange to ~하는 것을 마련하다	choose to ~하는 것을 선택하다	decide to ~하는 것을 결정하다
expect to ~하는 것을 기대하다	fail to ~하는 것을 실패하다	hesitate to ~하는 것을 주저하다
hope to ~하는 것을 희망하다	learn to ~하는 것을 배우다	manage to ~하는 것을 관리하다
offer to ~하는 것을 제안하다	plan to ~하는 것을 계획하다	prepare to ~하는 것을 준비하다
promise to ~하는 것을 약속하다	refuse to ~하는 것을 거설하다	struggle to ~하는 것을 고군분투하다
want to ~하는 것을 원하다	wish to ~하는 것을 바라다	

I'll **arrange** to meet you at the airport. 공항으로 너를 마중 나갈 준비를 할게.

I **expect** to enter graduate school in the fall. 난 가을에 대학원에 들어가길 기대한다.

He **failed** to return the book to the library on time. 그는 도서관에 제때 책을 반납하지 못했다.

We are **planning** to have a party. 우리는 파티를 열 계획을 하고 있다.

I **want** to tell you something. 나는 당신에게 하고 싶은 얘기가 있어.

3 보어

to 부정사는 2형식의 문장에서 주격 보어 자리와 5형식의 문장에서 목적격 보어 자리에 올 수 있습니다.

● **주어 + 동사 + 보어(to 부정사): 2형식**

My goal is **to finish** the report this week. 나의 목표는 이번 주에 보고서를 마무리하는 것이다.
　　　　　　주격 보어

Words

duty [dúːti] 업무; 의무 | graduate school 대학원 | on time 정시에

● 주어 + 동사 + 목적어 + 목적보어(to 부정사): 5형식

다음은 to 부정사를 목적보어로 취하는 동사들입니다. 이 동사들은 남(목적어)을 대상으로 ~하도록(목적보어) 충고하고, 강요하고, 요구하고, 상기시키고, 지시하고, 묻고, 말하는 등의 의미를 가집니다.

advise 조언하다	allow 허용하다	ask 묻다
encourage 격려하다	expect 기대하다	force 강요하다
instruct 지시하다, 가르치다	order 명령하다, 주문하다	remind 상기시키다
tell 말하다	warn 경고하다	

The teacher **advised** me to study hard. 선생님은 나에게 공부를 열심히 하라고 조언했다.

The manager **encouraged** me to try again. 매니저는 다시 한 번 해보라고 나를 격려했다.

I **expect** you to be here on time. 나는 네가 제시간에 여기 오기를 기대한다.

He **instructed** them to be careful. 그는 그들에게 주의하라고 지시했다.

He **reminded** me to lock the door. 그는 내가 문을 잠그도록 상기시켜 주었다.

The doctor **told** me to take these pills. 의사는 내게 이 알약들을 먹으라고 말했다.

2 to 부정사의 형용사적 용법

명사 다음에 부정사가 나와서 앞에 있는 명사를 형용사처럼 꾸미는 역할을 합니다. To 부정사가 형용사적 용법으로 쓰일 때 '~해야 할, ~할'의 뜻을 가집니다.

● time to do ~할 시간

It's **time** to eat dinner. 저녁을 먹을 시간이다.

● decision to do ~한다는 결정

He told the manager of his **decision** to resign. 그는 사임하기로 한 자신의 결정을 매니저에게 말했다.

● permission to do ~하는 허락

All staff members have **permission** to use the company parking lots at no cost.

모든 직원들은 무료로 회사 주차장을 사용할 수 있는 허가를 가지고 있다.

● ability to do ~할 능력

He wants to have the **ability** to speak English well. 그는 영어를 잘할 수 있는 능력을 가지길 원한다.

3 to 부정사의 부사적 용법

1 형용사 수식

to 부정사는 앞에 있는 형용사를 수식하는 부사 역할을 합니다.

be + 형용사 + to 부정사

be동사	형용사	to do	의미
be	able	to do	~할 수 있다
	eager		간절히 ~하고 싶다
	easy		~하기 쉽다
	glad		~해서 기쁘다
	likely		~할 것 같다
	sorry		~해서 유감이다
	unable		~할 수 없다
	willing		기꺼이 ~하다

Owing to a prior engagement, the manager will not be able to attend the weekly meeting.
선약 때문에, 매니저는 주간회의에 참석하지 못할 것이다.

I am eager to learn how to drive a car. 나는 차 운전하는 법을 간절히 배우고 싶다

I will be glad to provide a copy of this report. 이 보고서의 사본을 제공할 수 있다면 기쁠 것이다.

We were sorry to hear the bad news. 안 좋은 소식을 들어 유감입니다.

She is still unable to express herself in English. 그녀는 아직도 영어로 자기 의사를 표현할 수 없다.

He was willing to take the responsibility. 그는 기꺼이 책임을 맡았다.

 Check Up

다음 문장의 괄호에서 적절한 것을 고르세요.

2 Take the time [to review / review] these details, and call your agent if you have questions.

Words

pill [pil] 알약 | resign [rizáin] 사임하다 | permission [pərmíʃən] 허가, 허락 | parking lot 주차장 | at no cost 무료로 | owing to ~때문에 (= because of, due to) | prior [práiər] 사전의 | responsibility [rispὰnsəbíləti] 책임

2 수식어 자리

부정사가 부사적 용법으로 쓰일 경우 부사처럼 형용사, 동사, 그리고 부사를 수식하거나 목적, 결과, 원인, 판단의 근거를 나타내는 부사구가 됩니다. 시험에서는 목적으로 쓰인 부정사 문제가 많이 출제됩니다.

★ ① 목적(~하기 위하여, ~할 목적으로)

Visitors must present their photo identification **to enter the main gate**.
방문객들은 정문을 들어가기 위해서 사진이 있는 신분증을 제시해야만 한다.

② 결과(~해서 …하다)

The manager worked hard **to be a successful businessman**.
그 매니저는 열심히 일해서 성공적인 사업가가 되었다.

③ 원인(~해서, ~하니까, ~하고)

'감정을 나타내는 형용사 및 동사 + to 부정사' 형식입니다.

> be pleased to, be glad to, be surprised to, be happy to 등

I'm sorry **to bother you**. 번거롭게 해드려서 죄송합니다.

④ 판단의 근거(~하다니, ~로 보아, ~하는 것을 보아)

She must be honest **to say it like that**. 그렇게 말하는 걸로 봐서 그녀는 정직한 게 틀림없다.

Words

present [préznt] 제시하다 ㅣ identification [aidèntifəkéiʃən] 신분증

연습문제 다음 괄호에서 적절한 것을 고르세요.

1 The company wants [to reduce / reduce] its production cost.

2 The manager interviewed many applicants [to choose / choosing] an experienced employee.

3 The president plans [retire / to retire] next month.

4 The Johnson Group expects all of its employees [to work / working] hard.

기출문제 빈칸에 가장 적절한 것을 고르세요.

5 If you have any questions, please contact our office and ask ------- to your account representative.

(A) speaking
(B) spoke
(C) has spoke
(D) to speak

6 In an effort ------- sales, we conducted a survey on our services.

(A) improve
(B) to improve
(C) improved
(D) improving

7 Conference attendees will be asked ------- a survey.

(A) be completed
(B) completion
(C) completing
(D) to complete

8 Newly hired employees must create a user name and password ------- the company database.

(A) to access
(B) are accessing
(C) accessible
(D) accessing

Words

1. production cost 생산 비용 2. applicant [ǽplikənt] 지원자 | experienced [ikspíəriənst] 경험 있는 3. retire [ritáiər] 퇴직하다 5. account [əkáunt] 계좌 | representative [rèprizéntətiv] 담당자; 대표 6. in an effort to ~하려는 노력으로 | conduct [kándʌkt] (특정활동을) 하다; 행동하다 | conduct a survey 설문조사를 하다 7. attendee [ətèndíː] 참석자 8. a user name 사용자 이름 | accessible [əksésəbl] 접근[이용] 가능한

Part 5

1 The company prepared a banquet at a hotel ------- its 100th anniversary.

(A) celebration
(B) to celebrate
(C) celebrate
(D) celebrated

2 Mr. Baker has asked his assistant ------- the report by tomorrow afternoon.

(A) review
(B) was reviewing
(C) will review
(D) to review

3 The new medication has been used ------- diabetes.

(A) treated
(B) to treat
(C) treatment
(D) having treated

4 The company plans ------- branch offices in more than 10 countries next year.

(A) to open
(B) opening
(C) opened
(D) has opened

5 ------- complete construction of the new facility, the project director hired additional workers.

(A) In order to
(B) Due to
(C) In light of
(D) Because

6 Customers are advised ------- the contents of the package in a cool place.

(A) store
(B) stores
(C) storing
(D) to store

7 You need to submit all information and receipts ------- process a refund.

(A) so as
(B) since
(C) to
(D) unless

8 The president of the company wants ------- all retiring employees to dinner next Friday.

(A) invitation
(B) to invite
(C) invitingly
(D) invited

Words

1. banquet [bǽŋkwit] 연회 2. assistant [əsístənt] 보조자 3. medication [mèdəkéiʃən] 약, 약물 | diabetes [dàiəbíːtis] 당뇨병 | treatment [tríːtmənt] 치료, 처치 4. branch office 지사 5. facility [fəsíləti] 시설 | in light of ~에 비추어, ~을 고려하여 6. contents [kάːntentʃ] 내용물 7. process [prάses] (서류, 기록 등을) 처리하다

Part 6

Questions 9-10 refer to the following e-mail.

From: joaks@days-inn.co.us

To: psmith@hotmail.com

Date: 10 May

Dear Dr. Smith,

Thank you for choosing Days Inn for your stay in New York! I am writing

------- your reservation at Days Inn from the 21st to the 23rd of May. As an
9

attendee of the business conference, you have been given the discounted rate.

Finally, you asked for a single room on the tenth floor when you booked your

room, and ------- I hope you enjoy the conference, and please do not hesitate
10

to contact me if you have any questions.

Sincerely,

John Oaks

Assistant Manager

9 (A) be confirmed
(B) has confirmed
(C) confirmed
(D) to confirm

新 **10** (A) I will be unable to ship overseas orders.
(B) I will be able to accommodate your request.
(C) I will not share your name or address with anyone.
(D) I will reduce the conference fee.

Words

9-10. confirm [kənfə́:rm] 확인하다 | reservation [rèzərvéiʃən] 예약 | attendee [ətèndí:] 참석자 | book [buk] 예약하다 |
accommodate [əkɑ́mədèit] 수용하다 | hesitate [hézətèit] 주저하다

Questions 11-12 refer to the following e-mail.

To: anderson12@gmail.com

From: guestservices@dayshotel.com

Subject: Days Hotel

Dear Mr. Anderson,

This is to ------- a reservation in your name for June 11 – June 16. Your
     11
reservation number is 3344R. Please present this number upon checking in.

Attached is a summary of your booking, including details about our hotel and

nearby restaurants. If you need additional information, contact us at (803) 333-

2345. We look forward to ------- you to the Days Hotel.
             12

Guest Services

11 (A) confirm
   (B) confirmed
   (C) confirming
   (D) confirms

12 (A) welcome
   (B) welcomed
   (C) welcomes
   (D) welcoming

Words

11-12. confirm [kənfə́:rm] 확인하다 | present [préznt] 제시하다 | upon ~ing ～하자마자 | additional information 추가
정보 | look forward to ~ing ～을 고대하다

182

1

단원 별 필수 어휘들은 RC문제를 빠르고 정확하게 풀기 위한 기초가 됩니다. 단어를 아는 만큼 실전에서 새로운 문제가 나와도 당황하지 않고 잘 풀 수 있습니다. 어휘 학습 방법(p.9)을 읽어보고 차근차근 순서에 따라 어휘를 암기해봅니다.

※읽은 횟수를 표시하면서 5번씩 읽으세요.

1 prompt [prɑːmpt] 신속한, 즉각적인

Hansford Utilities appreciates / your **prompt** payment / of the electric bill, / which is due by January 31.

한스포드 유틸리티는 / 1월 31일이 마감인 / 전기요금 청구서에 대한 / 귀하의 신속한 결제에 / 감사드립니다.

2 frequent [fríːkwənt] 빈번한, 자주

The equipment manufacturer confirms / that **frequent** inspections / of the drive belts / will ensure fewer breakdowns.

장비의 제조업자는 / 드라이브 벨트의 / 빈번한 점검이 / 적은 고장을 확보해 줄 수 있다고 / 확인했다.

3 current [kə́ːrənt] 현재의

All technology staff members / need to follow strictly / the **current** regulations on safety.
　　　　규정들

모든 기술 직원들은 / 안전에 관한 현재의 규정들을 / 엄격하게 따라야 할 필요가 있다.

4 responsible [rispɑ́nsəbl] ～을 책임지고 있는

As Mr. Mattel's assistant, / you will be **responsible** for /
　　　　　　　　　　　　　　　　　～할 책임이 있다
submitting his expense reports.

마텔 씨의 비서로서 / 당신은 / 그의 비용 보고서를 제출할 / 책임이 있다.

5 brief [briːf] 짧은, 간략한, 잠시 동안의

Peter Manning / will write a **brief** report / on the research / presented at the engineering conference.

피터 매닝은 / 엔지니어링 컨퍼런스에서 발표된 / 연구에 관해 / 짧은 보고서를 작성할 것이다.

6 significant [signífikənt] 중요한

When Mr. Ye was president / of Mandalay Fruit Snacks Inc., / the company / experienced **significant** growth.

예 씨가 / 만달레이 프룻 스낵스 주식회사의 / 사장이었을 때 / 그 회사는 / 현저한 성장을 / 이뤘다.

Week 1　Week 2　Week 3　Week 4

완전절친
TOEIC 스타트 RC

동명사

- 동명사의 역할, 자리
- 동명사와 함께 쓰이는 동사들
- 관용어구 + 동명사
- 단원 별 문제

★ 형용사 필수 어휘 2

✳ 동명사란 무엇인가요?

동명사는 동사의 특성은 그대로 유지하면서 문장에서는 명사적 역할을 하는 것을 말합니다. 동명사는 문장에서 '~하는 것, ~하기' 등의 의미로 사용됩니다.

✳ 동명사는 시험에서 몇 문제나 출제되나요?

동명사 문제는 두 달에 1회 정도 출제됩니다. 전치사의 목적어 자리에 오는 동명사 문제가 거의 대부분을 차지합니다.

✳ 동명사는 어떻게 만드나요?

동명사는 동사원형 ~ing의 형태를 가지고 있습니다.

기본	read 읽다	동사원형 + ing	reading 읽는 것
어미 형태	drive 운전하다	-e를 삭제하고 + ing	driving 운전하는 것
	die 죽다	-ie를 -y로 대신하고 + ing	dying 죽는 것
	swim 수영하다	단모음 + 단자음의 경우	swimming 수영하는 것
	begin 시작하다	단자음을 하나 붙이고 + ing	beginning 시작하는 것

✳ 동명사와 명사의 다른 점은 무엇인가요?

	역할	관사와의 관계	목적어
명사	주어, 목적어, 보어	함께 쓸 수 있다	가질 수 없다.
동명사	주어, 목적어, 보어	함께 쓸 수 없다 a swimming (X)	동명사 뒤에는 목적어가 올 수 있다(동사의 특성) He considered changing his job. 주어 동사 동명사 동명사의 목적어 그는 그의 직업을 바꾸는 것을 고려했다.

Check Up

1 다음 단어를 동명사로 바꾸세요.

visit → (   )   run → (   )   use → (   )

● **전치사 뒤 목적어 자리(명사와 동명사)**

전치사 뒤에 빈칸이 있고 선택지에 명사와 동명사 둘 다 있을 때 구별해서 써야 하는데, 빈칸 뒤에 목적어가 있으면 동명사를 쓰고 목적어가 없으면 명사를 써야 합니다.

① **전치사 + 명사(목적어): 명사 뒤에 목적어가 없음**

I tried to go to bed before **midnight**. 나는 자정 전에 자려고 노력했다.
                        전치사   명사

② **전치사 + 동명사(목적어): 동명사의 목적어가 있음**

To save energy, please turn off computers before **leaving** the office.
                                        전치사   동명사   동명사의 목적어

에너지를 절약하기 위해, 사무실을 나가기 전 컴퓨터를 꺼주세요.

---

1 동명사의 역할

동명사는 문장에서 명사 역할인 주어, 보어, 목적어 자리에 올 수 있습니다.

1 주어

Meeting customer demand for new software is really hard.
새로운 소프트웨어에 고객의 요구를 충족시키는 것은 정말 어렵다.

▶ 동명사 주어는 항상 단수 취급

2 보어

동명사는 주어와 동격의 의미를 갖는 주격 보어 자리에 옵니다.

His key to success is **acknowledging** his own imperfections.
그의 성공의 열쇠는 자신의 결함을 인정하는 것이다.

3 목적어

동명사는 특정한 동사의 목적어와 전치사의 목적어가 될 수 있습니다.

○ Week 3-2. 3. 동명사와 함께 쓰이는 동사들 p.188 참조

Words

midnight [mídnait] 자정 | turn off 끄다(↔ turn on 켜다) | meet the demand 수요를 충족시키다 | acknowledge [æknάlidʒ] 인정하다 | imperfection [ìmpərfékʃən] 결함

2　동명사의 자리

동명사는 문장에서 명사가 오는 자리에 올 수 있습니다.

1　동사의 목적어

The CEO suggested changing the company logo. 최고 경영자는 회사 로고 변경하는 것을 제안했다.

▶ 동명사 changing은 동사 suggested의 목적어

★ 2　전치사의 목적어

He is good at analyzing the data. 그는 데이터 분석하는 것을 잘한다.

▶ 동명사 analyzing은 전치사 at의 목적어

Please return all wheel chairs to the front before leaving the hospital.
병원을 나가기 전에 앞쪽으로 모든 휠체어를 반납하세요.

▶ 동명사 leaving은 전치사 before의 목적어

3　동명사와 함께 쓰이는 동사들

1　동명사를 목적어로 쓰는 동사들

다음에 나오는 동사들은 동명사를 목적어로 취합니다. 동명사는 '~하던 일'이라는 의미가 강해 이미 하던 일을 싫어하거나, 미루거나, 포기하는 동사들로 이루어져 있습니다.

● 싫어하다, 꺼리다

avoid ~ing ~하는 것을 피하다	dislike ~ing ~하는 것을 싫어하다
hate ~ing ~하는 것을 싫어하다	mind ~ing ~하는 것을 꺼리다
resist ~ing ~하는 것을 저항하다	

He avoided answering my question. 그는 내 질문에 대답하는 것을 피했다.

I dislike driving long distances. 나는 장거리 운전하는 것을 싫어한다.

I hate making silly mistakes. 나는 어처구니없는 실수를 저지르는 것을 싫어한다.

Would you mind taking a picture with me? 저와 사진 한 장 찍으시겠어요?

She can never resist buying new shoes.
그녀는 새 신발을 사는 것에 결코 저항할 수 없다(= 새 신발 사는 것을 매우 좋아한다).

● 미루다, 연기하다

delay ~ing ~하는 것을 지연시키다
put off ~ing ~하는 것을 미루다

postpone ~ing ~하는 것을 연기하다, 미루다

Big companies often **delay** paying their bills. 큰 회사들은 종종 대금을 지불하는 것을 지연시킨다.

Let's **postpone** leaving until tomorrow. 내일까지 떠나는 걸 미루자.

I will not **put off** doing homework tomorrow. 나는 숙제하는 것을 내일로 미루지 않을 거예요.

● 포기하다, 중단하다

discontinue ~ing ~하는 것을 그만두다
give up ~ing ~하는 것을 포기하다
quit ~ing ~하는 것을 그만두다

finish ~ing ~하는 것을 끝마치다
stop ~ing ~하는 것을 중단하다

He **discontinued** speaking. 그는 말하는 것을 그만두었다.

She **finished** studying Chinese. 그녀는 중국어 공부하는 것을 끝마쳤다.

He **gave up** playing the guitar. 그는 기타 치는 것을 포기했다.

Stop talking and listen to me. 말하는 것 좀 중단하고 내 얘기를 들어 봐.

They encourage younger people to **quit** smoking. 그들은 젊은 사람들이 금연하는 것을 장려한다.

● 제안하다, 고려하다

consider ~ing ~하는 것을 고려하나
suggest ~ing ~하는 것을 제안하다

recommend ~ing ~하는 것을 추천하다

I will **consider** going with you. 저는 당신과 함께 가는 것을 고려해 보겠습니다.

He **recommended** seeing the show. 그는 그 공연을 보라고 추천했다.

She **suggested** going to a movie. 그녀는 영화 보러 가자고 제안했다.

 Check Up

다음 문장의 괄호에서 적절한 것을 고르세요.

2 The chef has his good skill in [selection / selecting] the freshest ingredients.

3 I suggest [wearing / to wear] comfortable walking shoes.

Words

distance [dístəns] 거리 | take a picture 사진을 찍다 **Check up** 2. ingredient [ingrí:diənt] 재료[성분] 3. comfortable [kʌ́mfərtəbl] 편안한

● 기타

enjoy ~ing ~하는 것을 즐기다	practice ~ing ~하는 것을 실행하다, 연습하다

We **enjoyed** visiting them. 우린 그들을 방문하는 것을 즐겼다.

The athlete **practiced** throwing the ball. 그 선수는 공 던지는 것을 연습했다.

② 동명사와 부정사를 모두 목적어로 쓰는 동사들

동명사를 목적어로 취할 때와 to 부정사를 취할 때 의미가 달라지는 동사들이 있습니다.

동명사: 과거의 동작이나 상태	**부정사**: 미래 지향적인 의미를 부여
stop ~ing ~하는 것을 멈추다	stop to + v ~하기 위해 멈추다
try ~ing 시험 삼아 ~하다	try to + v ~하려고 노력하다
remember ~ing 이전에 ~한 것을 기억하다	remember to + v ~할 것을 기억하다
forget ~ing 이전에 ~한 것을 잊다	forget to + v ~할 것을 잊다

I **stopped** smoking. 나는 담배를 끊었다.

I **stopped** to smoke. 나는 담배를 피우기 위해서 멈추었다.

I **remember** reading something about the festival in the newspaper.
나는 신문에서 축제에 관해 무언가를 읽었던 것을 기억한다.

I **remember** to read something about the festival in the newspaper.
나는 신문에서 축제에 관해 무언가를 읽을 것을 기억한다.

She **forgot** writing back to him. 그녀는 그에게 답장을 썼던 것을 잊어버렸다.

She **forgot** to write back to him. 그녀는 그에게 답장을 쓸 것을 잊어버렸다.

동명사를 취할 때나 to 부정사를 취할 때 의미가 똑같은 동사들도 있습니다.

시작하다	start / begin 시작하다
싫어하다	hate / dislike 싫어하다
좋아하다	love / like 좋아하다 prefer 선호하다
계속하다	continue 계속하다

I **hate** to sit at home during the weekends. 나는 주말에 집에 있는 것을 싫어한다.

(= I **hate** sitting at home during the weekends.)

People **love** having cats as pets. 사람들은 애완동물로 고양이 기르는 것을 좋아한다.

(= People **love** to have cats as pets.)

People **prefer** to work in a team to solve problems.
사람들은 문제를 해결하기 위해서 팀에서 일하는 것을 선호한다.

(= People **prefer** working in a team to solve problems.)

We **continued** walking in the forest. 우리는 숲 속에서 계속 걸었다.

(= We **continued** to walk in the forest.)

4　관용어구 + 동명사

전치사로 끝나는 아래의 관용적인 표현 다음에는 동명사를 써야 합니다.

1　전치사 to + 동명사를 쓰는 관용 표현들

be committed to ~ing ~하는 것에 전념하다	be dedicated to ~ing ~하는데 헌신하다
be accustomed to ~ing ~에 익숙해지다	be used to ~ing ~에 익숙하다
be opposed to ~ing ~에 반대하다	look forward to ~ing ~을 기대하다
object to ~ing ~에 반대하다	with a view to ~ing ~할 목적으로

She **is committed to** look**ing** after her family. 그녀는 그녀 가족을 돌보는데 전념합니다.

I **am used to** commut**ing** long distances by subway train.
저는 지하철로 장거리를 통근하는 것에 익숙합니다.

We **are opposed to** expand**ing** a company right now. 저희는 지금 당장 회사를 확장하는 것은 반대합니다.

I **look forward to** see**ing** you soon. 당신을 곧 볼 수 있기를 기대합니다.

The manager waited president **with a view to** see**ing** him. 매니저는 사장을 볼 목적으로 기다렸다.

2　동명사를 쓰는 관용표현들

● 동명사 관용표현

cannot help ~ing ~하지 않을 수 없다	feel like ~ing ~하고 싶어하다
have difficulty (in) ~ing ~하는 데 어려움을 겪다	
prevent[prohibit] A from ~ing A가 ~을 하지 못하게 하다	

I **cannot help** worry**ing** about the current economic situation.
나는 현재의 경제 상황을 걱정하지 않을 수 없다.

She **felt like** eat**ing** Chinese food. 그녀는 중국 음식을 먹고 싶어했다.

I'm **having difficulty** book**ing** the flight. 나는 비행편을 예약하는 데 어려움을 겪고 있다.

We must take steps to **prevent** this **from** happen**ing** again.
우리는 이런 일이 다시 일어나지 않도록 조치를 취해야 한다.

Words

throw [θrou] 던지다 | look after ~을 돌보다 | current [kə́:rənt] 현재의 | take steps 조치를 취하다

● spend / waste

spend + 시간 / 돈 ~ing ~하는데 시간/돈을 쓰다
waste + 시간 / 돈 ~ing ~하는데 시간/돈을 낭비하다

The trainer advised me to **spend** 20 minutes a day **exercising**.
트레이너는 나에게 하루에 20분씩 운동할 것을 권했다.

The committee **wasted** a lot of time **discussing** over the issues.
위원회는 그 문제들에 대해 토론하느라 시간을 많이 낭비했다.

● go + 동명사: (오락 활동)하러 가다

go dancing 춤추러 가다   go shopping 쇼핑하러 가다
go sightseeing 관광하러 가다   go skiing 스키타러 가다
go swimming 수영하러 가다   go jogging 조깅하러 가다

Do you want to **go shopping** this Saturday? 이번 토요일에 쇼핑하러 가실래요?

Many people **go skiing** in winter. 많은 사람들이 겨울에 스키타러 간다.

 Check Up

다음 문장의 괄호에서 적절한 것을 고르세요.

4   Betty is used to [eating / to eat] spicy food.

5   I don't feel like [drinking / to drink] beer.

Words
committee [kəmíti] 위원회

연습문제 다음 괄호에서 적절한 것을 고르세요.

1 James suggested [going / to go] to the exhibition.

2 The company made a huge profit last year by [invest / investing] in real estate.

3 For best performance avoid [operate / operating] the blender on an uneven surface.

4 Teen Networking is committed to [arrange / arranging] part-time job opportunities for students.

 기출문제 빈칸에 가장 적절한 것을 고르세요.

5 Please return all the reference books to the reference desk before ------- the library.

(A) has left
(B) leaves
(C) to leave
(D) leaving

6 Please inform your travel agent of any special requests before ------- your reservation.

(A) books
(B) booking
(C) booked
(D) to book

7 Some patrons have suggested ------- later on Saturday nights.

(A) to close
(B) closing
(C) closed
(D) will close

8 ------- our customers satisfied requires the highest commitment of staff members.

(A) Keep
(B) Kept
(C) Keeping
(D) Has kept

Words

1. suggest [səgdʒést] 제안하다 | exhibition [èksəbíʃən] 전시회 2. make a profit 수익을 올리다 | invest in ~에 투자하다 | real estate 부동산 3. blender [bléndər] 믹서기 | uneven [ʌníːvən] 평평하지 않은, 울퉁불퉁한 4. arrange [əréindʒ] 마련하다, 처리하다 5. return A to B A를 B로 반납하다 6. inform A of B A에게 B를 알리다 7. patron [péitrən] 고객, 후원자 8. commitment [kəmítmənt] 헌신, 약속

Part 5

1 Mr. Perry enjoys spending his free time ------- music.

(A) to compose
(B) composed
(C) composing
(D) composer

2 Industry analysts recommended ------- in new technology.

(A) invest
(B) invested
(C) investing
(D) investment

3 The company is in the process of ------- its headquarters.

(A) moves
(B) to move
(C) moved
(D) moving

4 Mr. Sato will make a hiring decision after ------- the candidates.

(A) interview
(B) interviews
(C) interviewing
(D) interviewed

5 The structural engineer is responsible for ------- the bridge's integrity once a year.

(A) evaluates
(B) evaluated
(C) evaluating
(D) to evaluate

6 Style Clothing is known for ------- clothes at an affordable price.

(A) provide
(B) providing
(C) to provide
(D) has provided

7 It is essential to make a good first impression by ------- appropriately at job interviews.

(A) dress
(B) dressed
(C) dressing
(D) to dress

8 The company is seeking a summer intern with strong interest in ------- programming skills.

(A) to learn
(B) will learn
(C) learning
(D) learns

Words

1. compose [kəmpóuz] 작곡하다 2. invest in ~에 투자하다 3. in the process of ~의 과정 중에 있는 | headquarters [hédkwɔːrtərz] 본사 4. make a decision 결정하다 5. structural engineer 구조 엔지니어 | integrity [intégrəti] 온전함; 진실성 | once a year 1년에 한 번 6. be known for ~로 유명하다 | at an affordable price 저렴한 가격에 7. essential [isénʃəl] 필수적인 | first impression 첫인상 | appropriately [əpróupriətli] 알맞게, 적당하게 | dress [dres] 옷을 입다 8. a summer intern 여름 인턴 | programming skills 프로그래밍 기술

Part 6

Questions 9-10 refer to the following memo.

To: All employees

From: Robin Taylor, Employee Development Coordinator

Date: February 28

Subject: Word processing workshops

Some of you have expressed interest in ------- more skillful in the use of
9
our word processing software, so we will sponsor two workshops given by
software experts. The workshop scheduled for this Wednesday is designed for
advanced users only. ------- If you are unfamiliar with the software, a workshop
10
for beginners will be held on Friday, March 10.

9   (A) become
    (B) to become
    (C) becoming
    (D) has become

新 10 (A) Participants must present
        identification badges before
        entering the conference center.
    (B) Participants are asked to prepare
        a five-minute presentation.
    (C) Successful participants are often
        offered full-time positions upon
        program completion.
    (D) Participants in this workshop are
        expected to have extensive prior
        experience using the software.

Words

9-10. skillful [skílfəl] 숙련된, 솜씨 있는 | in the use of ~의 사용에 있어 | sponsor [spánsər] 후원하다 | extensive
[iksténsiv] 폭넓은 | prior experience 사전 경험 | be unfamiliar with ~에 익숙하지 못한

Questions 11-12 refer to the following letter.

March 23

Dear Smith,

Thank you for purchasing your new NP mobile phone. We are committed to
------- you with affordable, reliable wireless service. The enclosed brochure
  11
provides a detailed summary of your service plan. If for any reason you are
------- with your phone, you will be issued a refund. If you have further
  12
questions about the mobile service or equipment, please contact us, and we
will be happy to assist you.

Kyung Park
Regional Sales Representative

11 (A) provide
(B) providing
(C) to provide
(D) provided

12 (A) dissatisfy
(B) dissatisfying
(C) dissatisfied
(D) to dissatisfy

Words

11-12. affordable [əfɔ́:rdəbl] 가격이 알맞은 | reliable [riláiəbl] 믿을 수 있는, 신뢰할 수 있는 | dissatisfy [dissǽtisfài]
불평을 갖게 하다 | issue a refund 환불하다 | equipment [ikwípmənt] 장비

2

7 secure [sikjúər] 안전한, 확실한 ✓○○○○

This document / contains personal identity information, / so please keep it / in a **secure** location.

이 서류는 / 개인 신원 정보를 포함하고 있으니 / 안전한 장소에 / 보관해주세요.

8 innovative [ínəvèitiv] 혁신적인 ●●●●●

Marketers of Herbal Body Full Shampoo / were awarded first prize / for their **innovative** television commercials.

허브 바디 풀 샴푸 광고 담당자들은 / 혁신적인 TV 광고에 대해 / 대상을 받았다.

9 efficient [ifíʃənt] 효율적인, 능률적인 ●●●●●

It is now more **efficient** / for workers / to use their laptops / rather than their home computers.

작업자들에게 / 그들의 집 컴퓨터보다는 / 노트북 컴퓨터를 사용하는 것이 / 더 효율적이다.

10 considerable [kənsídərəbl] 상당한, 많은 ●●●●●

We are putting in **considerable** effort / to develop the new vaccine / for the recently prevalent disease.
                            널리 퍼진, 유행하는   질병

우리는 / 최근 유행하고 있는 질병에 대한 / 새 백신을 개발하기 위해서 / 상당한 노력을 하고 있다.

11 strong [strɔːŋ] 강한 ●●●●●

Many people think / that she owes / her successes to her **strong** work ethic.

많은 사람들은 / 그녀의 성공은 / 그녀의 강한 직장윤리 의식에 / 있다고 / 생각한다.

12 wide [waid] 다양한, 폭넓은 ●●●●●

Jenny's Dance Studio / will provide a **wide** range of courses / for the new comers / to take part in.
                                    ~에 참가하다

제니의 댄스 스튜디오는 / 신입 회원들이 / 침여할 수 있도록 / 다양한 과정들을 제공할 것이다.

Week 1
Week 2
Week 3
Week 4

완전절친
TOEIC 스타트 RC

분사

- 분사의 역할, 종류, 용법
- 감정동사의 현재분사와 과거분사
- 분사구문
- 단원 별 문제

★ 형용사 필수 어휘 3

❋ 분사란 무엇인가요?

명사를 수식할 형용사가 마땅히 없는 경우, 동사의 형태가 변해서 명사를 수식해 주는 것이 분사입니다. 분사는 명사를 수식하는 형용사의 역할을 하지만, 동사의 성격도 갖고 있습니다.

❋ 분사 문제는 시험에서 몇 문제나 출제되나요?

분사 문제는 매달 평균적으로 1~2문제 정도 출제가 됩니다.

❋ 분사는 어떻게 생겼나요?

분사는 현재분사(동사원형 + ing)와 과거분사(동사원형 + ed) 두 개의 형태를 가지며 동사의 성질을 가지면서 문장에서는 명사를 수식하는 형용사 역할을 합니다.

	분사 만드는 법	형태	의미
현재분사	동사원형 + ing 동사가 –e로 끝나는 경우 –e를 삭제하고 + ing 단모음 + 단자음의 경우 단자음을 하나 붙이고 + ing	fall → falling excite → exciting stop → stopping	(능동) ~하게 하는 ~하고 있는
과거분사	동사원형 + ed 접미사가 –e로 끝나는 경우 –e 뒤에 +d 단모음 + 단자음의 경우 단자음을 하나 붙이고 –ed 불규칙 형태	play + ed = played excite + d = excited permit + t + ed = permitted swim-swam-swum put-put-put read-read-read hear-heard-heard	(수동) ~된 ~해진

Check Up

1 다음 단어들을 분사로 바꾸세요.

excite → 현재분사 (   )   try → 현재분사 (   )

give → 과거분사 (   )   get → 현재분사 (   )

buy → 과거분사 (   )   satisfy → 과거분사 (   )

1 분사의 역할

1 명사 수식

분사는 문장에서 형용사 역할을 하므로 명사 앞, 뒤에서 명사를 수식합니다.

● 명사 앞

The management announced the **surprising** news. 경영진은 놀라운 소식을 발표했다.

분사　　　명사

● 명사 뒤

Employees **requesting** vacation time should turn in their forms.

명사　　　분사

휴가를 요청하는 직원들은 신청서를 제출해야 한다.

2 보어 역할

분사는 형용사처럼 2형식의 문장에서 주격 보어 역할을 하거나, 5형식의 문장에서 목적격 보어 역할을 합니다.

● 주격 보어

The workers were **excited**. 직원들은 기뻤다.

주격 보어

▶ 과거분사 excited는 주어 The workers의 상태를 표현하는 주격 보어

● 목적격 보어

I found the book **interesting**. 나는 그 책이 재미있다는 것을 알았다.

목적격 보어

▶ 현재분사 interesting은 목적어 the book의 특성을 설명해주는 목적격 보어

 Check Up

2　다음 중에서 분사가 문장에서 할 수 없는 역할을 고르세요.

(A) 명사 수식　　　(B) 주격 보어　　　(C) 목적격 보어　　　(D) 부사 수식

Words

turn in 제출하다

2 분사의 종류

1 현재분사

● 진행(~하고 있는)

There are many **swimming** boys in the pool. 수영장에는 수영하고 있는 소년들이 많이 있다.

● 능동 또는 사역의 의미(~시키는, ~하게 하는): 명사의 특성

The president announced the **disappointing** results to the staff members.

사장은 실망시키는 결과를 직원들에게 발표했다.

2 과거분사

● 완료나 상태(~해 버린, ~한)

The road was filled with **fallen** leaves. 도로는 떨어진 잎(낙엽)으로 가득 차 있다.

● 수동의 의미(~된, ~당한, ~받은)

There were five **recorded** messages on my answering machine.

내 자동응답기에는 5개의 녹음된 메시지가 있었다.

> ★ 현재분사와 과거분사의 구별
> 현재분사가 명사를 수식할 때 현재분사 뒤에 목적어가 나옵니다. 뒤에 목적어를 갖는 동사의 성질이 있기 때문에요.
> The man **signing** the contract is my manager. 계약서에 서명하는 남자는 내 매니저다.
> 　　　　　　　　　　　목적어
> 반대로 과거분사 뒤에는 목적어가 나오지 않아요.
> A copy of the contract **signed** by the manager should be kept.
> 매니저에 의해서 서명된 계약서 사본은 보관되어져야 한다.

 Check Up

다음 문장의 괄호에서 적절한 것을 고르세요.

3 Download the [requiring / required] form, complete and submit to me.

3   분사의 용법

분사가 다른 단어 없이 홀로 명사를 수식하면 명사 앞에 옵니다.

These special fares are available for a **limited** time only. 이 특별 요금은 한시적으로만 가능합니다.

분사 뒤에 뒤따르는 어구가 있으면 수식하는 명사 뒤에 나옵니다.

Every cup of coffee at T Café is prepared with coffee beans **imported** from Mexico.

수식어구

T Café에서 모든 커피는 멕시코에서 수입된 커피 원두로 준비된다.

● 명사 앞에서 수식하는 현재분사

declining demand 감소하는 수요
existing equipment 기존의 장비
lasting impression 오래가는 인상
misleading information 오도하는 정보
rising cost 상승하는 비용

demanding supervisor 까다로운 상관
growing business 커져가는 사업
leading company 선도하는 회사
remaining staff 남아있는 직원
visiting professor 방문 교수

● 명사 앞에서 수식하는 과거분사

attached schedule 첨부된 스케줄
confirmed reservations 확인된 예약
damaged buildings 파손된 빌딩
detailed information 자세한 정보
increased competition 증가된 경쟁
qualified workers 자격이 갖추어진 근로자들

completed project 완성된 프로젝트
customized products 주문 생산된 제품
damaged luggage 손상된 수하물
finished products 완제품
proposed construction 제안된 건설
written consent 쓰여진 동의(서면 동의)

 Check Up

다음 문장의 괄호에서 적절한 것을 고르세요.

4   The president has kept [remaining / remained] staff motivated for months.

Words

record [rikɔ́ːrd] 녹음하다 | be prepared with ~으로 준비되다 | import [impɔ́rt] 수입하다
Check up 4. motivated [móutəvèitid] 동기가 부여된

4 ## 감정동사의 현재분사와 과거분사

사람의 감정을 나타내는 동사는 주어에 의해서 분사의 종류가 결정됩니다. 사람이 주어이면 과거분사(사람의 감정)를, 사물이 주어이면 현재분사(사물의 특성)입니다.

★ 주요 동사와 현재분사, 과거분사

동사원형	현재분사	과거분사
amaze 깜짝 놀라게 하다	amazing 놀라게 하는	amazed 놀란
disappoint 실망시키다	disappointing 실망을 주는	disappointed 실망한
embarrass 당황하게 하다	embarrassing 당황하게 하는	embarrassed 당황한
excite 흥분시키다	exciting 흥분시키는	excited 흥분된
frighten 놀라게 하다	frightening 놀라게 하는	frightened 놀란
interest 흥미를 일으키다	interesting 흥미로운	interested 흥미를 느끼는
please 기쁘게 하다	pleasing 기쁘게 하는	pleased 기쁜
shock 충격을 주다	shocking 충격을 주는	shocked 충격을 받은
overwhelm 압도하다	overwhelming 압도하는	overwhelmed 압도당한

1 감정동사의 현재분사

The sales figures for last quarter were **satisfying**. 지난 분기 판매 수치는 만족스럽다.
　　　주어(사물)
▶ 주어가 사물이므로 보어 자리에 현재분사 satisfying(사물의 특성)

2 감정동사의 과거분사

The employees were **shocked** when they heard the news. 그 소식을 들었을 때 직원들은 충격을 받았다.
　　　주어(사람)
▶ 주어가 사람이므로 보어 자리에 과거분사 shocked(사람의 감정)

The presentation left attendees **satisfied**. 발표는 참석자들을 만족스럽게 했다.
　　　　　　　　　　　목적격 보어

▶ 참석자들이 만족을 했으므로 목적격 보어 자리에 과거분사 satisfied(사람의 감정)

● 감정동사의 현재분사와 과거분사

We were really **excited** because this class was really **interesting**.
이 수업이 아주 재미있어서 우리는 아주 기뻤다.

▶ 주어 We가 사람이고 감정을 느꼈으므로 보어 자리에 과거분사 excited
▶ 주어 this class가 사물이고 특성이므로 현재분사 interesting

★ 동명사와 현재분사의 차이

동명사 [~하기 위한] 용도나 목적	현재분사 [~하고 있는, ~하는] 동작
a dining room 식당 a smoking room 흡연실	swimming boys 수영하는 소년들 a dancing girl 춤추는 소녀

 5 분사구문

분사를 이용해 부사절(시간, 이유, 조건, 양보, 등)을 줄여 만든 구가 분사구문입니다.

● 분사구문을 만드는 방법

① 주절과 부사절의 주어가 같을 경우, 부사절의 주어를 생략합니다.

When I go to bed late, I feel tired the next morning. 내가 늦게 자면, 다음 날 아침에 매우 피곤합니다.
　　　부사절　　　　　　　　　　주절

② 부사절에서 주어를 생략할 경우 더 이상 절의 역할을 할 수 없으므로 문장 앞에 쓰인 접속사를 생략합니다.
　(단 접속사를 생략해서 의미가 애매모호해질 경우에는 생략하지 않습니다.)

~~When I~~ go to bed late, I feel tired the next morning.

 **Check Up**

다음 문장의 괄호에서 적절한 것을 고르세요.

5　I was so [pleased / pleasing] to learn about your promotion to vice president.

6　The movie was too [shocking / shocked] to watch.

Words
sales figure 판매 수치 | quarter [kwɔ́ːrtər] 분기(1년에 4분의 1)

③ 동사 원형에 ~ing를 붙여서 현재 분사를 만듭니다.

~~When I~~ going to bed late, I feel tired the next morning.

④ 종속절의 동사가 능동일 경우 현재분사를 사용하고, 수동일 경우에는 being + 과거분사 형태로 되는데 여기서 being을 생략하는 것이 일반적이므로 과거분사만 남게 됩니다.

When I go to bed late, I feel tired the next morning.
→ **Going** to bed late, I feel tired the next morning.

After they finished their project, they started testing it.
→ **(After) Finishing** their project, they started testing it.
그들이 프로젝트를 끝마친 후에, 그것을 시험하는 것을 시작했다.

Because we were faced with budget problems, we had to cancel some projects.
→ **(Being) Faced** with budget problems, we had to cancel some projects.
예산의 문제점에 직면했기 때문에, 우리는 몇몇의 프로젝트를 취소해야만 했다.

● 독립분사구문

Generally speaking 일반적으로 말해	Judging from ~으로 판단하건대
Considering ~을 고려하면	Given = Provided (that) ~라면

Generally speaking, men are stronger than women.
일반적으로 말해, 남자는 여자보다 힘이 세다.

Considering your inexperience, you managed the project well.
당신의 무경험을 고려하면, 당신은 프로젝트를 잘 처리해 냈어요.

 Check Up

다음 부사절을 분사구문으로 바꾸세요.

7 While he was watching a movie, he was eating popcorn.

→ _____, he was eating popcorn.

8 When he makes cupcakes, he eats pieces of them.

→ _____, he eats pieces of them.

연습문제 다음 괄호에서 적절한 것을 고르세요.

1 After [repeated / repetition] requests, the city council finally agreed to build more parks.

2 Reservations [booked / booking] through the website must be confirmed 24 hours before check-in.

3 The Star House is a coffee store [selling / sold] a large selection of beverages.

4 Travelers [using / used] Incheon airport complain that the airport is too crowded with people.

기출문제 빈칸에 가장 적절한 것을 고르세요.

5 According to a report ------- in Auto Magazine, driving with the headlights on during the day increases safety.

(A) publishing
(B) publish
(C) published
(D) to publish

6 The city will hold a job fair on Friday for anyone ------- in looking for a job.

(A) interested
(B) interest
(C) interesting
(D) to interest

7 The 20th Annual Technology Conference is one of the largest conferences ever ------- in China.

(A) to hold
(B) hold
(C) held
(D) holding

8 Our holiday-season dinnerware is available for a ------- time only.

(A) limits
(B) limiting
(C) limited
(D) limitation

Words

1. repeated [ripíːtid] 반복된 | repetition [rèpətíʃən] 반복 2. confirm [kənfɔ́ːrm] 확인하다 3. a selection of 다양한
5. according to ~에 따르면 | safety [séifti] 안정성 6. hold [hould] 개최하다 7. conference [kάːnfərəns] 회의 8.
dinnerware [dínərwɛər] 식기

Part 5

1 When ------- the marketing brochure, you must use the new company logo.

(A) designed
(B) designs
(C) designing
(D) design

2 Mr. Oaks has been in charge of the marketing department since ------- the company last October.

(A) joined
(B) to join
(C) has joined
(D) joining

3 The staff of the marketing division is invited to attend a reception ------- the new director.

(A) learning
(B) deciding
(C) expecting
(D) welcoming

4 The door ------- the conference room and the lobby should be closed at all times.

(A) connects
(B) connecting
(C) to connect
(D) connected

5 With the password ------- to you, you can enter the main office building.

(A) provided
(B) requested
(C) required
(D) equipped

6 The ------- brochure details the services provided by Motley's Cleaning Service.

(A) enclosure
(B) enclosing
(C) enclosed
(D) enclose

7 Tourists will discover many unique customs and traditions when ------- Mexico.

(A) visit
(B) to visit
(C) visiting
(D) are visiting

8 The ------- document contains important information about your job.

(A) attached
(B) introduced
(C) influenced
(D) expressed

Words

1. brochure [brouʃúər] 소책자 2. be in charge of ~을 책임지고 있는 3. be invited to ~하도록 초대되다 5. provided [prəváidid] 제공된 | requested [rikwéstid] 요청된 | be equipped with ~으로 장비를 갖춘 6. enclosed 동봉된 | enclose [inklóuz] 동봉하다 7. custom [kástəm] 관습 | tradition [trədíʃən] 전통 8. attached [ətǽʧt] 첨부된 | influence [ínfluəns] 영향을 주다

Part 6

Questions 9-10 refer to the following letter.

---

17 July

Dear Dr. Blacks,

Thank you for your phone call ------- an estimate from the Excel Cleaning
9
Services. As you know, Excel Cleaning Services specializes in serving
medical offices throughout the Provo area with the best cleaning method. A
representative will visit your office on July 23 to assess the particular needs of
your practice. ------- We appreciate your inquiry and look forward to meeting
10
you soon.

Best regards,

Mark Peterson, President

Excel Cleaning Services

---

9 (A) request
   (B) requested
   (C) requesting
   (D) to request

新 10 (A) This is the first event in our July
        schedule.
     (B) Contractor mistakes can be costly.
     (C) The process can be time-
         consuming.
     (D) A price quote will be provided
         within 24 hours of the site visit.

Words

9-10. estimate [éstəmèit] 견적 | specialize in ~을 전문으로 하다 | representative [rèprizéntətiv] 대표자; 직원 |
particular [pərtíkjələr] 특정한 | need [niːd] 필요성 | appreciate [əprí:ʃièit] 감사하다, 고마워하다 | inquiry [inkwáiəri]
질문 | look forward to ~ing ~를 고대하다

Questions 11-12 refer to the following letter.

October 20

Dear Mr. Nelson:

We received your letter ------- the problem you are having with the camera you
11
purchased from us in May of last year. Unfortunately, your warranty for this
product has expired. The warranty offers free service for a period of one year
from the date of purchase, but your camera was purchased fifteen months ago.
If you still want us to repair your camera, please follow the directions on the
------- card to send the item to us.
12
Sincerely yours,

James Brown
Customer Service Manager, Peterson Inc.,

11 (A) describe
  (B) describing
  (C) described
  (D) to describe

12 (A) to enclosed
  (B) enclosing
  (C) enclosed
  (D) encloses

Words

11-12. warranty [wɔ́:rənti] 품질 보증 | expire [ikspáiər] 만료되다, 만기가 되다 | period [píːəriəd] 기간 | from the date
of ~한 날짜로부터

3

13 thorough [θə́ːrou] 철저한, 빈틈없는 ☑ ○○○○

Ongoing training sessions ensure / that all nurses have a
계속 진행중인　　훈련과정
thorough understanding / of health-care technology.

> 계속 진행중인 훈련 과정은 / 모든 간호사들이 / 헬스케어 기술을 / 철저하게 이해했음을 / 보장한다.

14 specific [spisífik] 구체적인, 특정한 ●●●●●

Before recommending property listings to clients, / real estate
　　　　　　　　　　부동산 목록　　　　　　　　　　부동산
agents consider **specific** features / such as size, location and
중개인들
value.

> 부동산 목록을 고객들에게 제안하기 전에, / 부동산 중개인들은 / 크기, 위치, 가치와 같은 / 구체적인 특징들을 고려한다.

15 accurate [ǽkjurət] 정확한, 정밀한 ●●●●●

The letter of recommendation / should contain / a concise
　　　　추천서　　　　　　　　　　　　　　　　　　　간결한
and **accurate** description / of the candidate's strengths and
experience.

> 추천서는 / 후보자의 장점과 경험에 대한 / 간결하고 정확한 설명을 / 포함해야 한다.

16 available [əvéiləbl] 이용할 수 있는, 구할 수 있는 ●●●●●

Catering services / for the awards ceremony / will be **available** /
　　　　　　　　　　　　　시상식
for those who are interested.

> 관심 있는 사람들을 위해서 / 시상식을 위한 / 출장요리 서비스가 / 이용 가능하다.

17 equal [íːkwəl] 동등한, 동일한 ●●●●●

The accounting department reported / that sales figures this year
　　　　　　　　　　　　　　　　　　　　　　판매수치
/ were nearly **equal** to / those recorded three years ago.
　　　　be equal to ~와 동일하다

> 회계부서는 / 올해의 판매수치가 / 3년 전에 기록했던 판매수치와 / 거의 동일하다고 / 보고했다.

18 substantial [səbstǽnʃəl] 상당한 ●●●●●

During the month of September, / the factory will undergo /
　　　　　　　　　　　　　　　　　　　　　　(변화·안 좋은 일 등을) 겪다
substantial renovations.

> 9월 동안에, / 공장은 / 상당한 보수 공사를 / 겪을 것이다.

Week 1　Week 2　Week 3　Week 4

완전절친
TOEIC 스타트 RC

비교구문

- 동등(원급)비교, 비교급, 최상급
- 전치사 to를 쓰는 비교급
- 비교급과 최상급을 강조하는 부사
- 비교급 관용어구
- 단원 별 문제

★ 형용사 필수 어휘 4

✳ 비교구문이란 무엇인가요?

비교구문은 둘 이상의 대상들을 비교할 때 사용하는 것으로 형용사나 부사를 비교대상에 따라 형태를 달리해서 사용하는 것을 말합니다. 비교구문에는 다음과 같이 원급, 비교급, 최상급이 있습니다.

	원급(동등비교)	비교급	최상급
비교대상	같은 수준의 두 대상을 비교	두 대상의 우열을 가림	셋 이상 중에서 최상, 최하를 가림
의미	킴은 제임스만큼 키가 크다 (~만큼 ~한)	수미가 나보다 더 공부를 잘한다. (~보다 더 ~한)	세 자매 중에서 내가 가장 예쁘다. (가장 ~한)

✳ 비교구문은 시험에서 몇 문제나 출제되나요?

3개월에 2문제 정도 출제됩니다.

✳ 원급, 비교급, 최상급의 형태는 어떻게 바꾸나요?

● 원급에서 비교급, 최상급 바꾸기

	원급(동등비교)	비교급	최상급
1음절 단어	as long as	longer than	the longest
자음 + y	as easy as	easier than	the easiest
-e로 끝나는 단어	as large as	larger than	the largest
단모음 + 단자음	as big as	bigger than	the biggest
부사나 형용사가 -ous, -ful, -ive 등으로 끝나는 2음절 단어나 3음절 이상의 단어들	as famous as as beautiful as as impressive as	more famous than more beautiful than more impressive than	the most famous the most beautiful the most impressive
불규칙 변화	as good as	better than	the best

1 동등(원급)비교

'as + 부사/형용사 + as'를 뜻하는데, as ~ as 사이에는 항상 형용사나 부사의 원급만 쓰일 수 있다. 형용사가 올지 부사가 올지는 as ~ as 앞에 나오는 동사에 의해서 결정됩니다.

be동사	as + 형용사 + as	be동사가 나올 경우 주격보어인 형용사
일반동사	as + 부사 + as	일반동사가 나올 경우 이를 수식하는 부사

1 be동사 + as 형용사 as + A

'A와 마찬가지로 ~하다, A만큼 ~하다'로 해석합니다.

Noah is knowledgeable about the new accounting software. (평서문)
　　　　형용사 보어
노아는 신규 회계 소프트웨어에 대해 박식하다.

Noah is as knowledgeable as John about the new accounting software. (동등비교)
노아는 존만큼 신규 회계 소프트웨어에 대해 박식하다.

2 일반동사 + as 부사 as + A

'A와 마찬가지로 ~하다, A만큼 ~하다'로 해석합니다.

Our existing copy machine works efficiently. (평서문)

우리의 기존 복사기는 효율적으로 작동한다.

Our existing copy machine works as efficiently as a new one. (동등비교)
우리의 기존 복사기는 새 복사기 못지 않게 효율적으로 작동한다.

 Check Up

1 다음 중에서 올바른 비교구문의 형태가 아닌 것을 고르세요.

(A) as good as　　　　　　　(B) more beautiful than
(C) more quietly than　　　　(D) as cheaper as

다음 문장의 괄호에서 적절한 것을 고르세요.

2 SAM's newest cell phone is as small [than / as] the competitor's model.

Words

knowledgeable [nǽlidʒəbl] 박식한 | existing [igzístiŋ] 기존의　**Check up 2.** competitor [kəmpétətər] 경쟁자

2 비교급

비교급은 서로 다른 둘을 직접 비교할 때 사용할 수 있습니다. than은 '~보다'의 뜻입니다.

1 비교급을 만드는 방법

비교급을 만드는 방법은 다음과 같습니다. ○ Week 4-4. 비교구문 원급에서 비교급, 최상급 바꾸기 p.214 참조

① 형용사/부사 + -er + than
1음절이나 2음절 형용사, 부사는 단어 끝에 -er을 붙입니다.

The new construction project took about three times **longer than** planned.
새로운 건설 프로젝트는 계획되었던 것보다 약 3배 더 길게 걸렸다.

② more + 형용사/부사 + than
2음절 이상의 형용사, 부사 뒤에는 단어 앞에 more를 붙입니다.

Modern technology makes our living much **more convenient** than the past.
현대 기술은 우리 생활을 과거보다 훨씬 더 편리하게 만든다.

2 불규칙 비교 활용

아래에 나오는 불규칙 비교 활용을 잘 암기하고 쓰임새를 알아두세요.

원급	비교급	최상급
good 좋은 well 잘	better than 더 좋은	the best 가장 좋은
bad 나쁜 ill 건강이 나쁜	worse than 더 나쁜	the worst 가장 나쁜
many 수가 많은 much 양이 많은	more than 더 많은	the most 가장 많은
little 크기가 적은	less than 더 적은	the least 가장 적은
late 시간이 늦은 late 순서가 늦은	later 더 늦은 latter 나중의	the latest 최근의 the last 마지막의

The new computer performed **better than** the old one. 새로운 컴퓨터가 구형보다 성능이 더 좋았다.

Puebla was once considered **the worst** city in Mexico.
푸에블라는 한때 멕시코에서 최악의 도시로 여겨졌다.

People read **less than** three books a year. 사람들은 1년에 책을 3권 이하로 읽습니다.

Have you heard **the latest** news? 그 최근 소식 들었니?

Celebrations are planned for the **latter** part of November. 축하 행사는 11월 말에 계획되어 있습니다.

3 비교급이 포함된 표현(the + 비교급)

일반적으로 정관사 the는 최상급과 함께 쓰이지만 다음 세 가지 경우는 비교급에서 쓰이는 것입니다.

① The + 비교급, the + 비교급: ~하면 할수록, 더욱 ~하다

The more phone calls you make, **the higher** your bill will be.
당신이 더 많은 전화를 할수록, 요금은 더욱 높아질 것이다.

② Of the two + 명사, A + 동사 + the 비교급: 둘 중에서 A가 더 ~하다

Of the two candidates, John is **the better** qualified for that job.
두 명의 후보자 중에서, 존이 그 일에 대한 자격 요건을 더 잘 갖추고 있다.

③ the 비교급 + of the two + 명사: 둘 중에서 더 ~한

Johnson Inc., **the larger** of the two companies, is advertising several job openings.
두 회사 중 더 큰 존슨 주식회사는, 몇몇의 일자리를 광고하는 중이다.

 Check Up

다음 문장의 괄호에서 적절한 것을 고르세요.

3 The computer was replaced [more recently / more recent] than the printer.

4 The NC 55 is being advertised as the [speediest / speedier] laptop computer today.

5 The problem was [bad / worse] than we expected.

Words

living [lívíŋ] 생활 | consider [kənsídər] ~로 여기다 | celebration [sèlibréiʃən] 축하 행사 | qualified [kwɑ́ːləfaid] 자격이 있는

3 최상급

최상급은 여러 대상들 중에 최고임을 나타낼 때 쓰는 표현입니다.

1 최상급을 만드는 방법

최상급을 만드는 방법은 다음과 같습니다.
⭕ Week 4-4. 비교구문, 원급에서 비교급, 최상급 바꾸기 p.214 참조

① the 형용사/부사 + -est
1음절이나 2음절 형용사, 부사는 단어 끝에 -est를 붙입니다.

Albertson sells **the freshest** fruits and vegetables in Springville City.
앨버트슨은 스프링빌 시에서 가장 신선한 과일과 야채를 판매한다.

② the most + 형용사/부사
2음절 이상의 형용사, 부사 뒤에는 단어 앞에 the most를 붙입니다.

This is **the most beautiful** city I have ever visited.
이곳은 내가 방문해 본 곳 중에서 가장 아름다운 도시다.

2 최상급이 포함된 표현

① the + 최상급 + of all the + 복수 명사
'(복수 명사) 중 가장 ~한'이라는 뜻입니다.

The pants that are displayed at the clothing store are **the most popular** of all the items.
옷 가게에 전시되어 있는 바지들이 전 품목 중 가장 인기가 있다.

② one of the + 최상급 + 복수 명사들
'(복수 명사들)에서 가장 ~한 것 중의 하나'라는 뜻입니다.

Sizzler is one of **the most famous** restaurants in this city.
씨즐러는 이 도시에서 가장 유명한 식당들 중의 하나다.

4　전치사 to를 쓰는 비교급

than(~보다)을 대신해서 전치사 to를 사용하는 비교급도 있으니 잘 암기해 둡시다.

junior to
~보다 나이가 아래인

My brother is **junior to** me by three years.
내 동생은 나보다 3살 어리다.

senior to
~보다 나이가 위인

My sister is **senior to** me by three years.
우리 언니는 나보다 3살 많다.

superior to
~보다 우수한

Our new line of products is **superior to** existing lines.
우리의 신제품들은 기존의 제품들에 비해 우수하다.

prior to
~보다 앞선

You must confirm your flight reservation at least 3 days **prior to** the date of departure.
당신은 적어도 출발 3일전에 당신의 항공편 예약을 확인해야 한다.

5　비교급과 최상급을 강조하는 부사

다음에 나오는 부사들은 비교급과 최상급 앞에 위치하여 그 뜻을 강조하는 역할을 합니다.

much	even	far	still	a lot

Using public transportation is **much** faster than driving the car.
대중교통을 이용하는 것이 차를 운전하는 것보다 훨씬 더 빠르다.

Attendance figures at the meeting are **a lot** higher than expected.
회의 참석자 수가 기대했던 것보다 훨씬 높았다.

The new smartphone is **even** better than the old one. 새 스마트폰이 예전 것보다 훨씬 낫다.

Check Up

다음 문장의 괄호에서 적절한 것을 고르세요.

6 It's [a lot / many] more fun that way. 그렇게 하면 훨씬 더 재미있다

7 The new printer produces copies [much / as] more quietly than the old printer did.
새로운 프린터는 이전 프린터보다 훨씬 더 조용하게 사본을 출력한다.

Words

display [displéi] 전시하다 | departure [dipá:rtʃər] 출발 | transportation [trænspərtéiʃən] 대중교통 | attendance [əténdəns] 참석, 출석 | figure [fígjər] 숫자

6 비교급 관용어구

다음은 비교급의 관용표현들이므로 잘 암기하고 쓰임새를 알아두세요.

at the latest 늦어도
no longer than 더 이상 ~않다
no sooner ~ than ~하자마자

no later than 늦어도 ~까지
no more than 더 이상 ~않다, ~에 불과하다
rather than 차라리 ~하다

This year's appraisal forms have to be filled out **no later than** December 15.
금년도 평가서들은 늦어도 12월 15일까지 작성되어야 한다.

Send all receipts to Mr. Park by the end of this week **at the latest**.
늦어도 이번 주말까지는 모든 영수증을 박 씨에게 보내세요.

Average crabs live **no longer than** 3 years. 보통의 게는 3년 이상 살지 못합니다.

Eat no more than that. 그만 드세요.

No sooner had he left home **than** he began to run for school.
집에서 나오자마자 그는 학교로 뛰어가기 시작했다.

Seek the positive **rather than** the negative. 부정적인 것보다 긍정적인 것을 찾아라.

 Check Up

다음 문장의 괄호에서 적절한 것을 고르세요.

8 I prefer to stay here [rather than / later than] go home.
나는 집에 가는 것보다 여기 머무르는 것을 선호한다.

Words

appraisal form 평가서 | fill out 기입하다

다음 괄호에서 적절한 것을 고르세요.

1 Holly Tea is as popular [as / than] Geo Bean Coffee in the county.

2 Applicants should complete the application online [no later / as quickly] than June 1.

3 In case of fire, please vacate the building as [rapidly / rapid] as possible.

4 Fun Travel offers the [cheapest / cheaper] flights available from Japan to Canada.

 빈칸에 가장 적절한 것을 고르세요.

5 The company's financial situation was ------- than they had expected because of the recession.

(A) more difficult
(B) difficulty
(C) most difficult
(D) difficult

6 Our toaster design is ------- than the competitor's latest release.

(A) most efficiently
(B) efficiently
(C) more efficient
(D) as efficient

7 Last year Delta Airline cancelled more flights ------- any other North American airline.

(A) while
(B) whether
(C) than
(D) as

8 After our company expanded into the international market, our revenues ------- doubled.

(A) ever
(B) much more
(C) more than
(D) even more

Words

2. application [æpləkéiʃən] 신청 3. in case of ~할 경우에 | vacate [véikeit] (건물, 좌석 등을) 비우다 5. financial situation 재정 상태 | recession [riséʃən] 불경기 6. release [rilíːs] 공개(물), 발표(물); 발표하다, 공개하다 8. revenue [révənjùː] 수익[수입] | double [dʌ́bl] 두 배로 되다

Part 5

1 Flight 777 to Toronto took off three hours ------- than expected because of bad weather conditions.

(A) late
(B) lately
(C) later
(D) latest

2 The price of oil plunged ------- faster than we had expected.

(A) more
(B) as
(C) many
(D) much

3 Contestants selected to receive awards will be informed no ------- than March 20.

(A) late
(B) latest
(C) later
(D) lately

4 Ms. Twain's ------- novel will be on sale in bookstores in March.

(A) late
(B) lately
(C) latest
(D) more lately

5 Mr. Smith's revised marketing presentation is an improvement on his ------- version.

(A) earlier
(B) lowest
(C) sudden
(D) added

6 Of all the students I have taught for the last 18 years, John is the -------.

(A) more intelligent
(B) most intelligent
(C) more intelligently
(D) most intelligently

7 Passwords utilizing a combination of letters and numbers create the ------- security.

(A) strength
(B) strongly
(C) strengthen
(D) strongest

8 The company found that replacing all of its copy machines would be ------- than repairing them.

(A) cheap
(B) cheaper
(C) more cheaply
(D) cheaply

Words

1. take off 이룩하다 2. plunge [plʌndʒ] (가격, 기온 등이) 급락하다 3. contestant [kəntéstənt] 참가자 5. improvement [imprúːvmənt] 개선; 향상 | added [ǽdid] 추가된 6. intelligent [intélədʒənt] 똑똑한, 현명한 7. utilize [júːtəlàiz] 이용[활용]하다 | combination [kàmbənéiʃən] 조합 8. replace [ripléis] 교체하다 | repair [ripέər] 수리하다

Part 6

Question 9-10 refer to the following e-mail.

To: Staff Members

From: John Smith

Date: May 28

Subject: New Copy Machine

Dear Colleagues,

Yesterday a new copy machine was installed in the copy center to replace the one that had repeatedly broken down. We trust that the new one will be more ------- than the old one. This is one of the ------- advanced models, so we
    9   **10**
expect that it will serve us well for many years. If you have questions about how to use the new copier, you can consult the manual located in the cabinet next to the copier.

Best Regards,

John Smith

9 (A) achievable
  (B) portable
  (C) reliable
  (D) expensive

10 (A) most
  (B) less
  (C) as
  (D) than

Words

9-10. install [instɔ́ːl] 설치하다 | repeatedly [ripíːtidli] 반복적으로 | break down 고장 나다 | portable [pɔ́ːrtəbl] 휴대가 쉬운 | reliable [riláiəbl] 믿을[신뢰할] 수 있는 | consult [kənsʌ́lt] (정보를 얻기 위해 무엇을) 찾아보다; 상담하다

Questions 11-12 refer to the following article.

John Anderson announced on Monday that his company, Columbia, will relocate its production facility from Provo city to Orem city next month. At the same time, the existing facility will undergo a significant expansion. ------- Columbia, a leading manufacturer of outdoor gear has a long-term plan to develop a ------- variety of clothes.
11   12

新 11 (A) The larger factory will create many employment opportunities in the area.
(B) It can be difficult to find qualified candidates for a position.
(C) Applicants can submit résumés online or in person.
(D) Your new product ideas were especially informative.

12 (A) widen
(B) widest
(C) width
(D) wider

Words
11-12. relocate [riːlóukeit] 이주하다 | production facility 생산시설 | at the same time 동시에 | undergo [ʌ̀ndərgóu] (변화 등을) 겪다 | opportunity [ɑ̀pərtjúːnəti] 기회 | outdoor gear 아웃도어 장비 | long-term 장기적인 | a variety of 다양한

4

19 confidential [kɑ̀nfədénʃəl] 비밀의, 기밀의

Documents of a **confidential** nature / should be stored / in locked file cabinets / at all times.
　　　　　　　　　　　　　　　　　　　　　　항상

기밀성이 있는 문서들은 / 항상 / 잠금 장치가 있는 캐비닛에 / 보관되어야 한다.

20 previous [príːviəs] 이전의

The new kitchen stove has performed / so well / that the **previous** model / is being discontinued.

신형 스토브가 성능이 / 아주 좋아서 / 이전 모델은 / 판매가 중단될 것이다.

21 temporary [témpərèri] 일시적인

We offer / a **temporary** discount / on office furniture.

우리는 / 사무용 가구에 대한 / 일시적인 할인을 / 제공하고 있다.

22 initial [iníʃəl] 처음의, 초기의

The **initial** shipment of books / should arrive in stores / three
　　　　　　선적물

days / before the title is released / to the public.

책의 초기 선적불은 / 책의 제목이 / 일반에게 공개되기 / 3일 전에 / 가게에 도착해야 한다.

23 popular [pɑ́pjulər] 인기 있는, 대중적인

The library does not allow / renewal of books / that are extremely
　　　　　　　　　　　　갱신　　　　　　　　　　　　아주

popular, / because other patrons / are waiting for them.
　　　　　　　　　　손님, 고객　　　wait for ~를 기다리다

도서관은 / 다른 이용객들이 / 책을 기다리고 있기 때문에 / 아주 인기 있는 / 책의 갱신을 / 허용하지 않는다.

24 familiar [fəmíljər] 익숙한, 친숙한

Many analysts / **familiar** with the housing market / predict / that
　　　분석가　　　be familiar with ~에 익숙한

the house sales will increase / over the next twelve months.

주택 시장에 익숙한 / 많은 분석가들은 / 앞으로 12개월에 걸쳐 / 주택 판매가 증가할 것이라고 / 예상하고 있다.

완전절친
TOEIC 스타트 RC

전치사

- 장소와 시간 전치사 in / on / at
- 전치사 by / until, for, between / among
- 시점과 기간, 방향, 위치의 전치사
- 기타 전치사
- 전치사와 접속사의 차이
- 단원 별 문제

★ 형용사 필수 어휘 5

✳ **전치사란 무엇인가요?**

전치사는 8품사 중에서 대표적인 기능어로 명사, 명사구 혹은 대명사 앞에서 시간, 장소, 위치, 방향 등을 나타냅니다.

✳ **전치사는 시험에서 몇 문제나 출제되나요?**

전치사 문제는 매달 시험에서 2–5문제 출제되는 아주 중요한 품사입니다.

✳ **전치사 뒤에는 어떤 것이 나오나요?**

전치사 뒤에는 아래의 표처럼 명사가 포함된 단어는 모두 나올 수 있습니다.

전치사구		
전치사 +	명사	at(전치사) + midnight(명사) → 자정에
	명사구	at(전치사) + the hotel(명사구) → 호텔에서
	대명사	from(전치사) + them(대명사) → 그들로부터
	동명사	by(전치사) + reading(동명사) → 읽음으로써
	명사절	about(전치사) + what he said(명사절) → 그가 말한 것에 대해서

✳ **전치사의 위치와 역할은 어떻게 되나요?**

① **전치사의 위치: 명사 앞**(전치사 뒤에는 명사 상당 어구)

　전치사 + 명사, 명사구, 대명사, 동명사, 명사절

② **전치사의 역할**

• 명사 수식: 명사 뒤에 나오는 전치사구는 형용사 역할

　The books on the table are mine. 테이블 위에 있는 책들은 내 것이다.

• 동사 수식: 동사 뒤에 나오는 전치사구는 부사 역할

　The building stands on the hill. 빌딩은 언덕 위에 있다.

• 문장 전체를 수식: 부사 역할

　In the morning, we a have staff meeting. 아침에 직원회의가 있다.

1 장소와 시간 전치사 in / on / at

	in	on	at
장소	도시, 나라, 대륙	거리 이름	구체적인 장소
시간	달, 계절, 연도	날짜, 요일	시간

1 in

일반적으로 넓고, 포괄적인 시간 및 공간 앞에서 쓰입니다.

시간(달 이상 범위)	장소(시 이상 범위)	기타
• in + 연도 in 2020 2020년에 • in + 계절 in winter 겨울에 • in + 달 in July 7월에	• in + 넓은 장소 in the world 세계에 in Europe 유럽에 • in + 나라, 주, 도시 in Canada 캐나다에 in Seoul 서울에	• in + 학문, 전문, 산업 분야 in science 과학 분야에서 • in + 부서 in the accounting department 경리부에서

HB Construction built a harbor **in** England. HB 건설은 영국에 항구를 건설했다.

The next performance appraisal will be conducted **in** January of 2020.
다음 업무 수행 평가는 2020년 1월에 시행될 것이다.

● **전치사 in 관용어구**

in a row 연달아서	in advance 미리	in detail 세부적으로
in general 일반적으로	in line 줄을 선	in particular 특별히
in person 본인이 직접, 스스로	in place 제자리에, 적소에	in time 시간 안에

 Check Up

1 다음 단어들 중에서 전치사가 잘못 쓰인 것을 고르세요.

(A) without exception   (B) in New York

(C) under develop   (D) by him

2 다음 중에서 전치사구의 역할이 아닌 것을 고르세요.

(A) 명사 수식   (B) 동사 수식   (C) 형용사 수식   (D) 문장 전체 수식

Words

performance appraisal 업무 수행 평가

2 **on**

전치사 on은 특정 날짜, 요일에 쓰고 장소에는 거리 이름이나 접촉하는 장소 앞에 쓰입니다.

시간과 때	장소와 공간

• on + 구체적 날짜, 때
  on October 10 10월 10일에
  on that day 그 날에
• on + 요일
  on Thursday 목요일에
  on Wednesday 수요일에
	• on + 거리
	  on Wall Street 월 가에서
	  on University Avenue 대학 가에서
	• on + 접촉이 강조되는 장소, 표면
	  on the wall 벽에
	  on the floor 바닥에

The company will hold a meeting on the first Monday in January.
회사는 1월 첫째 월요일에 회의를 개최할 것이다.

The best hotel in our country is on fifth Avenue. 5번 가에 우리나라 최고의 호텔이 있다.

● 전치사 on 관용어구

on a diet 다이어트 중인	on air 방송 중인	on sale 세일 중인
on schedule 예정대로	on strike 파업 중인	on the market 팔려고 내놓은
on time 제시간에	on vacation 휴가 중인	

Shoes are on sale right now. 지금 신발류가 세일 중입니다.

You have to hand in your assignment on time. 넌 숙제를 제때에 제출해야 한다.

3 **at**

한정적이고 구체적인 시간, 때, 장소를 표현합니다.

시간	장소	가격, 속도, 비율

• at + 시간, 때
  at 7:30 7시 30분에
  at dawn 새벽에
  at noon 정오에
  at night 밤에
	• at + 번지
	  at 200 Center Street
	  센터 가 200번지에서
	• at + 구체적인 장소
	  at the station 역에서
	  at the meeting 회의에서
		• at + 가격
		  at a low price/cost 낮은 가격으로
		• at + 속도
		  at high speed 급속도로
		• at + 비율
		  at the rate of ~의 비율로

We can provide fresh seasonal fruits at a low cost.
우리는 신선한 계절 과일을 낮은 가격에 제공할 수 있습니다.

● 전치사 at 관용어구

at a low price 낮은 가격으로	at all times 항상, 언제나	at last 최후에
at least 적어도	at risk 위험에 처해 있는	at table 식사 중인
at times 때때로	at the moment 지금으로서는	at the same time 동시에
at work 작업 중인		

Mr. Johnson's presentation is scheduled to begin at five o'clock this afternoon.
존슨 씨의 프레젠테이션은 오늘 오후 5시에 시작하기로 일정이 잡혀 있다.

The company is planning to hold a banquet at the Wynn Hotel in Las Vegas.
회사는 라스베이거스 윈 호텔에서 연회를 열 계획이다.

2 전치사 by / until

by	특정 시간까지 동작이 완료 (적어도 ~까지)	by Saturday / by 7 o'clock
until	동작, 상태의 계속 (~까지 계속)	until Tuesday / until noon

1 by = no later than(늦어도 ~까지)

Employees must sign up for the safety workshop by Friday.
직원들은 금요일까지 안전 워크숍을 신청해야 한다.

Please be back in the office no later than 12:40.
늦어도 12시 40분까지는 사무실로 돌아와 주시기 바랍니다.

 Check Up

다음 문장의 괄호에서 적절한 것을 고르세요.

3 All State is opening its new office [in / on] Los Angeles.

4 The Hilton hotel requests that its guests check in at the reception desk [on / in / at] arrival.

5 We want you to give a demonstration of the new product [at / on] the monthly meeting.

Words

hold a meeting 회의를 개최하다 | banquet [bǽŋkwit] 연회[만찬] **Check up** 5. give a demonstration 발표하다

● 전치사 by

교통 및 통신수단	by taxi 택시로 by car 차로 by plane 비행기로 by mail 편지로
by + 동명사: ~함으로써	You can save up to 20 percent **by** subscribing to Exercise Magazine before the end of this month. 당신은 이달 말까지 Exercise 잡지를 구독함으로써 20%까지 절약할 수 있다.
수동태 문장에 쓰이는 by	The machine was fixed **by** a technician. 기계는 기술자에 의해서 수리되었다.

2 until(~까지)

The corner store is open **until** 10 P.M. 모퉁이에 있는 가게는 밤 10시까지 영업한다.

3 전치사 for

최근에 전치사 for는 '~을 위해서'라는 의미로 자주 출제가 되고 있습니다. 현재완료의 문장에서 시간의 기간을 나타내는 전치사로도 이따금씩 출제가 됩니다.

The company has reserved the banquet hall **for** the annual holiday party.
회사는 연례 휴일 파티를 위해서 연회실을 예약했다.

● 전치사 for 관련 관용어구

for free 공짜로, 무료로
for more information 더 많은 정보를 위해서
for your reference 당신이 참고할 수 있도록
for additional information 추가적인 정보를 위해서

for sale 매물로 나온
for more details 더 상세한 내용을 위해서
for safety reasons 안전상의 이유로
for a limited time 제한된 기간 동안만

Membership is open to all **for** free. 누구든지 무료로 회원이 될 수 있습니다.

For more information, please visit our website at www.flightasia.com.
더 많은 정보를 위해, www.flightasia.com 웹사이트를 방문하세요.

4 전치사 between / among

between (둘 사이에)	among (셋 이상 중에)
• between A and B • between two + 복수 명사	• among + 복수 명사

The employee cafeteria will be closed everyday **between** 4:00 **and** 5:00 P.M.
직원 식당은 매일 오후 4시에서 5시 사이에 닫힐 것이다.

The teacher is popular **among** students because he has a sense of humor.
그 선생님은 유머 감각이 있어서 학생들 사이에서 인기가 좋으시다.

5 시점과 기간의 전치사

시점의 전치사	기간의 전치사
since ~이래로 from ~부터 until/by ~까지 prior to/before ~전에 after ~후에 following ~에 이어	for ~하는 동안 during ~하는 동안 over ~내내, 걸쳐서 throughout ~내내 within ~이내에

1 시점의 전치사

① since ~이래로

Since 2000, Young Skin Inc. has focused on developing new skin solutions for women.
2000년 이후로, 영 스킨 주식회사는 여성을 위한 새로운 피부 솔루션 개발에 집중해왔다.

② until/by ~까지

The conference center stays open **until** 11 P.M.
컨퍼런스 센터는 저녁 11시까지 문을 연다.

③ before ~전에

Please read and sign the employment contract **before** Tuesday.
화요일 전에 회사 고용 계약서를 읽으시고 서명해주세요.

 Check Up

다음 문장의 괄호에서 적절한 것을 고르세요.

6 She worked [until / by] 6 P.M.

7 We have waited here [since / for] two o'clock.

Words

save up to 20% 최고 20% 할인 | subscribe [səbskráib] 구독하다 | reference [réfrəns] 참고

① for + 구체적인 시간

    for five years 5년 동안   **for** two hours 2시간 동안

② during + the + 특정기간 명사

    during the day 낮 동안   **during** the vacation 휴가 동안

③ over ～ 기간에 걸쳐서

    over the last few years 지난 몇 년 간에 걸쳐서

    Over the last few decades, the American economy has had its ups and downs.
    지난 수십 년간에 걸쳐, 미국의 경제는 불황과 호황이 있어왔다.

④ throughout ～ 동안, ～내내

    McMaster Business Center offers workshops in advertising **throughout** the year.
    맥마스터 비지니스 센터는 일년 내내 광고 관련 워크숍을 제공한다.

⑤ within + 기간 및 장소 ～ 이내에, ～ 안에서

within walking distance 도보 거리에	**within the company** 회사 내에서
within five days 5일 이내에	**within the city limit** 시내 안에서
within the budget 예산 이내에	**within one's reach** ～가 미치는 범위 내에

    Please sign the contract and return it to the office **within** 10 days.
    계약서에 서명해서 사무실로 10일 이내에 도로 가져다 주세요.

    Tourists can find affordable restaurants **within** the Orem city limits.
    관광객들은 오렘 시내 안에서 적당한 가격의 레스토랑을 찾을 수 있다.

6 방향의 전치사

to ～로, ～에게	go to + 장소 send A to B A를 B에게 보내다 report A to B A를 B에게 보고하다 Please **report** the survey results **to** the personnel department. 설문의 결과를 인사부에 보고해주세요.
for ～을 향해서 (목적지)	leave for + 행선지, depart for + 행선지, start for + 행선지 He left **for** London last night. 그는 어젯밤에 런던으로 떠났다.
towards ～ 쪽으로	Let's go **towards** the coast. 해안 쪽으로 가보자.
from A to B A로부터 B까지	I walk **from** the station **to** the library every day. 나는 매일 역으로부터 도서관까지 걷는다.

7   위치의 전치사

next to, beside ~옆에	near ~가까이
above, over ~위에	below, under ~아래에
behind ~뒤에	around ~주위에

The tourism office is **near** the convention center, across the river.
관광청 사무실이 강 건너편에 있는 컨벤션 센터 가까이에 있다.

I spent a couple of hours driving **around** Richmond.
나는 리치먼드 주위를 드라이브하며 몇 시간을 보냈다.

8   기타 전치사

under	~아래서, ~의 관리 · 통제 하에	**under** consideration 고려 하에 **under** warranty 품질보증 기간 하에
	~하는 중인	**under** construction 공사 중인 **under** discussion 토론 중인
	Under the new management, Johnson Inc., will establish branch offices in Asia. 새로운 경영진의 지휘 하에, 존슨 주식회사는 아시아에 지사를 설립할 것이다. The new shopping center is now under construction. 새로운 쇼핑센터는 현재 공사 중이다.	
of	~의(of는 명사(구)와 명사(구)를 연결)	lack **of** interest 관심 부족
	The construction of the business center will be delayed because of the inclement weather. 그 비즈니스 센터의 건설은 악천후로 인해 지연될 것이다.	
about	~에 관하여	(= as to, on, concerning)
	Requests for further information about the conference schedule will be fulfilled as soon as the schedule is completed. 회의 일정에 관한 추가적인 정보 요청은 일정이 완성되는 대로 응답받을 수 있을 것이다.	

Words

ups and downs 성하였다가 쇠하였다가 | budget [bʌ́dʒit] 예산 | tourist [túrist] 관광객 | branch office 지사, 지점

9 전치사와 접속사의 차이

의미	전치사 + 명사/명사구/동명사	접속사 + 주어 + 동사
~에도 불구하고	despite, in spite of, notwithstanding	although, though, even though, even if
	Despite the bad weather, the construction of the new stadium was completed on schedule. 나쁜 날씨에도 불구하고, 새 경기장 건설은 일정대로 완공되었다. **Although** the weather was bad, the construction of the new stadium was completed on schedule. 비록 날씨가 좋지 않았지만, 새 경기장 건설은 예정대로 완공되었다.	
~때문에	because of, due to, owing to	because, as, since, now that
	Due to a prior engagement, Mr. Lindstrom will not be able to participate in the conference. 사전 약속 때문에, 린드스트롬 씨는 회의에 참여할 수 없을 것입니다. **Because** he has a previous appointment, Mr. Lindstrom will not be able to participate in the forthcoming conference. 선약이 있기 때문에, 린드스트롬 씨는 다가오는 회의에 참여할 수 없을 것입니다.	

 Check Up

다음 문장의 괄호에서 적절한 것을 고르세요.

8   The grocery store is open every weekend [throughout / within] the year.

9   All the windows face [above / toward] the river.

10   Sales at James Company suffered last quarter [because / because of] its competitors cut prices.

11   The tour group left for Paris [although / despite] they had not received their complete itinerary.

연습문제 다음 괄호에서 적절한 것을 고르세요.

1 The results of the manufacturer's survey will be released [in / on] three months.

2 Buses are the only mode of public transportation [from / next to] the hotel to the convention center.

3 We expect the ceremony to be over [by / in] 11:30 A.M.

4 Refreshments will be served [in / on] the main lobby after Dr. Hwang's speech.

기출문제 빈칸에 가장 적절한 것을 고르세요.

5 ------- his vacation, Mark traveled to New York City.

(A) By
(B) Between
(C) From
(D) During

6 Employees are not allowed to make personal phone calls ------- they are on duty.

(A) during
(B) while
(C) after
(D) still

7 Sales of the Super 800 computer have doubled ------- the last two years.

(A) over
(B) on
(C) at
(D) of

8 Construction at the new shopping facility will continue ------- August.

(A) on
(B) until
(C) at
(D) under

Words

1. manufacturer [mæ̀njufǽktʃərər] 제조업자 3. ceremony [sérəmòuni] 의식 4. refreshment [rifréʃmənt] 다과 5. travel to ~로 여행하다 6. on duty 근무 중인 8. shopping facility 쇼핑 시설

Part 5

1 Our contract with Peterson Office Equipment Services was just renewed ------- Mr. Cook.

(A) to
(B) between
(C) over
(D) by

2 Days Inn will install longer-lasting light bulbs ------- all of its rooms next week.

(A) after
(B) in
(C) of
(D) on

3 All merchandise for deliveries must be inspected ------- shipment.

(A) within
(B) before
(C) either
(D) after

4 Pro Sporting Goods plans to open a second store ------- a year.

(A) about
(B) during
(C) without
(D) within

5 Ms. Oaks was unable to meet Ms. Smith until late afternoon ------- a flight delay.

(A) due to
(B) because
(C) although
(D) despite

6 ------- the press conference, Ms. Bednar announced plans for the renovation of the factory.

(A) About
(B) Against
(C) At
(D) Along

7 Delta Books has reported a 20 percent increase in profits ------- the past six months.

(A) again
(B) over
(C) further
(D) more

8 The keynote speaker ------- the annual conference will be announced on Monday, July 7.

(A) among
(B) for
(C) about
(D) by

Words

1. renew [rinjúː] 갱신하다, 새롭게 하다 2. install [instɔ́ːl] 설치하다 | light bulb 전구 3. inspect [inspékt] 점검하다 6. press conference 기자회견 8. keynote speaker 기조 연설자

Part 6

Questions 9-10 refer to the following information.

The computers you have ordered contain reconditioned parts. Reconditioned parts carry a one-year limited warranty. Circuit Electronics Center will replace a reconditioned part at no charge if a claim is filed ------- the warranty expires
9
and the malfunction is due to a defect in materials. If you are dissatisfied with your computer for any reason, you may return it to us for a full refund ------- 30
10
days of the date of purchase. A refund will be issued within three weeks.

9 (A) since
(B) before
(C) for
(D) without

10 (A) within
(B) on
(C) except
(D) due to

Words

9-10. recondition [rìːkəndíʃən] 수선하다 | reconditioned parts 수선된 부품 | warranty [wɔ́ːrənti] 품질 보증서 | at no charge 무료로, 무상으로 | malfunction [mælfʌ́ŋkʃən] 고장 | be dissatisfied with ~으로 불만족하다 | a full refund 전액 환불

Questions 11-12 refer to the following letter.

August 7

Jason Thomson

100W Center Street

Dear Mr. Thomson,

You have been selected to receive this year's Smith Supermarkets Prize. Your prize, a $300 gift certificate from Smith Supermarkets, is our way of showing our appreciation for your patronage. ------- The certificate is redeemable at
        11
any Smith location and can be used ------- any products found in our stores.
        12
There are no restrictions on using your gift certificate with our special promotions.

Congratulations!

Tom Anderson, Marketing Manager

Smith Supermarket

新 11 (A) We could not have done any
      of this without your generous
      support.
  (B) These will be available at a special
      price for a limited time.
  (C) See our website for information
      on new products that are now
      available.
  (D) You can come and pick up your
      gift certificate at our University
      Avenue location.

12 (A) during
  (B) except
  (C) owing to
  (D) for

11-12. gift certificate 상품권 | appreciation [əprìːʃiéiʃən] 감사 | patronage [péitrənidʒ] 단골 거래, 애용 | pick up (물건 등을) 찾아가다 | redeemable [ridíːməbl] (현금, 상품과) 교환할 수 있는 | restriction [ristríkʃən] 제약 | special promotion 특별 세일

5

25 capable [kéipəbl] 유능한, ~을 할 수 있는 ✓○○○○

The company / was **capable** of handling its current difficulties /
be capable of ~할 수 있다

by implementing new procedures.
적용하다   절차들

회사는 / 새로운 절차들을 적용함으로써 / 현재의 어려움들을 처리할 수 있었다.

26 eager [íːgər] 간절히 바라는, 열심인 ○○○○○

Windstar International is / a growing company / **eager** to expand
be eager to ~을 하고 싶어하다

its business / in East Asia.

윈드스타 인터내셔널은 / 동아시아에서 / 자사의 사업을 확장하기 원하는 / 성장하는 회사입니다.

27 eligible [élidʒəbl] ~을 할 수 있는 ○○○○○

Any nurse who has worked / for more than three years /
is **eligible** to apply for / be the manager position.
be eligible to   지원하다
~할 자격이 있다

3년 이상 / 일한 간호사는 누구나 / 매니저 직책에 / 지원할 자격이 된다.

28 possible [pάsəbl] 가능한 ○○○○○

Local meteorologists / report / that falling temperatures / will
기상학자

make snowfall / of up to 30 centimeters **possible** / in some
강설량   ~까지

areas.

지역 기상학자들은 / 온도 하락으로 / 몇몇 지역에서 / 강설량이 30cm까지 가능할 것이라고 / 보고하고 있다.

29 various [vέəriəs] 다양한 ○○○○○

Section two of the owner's manual / describes the procedure / for
매뉴얼   절차

loading **various** sizes of paper / into JK Cannon printer.

사용자 매뉴얼의 2과는 / JK 캐논 프린터기에 / 다양한 사이즈의 종이를 넣는 / 절차를 설명해주고 있다.

30 unique [juːníːk] 독특한, 유일무이한 ○○○○○

People who raise pet dogs / often encounter **unique** problems /
기르다   직면하다

while traveling.

애완견을 기르는 사람들은 / 여행을 하는 동안 / 가끔씩 독특한 문제들에 직면한다.

완전절친
TOEIC 스타트 RC

Week 4
Day 1

편지와 이메일

- Sample test
- 편지와 이메일 관련 어휘
- 문제 비법 공략
- 실전문제

★ 부사 필수 어휘 1

정기시험에서 가장 많이 출제되는 형식으로 편지와 이메일이 있습니다. 비즈니스 영어에서 활용도가 높기 때문에 시험에서 매월 빠짐없이 출제되는 유형일 뿐만 아니라 실질적인 회사 업무에도 많은 도움이 되는 실용적인 지문 입니다. 여러 종류의 서신이 있지만 주로 업무에 관련된 서신이 주류를 이룹니다.

✳ 편지와 이메일의 구성

발신인 / 수신인〈이메일 주소〉

수신인 / 발신인〈이메일 주소〉

날짜

수신인 정보

주제

첨부파일

본문
(1) 목적, 주제: 본문의 첫 부분에 목적이나 주제를 묻는 문제의 단서가 등장합니다.
(2) 세부사항: 주제가 나온 다음의 문장들은 자세한 내용과 구체적인 정보가 들어있어요.
(3) 첨부사항: 지문의 끝부분에 첨부사항이 들어있어요.
(4) 요청사항: 지문의 맨 끝부분에 요청사항에 관한 정보가 있습니다.

Sincerely,

서명

발신인

발신인 직책

✳ 편지와 이메일 독해 전략

▶ 편지와 이메일 양식을 숙지하고 익숙해져야 합니다.
▶ 문제들을 먼저 읽고 키워드를 생각하면서 본문을 읽습니다.
▶ 문제에 나온 키워드와 일치하는 문장을 찾아서 정답을 선택합니다.

Sample test 1

Question 1 refers to the following e-mail.

From: John Smith
To: SHC Members
Date: July 7
Subject: Goodbye newsletter!

I am writing to notify everyone that our paper copy newsletter will be discontinued at the end of the month. For the past seven years, the Springville Hiker's Club has produced our member newsletter, *Springville Outdoors*. Each month we print 300 paper copies and pay the cost of the postage to mail them to our members. However, we are looking for ways to change our practices in order to cut expenses. Therefore, we have made the decision to discontinue printing the hard copies of our newsletter and replace them with an electronic version, which will be sent directly to your e-mail inbox on the first of each month.

To continue receiving this publication, sign up at www.shikersclub.com. Please register by August 5 to avoid an interruption in service.

John Smith
SHC President

1　What is the purpose of the e-mail?

(A) To confirm details of an upcoming trip
(B) To provide information about the price change
(C) To invite club members to a meeting
(D) To notify discontinuation of the newsletter

Words

newsletter [njúːzlètər] 소식지 | postage [póustidʒ] 우편 요금 | practice [prǽktis] 관행 | cut expenses 비용을 줄이다 | discontinue [dìskəntínjuː] 중단하다 | replace A with B A를 B로 교체하다 | publication [pʌbləkéiʃən] 출판물 | register [rédʒistər] 등록하다 | interruption [ìntərʌ́pʃən] 중단 | upcoming [ʌ́pkʌmiŋ] 다가오는

Question 1 refers to the following e-mail.

From: John Smith [발신인]
To: SHC Members [수신인]
Date: July 7 [날짜]
Subject: Goodbye newsletter! [주제]

¹ I am writing to notify everyone that our paper copy newsletter will be discontinued at the end of the month. [목적] ² For the past seven years, the Springville Hiker's Club has produced our member newsletter, *Springville Outdoors*. Each month we print 300 paper copies and pay the cost of the postage to mail them to our members. However, we are looking for ways to change our practices in order to cut expenses. Therefore, we have made the decision to discontinue printing the hard copies of our newsletter and replace them with an electronic version, which will be sent directly to your e-mail inbox on the first of each month. [세부사항]

To continue receiving this publication, sign up at www.shikersclub.com. Please register by August 5 to avoid an interruption in service. [요청사항]

John Smith [발신인]
SHC President [발신인 직책]

1 What is the purpose of the e-mail?

(A) To confirm details of an upcoming trip
(B) To provide information about the price change
(C) To invite club members to a meeting
(D) To notify discontinuation of the newsletter

구문분석

1 I am writing to **notify** everyone that our paper copy newsletter will be discontinued at the end of the month.
notify A that~ 'A에게 that~를 알리다'의 뜻으로 notify는 뒤에 직접목적어와 간접목적어가 오는 4형식 동사입니다. 직접목적어(사람)는 everyone, 간접목적어(전달하는 내용)는 that our paper copy newsletter will be discontinued at the end of the month입니다.

2 For the past seven years, the Springville Hiker's Club **has produced** our member newsletter, *Springville Outdoors*.
기간을 나타내는 전치사구 For the past seven years가 오는 현재 완료(has + p.p.) 문장입니다.

Sample test 1 해석

Question 1 refers to the following e-mail.

발신: 존 스미스
수신: SHC 회원들
날짜: 7월 7일
주제: 소식지여 안녕!

이번 달 말에 우리의 인쇄본 소식지가 중단되는 것을 여러분에게 알리기 위해서 이 이메일을 씁니다. 지난 7년 동안, Springville Hiker's Club은 우리 멤버를 위한 소식지, *Springville Outdoors*를 만들어 왔습니다. 매달 우리는 300부를 제작하고 우리 회원들에게 발송하기 위한 우편요금을 지불합니다. 그러나 비용을 줄이기 위해서 우리의 관행을 변경할 방법들을 찾고 있습니다. 그래서 우리 인쇄본 소식지의 인쇄를 중단하기로 결정했고 그것을 전자 버전으로 교체하기로 했는데, 전자 버전은 매달 1일 여러분의 이메일 수신함으로 직접 보내질 것입니다.

이 출판물을 계속 받으시려면, www.shikersclub.com에 등록해 주세요. 서비스의 중단을 피하시려면 8월 5일까지 등록해 주세요.

존 스미스
SHC 회장

---

1   이 이메일의 목적은 무엇인가?
   (A) 나가오는 여행의 세부사항을 확인하기 위해서
   (B) 가격변화에 대한 정보를 제공하기 위해서
   (C) 클럽 회원들을 미팅에 초대하기 위해서
   (D) 소식지의 중단을 공지하기 위해서

해설

주제나 목적을 묻는 문제의 정답은 대부분 지문의 첫 세 문장 안에 정답이 있습니다. 따라서 지문의 첫 부분을 잘 확인해야 합니다. 편지를 쓰는 목적을 이야기할 때 사용하는 표현인 'I am writing to notify~'로 시작하는 부분이 나옵니다. I am writing to notify everyone that our paper copy newsletter will be discontinued at the end of the month. 이 문장과 같은 의미로 쓰인 정답은 (D) To notify discontinuation of the newsletter입니다.

Question 2 refers to the following e-mail.

To: Susan Peterson<peterson@amazingapparel.com>
From: Jenny Cook<jcook@amazingapparel.com>
Date: May 19
Subject: For your review
Attachment: Revised draft

Dear Ms. Peterson,

The marketing staff is preparing for the Textile and Apparel Fair that will take place in Milan from June 15 through June 25. As you know, we will be showing the new line of clothing designed by your team.

I have attached the latest version of the clothing brochure that we intend to distribute at our display booth. We have added images and incorporated the content changes that you requested. We would like to send the final draft of the catalog to the printer by the end of the week, so please look it over and let me know if you would like any further changes.

Thank you,

Jenny Cook

---

2   What does Ms. Cook ask Ms. Peterson to review?

   (A) The results of a customer survey
   (B) The schedule for an upcoming event
   (C) Information about company merchandise
   (D) Instructions for printing a brochure

Words

textile [tékstail] 직물, 옷감 | apparel [əpǽrəl] 의류 | fair [fɛər] 박람회 | take place 개최되다 | attach [ətǽtʃ] 첨부하다 | latest version 최신 버전 | brochure [brouʃúər] 소책자 | intend to ~할 의향이 있다 | distribute [distríbju:t] 배포하다 | display booth 전시 부스 | final draft 최종안, 최종 원고 | look over 검토하다

Sample test 2　한 눈에 보기

Question 2 refers to the following e-mail.

To: Susan Peterson<peterson@amazingapparel.com> [수신인]
From: Jenny Cook<jcook@amazingapparel.com> [발신인]
Date: May 19 [날짜]
Subject: For your review [주제]
Attachment: Revised draft [첨부파일]

Dear Ms. Peterson,

The marketing staff is preparing for the Textile and Apparel Fair that will take place in Milan from June 15 through June 25. [1] As you know, we will be showing the new line of clothing designed by your team. [주제]

[2] I have attached the latest version of the clothing brochure that we intend to distribute at our display booth. We have added images and incorporated the content changes that you requested. [세부사항 및 첨부사항] We would like to send the final draft of the catalog to the printer by the end of the week, so please look it over and let me know if you would like any further changes. [요청사항]

Thank you,

Jenny Cook [발신인]

2　What does Ms. Cook ask Ms. Peterson to review?

(A) The results of a customer survey
(B) The schedule for an upcoming event
(C) Information about company merchandise
(D) Instructions for printing a brochure

구문분석

[1] As you know, we will be showing the new line of clothing (**which is**) designed by your team.
주격 관계대명사 which와 be동사 is가 생략되었습니다. 형용사구 designed by your team이 선행사 clothing을 수식합니다.

[2] I have attached the latest version of the clothing brochure **that** we intend to distribute at our display booth. We have added images and incorporated the content changes **that** you requested.
두 문장 다 목적격 관계대명사 that이 있습니다. that 이하는 목적어가 없는 불완전한 절이고, 앞의 선행사 the clothing brochure와 the content changes를 수식하는 형용사 역할을 합니다.

해석

Question 2 refers to the following e-mail.

수신: 수잔 피터슨〈peterson@amazingapparel.com〉
발신: 제니 쿡〈jcook@amazingapparel.com〉
날짜: 5월 19일
주제: 당신의 검토를 위해서
첨부물: 개정안

피터슨 씨께,

마케팅 직원들은 밀라노에서 6월 15일부터 6월 25일까지 개최되는 직물과 의류 박람회를 위해 준비하고 있습니다. 귀하도 아시다시피, 우리는 당신의 팀이 디자인한 일련의 의류를 선보일 것입니다.

저는 우리 전시 부스에서 배포할 의류 소책자의 최신 버전을 첨부했습니다. 우리는 이미지를 추가했고 귀하께서 요청하신 내용의 수정을 포함했습니다. **우리는 카탈로그의 최종안을 주말까지 인쇄업자에게 보내려고 하니 추가 수정을 하고 싶다면 검토해 보시고 제게 알려 주세요.**

감사합니다.

제니 쿡

2   쿡 씨는 피터슨 씨에게 무엇을 검토하라고 요청하는가?
    (A) 고객 조사의 결과
    (B) 다가오는 이벤트의 일정
    (C) 회사의 상품에 대한 정보
    (D) 소책자 인쇄를 위한 지침

해설

요청에 관한 질문의 정답은 지문의 마지막 부분에서 찾을 수 있습니다. 요청사항을 이야기할 때 사용하는 표현인 'We would like to~', 'Please ~'로 시작하는 부분이 나옵니다. We would like to send the final draft of the catalog to the printer by the end of the week, so please look it over and let me know if you would like any further changes. 여기서 찾을 수 있는 정답은 (C) Information about company merchandise입니다.

abundance 풍부, 충만

accomplishment 성취, 업적

account number 계좌 번호

achievement 성취

acquaintance 아는 사람

administrator 관리자, 이사

anniversary 기념일

application 적용, 응용

appraisal 평가

appreciate (제대로) 인식하다

apprentice 수습생, 견습생

association 협회

balance 잔고, 잔액

board member 이사회 임원

browse 열람하다, 검색하다

cash 현금; 수표를 현금으로 바꾸다

change 잔돈, 거스름돈; 변화

charge (요금을) 청구하다

check 수표

clarify 명확히 하다

commerce 상업

commitment 서약, 약속

commodity 상품, 일용품

complement 보완하다

comprehensive 포괄적인

concerning ~에 관한

cooperation 협조

customer base 고객 기반

customs 세관

deadline 마감시한, 마감일

debit card 현금 인출 카드

defective 결점이 있는

deficiency 결핍, 부족, 결함

definitely 명백하게

deposit 맡기다, 예금하다

devote 바치다, 쏟다

distributor 유통업자

due 지불 기일이 된

eligible 적격의, ~할 자격이 있는

exclusive 독점적인

exclusively 오로지, 배타적으로

executive 임원(의)

fill out 작성하다

finalize 마무리 짓다

hiring decision 고용 결정

immediate 즉각적인, 가까운

implement 실행하다

in person 개인적으로

insufficient 불충분한

interest rate 이자율

interest 이자

inventory 재고

issue (출판물의) 판, 호

knowledgeable 박식한

late fee 연체료

loan 대출; 대출하다

look forward to
~하기를 학수고대하다

make an appointment
약속을 정하다

manufacturing 제조

merchandise 상품

mortgage 주택 저당 융자

nomination 지명, 추천

on behalf of ~을 대신하여

on business 업무차

out of stock 재고가 없는

outstanding balance
미지불 잔고

outstanding 띠어난, 헌지힌

overcharge 과다 청구하다

overdraw 초과 인출하다

overdue 기한이 지난

payroll department 경리부

place an order 주문하다

postage 우편요금

preferred customer 우수고객

premises 토지, 부동산

press conference 기자회견

presume 추정하다, 가정하다

privilege 특혜, 특권

public relations department
홍보부

quota 할당량

quote 견적을 내다

reference 참고, 참조, 대조

replacement 대체, 대체물, 후계자

residence 주거, 거주

retailer 소매업자

sales department 영업부

savings account 예금 계좌

scheme 계획, 안, 설계

security deposit 보증금

shareholder 주주

shipment 선적, 발송

shortage 부족, 결핍

spacious 넓은

special offer 염가, 특가

supplier 공급업체

tenant 거주자

tentative 일시적인, 임시의

transaction 거래

transfer 예금 이체; 이체하다

utility bill 공과금

verify 입증하다

voucher 상품권

warehouse 창고

wholesale 도매

withdraw 인출하다

workforce 노동력, 노동인구

문제 비법 공략

part 7 문제를 풀 때 출제되는 문제의 종류는 정해져 있습니다. 그 문제의 종류에 따라 전략을 달리하여 답을 찾아야 합니다. 다음 문제 비법 공략을 보면서 문제 유형에 따라 답을 찾는 방법을 연습해 봅시다.

1 주제나 목적을 묻는 문제 비법 공략

Step 1 문제를 읽고 주제나 목적에 관한 문제인지 확인하세요.
Step 2 주제나 목적을 묻는 문제의 단서가 나오는 지문의 첫 세 문장을 주의깊게 읽습니다.
Step 3 지문의 주제나 목적을 이해한 후, 이와 같은 의미로 쓰인 선택지를 정답으로 고르세요.

● **주제나 목적을 묻는 문제 유형**

Why was the letter/e-mail written? 이 편지/이메일이 쓰여진 이유는 무엇인가?
What is the (main) purpose of this letter/e-mail? 이 편지/이메일의 (주된) 목적은 무엇인가?

● **편지를 쓰는 목적에 사용되는 표현**

I am writing to thank you for ~ 당신에게 ~에 대해 감사하기 위해 편지를 드립니다.
I am writing to inquire/confirm/apologize ~ ~를 문의/확인/사과하기 위해 편지를 드립니다.

2 구체적인 정보를 묻는 문제 비법 공략

Step 1 문제를 읽고 구체적인 정보를 묻는 문제인지 확인한 뒤, 키워드를 파악하세요.
Step 2 구체적인 정보를 묻는 문제의 단서가 나오는 지문의 중간 부분을 주의깊게 읽습니다.
Step 3 지문에서 키워드를 포함하고 있는 문장에서 정답을 찾으세요.

● **구체적 정보를 묻는 문제 유형**

What is stated in the letter/e-mail? 편지/이메일에서 언급된 것은 무엇인가?
Who should be contacted about the problem? 이 문제에 대해 연락해야 할 사람은 누구인가?
Which of these is NOT a problem mentioned in this letter/e-mail?
이 편지/이메일에 언급된 문제가 아닌 것은 무엇인가?

3 편지에 첨부된 것을 묻는 문제 비법 공략

Step 1 문제를 읽고 첨부된 것에 관한 질문인지 확인하세요.
Step 2 첨부사항을 묻는 문제의 단서가 나오는 지문의 끝부분을 주의깊게 읽습니다.
Step 3 지문의 끝부분에 키워드 enclosed, send with, accompanied 등의 주변에서 정답을 찾으세요.

● 편지에 동봉된 것을 확인하는 질문

What is enclosed with the letter? 이 편지에 동봉된 것은 무엇인가?
What did Graham send with the letter? 그레이엄 씨는 이 편지와 함께 무엇을 보냈는가?
What accompanies the letter? 이 편지와 동봉하는/동봉된 것은 무엇인가?

● 첨부사항에 사용되는 표현

We have enclosed a copy of the annual financial report. 연례 재무보고서의 사본을 동봉했습니다.
Enclosed you will find ~ 동봉하는 것은 ~입니다.

4 요청사항을 묻는 문제 비법 공략

Step 1 문제를 읽고 요청사항에 관한 문제인지 확인하고, 키워드를 파악하세요.

Step 2 요청사항을 묻는 문제의 단서가 나오는 지문의 끝부분을 주의깊게 읽습니다.

Step 3 지문의 끝부분에서 'Would you mind ~ing', 'Please let me know if you ~', 'I would be grateful if you could ~' 등의 표현을 포함한 문장에서 정답을 찾습니다.

● 요청사항을 묻는 문제

What are employees asked to do? 직원들은 무엇을 하라고 요청받았는가?
What does Ms. Smith want the company to do? 스미스 씨가 회사에서 해주길 원하는 것은 무엇인가?
What does John Smith ask Peter Anderson to do? 존 스미스가 피터 앤더슨에게 요청한 것은 무엇인가?

● 요청사항에 사용되는 표현

Would you mind telling me ~? 서에게 말씀해주시겠습니까?
Please let me know if you ~ 당신이 ~인지 저에게 알려주십시오.

5 편지와 이메일의 후반부에 사용되는 표현

● 연락방법의 표현

Please visit our website. 우리 홈페이지를 방문해 주세요.
Do not hesitate to contact 725-1555. 725~1555로 연락하는 것을 주저하지 마세요.
Please feel free to contact me. 부담 갖지 말고 저에게 연락주세요.

● 편지를 마무리할 때 사용되는 표현

I look forward to hearing from you soon. 곧 소식을 들을 수 있기를 바랍니다.
If you have any questions, please feel free to contact me. 질문이 있으시면, 언제든 제게 연락해 주세요.

Questions 1-2 refer to the following e-mail.

To: Harold Prince<hprince@westmoreinternational.com>
From: Justin Graham<justin@frontierlabs.com>
Subject: Tomorrow's Meeting

Dear Mr. Prince,

I know we are supposed to have a meeting tomorrow morning, but something has come up. Our meeting is important to me, so if that is the only time you can meet, I will be there. However, if you could possibly meet in the afternoon or the following day instead, it would really help me out. Please respond as soon as possible so that I can make arrangements either way.

---

1 Why did Mr. Graham write the e-mail?

(A) To cancel a meeting
(B) To postpone a meeting
(C) To remind someone of a meeting
(D) To schedule a meeting

2 What piece of information needs to be confirmed?

(A) The location of a meeting
(B) The time and date of the meeting
(C) The people attending the meeting
(D) The reason for the meeting

Words

be supposed to ~하기로 되어있다 | something has come up 문제가 생기다 | respond [rispánd] 응답하다 | as soon as possible 가능한 빨리 | arrangement [əréindʒmənt] 준비

Questions 3-4 refer to the following letter.

March 8

George Cook
1145 Dove Creek Ave.
Austin, TX 73301

Dear Mr. Cook:

I am writing in response to the complaint letter you have sent out on March 2 concerning the issue with your Nanotech Voice Recorder. We at Nanotech Electronics offer supreme quality products and strive to provide our customers with excellent service. A replacement product has been sent to your address with no additional cost. We expect you to receive your new product in 5-7 business days.
We apologize for any inconvenience caused by the faulty product. Please contact us at customerservice@nanotech.com for any other questions or inquiries.

Caitlyn Steele
Customer Support
Nanotech Electronics

3   What is the purpose of this letter?

(A) To advertise a new product
(B) To respond to a complaint
(C) To remind about a deadline
(D) To inform of a policy change

4   What can be inferred about Nanotech Electronics?

(A) It has updated new software.
(B) It is going out of business.
(C) It is merging with another company.
(D) It has confidence in the quality of its products.

Words

in response to ~에 대한 답변으로 | concerning [kənsə́:rniŋ] ~에 관해 | supreme [səprí:m] 최고의 | strive to ~하기 위해 노력하다 | replacement product 교환 제품 | inconvenience [ìnkənví:njəns] 불편 | faulty [fɔ́:lti] 결함이 있는, 불완전한 | out of business 폐업한

Questions 5-8 refer to the following letter.

Mountaintop Credit Union
1220 N University Ave
Salt Lake City, UT 90124

Dear Mr. Oaks,

As you are aware, the credit union has board members that serve for a term of two years. Two of our current board members' terms are up at the end of the month, so we will be electing two new board members on Friday, February 9. — [1] —. Six candidates have applied for the position, but only two will be appointed by the voice of the credit union members. Biographical information for each of the candidates is included with this letter. — [2] —.

Votes can be cast in any of our ten branch locations or at our headquarters on Friday, February 9 between 10:00 A.M. and 5:00 P.M. — [3] —. To encourage all members to vote, we will be giving away prizes to each member who votes.

If you are going to be out of town on the day of the election, you can still vote by filling out the attached form, signing and dating it, and sending it to arrive before February 9. — [4] —.

Sincerely,
Wendy Tupou
Vice President, Mountaintop Credit Union

5 What is the purpose of the letter?

(A) To elect Mr. Oaks as a board member
(B) To inform Mr. Oaks of an upcoming election
(C) To reorganize a company structure
(D) To raise funds for an organization

6 According to the letter, what should Mr. Oaks do if he is out of town on the day of the election?

(A) Return a completed mail-in form
(B) Write a letter to the credit union
(C) E-mail his vote
(D) Telephone Wendy Tupou

7 What is included with the letter?

(A) Details about an association's yearly expenses
(B) A one-year schedule of upcoming events
(C) Background information of six individuals
(D) A complete lists of voting members of the credit union

新 **8** In which of the positions marked [1], [2], [3], and [4] does the following sentence best belong?

"Please review the information before participating in the election."

(A) [1]
(B) [2]
(C) [3]
(D) [4]

Questions 9-11 refer to the following e-mail.

To: Marketing team
From: Mark Brown
Subject: Upcoming Meeting
Date: May 7

Dear Marketing Team,

Thanks to your creativity and hard work, it is estimated that our recent advertisements targeted young consumers for GAP's winter clothing collection were seen by over three million consumers internationally. Furthermore, we've experienced a significant increase in sales volumes. Additionally, a recent survey by National Textile Institution reveals that GAP is now one of the most popular clothing brands among its young consumer group.

Despite the great success with our online advertising campaign, we need to continue to develop additional ways to reach consumers. To ensure this end, we are going to have a brainstorming meeting on May 16 from 10 A.M. to 1 P.M. in the conference room. The president will lead the meeting. Please come prepared to share your most creative suggestions before enjoying a lunch catered by Smith Foods.

Mark Brown
Marketing Manager

9 What is the purpose of the e-mail?

(A) To announce new store locations

(B) To offer advice on how to advertise a product

(C) To promote a line of new clothing

(D) To request participation at a meeting

10 According to the e-mail, why were the GAP advertisements special?

(A) They targeted a teenage consumer group.

(B) They used popular models.

(C) They won special awards from an organization.

(D) They were approved by specialists before distribution.

11 What is the marketing division being asked to do?

(A) Bring some innovative ideas

(B) Provide suggestions for increasing revenues

(C) Run a customer satisfaction survey

(D) Set goals for the next year

Words

thanks to ~덕분에 | creativity [krìːeitívəti] 창의력 | estimate [éstəmèit] 추정[추산]하다 | internationally [ìntərnǽʃənəli] 국제적으로 | furthermore [fə́ːrðərmɔ̀ːr] 뿐만 아니라 | significant [signífikənt] 상당한 | additionally [ədíʃənli] 게다가 | consumer [kənsúːmər] 소비자 | despite [dispáit] ~에도 불구하고 | additional [ədíʃənl] 추가의 | brainstorming [breinstɔ́ːrmiŋ] 브레인스토밍(무엇에 대해 여러 사람들이 동시에 자유롭게 자기 생각을 제시하는 방법) | suggestion [səgdʒéstʃən] 제안 | cater [kéitər] (사업으로 행사에) 음식을 공급하다

Questions 12-16 refer to the following e-mails.

From: Joan Hawkins
To: Caroline Jensen
Date: June 11
Subject: 2012 Rex Roadster

Dear Ms. Jensen:

I saw your advertisement on the billboard about the 2012 Rex Roadster you have for sale. From what it says on the description, the car seems to be in good condition and decent mileage. Is it okay if I come by sometime and look at the car myself?
One more thing, though. I saw another posting of yours of the same car online, and it mentioned that the car needed an oil change. The advertisement on the billboard said the car has no problems and is ready to drive. Can you please clarify on that? Anyway, what's a good time for me to come by?

Regards,
Joan Hawkins

From: Caroline Jensen
To: Joan Hawkins
Date: June 12
Subject: Re: 2012 Rex Roadster

Hello Joan,

Thanks for your interest in my car! I apologize for the confusion the description caused regarding the condition of my car. The online listing was put up months ago. I got the oil changed last month so the car should be fine, as stated on the advertisement on the billboard. I am free every day except Sunday any time after 6 P.M. Let me know when works best for you. If you have any other questions regarding the car, don't hesitate to e-mail me or call me at 366-2629.

Sincerely,
Caroline Jensen

---

12 Why does Ms. Hawkins write to Ms. Jensen?

(A) To congratulate her on a new promotion

(B) To inform her of a business meeting

(C) To invite her to a birthday party

(D) To ask about an automobile

13 What problem does Ms. Jensen have?

(A) Her car was broken into.

(B) Her car hasn't been sold yet.

(C) She lost an important document.

(D) She forgot a client's phone number.

14 What does Ms. Hawkins ask Ms. Jensen to do?

(A) To register her car

(B) To take the car to a car wash

(C) To give her a quote of the car

(D) To inform her of a good time to look at her car

15 What question did Ms. Hawkins have for Ms. Jensen?

(A) Why another advertisement mentioned a necessary repair

(B) Whether she knew the history of the vehicle

(C) If the car had been sold already

(D) What year the car was bought

16 What does Ms. Jensen ask of Ms. Hawkins?

(A) Her new phone number

(B) The price of the car

(C) The website address for a car dealership

(D) Information of her availability

Words

advertisement [ǽdvərtáizmənt] 광고 | billboard [bílbɔːrd] 광고 게시판 | decent [díːsnt] (수준, 질이) 적절한, 괜찮은 |
come by 잠깐 들르다 | except [iksépt] ~를 제외한 | hesitate [hézətèit] 주저하다, 망설이다

Questions 17-18 refer to the following letter.

Book Swap Used Book Dealer
John Robertson
2345 Union Blvd.
Fort Worth, Texas

Dear Mr. Robertson:

We understand from your letter that several pages were missing from the book, Business Strategies, that we sent you last month. We apologize for the inconvenience.
We have another copy of the book in stock which we will be glad to send you free of charge. Your replacement copy should arrive within seven to ten days. Once again, please accept our apologies and enjoy the book. We are including a coupon for 50% discount on you next book to partially compensate you for the inconvenience. We hope that you will continue to find the books you need through our bookstore.

Yours sincerely,

James Forrest
Manager

17 What problem is Mr. Forrest dealing with?

(A) The order was damaged.
(B) The order did not arrive.
(C) The wrong order was sent.
(D) The order was delayed.

18 What is included in the letter?

(A) A reimbursement check
(B) A replacement book
(C) An invoice
(D) A discount coupon

Words

used book 중고 책 | free of charge 무료로 | compensate [kάmpənsèit] 보상하다

1

단원 별 필수 어휘들은 RC문제를 빠르고 정확하게 풀기 위한 기초가 됩니다. 단어를 아는 만큼 실전에서 새로운 문제가 나와도 당황하지 않고 잘 풀 수 있습니다. 어휘 학습 방법(p.9)을 읽어보고 차근차근 순서에 따라 어휘를 암기해봅니다.

※읽은 횟수를 표시하면서 5번씩 읽으세요.

1　regularly [régjulərli] 정기적으로, 규칙적으로　

To increase the quality, / management / must **regularly** review and upgrade / operating procedures.
　　　　　　　　　　　　　　　　　운영의　　　절차

품질을 향상시키기 위해서 / 경영진은 / 운영 절차를 / 정기적으로 검토하고 업그레이드 해야 한다.

2　promptly [prámptli] 즉시, 신속하게　

The online training manual / was **promptly** revised / after employees pointed out / several errors.
　　　　　　　　　　　　　　　　　지적하다

직원들이 / 몇몇 에러를 / 지적하고 난 다음에 / 온라인 교육 매뉴얼은 / 즉시 수정되었다.

3　directly [dairéktli, diréktli] 직접적으로; (특정한 위치) 바로 …에　

Be sure to speak / **directly** into the microphone / throughout your
　　　　　　　　　　　　　　　　　　　　　　　　～내내

presentation.
발표

발표 내내 / 바로 마이크에 대고 / 말하는 것을 명심하세요.

4　already [ɔːlrédi] 이미, 벌써　

Some employees / have **already** submitted / an application form
　　　　　　　　　　　　　　　　　　　　　　지원서

/ for the sales workshop.

몇몇 직원들은 판매 워크숍에 대한 / 지원서를 / 이미 제출했다.

5　nearly [níərli] 거의　

Preparation is **nearly** complete / for the second annual Lima Manufacturing conference.

제 2차 연례 리마 제조업 회의를 위한 / 준비가 거의 완료되었다.

6　easily [íːzili] 쉽게　

The party can be **easily** moved / into an indoor location / if it
　　　　　　　　　　　　　　　　　　실내의

rains tomorrow.

내일 비가 온다면 / 파티는 / 실내 장소로 / 쉽게 옮겨 질 수 있다.

완전절친
TOEIC 스타트 RC

Week 4

Day 2

공지와 회람

- Sample test
- 공지와 회람 관련 어휘
- 문제 비법 공략
- 실전문제

★ 부사 필수 어휘 2

공지와 회람은 정보 전달의 목적으로 회사나 관공서 등에서 조직에 속한 사람들에게 어떤 내용을 알리는 글입니다. 공지문과 회람의 구성을 살펴보면 지문의 초반부에는 전반적인 사항을 얘기하고, 중반에서는 구체적인 내용을 언급하고, 마지막 부분에서는 글을 읽고 난 후 취해야 할 행동에 관련된 내용이 포함됩니다.

✽ 회사 관련 메모와 회람

회사 관련 메모는 인사이동, 회의, 행사, 간부 직원들에게 알리는 사내 정책 변화, 공사 안내 등을 포함한 여러 정책의 제정이나 변화에 대한 지문들이 주로 출제됩니다.

✽ 지역공동체 관련 메모와 회람

지역 공동체에서 주민들에게 알리는 공지로는 지역 행사, 세금 정책의 변화, 고속도로 보수 공사 안내, 새 기차 선로 공사 안내 등의 내용이 출제되었고, 그 외 박물관이나 도서관에서 방문자들에게 알리는 글 등 매우 다양한 지문들이 출제됩니다.

✽ 공지와 메모의 구성

메모를 받는 사람
메모를 보내는 사람
날짜
주제 첫 번째 문장에 메모를 쓰는 이유가 나옵니다.

본문 구체적인 내용인 날짜, 시간, 장소를 포함한 어떤 정보나 지침이 있습니다.

끝맺는 문장
읽은 사람들이 취해야 할 행동(확인, 회신, 피드백 등)이 있습니다.

Sample test 1

Question 1 refers to the following memo.

To: All ABC Media Staff
From: James Cook, Human Resources Manager
Date: July 7
RE: Opportunity

ABC Media announced an opening for an assistant television producer in our news division. Strong writing skills and in-depth knowledge of current events are necessary. Candidates with over three years of work experience in Broadcast Journalism are preferred. At this time, we are considering internal applicants only. However, the position will be opened to the public if we don't receive sufficient number of applications from qualified ABC employees. A more detailed description of the position can be found at www.abcmedia.com/jobs.

1 Why was the memo written?

(A) To announce a job opening
(B) To notify employees of a change in parking
(C) To inform staff of a staff meeting
(D) To train employees in writing skills

Words

division [divíʒən] 부서 | in-depth 깊은, 상세한 | broadcast [brɔ́ːdkæst] 방송 | journalism [dʒə́ːrnəlìzm] 저널리즘 |
internal [intə́ːrnl] 내부의

Question 1 refers to the following memo.

To: All ABC Media Staff [수신인]
From: James Cook, Human Resources Manager [발신인]
Date: July 7 [날짜]
RE: Opportunity [주제]

ABC Media announced an opening for an assistant television producer in our news division. [메모를 쓰는 이유] Strong writing skills and in-depth knowledge of current events are necessary. [1] Candidates with over three years of work experience in Broadcast Journalism are preferred. At this time, we are considering internal applicants only. [2] However, the position will be opened to the public if we don't receive sufficient number of applications from qualified ABC employees. [구체적인 내용] A more detailed description of the position can be found at www.abcmedia.com/jobs. [끝맺는 문장]

1 Why was the memo written?

   (A) To announce a job opening
   (B) To notify employees of a change in parking
   (C) To inform staff of a staff meeting
   (D) To train employees in writing skills

구문분석

1 **Candidates** with over three years of work experience in Broadcast Journalism **are preferred**.
수동태 문장으로 주어는 Candidates, 동사는 are preferred입니다. with over three years of work experience in Broadcast Journalism은 주어를 수식하는 형용사구입니다.

2 However, the position will be opened to the public if we don't receive **sufficient number of** applications from qualified ABC employees.
a number of는 '얼마간의' 뜻이고, sufficient number of는 '충분한 수의'입니다.

Sample test 1 해석

Question 1 refers to the following memo.

수신: ABC 미디어 전 직원
발신: 제임스 쿡, 인사부장
날짜: 7월 7일
주제: 고용기회

ABC Media는 신규 부서에 보조 방송 프로듀서를 위한 일자리를 발표했습니다. 실력 있는 작문 능력과 시사 문제에 대한 해박한 지식이 요구됩니다. 방송 저널리즘에 3년 이상 일한 경험을 가진 지원자들은 우대됩니다. 현재로서는 내부지원자들만 고려하고 있습니다. 하지만, 만약 자격이 있는 ABC 근로자들로부터 충분한 수의 지원서를 접수 받지 못한다면 이 일자리는 공채 모집할 것입니다. 이 직책에 대한 세부사항은 www.abcmedia.com/jobs 웹사이트에서 볼 수 있습니다.

1 이 메모는 왜 쓰여졌는가?

(A) 일자리를 발표하기 위해서
(B) 직원들에게 주차 변경 사항을 공지하기 위해서
(C) 직원들에게 직원 회의를 알리기 위해서
(D) 직원들에게 작문 기술을 교육하기 위해서

해설

글의 주세는 대부분 지문의 앞부분에 정답이 있습니다. 제목인 RE: Opportunity 뒤에 글의 주제가 나옵니다. ABC Media announced an opening for an assistant television producer in our news division, 'ABC Media는 신규 부서에 보조 방송 프로듀서를 위한 일자리를 발표했습니다'로 이 문장과 같은 의미로 쓰인 선택지는 정답 (A) To announce a job opening입니다.

Question 2 refers to the following notice.

NOTICE OF PROMOTION

Dear John Smith,

It is our great pleasure to inform you that you have been promoted to the challenging and demanding position of manager of the sales department.

This promotion is in recognition of the fine work you have done for this firm. We are very confident that you will meet the new responsibilities that accompany this position. Furthermore, we expect the same level of enthusiasm and enterprise which you have exhibited since you came to work with our firm.

Mr. Johnson will be providing you with your amended employment agreement to reflect this change.

Please accept our congratulations on your new promotion.

Sincerely,

Mark Adams
Personnel Manager

---

2   What is mentioned about Mr. Smith?

(A) He works in the personnel department.
(B) He works in the sales department.
(C) He is the personnel manager.
(D) He is the company president.

Words

pleasure [pléʒər] 기쁨 | challenging [tʃǽlindʒiŋ] 도전적인 | demanding [dimǽndiŋ] 요구가 많은, 힘든 | sales department 영업부서 | promotion [prəmóuʃən] 승진 | accompany [əkʌ́mpəni] 수반하다 | enthusiasm [inθú:ziæzm] 열광, 열정 | enterprise [éntərpràiz] 진취성, 기획력 | amended [əméndid] 수정된 | employment agreement 고용 계약서 | reflect [riflékt] 반영하다

Question 2 refers to the following notice.

NOTICE OF PROMOTION

Dear John Smith, [수신인]

[1] It is our great pleasure to inform you that you have been promoted to the challenging and demanding position of manager of the sales department. [메모를 쓰는 이유]

This promotion is in recognition of the fine work you have done for this firm. We are very confident that you will meet the new responsibilities that accompany this position. [2] Furthermore, we expect the same level of enthusiasm and enterprise which you have exhibited since you came to work with our firm.

Mr. Johnson will be providing you with your amended employment agreement to reflect this change. [구체적인 내용]   provide A with B A에게 B를 제공하다

Please accept our congratulations on your new promotion. [끝맺는 문장]

Sincerely,

Mark Adams
Personnel Manager [발신인]

---

2   What is mentioned about Mr. Smith?

(A) He works in the personnel department.
(B) He works in the sales department.
(C) He is the personnel manager.
(D) He is the company president.

구문분석

1 It is our great pleasure to **inform** you that you have been promoted to the challenging and demanding position of manager of the sales department.

inform A that~ 'A에게 that~를 알리다'의 뜻으로 inform 뒤에 간접목적어와 직접목적어가 오는 4형식 동사입니다. 간접목적어(사람)는 you, 직접목적어(전달하는 내용)는 that you have been promoted to the challenging and demanding position of manager of the sales department입니다.

2 Furthermore, we expect the same level of enthusiasm and enterprise **which** you have exhibited since you came to work with our firm.

문장에 목적격 관계대명사 which가 있습니다. which 이하는 목적어가 없는 불완전한 절이고, 앞의 선행사 the same level of enthusiasm and enterprise를 수식하는 형용사 역할을 합니다.

해석

Question 2 refers to the following notice.

승진 공지

존 스미스 씨께,

당신에게 도전적이고 힘든 영업부장 직에 승진된 것을 통보하게 되어 우리는 아주 기쁘게 생각합니다.

이 승진은 당신께서 이 회사를 위해 행한 훌륭한 일에 대한 답례입니다. 우리는 당신이 이 직무에 수반된 새로운 책임들을 충족시킬 수 있을 수 있다고 확신합니다. 더 나아가서, 우리는 당신이 우리 회사를 위해 일하기 위해 입사한 이후 당신께서 보여준 같은 열정과 진취성을 기대합니다.

존슨 씨가 당신에게 이 변화를 반영하는 수정된 고용계약서를 제공할 겁니다.

당신의 새로운 승진에 대한 우리의 축하를 받아주세요.

진심으로,

마크 애덤스
인사부장

2 스미스 씨에 대해 언급된 것은 무엇인가?
   (A) 인사부서에서 일한다.
   (B) 영업부서에서 일한다.
   (C) 인사부장이다.
   (D) 회사 사장이다.

해설

선택지와 지문의 내용을 하나씩 대조해서 풀어야 되는 문제로 지문에 It is our great pleasure ∼ the sales department, '영업부장 직에 승진된 것을 통보하게 되어 우리는 아주 기쁘게 생각합니다'라는 내용이 나오므로 (B) He works in the sales department.가 정답입니다.

acceptance 승인

accomplish 성취하다

accounting department 경리부

acknowledge 인정하다

adaptable 적응할 수 있는

administrative 행정의

agenda 의제, 협의사항

alert ~에게 주의를 환기시키다

allocate 할당하다

alter 변경하다

alternative 대안, 달리 취할 방책

anticipate 예상하다, 기대하다

appoint 임명하다

appointment 지명, 약속, 예약

appraisal 평가, 감정

appropriate 적절한

approval 승인, 허가, 결재

aptitude 소질, 적성

arrangement 배치, 계획, 준비

assign (업무 등을) 할당하다

assistant manager 대리

board of directors 이사회

branch 지사

budget 예산(안), 운영비

CEO (= Chief Executive Officer) 최고 경영 책임자

colleague 동료

commemorate 기념하다

commute 통근하다, 왕복하다

competitor 경쟁자

complete 기입하다 (= fill out)

comply with 응하다, 따르다

component 부품, 구성 요소

conduct 실행하다, 수행하다

conference 회의, 회합

convention 집회, (정기) 총회

confidential 기밀의

confirmation 확인, 승인

customer service 고객 서비스

cut back 삭감하다

deadline 마감 일자, 최종 기한

detour 우회, 우회로

dismiss 해고하다

division 부서 (= department)

entrepreneur 기업가

evaluate 평가하다, 사정하다

exhibition 전시회, 전람회 (= display)

expansion 확장

expire 만료되다, 만기가 되다

general affairs department 총무부

general manager 지부장, 국장

handout 유인물, 인쇄물; 광고 전단

head office 본사 (= headquarters)

identification card 신분증

in-house 사내의, 조직내의

in advance 미리

inquiry 문의, 조사, 질문

inspection 점검, 시찰, 검열

integrate 통합하다, 결합시키다

investigation 조사, 연구

maintain 유지하다, 관리하다

maintenance department 보수 유지 부서, 관리부

malfunction 고장; 오작동하다

management 경영자, 관리자

manager 과장; 부장

managerial position 관리직

managing director 상무이사

measure 법안, 조치, 대책

monitor 감시하다, 조정하다

notify 알리다, 공고하다

objective 목표; 객관적인

observe 준수하다, 지기다

organize 조직하다, 편성하다,

overseas sales department 해외 영업부

personnel department 인사부

(= human resources department)

potential customers 잠재고객 (= prospective customers)

present 발표하다, 공개하다

promotion 승진

proposal 제안, 신청, 안건

qualified 적임의, 자격 있는

questionnaire 설문지

recall (물건을) 회수하다, 취소하다

recommend 추천하다, 권하다

recycle 재활용하다

registration 등록, 접수

relocate 이전시키다

renovate 새롭게 하다, 혁신하다

representative 대표자, 직원

resign 사직하다

resignation 사직

revise 수정하다, 정정하다 (= modify, amend)

revision 수정, 정정 (= modification, amendment)

sales department 영업부

senior 상사, 신임

session 회의, 회기

sign up for ~에 등록하다

supervisor 감독자, 상사

supply requisition form 물품 신청서

supporting 후원하는, 보조의

surcharge 추가 비용을 부과하다; 추가 비용

symposium 토론회, 간담회

term 기간 (= duration) pl. (계약, 협정의) 조건

training session 훈련 기간

transfer 선임, 이동; 전임하다, 전임시키다(= relocate)

undertake 착수하다, 맡다

Week 1　Week 2　Week 3　Week 4

문제 비법 공략

1 주제나 목적을 묻는 문제 비법 공략

Step 1 문제를 읽고 주제나 목적에 관한 문제인지 확인합니다.

Step 2 주제나 목적을 묻는 문제의 단서가 나오는 지문의 첫 세 문장을 주의깊게 읽습니다.

Step 3 글의 주제나 목적을 이해한 후, 같은 의미로 쓰인 선택지를 정답으로 고르세요.
종종 메모의 제목을 나타내는 Subject나 Re: 다음에 주제나 목적이 언급되기도 합니다.

● 주제나 목적 혹은 공지 대상을 묻는 문제 유형

Why was the notice/memo written? 이 공지/메모를 쓴 이유는 무엇인가?
What is this notice/memo mainly about? 이 공지/메모의 주된 내용은 무엇인가?
What is the purpose of the notice/memo? 이 공지/메모의 목적은 무엇인가?
For whom is this notice/memo written? 누구를 대상으로 한 공지/메모인가?

● 목적에 사용되는 표현

I am writing because ~ 제가 ~ 때문에 글을 씁니다.
We regret to inform you that ~ ~을 알려 드리게 되어 유감입니다.
We are pleased to announce that ~ ~을 발표하게 되어 기쁩니다.
We wanted to alert you to the fact that ~ (that 이하의) 사실을 알려드리고자 합니다.

2 구체적인 정보를 묻는 문제 비법 공략

Step 1 문제를 읽고 구체적인 정보를 묻는 문제인지 확인한 뒤, 키워드를 파악하세요.

Step 2 구체적인 정보를 묻는 문제의 단서가 나오는 지문의 중간 부분을 주의깊게 읽습니다.

Step 3 지문에서 키워드를 포함하고 있는 문장 주변에서 정답을 찾습니다.

● 구체적인 정보를 묻는 문제 유형

How long will the event last? 이 행사는 얼마 동안 계속될 것인가?
What happened in the meeting? 회의에서 무슨 일이 일어났는가?
What is included in the event? 이 행사에 포함되는 것은 무엇인가?
What is scheduled in the company cafeteria? 사내 식당에서 예정된 일은 무엇인가?
What problem is mentioned in the memo? 메모에서 어떤 문제점이 언급되는가?
Who should be contacted about the matter? 이 사안에 대하여 누구에게 연락해야 하는가?

③ Not/True 문제 비법 공략

Step 1 문제를 읽고 Not/True에 관한 문제인지 확인합니다.

Step 2 지문의 내용과 선택지를 하나씩 대조합니다.

Step 3 지문의 내용과 일치하거나 일치하지 않는 선택지를 정답으로 선택합니다.

● Not/True 문제 유형

What is mentioned as a benefit of the new facility? 새 시설의 혜택으로 언급된 것은 무엇인가?

What is true about this memo? 이 메모에 대해 사실인 것은 무엇인가?

What is NOT recommended in the notice? 이 공지에서 권고되지 않은 것은 무엇인가?

What is NOT true about the company? 이 회사에 대하여 사실이 아닌 것은 무엇인가?

④ 특정 날짜와 장소를 묻는 문제 비법 공략

Step 1 문제를 읽고 특정 날짜나 장소를 묻는 문제인지 확인합니다.

Step 2 특정 날짜와 장소를 묻는 문제의 단서가 나오는 지문의 중간 부분을 주의깊게 읽습니다.

Step 3 문제의 날짜나 장소를 키워드로 지문의 중간 부분에서 정답을 찾습니다.

● 특정 날짜와 장소를 묻는 문제 유형

Who arranged the event on December 24? 12월 24일 행사는 누가 준비했는가?

Where will the event be held? 행사는 어디에서 개최될 것인가?

Where can people get a ticket? 사람들은 어디에서 티켓을 받을 수 있는가?

When can employees use the new facility? 직원들은 새 시설을 언제 이용할 수 있는가?

⑤ 요청사항을 묻는 문제 비법 공략

Step 1 문제를 읽고 요청사항을 묻는 문제인지 확인합니다.

Step 2 요청사항을 묻는 문제의 단서가 나오는 지문의 끝부분을 주의깊게 읽습니다.

Step 3 지문의 끝부분에서 'Would you mind ~ing', 'Please let me know if you ~', 'I would be grateful if you could ~' 등의 표현을 포함한 문장에서 정답을 찾습니다.

● 요청사항을 묻는 문제 유형

When should Mr. Johnson be contacted? 존슨 씨는 언제 연락해야 하는가?

What are recipients of this notice asked to do? 공고문을 읽은 사람들은 무엇을 해야 하는가?

● 요청 혹은 당부에 사용되는 표현

All employees are encouraged to attend ~ 모든 직원들은 ~에 참석해 주시기 바랍니다.

Come in and join us in ~ 오셔서 함께 ~해주세요.

Questions 1-2 refer to the following notice.

To: All employees
From: Mark Peterson
Date: June 21
Subject: XP5

This is a reminder that we are now transitioning to the XP5 e-mail application. As of 8:00 P.M. today, you won't be able to access Intranet, the current e-mail program. Thus, it is important that you save any messages that you have stored in Intranet before this time. Note that with the removal of the Intranet program, any unsaved messages will be deleted permanently. To learn more about the new application, please watch XP5 demonstration video in www.cxp.com/xp5_demo. If you still have questions or problems, contact me at 555-5423.

1 What purpose of this notice?

(A) To notify employees of a new e-mail application

(B) To provide information about the current e-mail system

(C) To offer a training class

(D) To explain how to save messages

2 What are recipients of this notice asked to do?

(A) Complete a survey

(B) Save e-mail messages

(C) Contact the personnel department

(D) Invite other employee to attend a training class

Words

This is a reminder that ~ (that 이하를) 상기시켜 드립니다 | transition [trænzíʃən] (다른 상태, 조건으로의) 이행 | as of ~현재로 | removal [rimúːvəl] 제거 | delete [dilíːt] 삭제하다 | permanently [pə́ːrmənəntli] 영구적으로 | demonstration [dèmənstréiʃən] (사용법에 대한 시범) 설명 | recipient [risípiənt] 받는 사람, 수령인

Questions 3-4 refer to the following notice.

To: All employees
From: Alan Peterson, Facilities Manager
Time: June 15
Subject: Upcoming Construction Project

The Company's main parking will be closed from July 15 to July 21 for repaving. Employees affected by this construction project will be required to use the public parking lot on Center Street. The company will provide prepaid parking card for use during this time. To obtain a repaid card, please bring your picture ID card to the administration building during the office hours. We apologize for the inconvenience.

3 What is being announced?

(A) A temporary change in parking procedures
(B) The closing of public parking lots
(C) The change in ID Cards
(D) The construction of the new parking lot

4 When will the construction project be finished?

(A) On June 15
(B) On July 15
(C) On July 21
(D) On July 1

Words

repave [ripéiv] 재포장하다 | be required to ~하도록 요구되다 | prepaid parking card 선불 주차카드 | administration [ədmìnistréiʃən] 관리(행정) 업무 | apologize for ~에 대해 사과하다 | procedure [prəsíːʤər] 절차

Questions 5-6 refer to the following notice.

FREE SHUTTLE SEVICE ADDED

In response to requests from the staff members, the management decided to offer free shuttle service from Springville train station to the company premises.

The new service will begin on September 1. Staff members are encouraged to use this service. Even though this service is free, employees should notify the human resources department of their intention to use this service no later than August 23.

In the meantime, employees are advised to carpool to work in order to ease the traffic congestion on the local roads. If you need more information regarding carpool routes, please refer to the company website www.maxcompu.com/bus.

---

5 What is the purpose of the notice?

(A) To announce a new service
(B) To encourage staff members to attend an event
(C) To request employees to take part in a survey
(D) To inform employees of an upcoming meeting

6 What is NOT mentioned in the notice?

(A) Shuttle service runs from the Springville train station.
(B) A service fee will be charged.
(C) Carpool information is on the company website.
(D) A new service will start in September.

Words

in response to ~에 응하여, ~에 답하여 | request [rikwést] 요청 | staff members 직원들 | premises [prémisiz] 구내 | be encouraged to ~하도록 권장하다 | notify [nóutəfài] 알리다, 공지하다 | human resources department 인사부(=personnel department) | intention [inténʃən] 의향 | no later than 늦어도 | carpool [káːrpuːl] 합승 | ease the congestion 교통체증을 완화하다 | regarding [rigáːrdiŋ] ~에 관한 | refer to ~을 참고하다

Questions 7-8 refer to the following notice.

Notice
To: All staff members
From: Sam Harrison
Date: April 15th

Dear employees, I offer my sincerest apologies for the plumbing issues in the 4th floor bathroom. To solve this issue, we have contacted a plumber who will come in to repair the broken pipes. We expect the repair to take two weeks so all employees on the 4th floor will have to use bathrooms on the 1st and 3rd floor. Again, I apologize for the inconvenience, and please be aware that this repair process will cause some minor disturbances. Thank you for your cooperation.

Week 1 Week 2 Week 3 Week 4

7 What is the purpose of this notice?

(A) To promote a new lunch menu
(B) To explain a new security system
(C) To inform staff of a bathroom repair
(D) To conduct a research project

8 How long is the repair expected to take?

(A) 1 month
(B) 6 hours
(C) 2 weeks
(D) 5 days

Words

sincere [sinsíər] 진실된, 진정한 | plumbing [plʌ́miŋ] 배관 | plumber [plʌ́mər] 배관공 | inconvenience [ìnkənví:njəns] 불편함 | disturbance [distə́:rbəns] 방해, 폐해 | cooperation [kouɑ̀pəréiʃən] 협조

Questions 9-11 refer to the following notice.

Notice

Dear Homeowners, Business, and Residents:

The Lynn Department of Public Works is going to start construction of repaving Center Street on Wednesday, May 15, 2017, weather permitting. This project will be completed by June 16, 2017.

The contractor performing this work will be D & R Contractors. Access to properties will be restricted during the construction phase.

Parking restriction and interruption to traffic flow will occur at times.
NO PARKING BETWEEN 7:00 A.M. AND 5:00 P.M.

Thank you in advance for your cooperation during this project. If you have any questions or problems concerning this project please call the Dept. of Public Works at 555-278-3555.

Sincerely,

Lisa J. Anderson
Associate Commissioner

9 What is the purpose of this notice?

(A) To announce upcoming construction

(B) To confirm a deadline

(C) To provide membership information

(D) To ask for suggestions

10 When will the repaving start?

(A) On May 15

(B) On July 15

(C) On June 16

(D) On May 16

11 What should residents do when they have questions?

(A) Take them to the main office

(B) Call the Department of Public Works

(C) Contact the manager

(D) Search the website

Words

homeowner [hóumòunər] 주택 소유주 | resident [rézədnt] 거주민 | public works 공공 사업 | contractor [kɑ́ntræktər] 계약자 | property [prɑ́pərti] 재산, 소유물 | restrict [ristríkt] 제한하다 | phase [feiz] 단계, 시기 | parking restriction 주차 제한 | interruption [ìntərʌ́pʃən] 중단 | traffic flow 교통 흐름 | at times 때때로, 가끔 | in advance 미리 | associate commissioner 부 국장

Questions 12-15 refer to the following letters.

From: Benjamin Hudson
To: Carmen Linley
Date: Thursday, June 17th 11:21 A.M.
Subject: Report Issue

Dear Carmen,

I'm having trouble with the company's filing program. I need to make files to keep documents for the newly hired employees. However, every time I try to compile their profiles, the program shuts down. I'm meeting with the personnel director on Friday afternoon to report about the current status of our employees, but the program does not work.

The first thing I did was to log in to the company database using my user name and password. I then clicked the edit tab to create new profiles for the employees. Then I typed in all the employees' information and clicked save. However, when I tried to compile all the profiles into a single folder, the program just shuts down.

If I'm doing something incorrectly, please let me know as soon as possible. You can reach me at extension 825.

Benjamin

From: Carmen Linley
To: Benjamin Hudson
Date: Friday, June 18th 3:31 P.M.
Subject: RE: Report Issue

Dear Benjamin,

It seems like everything is working fine until you try to combine the profiles. There is a known bug in the software that sometimes doesn't work correctly when multiple profiles are created and compiled into a single folder. We recommend backing up the currently existing profiles in another destination, and reinstall the program.

If you're still experiencing those problems after following these steps, please give me a call. We will send an IT technician from our office to fix the problem. The extension is 808.

Carmen

12 What is Mr. Hudson attempting to do?

(A) Order office supplies online

(B) Refill an ink cartridge

(C) Use a computer program

(D) Repair a broken computer monitor

13 When does Mr. Hudson have a meeting scheduled?

(A) On Thursday afternoon

(B) On Friday afternoon

(C) On Tuesday morning

(D) On Wednesday afternoon

14 What is probably true about Mr. Hudson and Ms. Linley?

(A) Mr. Hudson is a client of Ms. Linley.

(B) Mr. Hudson has been hired to replace Ms. Linley.

(C) They are collaborating on a project together.

(D) They are business partners.

15 What does Ms. Linley suggest Mr. Hudson to do?

(A) Wait until the new software update

(B) Call the customer service center

(C) Send back the product for a refund

(D) Reinstall the software

Words

have trouble with ~에 문제가 있다 | compile [kəmpáil] 편집하다 | shut down (기계가, 혹은 컴퓨터가) 멈추다, 정지하다 | personnel director 인사담당 이사 | incorrectly [ìnkəréktli] 부정확하게 | as soon as possible 가능한 빨리 | extension [iksténʃən] 내선번호 | back up (파일, 프로그램 등을) 백업하다 | reinstall [rìːinstɔ́ːl] 재설치하다 | an IT technician IT 기술자

Questions 16-17 refer to the following notice.

Dear Residents,

The City hall subway station's condition has been continuously deteriorating since it was built 50 years ago. Therefore, the transportation department has decided to renovate the station to provide subways users with upgraded and state-of-the-art facilities. In addition, the transit route between the Yellow line and the Blue line will be restructured to make line transfers easier for passengers.

Unfortunately, such renovations will cause some temporary inconveniences. Exits 2 and 3 will be closed from May 5 to August 20, but you may still use exits 1 and 4. We are very sorry for any trouble caused by the renovations.

16 What is the purpose of this notice?

(A) To announce upcoming construction
(B) To inform people of summer subway schedules
(C) To announce a new subway line
(D) To advertise a new public transportation option

17 What will the public still be able to do during the construction?

(A) Purchase coffee at the coffee shop
(B) Use exits 1 and 4
(C) Access to the station using exist 2 and 3
(D) Use of the transit route

Words

continuously [kəntínjuəsli] 계속해서 | deteriorate [ditíəriərèit] 악화되다 | transportation department 교통부 |
renovate [rénəvèit] 개조하다 | upgraded [Àpgréidid] 개선된 | state-of-the-art 최신의 | transit route 환승 통로 |
restructured [ri:strÁktʃərd] 재구성된 | transfer [trænsfɔ́:r] 환승하다 | unfortunately [Ànfɔ́:rtʃənətli] 불행하게도 |
renovation [renəvéiʃən] 보수 공사 | temporary [témpərèri] 일시적인, 임시의

2

7 frequently [fríːkwəntli] 자주, 종종 ✓○○○○

The emergency equipment / is tested **frequently** / to ensure /
　　　　　　　　　　　　　　　　　　　　 확실하게 하다
that it is in good working condition.

그 응급 장비는 / 그것이 잘 작동되는 상태에 있는지 / 확실하게 하기 위해 / 자주 검사됩니다.

8 clearly [klíərli] 또렷하게, 분명히 ○○○○○

According to a business survey, / the role of a manager / has
clearly changed / in the past ten years.

비즈니스 조사에 따르면 / 매니저의 역할은 / 지난 10년 동안 / 분명히 변경되었다.

9 recently [ríːsntli] 최근에 ○○○○○

Delta Company / **recently** announced / that it will hire / an
outside consultant.
외부의　　상담가

델타 회사는 / 최근에 / 외부 상담가를 / 채용할 것이라고 / 발표했다.

10 carefully [kéərfəli] 신중하게 ○○○○○

Read safety procedures **carefully** / before operating
heavy equipment.
중장비

중장비를 작동하기 전에 / 안전 절차를 신중하게 읽어 주세요.

11 only [óunli] 유일하게, 오직 ○○○○○

This medication is to be taken / **only** as directed by your doctor.
약, 약물

이 약물은 / 의사가 지시한 대로만 / 복용되어야 한다.

12 yet [jet] 아직, 이제 ○○○○○

Employees, / who have not **yet** submitted / their time records, /
must do so by 5:00 P.M.

시간표를 / 아직 제출하지 않은 / 직원들은 / 오후 5시까지 제출해야 한다.

완전절친
TOEIC 스타트 RC

완전절친
TOEIC 스타트 RC

광고와 발표문

- Sample test
- 광고와 발표문 관련 어휘
- 문제 비법 공략
- 실전문제

★ 부사 필수 어휘 3

광고와 발표문을 읽을 때는 누가(광고주/발표하는 사람), 누구를 위해(광고의 대상/발표 대상), 그리고 무엇을(광고하는 품목/발표하는 내용) 광고나 발표하고 있는지를 기본적으로 파악해야 합니다. 더 나아가서 제품이 가지는 특징이나 장점 등을 염두에 두고 읽으면 보다 쉽게 정답을 찾을 수 있습니다.

✳ 광고와 발표문에 자주 나오는 내용

▶ **제품 광고:** 회원권 광고, 부동산 광고, 전자 제품, 잡지 정기 구독 광고, 차량 광고 등
▶ **사람 관련 광고:** 구인 광고, 여행 상품 광고, 공연 광고 등
▶ **발표문:** 자원 봉사자 모집, 도로 및 주차장 개보수, 시설물 신축, 행사 일정, 회사 규칙, 승진, 퇴직, 입사, 합병 발표, 제품 교환 및 환불 등

✳ 광고의 구성

구인대상 We need someone to:
영업부장

담당업무 You will be expected to:
영업사원 관리
국내 영업망 확충

자격요건 You should have:
적어도 5년간의 판매 경험
4년제 대학 마케팅 학위 소지자. 뛰어난 대화 기술을 가진 자

대우 We can offer:
정규직, 40,000–50,000달러, 1년 마다 20일 유급휴가

지원 방법 You should apply:
이력서와 자기 소개서를 recruit@pompu.com로 보내주세요.
원서 마감은 2020년 5월 31일까지

Sample test 1

Question 1 refers to the following announcement.

Qualified candidates are now being considered for the position of lead web designer at Weber Inc. A well-known advertising firm, Weber provides businesses with the innovative technical resources that are capable of dramatically increasing a company's presence on the internet. As demand for this unique service continues to grow, so does the number of Weber Inc., locations. In fact, new offices have recently opened in Paris, Tokyo, and London. As a member of Weber's production division, the new lead web designer will oversee the efforts of a team responsible for developing and maintaining client websites.

A full job description and other information for applicants are available at www.weber.com/jobs.

1 What position is being considered?

(A) Web designer
(B) Marketing manager
(C) Customer service representative
(D) Advertising manager

Words

qualified [kwάləfàid] 자격이 있는 | well-known 유명한, 잘 알려진 | innovative [ínəvèitiv] 혁신적인, 획기적인 | be capable of ~할 수 있는 | dramatically [drəmǽtikəli] 극적으로 | production division 생산부서 | oversee [óuvərsi:] 관리하다, 감독하다

Question 1 refers to the following announcement.

[1]Qualified candidates are now being considered for the position of lead web designer at Weber Inc. [구인 대상] A well-known advertising firm, Weber provides businesses with the innovative technical resources that are capable of dramatically increasing a company's presence on the internet. [2]As demand for this unique service continues to grow, so does the number of Weber Inc., locations. In fact, new offices have recently opened in Paris, Tokyo, and London. [회사 소개] As a member of Weber's production division, the new lead web designer will oversee the efforts of a team responsible for developing and maintaining client websites. [담당 업무]

A full job description and other information for applicants are available at www.weber.com/jobs.

1 What position is being considered?

(A) Web designer
(B) Marketing manager
(C) Customer service representative
(D) Advertising manager

구문분석

1 Qualified candidates **are now being considered** for the position of lead web designer at Weber Inc.
현재진행형 수동태 문장입니다. 문맥상 '지원자들이 ~자리에 고려되고 있습니다'이므로 수동태 문장이 어울리며, 시간을 나타내는 now와 함께 진행형이 쓰였습니다.

2 As demand for this unique service **continues to** grow, **so does** the number of Weber Inc., locations.
continue는 to부정사를 목적어로 취하는 동사이며, 뒤에 so 도치구문도 나왔습니다.

Sample test 1 해석

Question 1 refers to the following announcement.

웨버 사에서 수석 웹 디자이너 직책으로 일할 자격이 있는 지원자들이 고려되고 있습니다. 유명한 광고회사인 웨버는 기업체들에게 인터넷 상에서 회사의 인지도를 급격하게 향상시킬 수 있는 혁신적인 기술 자원을 제공합니다. 이런 독특한 서비스 수요가 계속 증가하면서 웨버 지점도 증가하게 됩니다. 사실, 파리, 도쿄, 그리고 런던에서 최근 신규 사무실을 오픈했습니다. 웨버의 생산 부서 멤버로서, 신규 수석 웹 디자이너는 고객 웹사이트 개발과 유지를 담당할 팀의 활동을 관리하게 될 것입니다.

전체 업무설명과 다른 지원자 정보는 웹사이트상에서 볼 수 있습니다.

---

1 어떤 직책이 고려되고 있는가?

   (A) 웹 디자이너
   (B) 마케팅 매니저
   (C) 고객 서비스 담당자
   (D) 광고 매니저

해설

구체적인 정보를 찾는 문제로 맨 첫 문장에 Qualified candidates ~ at Weber Inc., '웨버 사에서 수석 웹 디자이너 직책으로 일할 자격이 있는 지원자들이 고려되고 있습니다'라는 내용이 나오므로 (A) Web designer가 정답입니다.

Question 2 refers to the following announcement.

Sports Equipment Suppliers
Conference Registration Information

I'm sure you are all excited about the annual Sports Equipment Suppliers Conference to be held at the MGM Conference Center in Las Vegas on June 20 through June 23. Register online between June 1 and June 16 and receive a reduced registration fee. On-site registration is available on the first day of the conference.

Early Registration:
Single: $150   *Group: $125
(Credit card payments only)

On-site Registration:
Single: $180   *Group: $155
(Credit cards, cash, or checks accepted)

*Group rates are per person and require 5 or more registrations from the same group on the same day.

2   When is on-site registration available?

(A) On June 1
(B) On June 16
(C) On June 20
(D) On June 23

Words

sports equipment 스포츠 장비 | supplier [səpláiər] 공급업자 | registration [règistréiʃən] 등록 | annual [ǽnjuəl] 매년의, 해마다의 | reduced [ridjúːst] 할인된 | registration fee 등록비 | on-site [ɑːnsáit] 현장 | credit card 신용 카드 | cash [kæʃ] 현금 | check [tʃek] 수표

Question 2 refers to the following announcement.

Sports Equipment Suppliers
Conference Registration Information

[1]I'm sure you are all excited about the annual Sports Equipment Suppliers Conference to be held at the MGM Conference Center in Las Vegas on June 20 through June 23. [2]Register online between June 1 and June 16 and receive a reduced registration fee. On-site registration is available on the first day of the conference.

Early Registration:
Single: $150   *Group: $125
(Credit card payments only)

On-site Registration:
Single: $180   *Group: $155
(Credit cards, cash, or checks accepted)

*Group rates are per person and require 5 or more registrations from the same group on the same day.

2   When is on-site registration available?

(A) On June 1
(B) On June 16
(C) On June 20
(D) On June 23

구문분석

1 I'm sure you are all **excited** about the annual Sports Equipment Suppliers Conference to be held at the MGM Conference Center in Las Vegas on June 20 through June 23.
감정동사의 과거분사 excited(들뜬, 기대하는)가 쓰였습니다.

2 **Register** online **between June 1 and June 16 and receive** a reduced registration fee.
동사원형(register, receive)이 먼저 나오는 명령문 두 개가 and로 연결되었습니다. 'between A and B (A와 B 사이)'에 구문이 쓰였습니다.

Question 2 refers to the following announcement.

스포츠 장비 공급 업체들
컨퍼런스 등록 정보

여러분 모두 6월 20일부터 23일까지 라스베이거스에 있는 MGM 컨퍼런스 센터에서 매년 열리는 스포츠 장비 공급업체 컨퍼런스를 기대하고 있으실 거라고 생각합니다. 6월 1일부터 6월 16일까지 온라인상에서 등록하시고 등록비를 할인 받으십시오. **현장 등록은 컨퍼런스 첫 날 가능합니다.**

조기 등록:
개인: $150　*단체: $125
(신용카드 결제만 가능)

현장 등록:
개인: $180　*단체: $155
(신용카드, 현금, 수표 결제 가능)

* 단체 할인 가격은 1인에 해당하는 가격이며 같은 날 5명 이상으로 구성된 한 단체가 등록해야 합니다.

2　현장 등록은 언제 가능한가?

(A) 6월 1일
(B) 6월 16일
(C) 6월 20일
(D) 6월 23일

해설

지문 'Sports Equipment Suppliers Conference to be held at the MGM Conference Center in Las Vegas on June 20 through June 23.'에서 컨퍼런스가 6월 20일부터 23일까지 열린다고 했고, 'On-site registration is available on the first day of the conference' 현장 등록은 컨퍼런스가 시작하는 첫날에 등록할 수 있다고 했으므로, 현장 등록이 가능한 날은 (C) on June 20입니다.

accommodation 숙박, 설비

accountant 회계사

advantage 장점, 이점

advertise 광고하다

allotment 특별수당

allowance 수당

amenities (오락, 문화) 시설

analyst 분석가

appliance 전기 제품

applicant 지원자 (= candidate)

application form 지원서

apply for ~에 지원하다

attorney 변호사

benefit 혜택

bilingual 2개 국어를 하는

brochure (광고용) 팜플렛, 전단지

business hours 영업 시간

candidate 지원자

certificate 자격증, 증명서

clearance sale
재고 정리 염가 판매

collcction 수집물, 소장품

commercial 광고 방송

communication skills
의사 소통 기술

compatible 잘 맞는, 호환되는

competent 유능한

competitive salary
경쟁력 있는 급여

complimentary 무료의

convenient 편리한

cost-effective 비용 효율적인

coupon 쿠폰, 상품권 (= voucher)

cover letter 자기 소개서

customize 고객 맞춤으로 하다

durable 내구력 있는, 오래가는

duty 직무 (= responsibility)

engineer 기술자

estimate 견적서; 추정하다

experience 경력

experienced 경험이 있는

expert 전문가, 숙련가

expertise 전문적 기술, 전문적 지식

extension (전화의) 내선 번호; 확장

facilities 시설, 설비

feature (제품의) 특징; 특색을 이루다

flexible working time
자유 근무 시간제

fluency 유창함, 능변

full-time job 정규직

gift certificate 상품권

grand opening 대 개장

handle 다루다, 취급하다, 처리하다

handmade 손으로 만든, 수공예의

household items 가정용품

incentive 장려금

income 수입

installment 분할 납부

janitor 수위, 청소부

job description 업무 소개

job opening 일자리, 공석
(= vacancy)

launch 출시하다, (제품이) 나오다

mail order 우편 주문

manufacturer 세조입사

maternlty leave 출산 휴가

medical history 병력

must 꼭 필요한 것, 꼭 필요한

newcomer 새로 온 사람

newsletter 사보, 소식지

night shift 야간 근무

on duty 근무중인

on leave 휴가중인

part-time job 시간제 근무직

patent 특허, 특허품

payment 지불(액)

payroll 급료지불 명부

pension 연금

physician 내과의사

portable 휴대용의

professional 전문의

proficiency 숙달, 능숙, 능란

proficient 숙련된, 능숙한

promotion 승진, 진급; 판매촉진

publication 출판물, 책

qualification 자격 요건, 능력

qualified 자격이 있는, 적임의

quality 훌륭한, 양질의; 양질, 고급

questionnaire 설문지

real estate 부동산 (= agency)

receipt 영수증

recruit (신입 사원, 신병을) 모집하다

reference letter 추천서

relocation company
이사 전문업체

requirement 자격 요건

researcher 연구원

resume 이력서 (= curriculum vitae)

reward 보수

round-trip ticket 왕복 탑승권

salary expectations 희망 급여

sales representatives
판매 직원

selection 품목, 제품

shift 근무 시간, 교대 근무

shift preference
원하는 근무 시간

shipping fee 배송료

sick leave 병가

skilled 숙련된, 기술이 좋은

specialist 전문가 (= expert)

specialty 전문, 전공

specialize in ~을 전문으로 하다

specification 상세, 설명

spectacular 장관의, 호화로운

state-of-the-art 최신의

subscription 구독 예약

subscribe to ~을 구독하다

supplementary food 보조 식품

temporary 임시직의

toll-free 수신자 부담의

travel agency 여행사

trustworthy 믿을만한

user-friendly
사용자가 사용하기 쉬운

versatile 용도가 많은, 만능의

wage 임금

문제 비법 공략

1 주제나 목적을 묻는 문제 비법 공략

Step 1 문제를 읽고 주제나 목적에 관한 문제인지 확인합니다.

Step 2 주제나 목적을 묻는 문제의 단서가 나오는 지문의 첫 세 문장을 주의깊게 읽습니다.

Step 3 글의 주제나 목적을 이해한 후, 이와 같은 의미로 쓰인 선택지를 정답으로 고르세요.

● 광고의 주제나 목적 혹은 대상 등을 묻는 문제 유형

What is the advertisement about? 무엇에 대한 광고인가?
What is the purpose of the advertisement? 이 광고의 목적은 무엇인가?
For whom is the advertisement intended? 누구를 대상으로 한 광고인가?

2 구체적인 정보를 묻는 문제 비법 공략

Step 1 문제를 읽고 구체적인 정보를 묻는 문제인지 확인한 뒤, 키워드를 파악하세요.

Step 2 구체적인 정보를 묻는 문제의 단서가 나오는 지문의 중간 부분을 주의깊게 읽습니다.

Step 3 지문에서 키워드를 포함하고 있는 문장 주변에서 정답을 찾습니다.

● 구체적인 정보를 묻는 문제 유형

When does the special discount apply? 언제 특별 할인이 적용되는가?
What is stated about the suggested package tours? 제시된 패키지 여행에 관해 언급된 것은 무엇인가?
How long has the company been in business? 이 회사는 몇 년 동안 사업을 해 왔는가?
What does this advertisement ask the applicant to do? 이 광고가 지원자에게 요구하는 바는 무엇인가?
Where can the product be purchased? 제품은 어디에서 구입할 수 있는가?

3 Not/True 문제 비법 공략

Step 1 문제를 읽고 Not/True에 관한 문제인지 확인합니다.

Step 2 지문의 내용과 선택지를 하나씩 대조합니다.

Step 3 지문의 내용과 일치하거나 일치하지 않는 선택지를 정답으로 선택합니다.

● Not/True 문제 유형

What is NOT mentioned in the advertisement/announcement? 광고/발표문에서 언급되지 않은 것은?
What benefits is NOT mentioned in the advertisement? 광고에 언급되지 않은 복리 후생 혜택은 무엇인가?
What is NOT a feature of the item? 이 제품의 특징이 아닌 것은 무엇인가?
What is NOT stated as an advantage of the company? 회사의 장점으로 언급되지 않은 것은 무엇인가?

4 제품의 특징을 묻는 문제 비법 공략

Step 1 문제를 읽고 제품의 특징에 관한 문제인지 확인한 뒤, 키워드를 파악하세요.

Step 2 제품의 특징을 묻는 문제의 단서가 나오는 지문의 중간 부분을 주의깊게 읽습니다.

Step 3 키워드를 정하고 키워드 주변에서 정답을 찾습니다.

● 제품의 특징을 묻는 문제 유형

What is a feature of the product? 제품의 특징은 무엇인가?

What does advertisement say about the product? 광고는 제품에 대해 뭐라고 설명하는가?

What is a strength of the product(service)? 제품(서비스)의 장점은 무엇인가?

5 지원 방법을 묻는 문제 비법 공략

Step 1 문제를 읽고 지원 방법을 묻는 문제인지 확인한 뒤, 키워드를 파악하세요.

Step 2 지원 방법을 묻는 문제의 단서가 나오는 지문의 마지막 부분을 주의깊게 읽습니다.

Step 3 문제의 키워드로 지문의 마지막 부분에서 정답을 찾습니다.

● 지원 자격, 지원 방법 및 제출서류를 묻는 문제 유형

What is a requirement for the position? 지원 자격 요건은 무엇인가?

What should people submit to apply for the position?
인사지원을 위해 사람들이 제출해야 하는 것은 무엇인가?

How can pcoplc apply for the position? 사람들은 어떻게 지원할 수 있나?

Questions 1-2 refer to the following advertisement.

Coming Soon: The Candle Shop

776 Rosewood Drive
Las Vegas, Nevada
Phone: 702-336-8421

We offer a variety of candles for any occasion. Stop by our store to enjoy fresh scents and invigorating fragrances!

Hours Open:
Monday-Friday: 8:30 A.M. to 9:00 P.M.
Saturday and Sunday: 9:00 A.M. to 4:00 P.M.

---

1 What is the advertisement about?

(A) A surprise party for staff members
(B) A change of prices at a restaurant
(C) An opening of a candle shop
(D) A clearance at an electronics store

2 What is stated about The Candle Shop?

(A) It isn't open on weekends.
(B) It offers samples to customers.
(C) It sells hair accessories.
(D) It has a wide selection of candles.

Words

a variety of 다양한(=various) | occasion [əkéiʒən] (특별한) 행사[의식] | stop by 잠시 들르다 | scent [sent] 향기 |
invigorating [invígərèitiŋ] 기운 나게 하는; 상쾌한 | fragrance [fréigrəns] 향기, 향 | clearance [klíərəns] 재고 정리[떨이]
판매 | a selection of 다양한

Questions 3-4 refer to the following job advertisement.

JOB OPENING

National Insurance Quote, the nation's leading call center for insurance questions, is seeking qualified applicants for our local call center to inform callers of insurance options and sell our policy to those interested. Prior insurance or sales experience is not required because we will train all new employees to be able to accurately explain our program and to use our method to sell insurance policies. Call center employees receive a good hourly wage plus high commissions for every policy sold. Health insurance is also provided at minimal cost to the employee. Interested applicants should send resumes to:

Human Resources Manager, National Insurance Quote, 570 E Center Street, Salt Lake City, Utah 84042.

---

3 What position is being offered?

(A) Human Resources Manager
(B) Insurance Trainer
(C) Call Center Insurance Representative
(D) Insurance Agent

4 What is NOT listed as a benefit of joining the company?

(A) Good pay
(B) Extra money for selling a policy
(C) Health insurance
(D) Work from home

Words

qualified [kwάləfàid] 자격이 있는 | applicant [ǽplikənt] 지원자 | inform [infɔ́:rm] 알리다, 통지하다 | policy [pάləsi] 보험 증권 | accurately [ǽkjurətli] 정확하게 | hourly wage 시간 당 임금 | commission [kəmíʃən] 수수료 | minimal [mínəməl] 최소한의, 극히 작은 | human resources manger 인사부장

Questions 5-8 refer to the following advertisement.

West Creek Fitness Center

Get in shape for the summer
Classes available for yoga, pilates, and zumba

If you wanted to get in shape now is the time! Exercise has proven to be effective in preventing diseases and improving overall health. — [1] —. Studies show that exercising releases beneficial hormones like endorphin, and strengthens your immune system which makes your body stronger. — [2] —. We offer personal training and various classes suitable for all genders and age groups. — [3] —. You can sign up for yoga, pilates and zumba classes for no extra charge. — [4] —. We are located on 500 North St.

Learn more about our facility at Westcreekfitness.com. Come in before March 5th to sign up for a free 1 week trial.

For more information, call 423-5777.

5 What is the purpose of the advertisement?

(A) To announce jobs for personal trainers

(B) To promote a fitness center

(C) To demonstrate the benefits of exercising

(D) To sell exercise equipment

6 What information is NOT provided in the advertisement?

(A) Benefits of exercise

(B) Classes offered at the fitness center

(C) Names of the class instructors

(D) Location of the fitness center

7 What will happen after March 5?

(A) A promotion event will end.

(B) Fitness center won't accept new members.

(C) A renovation will take place.

(D) New management will take over.

新 **8** In which of the positions marked [1], [2], [3], and [4] does the following sentence best belong?

"Our professional instructors will provide assistance for people of all levels."

(A) [1]

(B) [2]

(C) [3]

(D) [4]

Words

get in shape 좋은 몸매를 유지하다 | overall [óuvərɔ:l] 전반적인 | release [rilí:s] 발출하다; 풀어주다 | strengthen [stréŋθən] 강화하다 | immune [imjú:n] 면역성이 있는 | suitable [sú:təbl] 적합한 | for no extra charge 무료로(수수료 없이) | instructor [instrʌ́ktər] 강사 | sign up (강좌에) 등록하다

Questions 9-13 refer to the following advertisement and e-mail.

Seasons Arts & Craft Store

We are looking for candidates to fill in openings for part-time jobs.

Register Workers: Check out items quickly and efficiently. Must be available weekday evenings from 5:00 to 11:00 P.M. 15-25 hours per week.

Customer Service: Assist customers on any issues or concerns regarding their purchase. Must be available weekdays and weekends from 9:00 A.M.-3:00 P.M. 10-20 hours per week.

Stock Management: Keep track of shipments and quantity of products. Retrieve and stock items from the storage when necessary. Must be available on weekends from 7:00-11:00 P.M. 15-20 hours per week.

Display Arrangement: Display products in a neat, organizational matter. Must be available to work weekends after closing time. 10-15 hours per week.

We offer good benefits and excellent work environment. To apply for a position, please send a cover letter with your resume attached to Bruce Stevenson at bstevenson@seasonsart.com or drop your documents in person at the store.

To: Bruce Stevenson
From: Bill Andrews
Date: May 13
Subject: Job opening
Attachment: Resume.doc

Dear, Mr. Stevenson,
I am a student currently attending Smithson University, studying painting and photography. I am looking for a part-time job to work on the weekends, preferably less than twenty hours a week. I have worked at Groves bookstore as a stocking manager where I learned important organizational and social skills. I am a fast learner and work very efficiently. I have also been a customer of your store for years and was always happy with the product and service I received there. I would appreciate it if I was given the chance to speak with you about possible job opportunities at your store.

Sincerely,
Bill Andrews

9 What is stated in the advertisement?

(A) They have an excellent work environment.

(B) They value past work experiences.

(C) They close on weekends.

(D) They sell office supplies.

10 In the advertisement, the word "issue" in paragraph 3, line 1 is the closest in meaning to

(A) supply

(B) problem

(C) distribution

(D) flow

11 What is the purpose of the e-mail?

(A) To ask about closing time of the store

(B) To request availability of a product

(C) To cancel an online order

(D) To get a part-time job

12 What position is the most suitable for Mr. Andrews based on his work experience?

(A) Stock management

(B) Register worker

(C) Customer service

(D) Display arrangement

13 What is NOT mentioned about Mr. Andrews in the e-mail?

(A) He has worked at a bookstore.

(B) He is a student.

(C) He is studying management.

(D) He is a fast learner.

Words

look for ~을 찾다 | opening [óupɔniŋ] 빈자리 | per week 1수일에 | keep track of 추적하다 | retrieve [ritrí:v] 되찾아오다 | neat [ni:t] 단정한 | cover letter 자기소개서 | resume [rizú:m] 이력서 | in person 직접 | currently [kə́:rəntli] 현재 | preferably [préfərəbli] 가급적이면

新 Questions 14-18 refer to the following e-mail, notice, and order form.

From: Amy Johnson
To: John Smith
Subject: Delivery Company
Date: May 1

Dear Mr. Smith,

I am so glad that you have signed up for deliveries of our fresh vegetables, berries, and flowers grown here on our family-owned farm. I can promise you that you and your customers will be satisfied with the produce we provide.

Your store is in an area that is new to us, and we are looking forward to our quality produce entering a new market. Please let me know if you have a preferred courier service. Our delivery service, based in Orem, do not go out to Springville. We would be happy to work with a company that you recommend to keep the service for you possible. Thank you in advance for any suggestions you want to provide.

Sincerely,
Amy Johnson

PLAZA FARMERS MARKET

May 26

Produce from Johnson Greens Farm
Dear Customers, we would like to draw your attention to the newest additions to our produce section. You've asked for fresh, local fruits and vegetables that have just been harvested. We're bringing these to you from Johnson Green Farm, located just 30 minutes from here in Sandy.

- zucchini
- corn
- onions
- lettuce
- eggplants
- fresh herbs (basil, borage and mints)

In the fall, we will be carrying fruits from Green Orchard in Alpine. If you have any questions, please let us know.

Johnson Greens Farm Order Form

Customer: Plaza Farmers Market

Order date: May 30

Deliver date: June 3

Delivery details:

Repeat last week's order with following changes.

- No zucchini or corn needed this week.

- Add 50 eggplants

- Add two crates of lettuce to the order

[* Please send all produce in carton boxes.]

P.S. You asked that we let you know if there were not any problems with the delivery service. The delivery was on time, the driver was very polite, and the produce was in great condition.

Name : John Smith, Produce Manager

Signature : John Smith

14 Why did Ms. Johnson send the e-mail?

(A) To ask for a recommendation

(B) To promote new products

(C) To request a delivery estimate

(D) To complain about a policy change

15 Where is Plaza Farmers Market probably located?

(A) In Orem   (B) In Alpine

(C) In Sandy   (D) In Springville

16 In the notice, what is indicated about Johnson Greens Farm's produce?

(A) It is grown organically.

(B) It is more healthful than products from other farms.

(C) It is grown relatively near the market.

(D) It is more expensive than products from other farms.

17 What will Plaza Farmers Market probably receive on June 3?

(A) Zucchini   (B) Tomatoes

(C) Corn   (D) Lettuce

18 What does Mr. Smith indicate in the order form?

(A) He has a preference for how items are packaged.

(B) Zucchinis sold especially well last month.

(C) He was disappointed by the quality of the produce.

(D) The produce delivered last week was not good in condition.

광고에 자주 나오는 표현

● **공지나 홍보 관련 표현**

We are looking for an individual who is qualified for ~ ~을 위해서 자격 요건을 갖춘 후보자를 찾고 있습니다.

We offer/provide a full range of services. 우리는 모든 종류의 서비스를 제공합니다.

We offer/provide fantastic tour packages. 우리는 환상적인 투어 패키지를 제공합니다.

We offer/provide paid training, great benefits, and opportunities to advance.
우리는 유급 교육, 뛰어난 복리후생, 승진의 기회를 제공합니다.

We are currently seeking a full-time marketing director. 우리는 현재 정규직 마케팅 이사를 구하고 있습니다.

● **자격요건, 혜택 그리고 할인 관련 표현**

Candidates will be responsible for ~ 지원자들은 ~을 위한 업무를 담당하게 될 겁니다.

Interested people should send their résumé ~ 관심있는 사람들은 그들의 이력서를 보내야 합니다.

Other requirements include knowledge of ~ 그 밖에 ~의 지식들을 요구합니다.

The ideal candidate will have a bachelor's degree in marketing.
이상적인 후보자는 마케팅에 학사학위를 소지하고 있어야 합니다.

You can take advantage of ~ ~을 이용하실 수 있습니다.

You can get a 30% discount on ~ ~에 대해 30% 할인을 받으실 수 있습니다.

● **추가 정보 관련 표현**

Please note that ~ ~라는 것을 유의하시기 바랍니다.

Don't hesitate to find out more about ~ 주저하지 마시고 ~에 대해 더 알아보세요.

If you have any questions, call ~ 질문이 있으시면 ~에 전화해 주세요.

Please be sure to ~ ~하는 것을 확실하게 해주세요.

3

---

13 **quickly** [kwíkli] 빠르게 ✓○○○○

The construction project / is proceeding **quickly** / now that the
　　　　　　　　　진행하다, 나아가다　　　　　　　 ~ 때문에
cold season has ended.

추운 날씨가 끝났기 때문에 /
건설 프로젝트는 / 빠르게 진
행되고 있다.

---

14 **completely** [kəmplíːtli] 완전히, 전적으로

The company offers / customers an initial consultation /
completely free of charge.
　　　　　　 공짜로

회사는 / 고객들에게 초기 상
담을 / 완전하게 공짜로 / 제
공한다.

---

15 **currently** [kə́ːrəntli] 현재, 지금

The Cordial Corporation / is **currently** offering discounted prices
　　　　　　　　　　　　　　　　　　　　　　　　 할인된
/ to all first-time customers.

코디얼 사는 / 현재 / 모든 첫
고객들에게 / 할인된 가격을
제공한다.

---

16 **highly** [háili] 매우, 아주

All employees / put their efforts / on a **highly** profitable
　　　　　　 put one's effort 노력하다　　　　　 수익성 있는
development project.

모든 직원들은 / 아주 수익성
있는 개발 프로젝트에 / 그들
의 노력을 쏟아 부었다.

---

17 **thoroughly** [θə́ːrouli] 철저히

Please read the directions / **thoroughly** / before starting / the
newly installed equipment.

새로이 설치된 장비를 / 작동
하기 전에 / 설명서를 / 철저
히 / 읽어주세요.

---

18 **shortly** [ʃɔ́ːrtli] 곧, 얼마 안 되어

Now that / all of the machinery / has been repaired, / the factory
will reopen **shortly**.
　　　 다시 열다

모든 기계류들이 / 수리가 되
었기 때문에 / 공장은 곧 다
시 열 것이다.

Week 1
Week 2
Week 3
Week 4

완전절친
TOEIC 스타트 RC

Week 4

Day 4

기사와 뉴스

- Sample test
- 기사와 뉴스 관련 어휘
- 문제 비법 공략
- 실전문제

★ 부사 필수 어휘 4

Day 04 기사와 뉴스(Article & News)

뉴스와 기사는 Part 7을 학습하는 토익 학습자들이 가장 어렵게 생각하는 유형입니다. 다른 유형들과는 다르게 일정한 형식이 없고, 다양한 주제의 뉴스와 기사가 출제되기 때문에 많은 어휘 실력을 요구합니다. 뉴스와 기사에 관련된 문제는 다른 대부분의 지문과 마찬가지로 주제를 묻는 문제와 세부적인 문제로 나눌 수 있습니다.

✳ 뉴스와 기사에 자주 출제되는 내용

▶ 회사의 합병에 관한 보도
▶ 회사의 구조조정
▶ 정부의 정책 및 공공 시스템 변경 보도
▶ 작가나 회사 대표 인터뷰 기사
▶ 신제품 개발과 출시에 관한 뉴스
▶ 서평, 영화평, 그리고 공연에 관련된 기사
▶ 물가의 인상 및 인하에 관련된 보도

✳ 뉴스와 기사의 구성

뉴스 및 기사문은 주로 두괄식으로, 서두에 주제가 나오고 그 다음에 그에 대한 세부 사항을 설명하는 경우가 많습니다. 신문기사나 뉴스는 사실에 근거한 내용으로 육하원칙에 입각해서 작성합니다. 기사문의 정답을 선택할 때 육하원칙을 염두에 두고 읽으면 답을 보다 효과적으로 찾을 수 있습니다.

주제 기사의 첫 세 문장 안에 정답이 있습니다.

세부 내용
기사의 주제 다음에 나오는 문장들은 기사의 세부 내용으로 육하원칙에 따라 쓰여집니다.

Sample test 1

Question 1 refers to the following article.

Hospitality Industry News

New York, 11 June — Western Hotels has announced that it will soon offer EAT24, a 24-hour food service featuring hot and cold foods prepared for portability. "The new program aims to offer business travelers more nutritious food options with convenience and flexibility." explained the hotel chain's vice president, James Johnson. "We hope that this amenity will be popular with our busy guests."

1 What is the purpose of the article?

(A) To release a new software program
(B) To advertise a new food service
(C) To expand hotel services into foreign countries
(D) To motivate hotel employees

Words

hospitality industry 관광산업, 숙박산업 | portability [pɔ̀ːrtəbíləti] 휴대할 수 있음 | nutritious food 영양가 있는 음식 |
flexibility [flèksəbíləti] 유연성, 융통성 | amenity [əménəti] 생활 편의 시설

Question 1 refers to the following article.

Hospitality Industry News

New York, 11 June — [1]Western Hotels has announced that it will soon offer EAT24, a 24-hour food service featuring hot and cold foods prepared for portability. [주제] [2]"The new program aims to offer business travelers more nutritious food options with convenience and flexibility." explained the hotel chain's vice president, James Johnson. "We hope that this amenity will be popular with our busy guests." [세부 내용]

---

1 What is the purpose of the article?

(A) To release a new software program

(B) **To advertise a new food service**

(C) To expand hotel services into foreign countries

(D) To motivate hotel employees

구문분석

1 Western Hotels has announced that it will soon offer **EAT24, a 24-hour food service featuring hot and cold foods prepared for portability**.

EAT24 뒤에 나오는 명사구(a 24-hour food service ~)는 EAT24를 설명해주고 있습니다. a 24-hour food service 뒤에 나오는 현재분사구 featuring hot and cold foods prepared for portability는 선행사 a 24-hour food service를 수식하는 형용사 역할을 합니다.

2 The new program aims to **offer** business travelers more nutritious food options with convenience and flexibility.

offer은 4형식 동사로 간접목적어는 business travelers, 직접목적어는 more nutritious food options입니다.

Sample test 1 　해석

Question 1 refers to the following article.

관광산업 뉴스

6월 11일 뉴욕 – **웨스턴 호텔은 곧 휴대용으로 준비된 냉온음식을 특징으로 하는 24시간 음식 서비스인 EAT24를 제공할 것이라고 밝혔다.** "이 신규 프로그램은 출장다니는 사람들에게 보다 영양가 있는 음식을 편리성과 유연성을 곁들여 제공하는 것을 목표로 하는 프로그램이다."라고 호텔 체인점 부사장인 제임스 존슨이 말했다. "이런 편리함은 바쁜 손님들에게 인기가 있기를 바란다."

---

1 이 기사의 목적은 무엇인가?

　(A) 새로운 소프트웨어 프로그램을 출시하기 위해서
　(B) 새로운 푸드 서비스를 홍보하기 위해서
　(C) 호텔 서비스를 외국으로 확대하기 위해서
　(D) 호텔 직원들을 동기부여하기 위해서

해설

주제에 관련된 문제의 정답은 지문의 앞부분에 나옵니다. 지문의 첫 문장 Western Hotels has announced ~ prepared for portability, '웨스턴 호텔은 곧 휴대용으로 준비된 냉온음식을 특징으로 하는 24시간 음식 서비스인 EAT24를 제공할 것이라고 밝혔다'라는 내용이 나오므로 (B) To advertise a new food service가 정답입니다.

Question 2 refers to the following article.

Chamber of Commerce Announces Summer Program

On Thursday, July 20, the Salt Lake City Chamber of Commerce will host a seminar focusing on the use of new media to advertise local businesses.

The keynote speaker will be Susan Anderson, whose career in marketing spans 20 years. She will discuss her current role as marketing director for Geneva Inc., and will suggest many ways so that local businesses can use technologies like blogs, You Tube, and social networks to promote their services.

Other speakers will include faculty of University of Utah's School of Business and members of the local business community. The event will be held at the Day's Inn Hotel, 600N State Street., and will run from 10 A.M. to 3 P.M.

2 For whom does Susan Anderson work?

(A) Geneva Inc.,
(B) The Day's Inn Hotel
(C) The Chamber of Commerce
(D) University of Utah

Words

chamber of commerce 상공회의소 | host [houst] (행사를) 주최하다 | keynote speaker 기조 연설자 | span [spæn] (어떤 일이 지속되는) 기간 | faculty [fǽkəlti] 교수단

Sample test 2 한 눈에 보기

Question 2 refers to the following article.

Chamber of Commerce Announces Summer Program

On Thursday, July 20, the Salt Lake City Chamber of Commerce will host a seminar focusing on the use of new media to advertise local businesses. [주제]

[1] The keynote speaker will be Susan Anderson, whose career in marketing spans 20 years. [2] She will discuss her current role as marketing director for Geneva Inc., and will suggest many ways so that local businesses can use technologies like blogs, You Tube, and social networks to promote their services.

Other speakers will include faculty of University of Utah's School of Business and members of the local business community. The event will be held at the Day's Inn Hotel, 600N State Street., and will run from 10 A.M. to 3 P.M. [세부 내용]

---

2 For whom does Susan Anderson work?

(A) Geneva Inc.,
(B) The Day's Inn Hotel
(C) The Chamber of Commerce
(D) University of Utah

구문분석

1 The keynote speaker will be Susan Anderson, **whose** career in marketing spans 20 years.
whose는 관계대명사 소유격으로 선행사는 수잔 앤더슨, 뒤에 명사 career가 있습니다.

2 She will **discuss** her current role as marketing director for Geneva Inc., ~
discuss는 목적어를 취하는 타동사로, her current role이 목적어가 되었습니다. discuss about (x)

Question 2 refers to the following article.

상공회의소 여름 프로그램 발표

7월 20일 목요일, 솔트 레이크 시티 상공회의소는 지역 기업을 광고하기 위해 새로운 미디어의 사용에 초점을 맞춘 세미나를 개최할 겁니다.

기조 연설자는 마케팅에 20년간의 경력을 가진 수잔 앤더슨이 될 것입니다. **그녀는 제네바 주식회사의 마케팅 이사로서 그녀의 현재의 역할을 논의하고**, 지역 기업들이 그들의 서비스를 홍보하기 위해 기술을 사용할 수 있도록 블로그, 유튜브, 그리고 사회적 네트워크와 같은 많은 방법들을 제안할 예정입니다.

다른 연사들은 유타 대학 경영학부의 교수단과 지역 비즈니스 커뮤니티 구성원들을 포함하게 될 것입니다. 이벤트는 스테이트 가 북쪽방향 600번지에 있는 Day's Inn 호텔에서 열리고 오전 10시부터 오후 3시까지 진행이 됩니다.

2　수잔 앤더슨은 누구를 위해서 일하나?

(A) 제네바 주식회사
(B) Day's Inn 호텔
(C) 상공회의소
(D) 유타 대학

해설

단순 정보 찾기 문제로 키워드 '수잔 앤더슨(Susan Anderson)'이 포함된 문장에서 정답을 찾아야 합니다. 두 번째 단락에 She will discuss her ~ for Geneva Inc.,'그녀는 제네바 주식회사의 마케팅 이사로서의 그녀의 현재의 역할을 논의하고~'라는 내용이 있으므로 (A) Geneva Inc.,가 가장 적절한 선택입니다.

acid rain 산성비
acquire 인수하다
adverse 불리한
allergy 알레르기
analysis 분석
antibiotic 항생제
assets 자산
audit 회계 감사
authorize 권한을 부여하다
bankrupt 파산한
bankruptcy 파산, 부도
boost 경기부양
budget 예산
competitor 경쟁자, 경쟁업체
conflict 충돌, 갈등, 대립
consensus 합의, 일치된 의견
conserve 보존하다
consumer goods 소비재
consumption 소비
contamination 오염
contractor 계약자, 하청업자
convenience store 편의점
corporate 회사의, 기업의
currency 통화, 유통화폐
damage 손해
depression 경기 침체
diagnosis 진단
dismissal 해고
disposal 처리, 처분, 폐기
distribution 유통, 배급, 배포
dividend 이익 배당
downsize 축소하다
downturn 경기침체
earnings 소득, 수입, 번 것
economic indicators 경기 지표
economic recovery 경기 회복
economic slowdown 경기 둔화
embassy 대사관
employer 고용주
endangered 멸종위기에 처한
environment 환경
expect 예상하다, 전망하다
expenditure 지출

export 수출
finance 재정
fire 해고시키다
fiscal year 회계 연도
flourish 번창하다, 번영하다
fluctuate 변동하다, 오르내리다
fluctuation (가격 등의) 변동, 동요
free trade agreements
자유 무역 협정
gross 총액
gross income 총수입
habitat 서식지
hazardous 위험한
hire 고용하다, 채용하다
humidity 습기
import 수입
income 수입, 소득
inflation 통화 팽창
infrastructure 사회 기반 시설
invest 투자하다
layoff 감원
legislation 입법
liability 책임, 채무
litigation 소송, 기소
lucrative 수지가 맞는
mandatory 강제의, 위임된
manufacturer 제조업자
margin 수익
market research 시장조사
market share 시장 점유율
marketability 시장성
mediation 중재
medication 투약, 약물
meet 달성하다 (=achieve)
merge 합병하다
merger 기업 합병
minutes 회의록, 의사록
monopoly 독점
natural resources 천연자원
negotiation 협상
net profit 순수익
nutrition 영양
obsolete 쓸모 없게 된, 안 쓰이는

overhead 총비용, 간접 비용의
plunge 크게 떨어지다
prescription 처방전
products 생산품, 제품
production 생산, 생산량, 생산고
productivity 생산력, 생산성
property 재산
prosperity 번창
provisions 법 조항, 규정
purify 정화하다
recession 경기 침체
recycle 재활용하다
replace 대신하다, 후임이 되다
retailer 소매업자
reveal 나타내다, 보여주다, 폭로하다
revenue 세입, 수입총액
salary raise 임금 인상
shutdown (공장 등의) 일시 폐쇄
stagnation 침체
stimulate 자극하다
stock 주식 (= share)
stockholder meeting 주주총회
strategy 전략
subsidiary 자회사
subsidy 정부 보조
summit 정상회담
surge 급등하다
surplus 잉여, 흑자
symptom 징후, 증상
thrifty 절약하는
trade balance 무역 수지
trade barrier 무역 장벽
trade deficit 무역 적자
trade surplus 무역 흑자
transaction 거래, 매매
turnout 생산고, 생산량 (= output)
unemployment rate 실업률
unstable 경기가 불안한
vaccination 백신
violate 위반하다
wildlife 야생 생물
worsen 악화시키다

Week 1
Week 2
Week 3
Week 4

문제 비법 공략

1 주제나 목적을 묻는 문제 비법 공략

Step 1 문제를 읽고 주제나 목적에 관한 문제인지 확인합니다.

Step 2 주제나 목적을 묻는 문제의 단서가 나오는 지문의 첫 세 문장을 주의깊게 읽습니다.

Step 3 글의 주제나 목적을 이해한 후, 이와 같은 의미로 쓰인 선택지를 정답으로 고르세요.

● 주제나 목적을 묻는 문제 유형

What is the article/news (mainly) about? 이 기사/뉴스는 (주로) 무엇에 관한 것인가?
What is the main topic/idea of this article? 이 기사의 주된 주제는?
What is the purpose of the article/news? 이 기사/뉴스의 목적은 무엇인가?
What is the theme of the article/news? 이 기사/뉴스의 주제는 무엇인가?

● 주제에 사용되는 표현

A study shows(reveals) that ~ 한 연구는 ~라는 것을 보여줍니다.
The advertising company announced that ~ 광고 회사는 ~라고 발표했습니다.
Our survey concluded that ~ 우리의 조사의 결론은 ~라는 것입니다.

2 유추가 필요한 문제 비법 공략

Step 1 문제를 읽고 유추가 필요한 문제인지 확인합니다.

Step 2 유추가 필요한 문제의 단서가 주로 나오는 중간부분을 주의깊게 읽습니다.

Step 3 지문에 쓰인 사실을 토대로 유추한 후, 선택지에서 정답을 선택합니다.

● 유추가 필요한 문제 유형

Where could this article/news be found? 이 기사/뉴스는 어디에서 볼 수 있는가?
What is a possible title for this article/news? 이 기사/뉴스의 제목이 될 만한 것은?
Which of the following is the best title for the article/news?
다음 중 이 기사/뉴스의 제목으로 가장 적합한 것은?

3 구체적인 정보를 묻는 문제 비법 공략

Step 1 문제를 읽고 구체적인 정보를 묻는 문제인지 확인한 뒤, 키워드를 파악하세요.

Step 2 구체적인 정보를 묻는 문제의 단서가 주로 나오는 지문의 중간 부분을 주의깊게 읽습니다.

Step 3 지문에서 키워드를 포함하고 있는 문장 주변에서 정답을 찾습니다.

● 기사나 뉴스 관련 구체적인 정보를 묻는 문제 유형

According to the article, what will happen in the future? 기사에 따르면, 미래에 어떤 일이 일어날 것인가?
How long has the company been in business? 이 회사는 몇 년 동안 사업을 해 왔는가?
How many employees will the company dismiss? 회사는 몇 명의 직원들을 해고할 것인가?
In what field is the company engaged? 이 회사는 어떤 분야와 관련이 있는가?
What are readers advised to do? 독자들에게 무엇을 충고하는가?
What prompted a change at the company? 무엇이 회사의 변화를 촉진했는가?
When did the problem occur? 문제는 언제 발생했는가?
When is the project scheduled to begin? 프로젝트는 언제 시작될 것인가?
Why did the company recruit people who had retired? 이 회사는 왜 은퇴한 사람들을 채용하였는가?
Why do the bookstores sell coupons? 상점들이 쿠폰을 파는 이유는 무엇인가?

● 세부 내용에 사용되는 표현

Analysts point out that ~ 분석가들은 ~라고 지적한다.
There are many products that ~ ~한 제품이 많이 있습니다.
The company agree that ~ 회사는 ~하는데 동의했습니다.
A new book will be released. 새 책이 발행될 것입니다.

4 Not/True 문제 비법 공략

Step 1 문제를 읽고 Not/True에 관한 문제인지 확인합니다.

Step 2 지문의 내용과 선택지를 하나씩 대조합니다.

Step 3 지문의 내용과 일치하거나 일치하지 않는 선택지를 정답으로 선택합니다.

● Not/True 문제 유형

What is NOT stated(mentioned) in the article? 이 기사에서 언급된 것이 아닌 것은?
What is NOT reported as a goal of Delta Airlines? 델타 항공사의 목표로 언급되지 않은 것은 무엇인가?
What is mentioned as a common problem of renting a house?
주택 임대의 일반적인 문제점으로 언급된 것은 무엇인가?
What is mentioned in the passage? 기사에서 언급된 것은 무엇인가?
What is true about this article? 이 기사에 대해 맞는 것은 무엇인가?

Questions 1-2 refer to the following article.

Springville, November 7 – Jenny Oaks and Susan Patterson, managers from the Springville location of Hobby & Sporting Goods, won a national award within the company this month for sales performance. In recognition of their achievements, they were honored at an in-store celebration on November 5. In addition, the two women are being flown to Washington to attend the company's national awards recognition event. Both Oaks and Patterson have worked at the Springville store since it opened last spring. They have contributed considerably to the store's success and say they will enjoy their time in Washington.

1 What is the purpose of the article?

(A) To promote new products
(B) To reward faithful customers
(C) To recognize top sales people
(D) To honor the president of the company

2 What is suggested about Hobby & Sporting Goods?

(A) It has more than one store.
(B) It is planning to open another store in the near future.
(C) It announced a merger with another company.
(D) It will move its headquarters to Washington.

sales performance 매출 실적 | in recognition of ~을 인정하기 위해 | honor [ánər] ~에게 …의 영예를 주다 | in-store 매장 내의 | contribute to ~에 기여하다 | considerably [kənsídərəbli] 상당하게

Questions 3-4 refer to the following article.

BEIJING (28 December) - Starting next year, Building Beijing magazine will be accessible on mobile devices. All contents from the print edition will be available, as well as features exclusive to the mobile application. The magazine's print edition focuses on the design, construction, technology and other elements of Beijing's infrastructure. The mobile application has been designed to take this one step further. It will allow users to take virtual tours of Beijing's most famous buildings and neighborhoods. The mobile application costs $5.00. For more information, visit www.buildingbeijingmagazine.com.

3 What is the purpose of the article?

(A) To announce a new service

(B) To announce subscription rate increase

(C) To launch a new cell phone

(D) To arrange virtual tours

4 What does the article suggest about Building Beijing magazine's mobile edition?

(A) It is very expensive.

(D) It enables users to take virtual tours of parts of Beijing.

(C) It can be used for free.

(D) It is not beneficial to subscribers.

Words

mobile devices 모바일 기기 | contents [kάntents] 내용물 | exclusive [iksklúːsiv] 전용의, 독점적인 | print edition 인쇄본 | focus on ~에 초점을 맞추다 | infrastructure [ínfrəstrʌktʃər] 사회 기반 시설 | take one step further 한 발짝 더 나아가다

Questions 5-8 refer to the following article.

Local Business Legend Retires After Creating Area's Most Loved Stores

Frank Plimpton is a rare businessman: he knows many of his customers by name and he offers generous salaries, stock options, and vacation pay to each of the employees at his five Mary's Supermarket stores. He is a legend in this area, and his success is deserved and respected. Yesterday was his final day on the job, and after more than forty years and five satellite stores, he will finally take a vacation.

Plimpton came to Yorktown with a vision of opening his own general food store, named Mary's, after his mother, who taught him the values of kindness and generosity that he still cherishes today. His friendly demeanor and hard-working approach helped his business flourish, and in 1960 he opened a store in the neighboring town of Springfield. Even with his success, he still stressed the importance of small, welcoming stores. Since then he has opened four more stores in the area, creating one of the only chains in the country that do not advertise. Plimpton says he would rather spend the money on his employees, and word-of-mouth is the most effective for him, since his customers value his business enough to tell their friends to go there, too.

5 What is the main purpose of the article?

(A) To encourage readers to go to Mary's

(B) To comment on the lack of similar stores

(C) To announce Mr. Plimpton's retirement

(D) To describe the growth of a food chain store

6 What did Mr. Plimpton indicate about starting his business?

(A) He wanted his stores to be small and intimate.

(B) He wanted to make money to give to his mother.

(C) He wanted to have the most popular store in the area.

(D) He wanted to achieve fame as a businessman.

7 How do most people find about Mary's Supermarket stores?

(A) By television advertising

(B) Because of convenient store locations

(C) From customer recommendations

(D) Through newspaper articles about him

新 **8** The words "stressed" in paragraph 3, line 1, is closest in meaning to

(A) overburdened

(B) worried

(C) emphasized

(D) treated

Questions 9-11 refer to the following article.

Theater Giants Merge
January 20
Anton Caria

Representatives from two of the nation's biggest theater chains have confirmed that an agreement has been reached wherein Cineplex and Movie Eight will merge to form the largest entertainment company in the world. Peter Johnson, president of Cineplex stated that the merger benefits both companies by allowing them to save millions of dollars in administrative costs. The companies will retain their own names, but approximately 600 administrative jobs will be cut as redundancies. The job cuts will come from both companies.

9 What is the purpose of this article?

(A) To report a business arrangement
(B) To discuss the entertainment industry
(C) To announce a new business executive
(D) To recommend a business to invest in

10 What has Movie Eight decided to do?

(A) Merge their company with another company
(B) Fire 500 employees
(C) Change the name of the company
(D) Invest several millions of dollars

11 Who is Peter Johnson?

(A) The president of Movie Eight
(B) The CEO of Movie Eight
(C) The journalist who writes business articles
(D) The head of a large entertainment company

Words

representative [rèprizéntətiv] 대표(단) | merge [məːrdʒ] 합병 | administrative cost 행정 비용 | retain [ritéin] 보유하다 |
administrative job 행정직 자리 | redundancy [ridʌ́ndənsi] 정리 해고

Questions 12-16 refer to the following article and e-mail.

Hundreds of Pyeongchang citizens have volunteered to help at the Winter Olympics. The Olympic Committee of Pyeongchang wants to make sure that visitors are favorably impressed by what they see in Pyeongchang, so they have hired consultant Ryan Graham to train volunteers to be courteous and informative. Today was the first of four training sessions held at the Pyeongchang Convention Center. At this seminar, all those involved in food service were trained in how to give excellent service. Tomorrow, those volunteers involved in transportation will be invited to attend. Two more sessions are planned next week for the remainder of the volunteers.

Graham reminded the participants that the Olympics is just like a business. "You need to remember that the customer is always right," he encouraged those in attendance. Volunteers don't get paid of course for attending, but to entice them to attend, all participants will receive gift certificates donated by city businesses, and some lucky participants will win free tickets to the most popular events.

To: Ryan Graham
From: Jiyoung Kim
Date: November 15
Subject: Training seminar

Dear Mr. Graham:

Thank you so much for your informative and entertaining presentation. I was at the first session yesterday. I'm sure the Olympic experience for visitors to our city will be better because of your help. I am also excited about the gift certificate I got to the Renaissance Plaza Restaurant.

Sincerely,
Jiyoung Kim

12 What is NOT true about the training sessions?

(A) They are led by Mr. Graham.

(B) They are intended for Olympic Committee members.

(C) They are designed to improve volunteer interaction with visitors.

(D) They are being held in the convention center.

13 In the article, the word "entice" in paragraph 2, line 3, is closest in meaning to:

(A) invite

(B) encourage

(C) force

(D) remind

14 Why did Ms. Kim write the e-mail?

(A) To ask for information about the seminar

(B) To register for a training session

(C) To offer additional advice

(D) To thank an instructor

15 What job does Ms. Kim probably have?

(A) She is a consultant.

(B) She is a volunteer working with food service.

(C) She is a volunteer working with transportation.

(D) She is a member of the International Olympic Committee.

16 Why did Ms. Kim most likely receive a gift certificate?

(A) She attended a training seminar.

(B) She participated in several seminars.

(C) She filled out a customer satisfaction survey.

(D) She treated the customers better than any other volunteer.

Words

volunteer [vὰləntíər] 자원 봉사하다; 자원 봉사지 | make sure 확실하게 하다 | courteous [kə́:rtiəs] 예의바른 | informative [infɔ́:rmətiv] 유익한 | training sessions 교육 세션 | be involved in ~와 관련된 | transportation [trænspərtéiʃən] 교통수단 | remainder [riméindər] 나머지 | entertaining [èntərtéiniŋ] 즐거운

新 Questions 17-21 refer to the following article and e-mails.

Additional Improvement Project

The Lehi City council voted to explore options for additional work to be done on town facilities at its meeting on Monday. According to Mark Tenner, city clerk, the renovation of the Lehi Community Center cost much less than previously expected. Therefore, the council made a list of improvement projects that could be done with the left-over funds.
Some suggested projects include improving lighting in Nuns Park, and replacing floors in the Lehi Public Library. According to Mr. Tenner, the council will ask for ideas from the public. Interested people may voice their options at the council's meeting on Monday, 15 March at 7 P.M. or send an e-mail to the council office before 21 March. After the period of public comment, the planning committee will propose a final list for the council to discuss, and they will make a final decision by 10 April.

From: hinckley@hotmail.com
To: citycouncil@lehi.org
Date: 15 March
Subject: Additional projects

Dear Council Members:
I read that you accept suggestions for the use of leftover money from the community center renovation. Because of a scheduled appointment, I was not able to attend the council meeting, but I would like to express my support for the idea of lighting of the park. Personally I think that it will increase the usability of the Nuns park especially for winter months and it will benefit everyone.
A well-lit and renovated park will be something that we could all appreciate.
I hope you will seriously consider my proposal.

Susan Hinckley

From: sunnypatterson@hgnetwok.com
To: citycouncil@lehi.org
Date: 27 March
Subject: City projects

Dear Mr. Tenner,

I am writing to suggest replacing floors in the Lehi Public Library. I noticed that the Lehi Public Library is used by citizens of all ages. It is, for the most part, visited by adolescents and children. Therefore, I would like to suggest that the new project focus on a place more often used by Lehi's people. In April, when votes are cast, please consider this suggestion to balance the interests of all members of the Lehi public.

Sincerely,
Sunny Patterson

17 Why does the Lehi City have funds available?

    (A) Its previous project cost less than expected.

    (B) The city has raised funding.

    (C) Its citizens have donated money.

    (D) City Council has canceled a renovation project.

18 In the article, paragraph 2, line 8, the word "propose" is the closest in meaning to,

    (A) produce   (B) apply

    (C) suggest   (D) demand

19 When did Ms. Hinckley have an appointment?

    (A) March 21   (B) March 27

    (C) March 15   (D) April 15

20 What does Ms. Patterson mention in her e-mail about the Lehi Public Library?

    (A) It is located near the train station.

    (B) It is used largely by teenagers and children.

    (C) Its facilities are recently renovated.

    (D) It provides various programs to residents.

21 On what point would Ms. Patterson and Ms. Hinckley most likely agree?

    (A) City council should extend the deadline for renovation.

    (B) The city should spend as little money as possible.

    (C) The chosen project should be useful to the entire community.

    (D) Citizens should work together to raise money.

Questions 22-23 refer to the following news.

Seattle (December 20) – Mike Peterson, president of CNC Electronics announced this morning that the company is preparing to market a new high-definition television starting next year. According to industry analysts, the television features a sharp image and outstanding sound quality. Market analysts believe this latest product should attract even more attention to CNC Electronics' other electronics products such as washing machines, driers and microwave ovens. They stated that the company's ability to continually improve its product line is one of the reasons for its positive sales performance.

22 What is the purpose of the news?

(A) To announce the release of the new product
(B) To recommend electronics products
(C) To compare the features of new television
(D) To publicize the merger of two companies

23 In what field is the company engaged?

(A) Stock market
(B) Electronics products
(C) Banking industry
(D) Housing market

Words

high-definition television 고선명도 텔레비전 | industry analysts 산업 분석가들 | outstanding [autstǽndiŋ] 뛰어난 | continually [kəntínjuəli] 계속적으로 | sales performance 매출 실적 | publicize [pʌ́bləsàiz] 알리다, 광고하다 | engage [ingéidʒ] 종사시키다, 관여하다

19 soon [suːn] 곧, 머지 않아

Celebrity chef, Ryan Gilmore, / will **soon** publish a new book, /
유명 인사 주방장
Great Neighborhood Recipes.

유명한 주방장, 라이언 길모어는 / 새로운 책인 / *Great Neighborhood Recipes*를 곧 출간할 것이다.

20 immediately [imíːdiətli] 즉시

Please send / a list of all the problems / **immediately**.

모든 문제점의 리스트를 / 즉시 / 보내주세요.

21 so [souː] 매우, 대단히

The procedures / for submitting travel-reimbursement forms /
절차   상환
were **so** complicated.
복잡한

출장비 상환 서류 제출에 대한 / 절차는 / 매우 복잡하다.

22 later [léitər] 나중에, 후에

The guest speaker / for Jakarta Foundation's symposium / will be
announced / **later** this week.

자카르타 재단 학술 토론회를 위한 / 초대 연사가 / 이번 주말에 / 발표될 것이다.

23 briefly [bríːfli] 잠시, 간단히

Before the conference call at 3:00, / everyone / should **briefly**
review the agenda.

3시에 있는 회의 소집 전에 / 모든 사람들은 / 의제를 잠시 점검해야 한다.

24 effectively [iféktivli] 효과적으로

In order for / the assembly line / to run **effectively**, / we will need
~을 위해서
to hire / more employees.

조립라인이 효과적으로 운영될 / 수 있도록 / 우리는 / 좀 더 많은 직원들을 / 고용해야 한다.

Week 1
Week 2
Week 3
Week 4

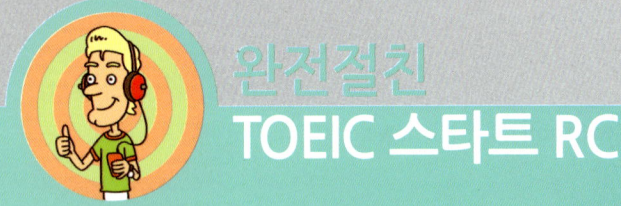

완전절친
TOEIC 스타트 RC

Week 4

Day 5

기타 양식

- Sample test
- 기타 양식 관련 어휘
- 문제 비법 공략
- 실전문제

★ 부사 필수 어휘 5

기타 양식

생활 속에 필수적으로 쓰이는 상품 구매나 서비스 이용 후 받게 되는 청구서(bill) 또는 송장(invoice)에 관련된 지문들이 있습니다. 더 나아가서 전화 메시지(telephone message), 책 서평(book review), 사용설명서(manual), 그리고 일정표(schedule) 등의 지문들도 출제됩니다. 모두 우리 실생활과 밀접하게 관련된 실용적인 영어입니다.

✴ 표와 양식의 종류

▶ 전화 관련 메모
▶ 송장 관련 서류
▶ 설문지 (제품, 서비스, 시설 등)
▶ 여행 일정 관련 양식
▶ 신청 관련 양식
▶ 문자 메세지
▶ 온라인 채팅

Sample test 1

Question 1 refers to the following invitation.

Attention to all Sigmund-Hall Company employees: Everyone is invited to attend a reception celebrating Abigail Morrison.

Ms. Morrison will be promoted to the position of Head of Human Resources after her dedication and hard work for Sigmund-Hall for over 20 years.

Friday, November 22
5:00-9:30 P.M.
Skyroom restaurant, located on the 5th floor of the JMA Building

Complimentary dinner will be provided.
Live performance by the Dunham Brothers Jazz Quartet*
Casual attire is encouraged.

For more information, please contact Austin Hader of the Human Resources department at 473-6625.

*quartet 4중주단

1　What is the purpose of this event?

(A) To invite employees to a wedding ceremony
(B) To celebrate a birthday party
(C) To invite employees to a reception
(D) To inform people of a funeral ceremony

Words

be invited to ~하도록 초대되다 | dedication [dèdikéiʃən] 전념, 헌신 | complimentary [kàmpləméntəri] 무료의 | casual attire 편한 복장

Question 1 refers to the following invitation.

Attention to all Sigmund-Hall Company employees: [1] Everyone is invited to attend a reception celebrating Abigail Morrison.

Ms. Morrison will be promoted to the position of Head of Human Resources after her dedication and hard work for Sigmund-Hall for over 20 years.

Friday, November 22
5:00-9:30 P.M.
Skyroom restaurant, located on the 5th floor of the JMA Building

Complimentary dinner will be provided.
Live performance by the Dunham Brothers Jazz Quartet
Casual attire is encouraged.

For more information, please contact Austin Hader of the Human Resources department at 473-6625.

---

1 What is the purpose of this event?

(A) To invite employees to a wedding ceremony
(B) To celebrate a birthday party
(C) To invite employees to a reception
(D) To inform people of a funeral ceremony

구문분석

1 **Everyone is** invited to attend **a reception celebrating Abigail Morrison**.

주어가 everyone이고 뒤에 단수 동사 is가 쓰였습니다(be invited to ~하기로 초대되다). celebrating Abigail Morrison은 현재분사구로 선행사 a reception(명사)을 수식하는 형용사 역할을 합니다.

Sample test 1 해석

Question 1 refers to the following invitation.

Sigmund-Hall 회사 직원들에게 알립니다: **아비가일 모리슨 씨를 축하하는 연회에 참석하도록 모든 사람을 초대합니다.**

모리슨 씨는 Sigmund-Hall을 위해 20년 이상 헌신하고 열심히 일하여 인사부서장으로 승진하게 될 것입니다.

11월 22일 금요일
오후 5:00 – 9:30까지
JMA빌딩 5층, 스카이 룸 식당

무료 저녁식사 제공됨
Dunham Brothers 재즈 4중주단 라이브 공연
편안한 복장 권함

더 많은 정보를 원하시면, 인사부서에 있는 오스틴 헤이더에게 473-6625번으로 연락하세요.

---

1 이 이벤트의 목적은 무엇인가?

(A) 결혼식에 지원들을 초대하기 위해
(B) 생일 파티를 기념하기 위해
(C) 연회에 직원들을 초대하기 위해
(D) 사람들에게 장례식을 알리기 위해

해설

주제나 목적은 지문의 첫 세 문장을 잘 읽어야 합니다. 첫 단락에서 Everyone is invited to attend a reception celebrating Abigail Morrison, '아비가일 모리슨 씨를 축하하는 연회에 모든 사람을 초대합니다.'라고 했으므로 정답은 (C) To invite employees to a reception 입니다.

Question 2 refers to the following form.

Auto Club Card

YES! Please enroll me in your Auto Club and send me an Auto Club Card that will get me discounts on all car repairs for the introductory offer of $49.99 instead of the regular $99.99. That's a 50% savings.

Contact Information:

Name: Emily Wong

Address: 5784 Rose Dr

Sacramento, CA 98675

e-mail: emilyw@sigma.com

Payment Information:

Credit Card: _____

Card Name: _____

Card Number: _____

Full Payment enclosed: X

Check Number: 231

With your subscription to the Auto Club, you are entitled to receive two free services! Choose from the list below:

Item name	Item Code	Quantity requested
Free tune-up	T43	1
Free oil change	O55	1
Free windshield wiper	W25	
Free fluid check	F34	
Free AC check	A22	

Additional comments:

I am aware that I can only have two free services, but how can I get my air conditioning checked at the same time as I get my free tune-up and oil change?

2   How much did Ms. Wong pay for her order?

(A) $9.99

(B) $49.99

(C) $50.00

(D) $99.99

Words

be entitled to ~할 자격이 있다 | tune up (엔진의) 조정 | oil change (자동차의) 엔진 오일 교환

Sample test 2 한 눈에 보기

Question 2 refers to the following form.

Auto Club Card

YES! [1]Please enroll me in your Auto Club and send me an Auto Club Card that will get me discounts on all car repairs for the introductory offer of $49.99 instead of the regular $99.99. That's a 50% savings.

Contact Information:	Payment Information:
Name: Emily Wong	Credit Card:
Address: 5784 Rose Dr	Card Name:
Sacramento, CA 98675	Card Number:
e-mail: emilyw@sigma.com	Full Payment enclosed: X
	Check Number: 231

With your subscription to the Auto Club, you are entitled to receive two free services! Choose from the list below:

Item name	Item Code	Quantity requested
Free tune-up	T43	1
Free oil change	O55	1
Free windshield wiper	W25	
Free fluid check	F34	
Free AC check	A22	

Additional comments:

I am aware that I can only have two free services, but how can I get my air conditioning checked at the same time as I get my free tune-up and oil change?

2   How much did Ms. Wong pay for her order?

(A) $9.99

(B) $49.99

(C) $50.00

(D) $99.99

구문분석

1   ~ send me **an Auto Club Card that will get me discounts on all car repairs** ~ .

주격 관계대명사 that 이하는 선행사 an Auto Club Card를 수식합니다.

Question 2 refers to the following form.

오토 클럽 카드

네! 저를 귀사의 오토 클럽에 등록시켜 주시고, **모든 자동차 수리비용을 일반 가격인 $99.99가 아닌 서비스 가격인 $49.99로 할인을 받을 수 있는 오토 클럽 카드를 보내주세요. 50%나 할인됩니다.**

연락 정보:		지불 정보:	
이름:	에밀리 웡	신용카드:	
주소:	5784 로즈 가	카드명:	
	새크라멘토, 캘리포니아 98675	카드 번호:	
이메일:	emilyw@sigma.com	금액 전액 동봉:	X
		수표 번호:	231

오토 클럽 구독으로 귀하는 두 가지 무료 서비스를 받을 자격이 있습니다!
아래의 목록에서 선택하여 주세요:

품명	제품 코드	요청하실 수량
무료 튜닝	T43	1
무료 오일 교환	O55	1
무료 와이퍼	W25	
무료 오일 점검	F34	
무료 에어컨 점검	A22	

추가 코멘트:
두 가지의 무료 서비스만을 받을 수 있다는 사실을 잘 알고 있지만, 무료로 차의 엔진을 조정하고 무료 오일 교환과 함께 에어컨 점검도 받을 수 있는 방법은 없나요?

---

2 미스 웡은 그녀의 주문을 위해서 얼마를 지불했나?

(A) 9.99 달러
(B) 49.99 달러
(C) 50.00 달러
(D) 99.99 달러

해설

구체적인 정보를 찾는 문제로 지문의 앞부분 'Please ~ That's a 50% savings'에서 '모든 자동차 수리비용을 일반 가격인 $99.99가 아닌 서비스 가격인 $49.99로 할인을 받을 수 있는 오토 클럽 카드를 보내주세요. 50%나 할인됩니다'라는 내용으로 보아 (B) $49.99가 정답입니다.

additional cost 추가 비용

administer 관리하다, 담당하다

admission 입장, 입회

advance reservation 사전 예약

agenda 안건, 협의 사항

ambiguous 모호한, 애매한

annual 매년의

arbitration 중재, 조정

association 협회, 연합

attain 달성하다, 이루다

attendance 참가

audit 회계 감사

auditor 회계 감사원

banquet 연회

boycott 불매

call off 취소하다

cancellation 취소

caution 주의, 조심

charity 자선

commence 시작하다, 개시하다

committee 위원회

compensate 보충하다, 보상하다

conference 회의

contribute 공헌하다

convention 집회

copyright 저작권

cost-effective 비용 효율이 높은

custody 관리, 감금

departure 출발, 발차

detention 구류

detention 구류

direction 사용법, 지시

directory 주소, 성명록

diverse 다양한, 다른 종류의

donate 기증하다

dosage 1회분의 복용량

duration 계속; 지속 기간

encourage (용기를) 북돋우다

enroll 등록하다

enrollment 기재, 등록, 입학

entrance fee 입장료

execute 실행하다, 이행하다

exhibit 전시하다

familiarize 익숙하게 하다

favorable 호의적인, 유리한

fee 각종 수수료, 요금

figure 수치, 통계, 인물

forfeit 벌금, 몰수되다

foundation 재단

fundraising 기금 조성

generate 만들어내다

illegal 불법의

indict 기소하다

infringement 위배

ingredient 성분, 요소, 재료

inspire 고무하다, 격려하다

instructions 사용 설명서

itinerary 여행 스케줄, 여정

keynote speech 기조 연설

lasting 지속적인, 영구적인

lend 빌려주다

lender 대부업자

litigation 소송

make arrangements 준비하다

manual 안내서, 소책자

material 재료, 원료

nominate 지명하다

notification 통지

ordinance 법령, 규정

participant 참여자

payment method 지불 방법

permanent 영구적인, 영원한

persuasive 설득력 있는

precaution 예방 조치

preferred 선호하는

prescribe 처방하다

preside (회의 등을) 주재하다

press conference 기자회견

prolong (기간을) 연장하다

prosecutor 검사

provision 법률 조항

punishment 처벌

quit 중지하다, 사직하다

readership 독자층, 독자 수

refund 환불, 환불하다

refuse 거절하다, 거부하다

registration 등록

regular 정기적인, 규칙적인

reimburse 배상하다, 변상하다

representative 대표자

seasonal 계절적인, 정기적인

secure 안전한, 안정된, 튼튼한

seminar 세미나

session 기간

settlement 해결, 화해

state-of-the-art 최신식의

step 단계, 진척, 수단, 조치

strike 파업하다

substitution 대리, 대리인

suitable 적당한, 적절한

suspend 중지하다, 정지하다

tentative schedule

잠정적인 계획

total 합계하다, 총계하다

urgent 긴급한

validation 확인, 비순

violation 위반

voluntary 자발적인

warranty 보증, 보증서

기타 양식에 자주 쓰이는 표현

● 초대 및 안내

You are cordially invited to ~ 귀하를 정중히 ~에 초대합니다.
The company will hold a reception for ~ 회사에서 ~를 위해 환영 연회를 개최합니다.

● 일정, 청구서 및 송장

Please send the payment no later than ~ 대금을 늦어도 ~까지 보내주세요.
The total charge is ~ 총액은 ~입니다.
Here are the final updates for the convention. 여기에 컨벤션을 위한 최종 일정이 있습니다.

● 설문지 및 신청서

Please fill out this survey. 이 설문지를 작성해 주세요.
On-site registration is available for the conference. 컨퍼런스를 위한 현장 등록이 가능합니다.

● 문자메시지와 온라인 채팅

Is there anything else I can help you with? 제가 도울 일이 없겠습니까?
Could you push back our appointment? 우리 약속을 미루어 주시겠습니까?
I'd like to reschedule the meeting. 미팅 일정을 다시 정하고 싶습니다.
I wish I could help you. 제가 당신을 도울 수 있길 바랍니다.
Can you get in touch with Mr. Strong and see what's going on?
스트롱 씨에게 연락해서 무슨 일이 있는지 알아보시겠습니까?

 문제 비법 공략

 주제나 목적을 묻는 문제 비법 공략

Step 1 문제를 읽고 주제나 목적에 관한 문제인지 확인합니다.

Step 2 주제나 목적을 묻는 문제의 단서가 나오는 지문의 첫 세 문장을 주의깊게 읽습니다.

Step 3 지문에 쓰인 주제나 목적을 이해한 후, 이와 같은 의미로 쓰인 선택지를 정답으로 고릅니다.

● 주제나 목적을 묻는 문제 유형

What is the purpose of the flyer? 이 전단지의 목적은 무엇인가?
What is the purpose of this chart/form? 이 차트/양식의 목적은 무엇인가?
For whom is this form intended? 이 양식의 대상은 누구인가?

2 구체적인 정보을 묻는 문제 비법 공략

Step 1 문제를 읽고 구체적인 정보를 묻는 문제인지 확인한 뒤, 키워드를 파악하세요.

Step 2 구체적인 정보를 묻는 문제의 단서가 주로 나오는 지문의 중간 부분을 주의깊게 읽습니다.

Step 3 지문에서 키워드를 포함하고 있는 문장에서 정답을 찾습니다.

● 구체적인 정보를 묻는 문제 유형

What question is asked about the shuttle bus? 셔틀 버스에 대해 묻고 있는 질문은 무엇인가?

What will happen if the payment is late? 지불이 늦어지면 어떻게 될 것인가?

When must the bill be paid? 청구서가 언제 결제되어야 하는가?

When was this form created? 이 양식이 작성된 날짜는 언제인가?

When was this invoice written? 이 송장은 언제 쓰였는가?

Which item contributed most to the total charge? 총 비용에서 가장 많이 차지하는 것은 무엇인가?

Who will fill out this form? 누가 이 양식을 작성하게 되는가?

Who will receive this form? 이 양식을 받게 될 사람은 누구인가?

Questions 1-2 refer to the following flyer.

Attention Artists and Craftspeople!

Are you interested in a unique opportunity to showcase your talent in our area? If so, you are encouraged to apply for a chance to display your artwork at the Provo County Art Fair on July 14. Applications are available online at www.provoartfair.org, and will be reviewed by several professors from the art department of our local university. Together with your completed application document, please upload photographs of your work. The entries will aid the judges in their review process. The application deadline is June 10, and the judges' decisions will be made no later than June 30. Invited applicants will have use of a 6 x 5 meter display booth and will be expected to participate the entire day of the fair.

---

1 For whom is this flyer intended?

(A) Job applicants
(B) Arts instructors
(C) Photographers
(D) Artists

2 When is the deadline for submitting photographs?

(A) July 14
(B) June 10
(C) June 30
(D) July 30

Words

flyer [fláiər] (광고 · 안내용) 전단 | showcase [ʃóukeis] 보여주다 | artwork [á:rtwə:rk] 미술품 | upload [ʌplòud] 업로드하다 | entry [éntri] 출품작 | no later than 늦어도 | display booth 전시 부스

Questions 3-4 refer to the following instructions.

Sunshine Florist

We hope you enjoy your Sunshine fresh-cut flowers. If you are looking for a way to make roses stay fresh for a few more days, follow these basic steps to preserve them. First, fill a vase about two-thirds full with water at room temperature. Add the contents of the enclosed flower-food packet. Then, simply arrange the flowers in the vase and place them away from heat source or drafts. Otherwise, your bouquet may dry out quickly. With the proper care, your roses should stay looking fresh for at least 10 days.

---

3 What is the purpose of this instructions?

(A) To promote flowers sales
(B) To advertise the opening of a new florist
(C) To announce upcoming events
(D) To provide information about preserving flowers

4 What is stated in the instructions?

(A) Vases can be filled with salty water.
(B) Water should be replaced every two days.
(C) Roses should not be near heat sources.
(D) Roses stay fresh up to 20 days.

Words

fresh-cut 신선한 | fill A with B A를 B로 채우다 | at room temperature 상온으로 | draft [dræft] 환풍기 | bouquet [boukéi] 꽃다발, 부케 | dry out 메말라지다

Questions 5-6 refer to the following brochure.

Our workshop is designed to give you the information you need to prepare for your retirement. This workshop will be led by experienced financial planners. We are sure that this three-hour session will help you assess the costs associated with retirement and make informed decisions about your financial future. You'll learn how to evaluate your income sources, make profitable investments, and protect your earning power. Don't miss this great opportunity. Register by calling Orem Community Services at 222-2345.

5 What is the purpose of this brochure?

(A) To announce job openings
(B) To provide information about a retirement workshop
(C) To announce the opening of the community service center
(D) To change a scheduled meeting

6 How long will the session last?

(A) 2 hours
(B) 3 hours
(C) 2 days
(D) 3 days

Words

be designed to ~하도록 만들어지다 | retirement [ritáiərmənt] 은퇴 | session [séʃən] 회의 | associated with ~와 관련된 | make an informed decision 현명한 결정을 하다 | profitable investment 수익성 있는 투자 | earning [ə́:rniŋ] 소득

Questions 7-8 refer to the following invitation.

July 30
Susan Nelson
200 Center St.
Logan, ID 84604

Dear, Ms. Nelson,

Bass Pro Shop would like to thank you for your business and invite you to a celebration. The grand opening of our new shop at 100 State Street will take place on Wednesday, August 11, from 2:00 P.M. - 6:00 P.M. We would be honored if you would join us for this festive occasion. Please reply by August, 5 to our marketing director, John Wilson at 555-332-1368.

Sincerely,
Tim Cook

7   What is the purpose of this event?

(A) To invite her to a meeting
(B) To make an offer of employment
(C) To invite her to a celebration
(D) To report about the opening of a new store

8   What is mentioned about State Street?

(A) It will be repaved.
(B) It will be closed for the celebration.
(C) The grand opening will take place on State Street.
(D) The parking lot is being built there.

Words

celebration [sèləbréiʃən] 축하행사 | grand opening 개장 | take place 개최되다, 일어나다 | festive [féstiv] 축제의, 즐거운 | occasion [əkéiʒən] (특별한) 행사 | marketing director 마케팅 이사

Day 05 ● 기타 양식   345

Questions 9-11 refer to the following information.

International Shopping Network
Frequently Asked Questions

1. How do I shop online at International Shopping Network?
ISN is available all over the world, 24 hours a day, 7 days a week. Just log
on to our network at www.intlshopping.com and find whatever you need from
groceries to electronics and from tools to tanktops.

2. Will International Shopping Network deliver fast?
Yes, all orders ship out within 24 hours and with supply centers on 6 continents,
your order will arrive within a week. We have our own delivery fleet to ship your
order fast.

3. How can I track my package after it is shipped?
You will get an e-mail as soon as we ship your items in which you will receive a
tracking number. With that tracking number, you can trace where your package
is at all stages of its journey by going to www.intlshopping.com/track or by
calling toll free 1-800-555-1212.

4. What should I do if my package is lost?
If you don't receive your package within one week of your order, please contact
a customer service representative at 1-800-555-1222. You will have the choice
of canceling your order or receiving an automatic 20% discount on your order.

9 For whom is the information most
likely intended?

(A) Delivery personnel
(B) Branch managers
(C) Job applicants
(D) Customers

10 What is mentioned about shipping?

(A) Orders are mailed within 24 hours.
(B) One week shipping is only offered
in some areas.

(C) Shipping may take much longer in
some areas.
(D) Packages may be tracked one
week after the order.

11 In paragraph 3, line 3, the word "trace"
is the closest in meaning to

(A) describe
(B) follow
(C) imitate
(D) draw

新 Questions 12-13 refer to the following text message chain.

Amy Young 2:45 P.M.

You left in such a rush. Were you able to catch the train?

Neal Graham 2:45 P.M.

No, but there's another one in 15 minutes.

Amy Young 2:47 P.M.

That's a relief. Did you send the annual report to Ms. Lopez before you left the office?

Neal Graham 2:49 P.M.

Yes, but I sent it by express mail because the fax machine wouldn't connect.

Amy Young 3:02 P.M.

That will be fine. She'll get it by tomorrow anyway.

Neal Graham 3:03 P.M.

That's what I thought.

---

12 Where most likely is Mr. Graham when he writes to Ms. Young?

(A) At a train station

(B) At a restaurant

(C) At a post office

(D) At his office

新 **13** At 3:03 P.M., what does Mr. Graham most likely mean when he writes, "That's what I thought"?

(A) He was able to send a fax.

(B) Express mail is a good option.

(C) A delivery will arrive on time.

(D) An invoice needed to be revised.

Questions 14-17 refer to the following schedule.

National Association of Science Teachers (NAST)
Annual Convention

Schedule for Participants

Colonial Hotel
209 Congressional Blvd
Washington D.C.

9:30 A.M.-11:00 A.M. Hotel Lobby	Registration Attendees complete on-site registration and receive a gift bag along with a list of all participating companies.
10:30 A.M.-11:30 A.M. Washington Room	Opening Address Guest speaker Dr. Horace Zimmerman will speak on the latest lab equipment and experiments being used in the classroom.
11:30 A.M.-1:30 P.M.	Lunch (see list of area restaurants)
1:30 P.M.-5:00 P.M. Exhibit Area	Company Booths Representatives from publishers and lab supply companies will display new products and ideas.
5:00 P.M.-6:00 P.M. Jefferson Room	Closing Address "Technology in the Classroom" by NAST President John Fletcher
All Day Lincoln Room	Publishing in the Sciences Advisors will help teachers learn how to publish and distribute creative classroom ideas.

14 For whom is this event most likely intended?

(A) Hotel staff
(B) Technology specialists
(C) Science teachers
(D) Science publishers

15 What is the association president scheduled to discuss?

(A) Job opportunities in science education
(B) How to use technology to teach science
(C) National government regulations in the sciences
(D) How to publish scientific procedures

16 What will be offered in the Lincoln Room?

(A) A demonstration of new products
(B) Job interviews
(C) Advice on how to publish books
(D) Late registration

17 What event will NOT take place at the hotel?

(A) Registration
(B) The opening speech
(C) Lunch
(D) Talks with exhibitors

Words

association [əsòusiéiʃən] 협회 | annual convention 연례 총회 | on-site 현장의 | registration [rèdʒistréiʃən] 등록 |
opening address 개회 연설 | guest speaker 초대 연사 | lap equipment 실험실 장비 | closing address 폐회 연설 |
distribute [distríbju:t] 나누어주다, 배포하다

Questions 18-19 refer to the following flyer.

Grand Opening – Kingston Copy Service

Kingston Copy Service is having its grand opening in Vancouver. We guarantee that we can satisfy all of your copying and publishing needs. Here are just a few of our standard services:

- free pickup and delivery
- fax and computer service
- 4 hour delivery on jobs smaller than 500 pages
- 24 hour service on all other jobs

Premium Service: Corporate accounts include all the above plus mail service and free binding.

Special Offer: All new clients will receive 20% discount during the grand opening. Payments can be made in cash, business check, or money order. Sorry, we do not accept credit cards.

Hurry: The grand opening only lasts for two weeks.

Telephone: 906-335-8979
e-mail: service@kingstonkopy.com

18 What is the purpose of the flyer?

(A) To advertise a business
(B) To announce changes in a schedule
(C) To promote a new product
(D) To inform clients about rate changes

19 What is NOT included in the standard service?

(A) Free binding
(B) Free pickup
(C) Free delivery
(D) 24 hour service on large jobs

Words

grand opening 신장개업 | guarantee [gǽrəntíː] 보장하다 | standard service 표준 서비스 | special offer 특가 판매

부사 필수 어휘 5

25 **expressly** [iksprésli] 분명히, 명확히 ✓ ○○○○○

The manager / **expressly** stated / that reports / should be longer than 10 pages.

> 관리자는 / 보고서가 / 10페이지 이상 되어야 한다고 / 분명히 언급했다.

26 **perfectly** [pə́ːrfiktli] 완벽하게 ○○○○○

An enhanced facility / is **perfectly** suited for your next event /
강화된   be suited for ~을 위해서 적합한

such as meetings, conferences, and banquets.

> 한층 강화된 시설이 / 미팅, 회의 그리고 연회와 같은 / 당신의 추후 이벤트를 위해 완벽하게 적합합니다.

27 **rapidly** [rǽpidli] 빠르게, 급격하게 ○○○○○

The plant should replace / the faulty equipment / as **rapidly** as possible.

> 공장은 / 가능한 빨리 / 결함 있는 장비를 / 교체해야 합니다.

28 **largely** [láːrdʒli] 대체로, 주로 ○○○○○

Clients of Flowers Mill Bank / have been **largely** unaffected / by
영향을 받지 않은

the installation of the new computer system / in the customer service department.

> 플라워스 밀 은행의 고객들은 / 고객서비스 부서의 / 새로운 컴퓨터 시스템 설치에 따른 / 영향을 대체로 받지 않았다.

29 **accurately** [ǽkjurətli] 정확히, 정밀하게 ○○○○○

Mr. Ortega decided / that the projected costs / were not
예상된

accurately estimated.
견적하다, 추정하다

> 오르테가 씨는 / 예상된 비용이 / 정확하게 견적되지 않았다고 / 결정했다.

30 **continually** [kəntínjuəli] 계속적으로 ○○○○○

To maintain Barrow Café's lead / over the competition, / employees must **continually** deliver / superior customer service.
deliver service 서비스를 제공하다   우수한

> 배로우 카페가 / 경쟁 우위를 / 유지하기 위해서, / 직원들은 지속적으로 / 우수한 고객서비스를 / 제공해야만 한다.

351

동사 활용표

A-A-A

동사원형	과거	과거분사[p.p.]
bet 돈을 걸다	bet	bet
broadcast 방송하다	broadcast	broadcast
burst 터지다	burst	burst
cost 비용이 들다	cost	cost
cut 자르다	cut	cut
hit 치다, 때리다	hit	hit
let 허용하다, 허락하다	let	let
put 놓다	put	put
set 놓다	set	set
shut 닫다	shut	shut
hurt 다치게 하다	hurt	hurt
split 분열되다, 나누다	split	split

A-A-B

동사원형	과거	과거분사[p.p.]
beat 이기다	beat	beaten

A-B-B

동사원형	과거	과거분사[p.p.]
bend 구부리다	bent	bent
bring 가져오다	brought	brought
build 짓다	built	built
buy 사다	bought	bought
catch 잡다	caught	caught
deal 거래하다	dealt	dealt
feed 먹이다	fed	fed
feel 느끼다	felt	felt
fight 싸우다	fought	fought
find 찾다	found	found
read 읽다	read	read
get 얻다, 입수하다	got	got
hang 매달다	hung	hung
have 가지다, 소유하다	had	had
hear 듣다	heard	heard
hold 들다, 갖고 있다	held	held
keep 유지하다	kept	kept

동사원형	과거	과거분사[p.p.]
kneel 무릎을 꿇다	knelt	knelt
lay 놓다, 두다	laid	laid
lead 이끌다	led	led
lend 빌리다	lent	lent
light 불을 켜다	lit	lit
lose 잃어버리다	lost	lost
make 만들다	made	made
mean 의미하다	meant	meant
meet 만나다	met	met
pay 지불하다	paid	paid
say 말하다	said	said
seek 찾다	sought	sought
sell 팔다	sold	sold
send 보내다	sent	sent
shine 빛나다	shone	shone
shoot 쏘다	shot	shot
sit 앉다	sat	sat
sleep 잠자다	slept	slept
slide 미끄러지다	slid	slid
spend 쓰다	spent	spent
stand 서있다	stood	stood
stick 찌르다, 붙이다	stuck	stuck
strike 치다	struck	struck
sweep 쓸다, 청소하다	swept	swept
swing ~을 흔들다	swung	swung
teach 가르치다	taught	taught
tell 말하다	told	told
think 생각하다	thought	thought
understand 이해하다	understood	understood
win 승리하다	won	won

A-B-C	동사원형	과거	과거분사[p.p.]
	be 있다, 존재하다	was/were	been
	begin 시작하다	began	begun
	bite 물다	bit	bitten
	blow 불다	blew	blown
	break 깨다	broke	broken
	choose 선택하다	chose	chosen
	do 하다	did	done

draw 그리다	drew	drawn
drink 마시다	drank	drunk
drive 운전하다	drove	driven
eat 먹다	ate	eaten
fall 떨어지다	fell	fallen
fly 날다	flew	flown
forbid 금하다	forbade	forbidden
forget 잊다	forgot	forgotten
forgive 용서하다	forgave	forgiven
freeze 얼다	froze	frozen
give 주다	gave	given
go 가다	went	gone
grow 자라다	grew	grown
hide 숨기다	hid	hidden
know 알다	knew	known
lie 누워 있다, 눕다	lay	lain
ride 타다	rode	ridden
ring 울리다	rang	rung
rise 올라가다	rose	risen
see 보다	saw	seen
shake 흔들다	shook	shaken
show 보여주다	showed	shown/showed
shrink 줄어들다	shrank	shrunk
sing 노래하다	sang	sung
sink 가라앉다	sank	sunk
speak 말하다	spoke	spoken
steal 훔치다	stole	stolen
swim 수영하다	swam	swum
take 가져가다	took	taken
tear 찢다	tore	torn
throw 던지다	threw	thrown
wake 잠이 깨다	woke	woken
wear 입다	wore	worn
write 쓰다	wrote	written

A-B-A	동사원형	과거	과거분사[p.p.]
	become ~이 되다	became	become
	come 오다	came	come
	run 달리다	ran	run

354

新 완전절친 TOEIC 스타트 RC

정답 및 해설

The One 더원

新 완전절친 TOEIC 스타트 RC

정답 및 해설

Check Up p.036-042

1 (C) informations

해설 명사의 종류

(A) employees(직원들), (B) teams(팀들), (D) a committee(위원회)는 가산명사(셀 수 있는 명사)로 단수일 경우 앞에 a/an을 붙이고 복수일 경우 뒤에 −s를 붙일 수 있습니다. (C) informations(정보)는 불가산명사(셀 수 없는 명사)여서 앞에 a/an을 붙이거나 뒤에 −s를 붙일 수 없습니다.

2 chair → (chairs), city → (cities), bench → (benches), wolf → (wolves)

해설 단수명사와 복수명사

chair(의자)의 복수명사는 chairs(의자들), city(도시)의 복수명사는 cities(도시들), bench(벤치)의 복수명사는 benches(벤치들), wolf(늑대)의 복수명사는 wolves(늑대들)입니다.

3 (B) approval, (D) shipping, (F) instructor

해설 명사의 형태

(B) approval(승인), (D) shipping(선박, 해상 운송), (F) instructor(강사)는 명사입니다. (A) decide(결정하다), (C) renew(재개하다), (E) apply(신청하다, 적용하다)는 모두 동사입니다.

4 (D) 부사 뒤

해설 명사의 자리

명사는 (A) 관사(a/an, the) 뒤, (B) 전치사 뒤, (C) 형용사 뒤에 올 수 있습니다. 부사 뒤에는 형용사와 명사가 차례로 옵니다.

5 (C) Invitations

워크숍에 대한 초대장이 모든 직원들에게 보내졌다.

해설 명사의 종류

동사 invite의 명사형은 invitation이고, 이 문장에서 복수동사 were가 쓰였기 때문에 복수주어인 (C) Invitations가 와야 합니다.

연습문제/기출문제 p.043

1. promotion	2. suggestion	3. confirmation	4. productivity
5. (C)	6. (C)	7. (A)	8. (C)

1 All employees / are eligible for / promotion / after this year.
모든 직원들은 / ~할 자격이 된다 / 승진 / 올해 이후

모든 직원들은 올해 이후 승진할 자격이 된다.

해설 명사 어형

전치사 for뒤에 명사가 올 수 있으므로 명사 promotion(승진)이 정답입니다.

2 The project manager / found / your suggestion is / very useful.
프로젝트 매니저는 / 알았다 / 당신의 제안이 / 매우 유용하다는 것을

프로젝트 매니저는 당신의 제안이 매우 유용하다는 것을 알았다.

해설 소유격(your) + 명사

소유격 your 뒤에 명사가 올 수 있으므로 명사 suggestion(제안)이 정답입니다.

3 Leader's Travel / will send / confirmation of your airline reservations / by e-mail.
리더스 트래블은 / ~를 보낼 것이다 / 항공 예약 확인서 / 이메일로

리더스 트래블은 항공 예약 확인서를 이메일로 보낼 것이다.

해설 명사 어형

동사 send의 목적어 자리에는 명사가 올 수 있으므로 confirmation(확인서)이 정답입니다.

---

4 To increase productivity, / the company is offering / incentives / to employees.
생산성을 높이기 위해서 / 회사는 제공하고 있다 / 인센티브를 / 직원들에게

생산성을 높이기 위해서, 회사는 직원들에게 인센티브를 제공하고 있다.

해설 명사 어형

동사 increase의 목적어 자리에는 명사가 올 수 있으므로 productivity(생산성)가 정답입니다.

---

5 If you would like / further information / about Worldwide Company, / please visit our website.
당신이 필요하다면 / 추가 정보가 / 월드와이드 사에 관해 / 웹사이트를 방문해 주세요

당신이 월드와이드 사에 관해 추가 정보가 필요하다면 웹사이트를 방문해 주세요.

(A) inform
(B) informed
(C) information
(D) informational

해설 명사 어형

형용사 further 뒤에 형용사의 수식을 받는 명사 (C) information(정보)이 와야 합니다.

---

6 Because of / the expansion of the facility, / we were able to / produce more products.
~때문에 / 시설의 확장 / 우리는 ~할 수 있었다 / 더 많은 제품을 생산하다

시설의 확장 때문에 우리는 더 많은 제품을 생산할 수 있었다.

(A) expand
(B) expansive
(C) expansion
(D) expanding

해설 명사 어형

관사 the 뒤에 명사가 올 수 있으므로 명사 (C) expansion(확장)이 정답입니다.

---

7 We will discuss / ways to enhance cooperation / among staff members.
우리는 토론할 것이다 / 협동을 강화할 수 있는 방법들을 / 직원들 사이에서

우리는 직원들 사이에서 협동을 강화할 수 있는 방법들을 토론할 것이다.

(A) cooperation
(B) cooperative
(C) cooperate
(D) cooperated

해설 명사 어형

동사 enhance의 목적어 자리에는 명사가 올 수 있으므로 명사 (A) cooperation(협동)이 정답입니다.

8 After his **promotion** to manager, / Mr. Smith moved to a new office / on the second floor.

매니저로 승진한 후 / 스미스 씨는 새로운 사무실로 옮겼다 / 2층

(A) promote
(B) promoted
(C) promotion
(D) promotional

매니저로 승진한 후, 스미스 씨는 2층 새로운 사무실로 옮겼다.

해설 명사 어형

소유격 his 뒤에 명사가 올 수 있으므로 명사 (C) promotion(승진)이 정답입니다.

실전문제   p.044-046

Part 5	1. (C)	2. (D)	3. (C)	4. (C)	5. (D)	6. (D)	7. (D)	8. (B)
Part 6	9. (A)	10. (B)	11. (A)	12. (B)				

Part 5

1 Mr. Suzuki can't attend / the professional **development** workshop / today.

스즈키 씨는 참석할 수가 없다 / 전문적인 개발 워크숍에 / 오늘

(A) develops
(B) developmentally
(C) development
(D) developed

스즈키 씨는 오늘 전문적인 개발 워크숍에 참석할 수가 없다.

해설 명사 어형(복합명사)

복합명사로 (C) development workshop(개발 워크숍)이 있습니다.

2 Johnson Advertising Agency / has various summer job **openings** / for students.

존슨 광고대행사는 / 다양한 여름 일자리를 가지고 있다 / 학생들을 위한

(A) opens
(B) opened
(C) opening
(D) openings

존슨 광고대행사는 학생들을 위한 다양한 여름 일자리를 가지고 있다.

해설 명사 어형(복합명사)

형용사 뒤에는 명사가 올 수 있으므로, 형용사 various 뒤에는 명사 (D) openings(빈 자리)가 옵니다.

3 Please review the **proposal** / for new safety procedures / thoroughly.

제안을 검토해 주세요 / 새로운 안전 절차를 위한 / 철저하게

(A) propose
(B) proposes
(C) proposal
(D) proposing

새로운 안전 절차를 위한 제안을 철저하게 검토해 주세요.

해설 명사 어형

관사 the 뒤에 명사가 올 수 있으므로 명사 (C) proposal(제안)이 정답입니다.

4 The Linda hotel / was designed in 1960 / by a famous architect / from the area.

Linda 호텔은 / 1960년에 디자인되었다 / 유명한 건축가에 의해 / 그 지역 출신의

(A) architecture
(B) architectural
(C) architect
(D) architects

Linda 호텔은 그 지역 출신의 유명한 건축가에 의해 1960년에 디자인되었다.

해설 명사 어형

관사 + 형용사 뒤에는 명사가 올 수 있습니다. 문맥상 '유명한 건축가에 의해 디자인되었다'가 어울리므로 명사 (C) architect(건축가)가 정답입니다.

5 For your protection, / please wear a safety helmet / while operating this machinery.

귀하의 안전을 위해 / 안전모를 착용하세요 / 이 기계를 작동시킬 시

(A) quality
(B) difficulty
(C) completion
(D) protection

귀하의 안전을 위해 이 기계를 작동시킬 시 안전모를 착용하세요.

해설 명사 어휘

소유격 your 뒤에 명사가 올 수 있으므로 명사 (D) protection(보호)이 정답입니다.

6 Employees and family members / are invited to / attend the company picnic.

직원들과 가족 구성원들은 / 초대된다 / 회사 야유회에 참석하다

(A) relationships
(B) association
(C) unity
(D) members

직원들과 가족 구성원들은 회사 야유회에 참석하도록 초대된다.

해설 명사 어휘

문맥상 '가족 구성원들'로 문장을 완성해야 하므로 명사 (D) members(구성원들)가 정답입니다.

7 Documents describing / how to train new employees / are located / on the company website.

설명하는 문서들은 / 신입사원을 교육시키는 방법을 / ~에 있다 / 회사 웹사이트에

(A) Positions
(B) Effects
(C) Repetitions
(D) Documents

신입사원을 교육시키는 방법을 설명하는 문서들은 회사 웹사이트에 있다.

해설 명사 어휘

문맥상 '신입사원을 교육시키는 방법을 설명하는 문서들은~' 이라고 문장을 완성해야 하므로 명사 (D) Documents(문서)가 정답입니다.

8 A formal reception / will be held / on Saturday evening / to celebrate company's 20th anniversary.

공식적인 환영 연회가 / 열릴 것이다 / 토요일 저녁에 / 회사의 20주년을 기념하기 위해서

(A) completion
(B) reception
(C) establishment
(D) accomplishment

토요일 저녁에 회사의 20주년을 기념하기 위해서 공식적인 환영 연회가 열릴 것이다.

명사 어휘

문장의 동사 will be held(열릴 것이다)와 어울릴 수 있는 주어는 명사 (B) reception(환영 연회, 리셉션)입니다.

Part 6

Questions 9-10 refer to the following letter.

Dear Mr. Benson,
벤슨 씨에게,

Your order is ready for pickup / in store.
귀하가 주문한 물건이 준비되어 있습니다 / 가게에

Please be sure / to pick up your merchandise / no later than the end of the week.
반드시 ~하시기 바랍니다 / 귀하의 상품을 가져가다 / 늦어도 주말까지는

Otherwise, / your order will be canceled.
그렇지 않으면, / 귀하의 주문 건은 취소될 것입니다

Please print out this e-mail / in order to help / our store clerk identify your item quickly.
이메일을 출력해주세요 / ~하도록 도와주기 위해서 / 저희 점원이 귀하의 물건을 빠르게 확인하다

Sincerely
진심으로

Customer Service Department
고객 서비스 부서

벤슨 씨에게,

귀하가 주문한 물건이 가게에 준비되어 있습니다. 늦어도 주말까지는 반드시 귀하의 상품을 가져가시기 바랍니다. 그렇지 않으면, 귀하의 주문 건은 취소될 것입니다. 귀하의 물건을 저희 점원이 빠르게 확인하도록 도와주기 위해서 이메일을 출력해주세요.

진심으로,

고객 서비스 부서

---

9 (A) merchandise
   (B) document
   (C) refund
   (D) award

명사 어휘

문맥상 '늦어도 주말까지는 반드시 귀하의 상품을 가져가시기 바랍니다'가 되어야 하므로 빈칸에는 명사 (A) merchandise(상품)가 올 수 있습니다.

---

10 (A) ordered
   (B) order
   (C) ordering
   (D) to order

명사 어형

소유격 your 뒤에 명사가 올 수 있으므로 명사 (B) order(주문)가 정답입니다.

Questions 11-12 refer to the following letter.

Dear Mr. Wilson,
윌슨 씨에게,

Thank you for / contacting me / to express interest in / joining our sales team.
~해서 감사 드립니다 / 저에게 연락하다 / 관심을 표명하기 위해서 / 저희 영업 팀에 합류하는 것에
We welcome your application.
귀하의 신청을 환영합니다
To apply for a position, / please send us / your resume and / two letters of recommendation.
일자리에 지원하기 위해서는 / 저희에게 보내주세요 / 귀하의 이력서와 / 두 통의 추천서를
We will be in touch with you / within a week / after we receive your application materials / to schedule for an interview.
우리가 연락 드리겠습니다 / 1주 이내 / 귀하의 지원 서류가 접수된 후 / 면접 일정을 잡기 위해
We are looking forward to seeing you soon.
귀하를 곧 볼 수 있기를 고대합니다

Sincerely,
진심으로

Emily Young
에밀리 영
Human Resources Department
인사부

윌슨 씨에게,

저희 영업팀에 합류하는 것에 관심을 표명하기 위해서 저에게 연락해 주셔서 감사 드립니다. 귀하의 신청을 환영합니다. 일자리에 지원하기 위해서는 저희에게 귀하의 이력서와 두 통의 추천서를 보내주세요. 귀하의 지원 서류가 접수된 후 1주 이내에 면접 일정을 잡기 위해 연락 드리겠습니다. 귀하를 곧 볼 수 있기를 고대합니다.

진심으로,

에밀리 영
인사부

---

11 (A) interest
   (B) interested
   (C) interests
   (D) interesting

해설 명사 어형
동사 뒤 목적어 자리에 명사가 올 수 있으므로 명사 (A) interest(관심)와 (C) interests(이익)가 정답이 될 수 있습니다. 문맥상 '저희 영업팀에 합류하는 것에 관심을 표현하기 위해'가 되므로 (A) interest가 정답입니다.

新 **12** (A) We will start working together
   (B) We will be in touch with you within a week
   (C) We will make a hiring decision
   (D) We will start with this work

(A) 우리는 함께 일하기 시작할 것입니다
(B) 우리는 1주 이내에 연락할 것입니다
(C) 우리는 고용 결정을 내릴 것입니다
(D) 우리는 이 일을 시작할 것입니다

해설 문장 삽입
문장 삽입에 관련된 문제로 일자리 지원에 관련된 내용이고 빈칸 뒤에 '귀하의 면접 서류가 접수된 후 면접 일정을 잡기 위해'라는 내용이 있으므로 (B)가 빈칸에 들어가기에 가장 적절한 내용이다.

Check Up
p.051-054

1 (A) him

월요일 회의의 안건 사본 한 부를 그에게 주세요.

해설 인칭대명사
동사 give의 목적어 자리에 목적격 (A) him이 옵니다.

---

2 (B) her

피터슨 씨는 그의 급여에 만족했다.

해설 인칭대명사
명사 salary 앞에 소유격 (B) her가 옵니다.

---

3 (B) his

당신은 사무실에서 그의 물품을 제외한 모든 물품을 사용할 수 있습니다.

해설 소유대명사
빈칸에 올 수 있는 것은 his materials(그의 물품)이므로 소유대명사로 바꾼 (B) his가 정답입니다.

---

4 (B) herself

매니저는 그녀 스스로 주간 보고서를 완성했다.

해설 재귀대명사
문맥상 '그녀 스스로 주간 보고서를 완성했다'가 되어야 하므로 by 뒤에 (B) herself(by herself 그녀 스스로)가 와야 합니다.

---

5 (A) that

우리 프린터의 성능은 다른 회사의 프린터 성능보다 더 좋다.

해설 지시대명사
빈칸 안에 들어갈 말은 앞에 나온 Our printer's performance를 받는 단수 지시대명사 that이 와야 합니다.

---

6 (B) one another

직원들은 서로 긴밀하게 일할 필요가 있다.

해설 부정대명사
빈칸 안에 들어갈 말은 '서로'인데 주어가 셋 이상인 복수명사 Employees여서 (B) one another가 와야 합니다.

연습문제/기출문제
p.055

1. your	2. we	3. her	4. their
5. (D)	6. (D)	7. (A)	8. (B)

1 You must consider / all circumstances / before making your final decision.
당신은 고려해야 한다 / 모든 상황을 / 최종 결정을 하기 전에

당신은 최종 결정을 하기 전에 모든 상황을 고려해야 한다.

해설 소유격 대명사 your
빈칸 뒤에 복합명사 final decision이 있으므로 빈칸에는 명사 앞에 올 수 있는 소유격 your를 써야 합니다.

---

2 Thanks to the new heating system, / we expect / the company's operating costs to decrease.
새로운 난방 시스템 덕분에 / 우리는 기대하고 있다 / 회사의 운영비가 감소할 것으로

새로운 난방 시스템 덕분에 우리는 회사의 운영비가 감소할 것으로 기대하고 있다.

해설 주격 대명사 we

빈칸 뒤에 동사 expect가 와서 앞에는 주어 자리에 올 수 있는 주격 대명사 we를 써야 합니다.

---

3 To prepare for *her* meeting, / Ms. Smith spent the afternoon / checking the customers' list.

미팅을 준비하기 위해서 / 스미스 씨는 오후를 썼다 / 고객 명부를 점검하는데

미팅을 준비하기 위해서, 스미스 씨는 고객 명부를 점검하는데 오후를 썼다.

해설 소유격 대명사 her

빈칸 뒤에 명사 meeting이 있으므로 명사 앞에 올 수 있는 소유격 her가 정답입니다.

---

4 All salespeople / are doing *their* best / to meet the sales goals.

모든 영업사원들은 / 최선을 다하고 있다 / 판매목표를 달성하기 위해서

모든 영업사원들은 판매목표를 달성하기 위해서 최선을 다하고 있다.

해설 소유격 대명사 their

문장의 주어 All salespeople을 대신하는 소유격 their가 정답입니다.

---

5 Applicants / for the tour guide position / must submit *their* résumés / by July 30th.

지원한 사람들은 / 관광가이드 직책에 / 이력서를 제출해야 한다 / 7월 30일까지

관광가이드 직책에 지원한 사람들은 7월 30일까지 이력서를 제출해야 한다.

(A) them
(B) themselves
(C) they
(D) their

해설 소유격 대명사 their

명사 résumés 앞에는 소유격을 써야 하기 때문에 소유격 (D) their가 정답입니다.

---

6 The engineers / couldn't complete the project / on time / because of *its* design changes.

엔지니어들은 / 프로젝트를 완성할 수 없었디 / 징시에 / 디자인 변경 때문에

엔지니어들은 디자인 변경 때문에 정시에 프로젝트를 완성할 수 없었다.

(A) each
(B) this
(C) every
(D) its

해설 소유격 대명사 its

빈칸 뒤에 복합명사 design changes가 있고, 문맥상 '프로젝트의'를 뜻하는 소유격 (D) its가 정답입니다.

---

7 *Those* who / wish to get some more information / about the conference / should speak with Mr. Graham.

~하는 사람들 / 더 많은 정보를 얻기 원하다 / 컨퍼런스에 대한 / 그레이엄 씨와 이야기해야 한다

컨퍼런스에 대한 더 많은 정보를 얻기 원하는 사람들은 그레이엄 씨와 이야기해야 한다.

(A) Those
(B) These
(C) That
(D) Anyone

해설 대명사 those who

문맥상 '컨퍼런스에 대한 더 많은 정보를 얻기 원하는 사람들'로 (A) Those가 들어가야 '하는 사람들'이라는 의미의 Those who가 완성됩니다.

8 Mr. Kim updated the website / by *himself* / to attract more customers.

김 씨는 웹사이트를 갱신했다 / 스스로 / 더 많은 고객들을 유치하기 위해서

(A) itself

(B) himself

(C) herself

(D) themselves

김 씨는 더 많은 고객들을 유치하기 위해서 웹사이트를 스스로 갱신했다.

해설 전치사 + 재귀대명사

전치사 by와 재귀대명사, by oneself(스스로)를 써야 하는 자리로, 앞에 쓰인 주어가 Mr. Kim이어서 (B) himself가 들어갈 수 있습니다.

실전문제							p.056-058
Part 5	1. (B)	2. (A)	3. (D)	4. (B)	5. (D)	6. (D)	7. (D)	8. (B)
Part 6	9. (D)	10. (B)	11. (B)	12. (C)				

Part 5

1 Three weeks / after Mr. Miller was hired, / *he* moved to Las Vegas.

3주 / 밀러 씨가 고용된 후에 / 그는 라스베이거스로 이사 갔다

(A) his own

(B) he

(C) his

(D) himself

밀러 씨가 고용되고 3주 후에, 그는 라스베이거스로 이사 갔다.

해설 주격 대명사 he

빈칸 뒤에 동사 moved가 있어서 앞에는 주격 대명사 (B) he가 들어갈 수 있습니다.

---

2 If you have any questions / about company policy, / please refer to / *your* employee guide.

만약 당신이 질문이 있으시면 / 회사 정책에 관한 / ~를 참고하세요 / 당신의 직원 안내서

(A) your

(B) you

(C) yours

(D) yourselves

만약 당신이 회사 정책에 관한 질문이 있으시면, 당신의 직원 안내서를 참고하세요.

해설 소유격 대명사 your

명사 앞에 소유격이 올 수 있으므로 소유격 대명사 (A) your가 정답입니다.

---

3 I am writing to your company / at the suggestion of / a colleague of *mine*.

당신의 회사에 편지를 씁니다 / ~의 제안으로 / 내 동료 중 한 명

(A) me

(B) my

(C) myself

(D) mine

내 동료 중 한 명의 제안으로 당신의 회사에 편지를 씁니다.

해설 소유대명사 mine

나의 동료를 표현할 때는 my colleague이라는 표현을 씁니다. 나의 동료 중 한 명은 a colleague of mine, mine은 my colleague이므로 빈칸에 (D) mine을 써서 문장을 완성할 수 있습니다.

---

4 Please e-mail Ms. Moore / to let **her** know / when you arrive in Seattle.

무어 씨에게 이메일을 보내세요 / 그녀에게 알려주기 위해 / 당신이 시애틀에 언제 도착할지

(A) she
(B) her
(C) herself
(D) her own

당신이 시애틀에 언제 도착할지 알려주기 위해 무어 씨에게 이메일을 보내세요.

해설 목적격 대명사 her

빈칸은 동사 let의 목적어 자리이므로 목적격 대명사인 (B) her가 올 수 있습니다.

5 Most of the cars / used by our clients / are not **theirs**.

대부분의 승용차들은 / 고객들이 이용하는 / 그들의 것이 아니다

(A) they
(B) their
(C) them
(D) theirs

고객들이 이용하는 대부분의 승용차들은 그들의 것이 아니다.

해설 소유대명사 theirs

주어는 Most of the cars, 동사는 are로 빈칸은 보어 자리입니다. 보어 자리에 their cars를 대신하는 소유대명사로 (D) theirs가 옵니다.

6 To increase reliability of the survey, / all respondents must answer the questions / by **themselves**.

조사의 신뢰도를 증가시키기 위해서 / 모든 응답자들은 질문에 답해야 한다 / 그들 스스로

(A) itself
(B) herself
(C) himself
(D) themselves

조사의 신뢰도를 증가시키기 위해서, 모든 응답자들은 그들 스스로 질문에 답해야 한다.

해설 전치사 + 재귀대명사

전치사 by와 재귀대명사, by oneself(스스로)를 써야 하는 자리로, 앞에 쓰인 주어가 복수(all respondents)여서 (D) themselves가 정답입니다.

7 The table is too heavy / for Mr. Young and Ms. Smith / to move by **themselves**.

테이블은 너무 무겁다 / 영 씨와 스미스 씨가 / 그들 스스로 테이블을 옮기기에는

(A) their
(B) them
(C) their own
(D) themselves

그 테이블은 영 씨와 스미스 씨가 그들 스스로 옮기기에는 너무 무겁다.

해설 전치사 + 재귀대명사

빈칸 앞에 전치사 by가 왔으므로 재귀대명사 (D) themselves가 와야 합니다.

8 Ms. Hill submitted / her sales report, / but Mr. Cook did not submit / **his**.

힐 씨는 제출했다 / 그녀의 판매 보고서를 / 하지만 쿡 씨는 제출하지 않았다 / 그의 판매 보고서를

(A) he
(B) his
(C) him
(D) himself

힐 씨는 그녀의 판매 보고서를 제출했지만, 쿡 씨는 그의 판매 보고서를 제출하지 않았다.

문맥상 '국 씨는 자신의 판매 보고서를 제출하지 않았다'가 되어야 합니다. 빈칸에는 his sales report가 와야 하는데, his(소유격) + 복합 명사(sales report)는 소유대명사 (B) his로 바꾸어 쓸 수 있습니다.

Part 6

Questions 9-10 refer to the following notice.

Thank you / for staying with us / at the Wynn hotel.
감사합니다 / 숙박해주셔서 / Wynn 호텔에서

In your medical cabinet, / you will find / a bottle of shampoo, soap, and lotion.
귀하의 의료 캐비닛 안에 / 당신은 찾으실 수 있습니다 / 샴푸, 비누, 로션을

You may use them / at no extra cost.
당신은 그것들을 사용할 수 있습니다 / 무료로

To preserve the environment, / please consider / reusing your towels and sheets.
환경을 보호하기 위해, / 고려해주세요 / 타올과 시트 재사용을

Participating in this program, / helps us / save water and energy consumption.
이 프로그램에 참여하는 것은 / 돕습니다 / 물과 에너지 소비를 절약하도록

If, / however, / you would like us to replace your linens, / just place them / on your bedside table.
만약에 / 그러나 / 저희가 귀하의 침대시트를 교체하기 원하다 / 그것들을 놓아주세요 / 귀하의 침대 옆 테이블 위에

원 호텔에서 숙박해주셔서 감사합니다. 귀하의 의료 캐비닛 안에 샴푸, 비누, 로션이 있습니다. 무료로 그것들을 사용할 수 있습니다. 환경을 보호하기 위해, 타올과 시트 재사용을 고려해주세요. 이 프로그램에 참여하는 것은 물과 에너지 소비를 절약하도록 돕습니다. 그러나 만약에 저희가 귀하의 침대시트를 교체하기 원한다면 귀하의 침대 옆 테이블 위에 놓아주세요.

9 (A) theirs
  (B) others
  (C) it
  (D) them

해설 목적격 대명사 them

빈칸은 동사 use 다음에 나오는 목적어 자리이고 앞에 나온 명사 'shampoo, soap, and lotion'을 대신하므로 복수 목적격 대명사 (D) them이 정답입니다.

10 (A) you
   (B) your
   (C) them
   (D) theirs

해설 소유격 대명사 your

빈칸 뒤에 명사 towels and sheets가 있으므로, 명사 앞에는 소유격 대명사가 올 수 있습니다. 문맥상 '당신의 타올과 시트'이므로 소유격 (B) your가 정답입니다.

Questions 11-12 refer to the following e-mail.

To: All employees
수신: 모든 직원들
From: Mark Peterson
발신: 마크 피터슨
Date: March 1
날짜: 3월 1일
Re: Travel reimbursement for next week
회신: 다음 주 여행경비 상환

Please be advised / that **our** offices will be closed / on Friday, / March 5.
숙지해두세요 / 우리 사무실이 문을 닫는다는 것을 / 금요일에 / 3월 5일.
Therefore, / all requests for travel reimbursement / must be submitted / by Wednesday, / March 3.
그러므로, / 여행경비 상환을 위한 모든 요청들은 / 제출되어야 합니다 / 수요일까지 / 3월 3일.
Please remember / to use the revised expense form, / which is attached.
꼭 ~을 기억하세요 / 개정된 양식을 사용하는 것 / 첨부된
Please fill out the document / completely / to avoid delays / in payment.
서류를 작성해 주세요 / 완전하게 / 지연을 피할 수 있도록 / 지불에 있어서의
If you have any questions, / please do not hesitate to / contact me.
만약 질문이 있으시면 / 주저하지 마세요 / 제게 연락하는 것을

Thank you.
고맙습니다.
Mark Peterson
Mark Peterson

수신: 모든 직원들
발신: 마크 피터슨
날짜: 3월 1일
주제: 다음 주 여행경비 상환

3월 5일 금요일에 우리 사무실이 문을 닫는다는 것을 숙지해두세요. 그러므로, 여행경비 상환을 위한 모든 요청들은 3월 3일 수요일까지 제출되어야 합니다. 개정된 첨부 양식을 사용하는 것을 꼭 기억하세요. 지불에 있어서의 지연을 피할 수 있도록 서류를 완전하게 작성해 주세요. 만약 질문이 있으시면, 제게 연락하는 것을 주저하지 마세요.

고맙습니다.
마크 피터슨

---

11 (A) us
   (B) our
   (C) we
   (D) ourselves

해설 소유격 대명사 our
   명사 앞의 빈칸에는 소유격 대명사 (B) our를 쓸 수 있습니다.

新 **12** (A) Please pay your membership fee within a week.
   (B) Please visit our main office as soon as possible.
   (C) Please fill out the document completely to avoid delays in payment.
   (D) Please refer to the following instruction.

(A) 1 주 이내에 회비를 지불하십시오.
(B) 가능한 한 빨리 본사를 방문하십시오.
(C) 지불에 있어서의 지연을 피할 수 있도록 서류를 완벽하게 작성해 주세요.
(D) 다음 지시 사항을 참고하십시오.

해설 문장 삽입
   여행경비 상황 절차에 관한 지문이고 빈칸 앞에 상환을 위해 첨부된 양식의 사용을 부탁하는 내용이 나오므로 다음으로 이어질 문장은 (C)가 가장 적절합니다.

Check Up
p.063-068

1 (B) current, (D) interesting, (E) healthy

해설 형용사의 형태

(B) current(지금의), (D) interesting(흥미로운), (E) healthy(건강한) 세 단어 모두 형용사입니다. (A) remove(제거하다)는 동사, (C) marketing(마케팅), (F) ability(능력)는 모두 명사입니다.

2 (C) 관사 앞

해설 형용사의 자리

형용사는 (A) 부사와 명사 사이에 올 수 있고, (B) 전치사와 명사 사이에 올 수 있으며 (D) and는 형용사와 형용사를 연결할 수 있습니다. (C) 관사 앞에는 아무 것도 오지 않고, 관사 뒤에는 명사나 명사구가 올 수 있습니다.

3 (C) All

> 모든 박물관들은 방문자들이 연락처를 제공하는 것을 요구한다.

해설 수량형용사

(C) All 뒤에 복수 명사(museums)를 쓸 수 있습니다. (A) Much 뒤에는 불가산명사가 와야 하고, (B) Every와 (D) Each 뒤에는 단수 명사가 와야 합니다.

4 (D) Each

> 각 부서는 품질 개선을 위한 계획을 제출해야 한다.

해설 수량형용사

(D) Each 뒤에 단수 명사(department)를 쓸 수 있습니다. (A) Little 뒤에는 불가산명사가 오고, (B) Two, (C) Many 뒤에는 복수 명사가 와야 합니다.

5 (B) timely

해설 부사처럼 보이는 형용사

(B) timely는 '시기 적절한'의 뜻으로 형용사입니다. (A) easily(쉽게), (C) finally(마침내), (D) greatly(대단히) 모두 부사입니다.

6 responsible

> 매니저는 사무용품을 구매하는 데 책임이 있다.

해설 형용사의 의미

responsible(책임이 있는), responsive(반응하는), 문맥상 responsible이 알맞습니다.

연습문제/기출문제
p.069

1. vacant	2. beneficial	3. casual	4. valuable
5. (A)	6. (C)	7. (C)	8. (B)

1 The building / has been vacant / for a year / due to renovation.
빌딩은 / 비어있었다 / 1년 동안 / 수리 때문에

> 빌딩은 수리 때문에 1년 동안 비어있었다.

해설 형용사 어형

주어 The building과 동사 has been 뒤 보어 자리에 형용사가 와서 주어를 설명하므로 vacant(텅 빈)가 정답입니다. 부사 vacantly는 '멍하니'의 뜻으로 보어 자리에 올 수 없습니다.

2 The internship program / is *beneficial* / to students.
인턴 프로그램은 / 유익하다 / 학생들에게

인턴 프로그램은 학생들에게 유익하다.

[해설] 형용사 어형

주어 The internship program과 동사 is 뒤 보어 자리에 형용사가 와서 주어를 설명하므로 beneficial(유익한)이 정답입니다. 명사 benefits(혜택, 이득)은 주어와 동격이 아니므로 보어 자리에 올 수 없습니다.

---

3 Employees at TNT / may wear *casual* clothing / on Fridays.
TNT사 직원들은 / 평상복을 입을 수 있다 / 금요일마다

TNT사 직원들은 금요일마다 평상복을 입을 수 있다.

[해설] 형용사 어형

명사 clothing 앞에 형용사가 와서 명사를 수식하므로 형용사 casual(평상시의)이 정답입니다. 부사 casually(우연히, 무심코)는 형용사 자리에 올 수 없습니다.

---

4 Mr. Smith / is an extremely *valuable* member / of the sales team.
스미스 씨는 / 아주 귀한 직원이다 / 영업팀의

스미스 씨는 영업팀의 아주 귀한 직원이다.

[해설] 형용사 어형

부사 extremely와 명사 member 사이에는 형용사가 와서 부사는 형용사를 수식, 형용사는 명사를 수식하므로 valuable(귀중한)이 올 수 있습니다. 명사 value(가치)는 형용사 자리에 올 수 없습니다.

---

5 A candidate for the manager position / must have / *organizational* skills.
매니저 지원자는 / 반드시 가지고 있어야 한다 / 조직적인 기술을

매니저 지원자는 반드시 조직적인 기술을 가지고 있어야 한다.

(A) organizational
(B) organizes
(C) organization
(D) organize

[해설] 형용사 어형

명사 skills 앞에 형용사 organizational이 와서 형용사가 명사를 수식하므로 형용사 (A) organizational(조직의)이 올 수 있습니다.

---

6 Although the Cineplex Theater / has *limited* parking facilities, / it is easily accessible.
비록 씨네플렉스 극장이 ~하지만 / 제한된 주차시설을 가지고 있다 / 그것에 쉽게 접근할 수 있다

비록 씨네플렉스 극장이 제한된 주차시설을 가지고 있지만, 그것에 쉽게 접근할 수 있다.

(A) limiting
(B) limit
(C) limited
(D) limits

[해설] 형용사 어형

복합명사 parking facilities 앞에는 형용사가 와서 명사를 수식하므로, 형용사 (C) limited(제한된)가 정답입니다.

---

7 Online advertising is / usually less *expensive* / than television advertising.
온라인 광고가 / 일반적으로 저렴하다 / TV 광고보다

온라인 광고가 TV 광고보다 일반적으로 저렴하다.

(A) expense
(B) expensively
(C) expensive
(D) expenses

[해설] 형용사 어형

be동사 뒤에 나오는 형용사의 비교급 문장이므로 형용사 (C) expensive(비싼)가 정답입니다. expensive 앞에 less(더 적게)가 있으므로 해석에 유의하세요.

8 Ms. Cain / will receive an award / for her **impressive** contributions / to Geneva Steel, Ltd.

케인 씨는 / 상을 받을 것이다 / 그녀의 인상적인 공헌에 대해 / 제네바 스틸사에

케인 씨는 그녀가 제네바 스틸사에 인상적으로 공헌을 했기 때문에 상을 받을 것이다.

(A) impress
(B) impressive
(C) impressively
(D) impressed

해설 형용사 어형

소유격 her와 명사 contributions 사이에서 형용사가 명사를 수식하므로 형용사 (B) impressive(인상적인)가 들어가야 합니다.

실전문제							p.070-072
Part 5	1. (C)	2. (A)	3. (C)	4. (A)	5. (B)	6. (B)	7. (D)	8. (B)
Part 6	9. (C)	10. (A)	11. (B)	12. (D)				

Part 5

1 We received / **exceptional** service / at the restaurant.

우리는 받았다 / 아주 훌륭한 서비스를 / 식당에서

우리는 식당에서 아주 훌륭한 서비스를 받았다.

(A) except
(B) exception
(C) exceptional
(D) exceptionally

해설 형용사 어형

명사 service 앞에 형용사가 와서 명사를 수식하므로 (C) 형용사 exceptional(뛰어난, 훌륭한)이 정답입니다.

---

2 Please mail / the **completed** rental agreement / by June 20.

우편으로 보내세요 / 작성된 임대 계약서를 / 6월 20일까지

작성된 임대 계약서를 6월 20일까지 우편으로 보내세요.

(A) completed
(B) complete
(C) completing
(D) completes

해설 형용사 어형

관사 the와 복합명사 rental agreement 사이에는 형용사가 와서 복합명사를 수식하므로 형용사 (A) completed(작성된)가 정답입니다.

---

3 Please follow / the **attached** instructions / in other to return any items / for a refund.

따라주세요 / 첨부된 설명서를 / 물건을 반납하려면 / 환불을 위해

환불을 위해 물건을 반납하려면 첨부된 설명서를 따라주세요.

(A) attach
(B) attaching
(C) attached
(D) attaches

해설 형용사 어형

관사 the와 명사 instructions 사이에는 형용사가 와서 명사를 수식하므로 형용사 (C) attached(첨부된)가 올 수 있습니다. 동사 attach(첨부하다)는 형용사 자리에 올 수 없습니다.

4 According to / the recent report, / polluted air is very dangerous.

~에 따르면 / 최근 보고서 / 오염된 공기는 매우 위험하다

(A) polluted
(B) pollutes
(C) pollution
(D) pollute

최근 보고서에 따르면, 오염된 공기는 매우 위험하다.

해설 형용사 어형
명사 air 앞에 형용사가 와서 명사를 수식하므로 형용사 (A) polluted(오염된)가 정답입니다.

5 All employees / should back up / their computer files / on a regular basis.

모든 직원들은 / 백업해야 한다 / 그들의 컴퓨터 파일을 / 정기적으로

(A) regularly
(B) regular
(C) regularity
(D) regularize

모든 직원들은 그들의 컴퓨터 파일을 정기적으로 백업해야 한다.

해설 형용사 어형
on a regular basis 정기적으로(=regularly)라는 숙어는 시험에 자주 출제되므로 반드시 암기해 둡시다.

6 Please submit / the revised budget report / this afternoon.

제출해주세요 / 수정된 예산 보고서를 / 오늘 오후에

(A) revise
(B) revised
(C) revising
(D) revision

수정된 예산 보고서를 오늘 오후에 제출해주세요.

해설 형용사 어형
관사 the와 복합명사 budget report 사이에 복합명사를 수식하는 형용사가 올 수 있으므로 형용사 (B) revised(수정된)가 정답입니다.

7 Because of / the approaching storm, / all afternoon flights / are cancelled.

~때문에 / 다가오는 폭풍우 / 모든 오후 항공기들은 / 취소되었다

(A) approached
(B) approach
(C) approaches
(D) approaching

다가오는 폭풍우 때문에 모든 오후 항공기들은 취소되었다.

해설 형용사 어형
관사 the와 명사 storm 사이에 명사를 수식하는 형용사가 올 수 있으므로 형용사 (D) approaching(다가오는)이 정답입니다.

8 Fantasy Tours / can help / you plan your ideal vacation.

판타지 여행사는 / 도울 수 있다 / 당신이 이상적인 휴가를 계획하는 것을

(A) idealize
(B) ideal
(C) ideally
(D) idealist

판타지 여행사는 당신이 이상적인 휴가를 계획하는 것을 도울 수 있다.

해설 형용사 어형
소유격 your와 명사 vacation 사이에 형용사가 와서 명사를 수식할 수 있으므로 형용사 (B) ideal(이상적인)이 정답입니다.

Part 6

Questions 9-10 refer to the following e-mail.

To: John Smith <jsmith@yahoo.com>
수신: 존 스미스 〈jsmith@yahoo.com〉
From: Jenny Krause <jkrause@pinlink.net>
발신: 제니 크라우스 〈jkrause@pinlink.net〉
Subject: References
주제: 추천서
Date: July 20
날짜: 7월 20일

Dear Mr. Smith,
친애하는 스미스 씨,

Thank you / for taking the time / to meet with me / last week.
감사합니다 / 시간을 내서 / 저를 만나주셔서 / 지난 주에
Based on our conversation, / I believe / you will find / my qualifications
adequate / for the position of the marketing manager.
우리의 대화를 토대로 / 저는 믿습니다 / 당신이 알게 될 거라고 / 제 자격이 적합한 것을 / 마케팅 매니저
자리에
I have attached / a list of references / per your request.
저는 첨부했습니다 / 추천인 명단을 / 귀하의 요청대로
Two are my former employers / and the third is a professor from Orem
University.
두 명은 저의 예전 고용주들이며 / 다른 한 명은 오렘 대학 교수입니다
I hope to get the opportunity / to work for your company.
저는 기회를 얻기를 희망합니다 / 귀하의 회사를 위해 일할
I think / I could contribute greatly to your firm.
저는 생각합니다 / 귀사를 위해 제가 크게 기여를 할 수 있을 것이라고

Sincerely,
진심으로,
Jenny Krause
제니 크라우스

수신: 존 스미스 〈jsmith@yahoo.com〉
발신: 제니 크라우스 〈jkrause@pinlink.net〉
주제: 추천서
날짜: 7월 20일

친애하는 스미스 씨,

지난 주에 시간을 내서 저를 만나주셔서 감사합니다. 우리의 대화를 토대로 저는 마케팅 매니저 자리에 제 자격이 적합한 것을 당신이 알게 될 거라고 믿습니다.
귀하의 요청대로 저는 추천인 명단을 첨부했습니다. 2명은 저의 예전 고용주들이며 다른 한 명은 오렘 대학 교수입니다.
저는 귀하의 회사를 위해 일할 기회를 얻기를 희망합니다. 저는 귀사를 위해 크게 기여를 할 수 있을 것이라고 생각합니다.

진심으로,
제니 크라우스

---

9 (A) comfortable
(B) serious
(C) adequate
(D) private

해설 형용사 어형
형용사는 목적격 보어 자리에서 앞에 있는 명사 qualifications(목적어)를 수식할 수 있습니다. 문맥상 '마케팅 매니저 자리에 제 자격이 적합한 것을'이라고 문장을 써야 하므로 형용사 (C) adequate(적절한)이 정답입니다.

---

10 (A) former
(B) formerly
(C) formation
(D) form

해설 형용사 어형
형용사는 소유격 my와 명사 employers 사이에서 명사 employers를 수식할 수 있으므로 정답은 형용사 (A) former(예전의)입니다.

018 정답 및 해설

Questions 11-12 refer to the following memo.

From: John Smith
발신: 존 스미스
To: Johnson Inc., Staff
수신: 존슨 사 직원
Date: June 12
날짜: 6월 12일
Re: Entrance closure
주제: 출입구 폐쇄

Attention employees:
직원 여러분들께 알려드립니다:
The main entrance of Johnson Inc., / will be inaccessible / starting on
Monday, 18 June / due to renovation of the building.
존슨 사의 입구를 / 이용하실 수 없습니다 / 6월 18일 월요일부터 시작해서 / 빌딩의 수리 때문에
Work on the building / will continue / until the following Monday.
빌딩에 대한 작업은 / 계속될 것입니다 / 다음 주 월요일까지
Signs will be posted / to direct customers / around the building, / and a
temporary reception desk / will be stationed / at the entrance / to receive
them.
표지판이 게시될 것이고 / 고객들에게 알려주는 / 빌딩 주변에 / 그리고 임시 접수처를 / 둘 것입니다 / 입
구에 / 고객들을 맞이할 수 있도록

Thank you / for your cooperation / in this matter.
감사드립니다 / 여러분의 협조에 / 이 문제에 대한

발신: 존 스미스
수신: 존슨 사 직원
날짜: 6월 12일
주제: 출입구 폐쇄

직원 여러분들께 알려드립니다:
빌딩의 수리 때문에 존슨 사의 입구를 6월 18일
월요일부터 이용하실 수 없습니다. 빌딩에 대
한 작업은 다음 주 월요일까지 계속될 것입니
다. 고객들에게 알려주는 표지판이 빌딩 주변에
게시될 것이고 고객들을 맞이할 수 있도록 임시
접수처를 입구에 둘 것입니다.

이 문제에 대한 여러분의 협조에 감사드립니다.

---

11 (A) unable
   (B) Inaccessible
   (C) improper
   (D) useable

해설 형용사 어휘
문맥상 '빌딩의 입구를 6월 18일 월요일부터 시작해서 이용하실 수 없습니다'라고 문장을 완성해야 하므로 (B) inaccessible(이용할 수
없는)이 정답입니다.

新 **12** (A) We will meet again after we finish renovation.
   (B) We are experienced in this work.
   (C) The work will be postponed for a week due to bad weather.
   **(D) Work on the building will continue until the following
       Monday.**

(A) 우리는 개량을 마무리 한 후에 다시 만날 것
   이다.
(B) 우리는 이 일에 경험이 있다.
(C) 일이 악천후로 인해 일주일 연기될 것이다.
(D) 건물 공사는 다음 월요일까지 계속됩니다.

해설 문장 삽입
개량공사로 인해 회사의 입구가 폐쇄되고 '작업을 하는데 1주일 소요된다'는 내용이 나오는 것이 자연스러운 연결이므로 (D)가 정답입
니다.

---

1 (B) finally, (C) fast, (D) directly

해설 부사의 형태

(B) finally(마침내), (C) fast(빨리), (D) directly(직접적으로, 바로) 세 단어 모두 부사입니다. (A) likely(~할 것 같은), (E) severe(심각한), (F) loud((소리가) 큰) 세 단어는 형용사입니다.

---

2 (D) 명사 앞

해설 부사의 자리

(D) 명사 앞에는 형용사가 올 수 있습니다. (A) 형용사 + 명사 앞, (B) 조동사와 동사원형 사이, (C) 동사 뒤에는 부사가 올 수 있습니다.

---

3 (B) nearly

우리 집에 가기까지 거의 4시간이 걸린다.

해설 부사 nearly

문맥상 '우리 집까지 거의 4시간이 걸린다'에서 4시간을 수식해 주는 부사는 (B) nearly(거의)가 적절합니다.

---

4 (C) finally

몇 시간의 토론 후, 그 그룹은 프로젝트를 시작하기로 마침내 동의했다.

해설 부사 finally

문맥상 '몇 시간의 토론 후, 그룹이 프로젝트를 시작하는 것에 마침내 동의했다'기 때문에 빈칸에는 부사 (C) finally(마침내)가 적절합니다.

---

5 often

해설 빈도부사

그는 종종 회사에 지각한다고 했으므로 빈칸에 often(종종)이 들어가야 합니다.

---

6 monthly

해설 빈도부사

김 씨가 아침에 월간 보고서를 완료했다고 했으므로 빈칸에 monthly(매달)이 들어가야 합니다.

---

1. regularly	2. strictly	3. successfully	4. conveniently
5. (C)	6. (D)	7. (D)	8. (A)

1 The sales people / travel **regularly** / for business.

판매 사원들은 / 정기적으로 여행을 한다 / 사업차

판매 사원들은 사업차 정기적으로 여행을 한다.

해설 부사 어형

부사는 동사 travel 뒤에 와서 동사를 수식하므로 정답은 부사 regularly(정기적으로)입니다.

---

2 Eating and drinking / are **strictly** forbidden / in the theater.

먹고 마시는 것은 / 엄격하게 금지된다 / 극장에서

극장에서 먹고 마시는 것은 엄격하게 금지된다.

해설 부사 어형

부사는 be동사 are와 과거분사 forbidden 사이에 올 수 있으므로 정답은 부사 strictly(엄격하게)입니다.

---

3 The company / has **successfully** introduced / a new product / to the market.

회사는 / 성공적으로 내놓았다 / 신규 제품을 / 시장에

회사는 시장에 신규 제품을 성공적으로 내놓았다.

해설 부사 어형

부사는 has동사와 과거분사 introduced 사이에 올 수 있으므로 정답은 부사 successfully(성공적으로)입니다.

---

4 The theater is / **conveniently** located / within easy walking distance.

극장은 / 편리하게 위치해 있다 / 쉽게 걸어갈 수 있는 거리에

극장은 쉽게 걸어갈 수 있는 거리에 편리하게 위치해 있다.

해설 부사 어형

부사는 be동사 is와 과거분사 located 사이에 올 수 있으므로 정답은 부사 conveniently(편리하게)입니다.

---

5 Mr. Morris / **successfully** completed / his first year as an intern.

모리스 씨는 / 성공적으로 완수했다 / 인턴으로서 그의 첫해를

(A) success
(B) successful
(C) **successfully**
(D) successes

모리스 씨는 인턴으로서 그의 첫해를 성공적으로 완수했다.

해설 부사 어형

부사는 동사 completed 앞에 와서 동사를 수식하므로 정답은 부사 (C) successfully(성공적으로)입니다.

---

6 Utah Business Center is / **finally** opening / after two years of construction.

유타 비즈니스 센터가 / 마침내 개장한다 / 2년 간의 공사 후에

(A) final
(B) finality
(C) finals
(D) **finally**

유타 비즈니스 센터가 2년 간의 공사 후에 마침내 개장한다.

해설 부사 어형

부사는 be동사 is와 현재분사 opening 사이에 올 수 있으므로 정답은 부사 (D) finally(마침내)입니다.

---

7 Please explain / the nature of the problem / **clearly** / on the product return form.

설명해주세요 / 문제의 유형을 / 명확하게 / 제품 반품 양식에

(A) cleared
(B) clearable
(C) clear
(D) **clearly**

문제의 유형을 제품 반품 양식에 명확하게 설명해주세요.

해설 부사 어형

부사는 동사 explain을 뒤에서 수식할 수 있으므로 정답은 부사 (D) clearly(명확하게)입니다.

---

8 Joy Travel's transportation information is / **readily** accessible / online.

조이 여행사의 교통 정보는 / 즉시 접근하기 쉽다 / 온라인으로

(A) **readily**
(B) ready
(C) reading
(D) readiness

조이 여행사의 교통 정보는 온라인으로 즉시 접근하기 쉽다.

해설 부사 어형

부사는 형용사 accessible 앞에서 형용사를 수식할 수 있으므로 정답은 부사 (A) readily(즉시, 쉽사리)입니다.

실전문제							
Part 5	1. (A)	2. (B)	3. (B)	4. (D)	5. (B)	6. (A)	7. (D)	8. (C)
Part 6	9. (A)	10. (C)	11.(B)	12. (C)			

Part 5

1 Sears / **successfully** opened / three new stores / last year.

시어스는 / 성공적으로 열었다 / 신규 점포 세 곳을 / 지난해

(A) successfully
(B) successful
(C) successes
(D) success

시어스는 지난해 신규 점포 세 곳을 성공적으로 열었다.

해설 부사 어형

부사는 동사 opened 앞에서 동사를 수식할 수 있으므로 부사 (A) successfully(성공적으로)가 와야 합니다.

2 The manager ordered / him to enter the client data / **accurately**.

매니저는 명령했다 / 그에게 고객 데이터를 입력하라고 / 정확하게

(A) accurate
(B) accurately
(C) accurateness
(D) accuracy

매니저는 그에게 고객 데이터를 정확하게 입력하라고 명령했다.

해설 부사 어형

부사는 동사 ordered 뒤에서 동사를 수식할 수 있으므로 부사 (B) accurately(정확하게)가 와야 합니다.

3 Employees / should attend / **at least** two safety workshops / a year.

직원들은 / 참가해야 한다 / 적어도 두 번 안전 워크숍에 / 일년

(A) so that
(B) at least
(C) only if
(D) as much

직원들은 일년에 적어도 두 번 안전 워크숍에 참가해야 한다.

해설 숫자 수식 부사 at least

빈칸 뒤에 숫자 two가 있으므로 이를 수식하는 숫자 수식 부사 (B) at least(적어도)를 써서 문장을 완성해야 합니다.

4 Mr. Peterson / **easily** identified / the source of a problem / in the computer.

피터슨 씨는 / 쉽게 찾아냈다 / 문제의 근원을 / 컴퓨터에서

(A) ease
(B) easy
(C) easiest
(D) easily

피터슨 씨는 컴퓨터에서 문제의 근원을 쉽게 찾아냈다.

해설 부사 어형

부사는 동사 identified 앞에서 동사를 수식할 수 있으므로 정답은 부사 (D) easily(쉽게)입니다.

5 The accounting department / just released / its annual sales figures / at the meeting.

회계부서는 / 막 공개했다 / 연 매출액을 / 회의에서

(A) ever
(B) just
(C) lately
(D) soon

회계부서는 회의에서 연 매출액을 막 공개했다.

해설 시제와 함께 쓰는 부사 just
과거시제 동사(released)와 함께 쓸 수 있는 부사를 선택하는 문제로, 문맥상 '연 매출액을 막 공개했다'라고 문장을 완성해야 하므로 (B) just(막)가 가장 적절합니다.

---

6 Wynn Hotel / has become / the **increasingly** popular venue / for conferences / since last year.

윈 호텔은 / ~가 되어가고 있다 / 점점 인기 있는 장소 / 회의를 위한 / 작년 이후로

(A) increasingly
(B) increase
(C) increases
(D) increasing

윈 호텔은 작년 이후로 회의를 위한 점점 인기 있는 장소가 되어가고 있다.

해설 부사 어형
부사는 형용사 popular 앞에서 형용사를 수식할 수 있으므로 빈칸에 부사 (A) increasingly(점점 더)가 들어가야 합니다.

---

7 The important file / was deleted **accidentally** / when the computer's software / was upgraded.

중요한 파일이 / 실수로 삭제되었다 / 컴퓨터 소프트웨어가 / 업그레이드 되었을 때

(A) accident
(B) accidents
(C) accidental
(D) accidentally

컴퓨터 소프트웨어가 업그레이드 되었을 때 실수로 중요한 파일이 삭제되었다.

해설 부사 이형
부사는 동사 deleted 뒤에 와서 동사를 수식하므로 정답은 부사 (D) accidentally(실수로)가 됩니다.

---

8 Ms. Stevens / has worked / **exceptionally** hard / to finish the project.

스티븐스 씨는 / 일했다 / 특별하게 열심히 / 프로젝트를 마치기 위해

(A) exception
(B) except
(C) exceptionally
(D) exceptional

스티븐스 씨는 프로젝트를 마치기 위해 매우 열심히 일했다.

해설 부사 어형
부사는 뒤에 있는 부사 hard를 수식할 수 있으므로 빈칸에는 부사 (C) exceptionally(특별히)를 써야 합니다. 부사구 exceptionally hard는 동사구 has worked를 수식합니다.

Part 6

Questions 9-10 refer to the following e-mail.

To: mpeterson@somail.net
수신: mpeterson@somail.net
From: jjohnson@lineair.com.us
발신: jjohnson@lineair.com.us
Date: 25 March
날짜: 3월 25일

Dear Peterson,
피터슨 씨에게,

Thanks / for flying with Line Airlines.
감사합니다 / 라인 항공사를 이용해 주셔서
We'd like to / hear eagerly / about your recent trip / from Huston to Las Vegas / on 15 March.
저희는 ~하고 싶습니다 / 간절히 듣다 / 귀하의 최근 여행에 대해 / 휴스턴에서 라스베이거스로 / 3월 15일
We would be grateful / if you could complete / a short survey / about your experience / with our company.
저희는 감사하겠습니다 / 작성해 주신다면 / 짧은 설문조사를 / 귀하의 경험에 대해 / 저희 회사와의
This will take / approximately five minutes / of your time.
이것은 걸릴 것입니다 / 대략 5분 정도 / 귀하의 시간에서
Your feedback / will help / us improve the way / we serve you.
귀하의 피드백은 / 도울 것입니다 / 저희가 방법을 개선하도록 / 귀하를 서비스하는
Thank you again / for your business.
다시 한 번 감사드립니다 / 이용해 주셔서

James Johnson
제임스 존슨
Personnel Manager
인사부장
Line Airlines
라인 항공사

수신: mpeterson@somail.net
발신: jjohnson@lineair.com.us
날짜: 3월 25일

피터슨 씨에게,

라인 항공사를 이용해 주셔서 감사합니다. 저희는 3월 15일 휴스턴에서 라스베이거스로 향한 귀하의 최근 여행에 대해 간절히 듣고 싶습니다. 귀하가 저희 회사와의 경험에 대해 짧은 설문조사를 작성해 주신다면 감사하겠습니다. 이것은 대략 5분 정도 걸릴 것입니다. 귀하의 피드백은 저희의 서비스 방법을 개선하도록 도울 것입니다. 이용해 주셔서 다시 한 번 감사드립니다.

제임스 존슨
인사부장
라인 항공사

---

9 (A) eagerly (B) highly
  (C) nearly (D) kindly

해설 부사 어휘
문맥상 '귀하의 경험에 대해 간절히 듣고 싶습니다'라고 완성해야 하므로 부사 (A) eagerly(간절히)가 정답입니다.

新 **10** (A) We will make a presentation on travel services.
  (B) I am so sorry to hear about your travel experience.
  (C) Your feedback will help us improve the way we serve you.
  (D) Thank you for your generous donation.

(A) 우리는 여행 서비스에 관해 발표할 것입니다.
(B) 귀하의 여행 경험에 대해 듣고 너무도 유감입니다.
(C) 귀하의 의견은 저희의 서비스 방법을 개선하도록 도울 것입니다.
(D) 관대한 기부에 감사 드립니다.

해설 문장 삽입
항공 서비스 설문조사에 관련된 내용으로 설문 조사 결과가 어떻게 사용될 것인지를 언급하는 (C)가 가장 적절한 선택이 될 수 있습니다.

Questions 11-12 refer to the following memo.

To: Corning Inc., staff
수신: 코닝 주식회사 직원들
From: James Scott, Facilities Director
발신: 제임스 스캇, 시설 책임자
Date: May 20
날짜: 5월 20일
Re: Parking restriction
주제: 주차 제한

Resurfacing of the parking areas / will begin / next week.
주차장 재포장을 / 시작할 것입니다 / 다음 주에
The first area to be affected / is parking area A.
먼저 영향 받는 주차장은 / A주차장입니다
This parking area / will be **temporarily** closed / as of May 20.
이 주차장은 / 임시적으로 폐쇄될 것입니다 / 5월 20일을 기점으로
Those who / **regularly** use parking area A / must obtain / a permit for an alternate parking area / from the facilities department.
~하는 사람들은 / A주차장을 정기적으로 이용하는/ ~을 얻어야만 합니다 / 대안으로 이용할 주차장 허가증을 / 시설 부서에서

Please note / this closure is expected / to last / until late May.
주지해 주시기 바랍니다 / 이 폐쇄는 ~할 것으로 예상됩니다 / 계속되다 / 5월 말까지

수신: 코닝 주식회사 직원들
발신: 제임스 스캇, 시설 책임자
날짜: 5월 20일
주제: 주차 제한

주차장 재포장을 다음 주에 시작할 것입니다. 먼저 영향 받는 주차장은 A주차장입니다. 이 주차장은 5월 20일을 기점으로 임시적으로 폐쇄될 것입니다. A주차장을 정기적으로 이용하는 사람들은 대안으로 이용할 주차장 허가증을 시설 부서에서 받아야만 합니다. 이 폐쇄는 5월 말까지 계속될 것으로 예상됨을 주지해 주시기 바랍니다.

11 (A) easily
    (B) temporarily
    (C) mainly
    (D) certainly

해설 부사 어휘
문맥상 '공사로 인해서 5월 20일을 기점으로 임시적으로 폐쇄될 것입니다'라는 내용의 문장이므로 (B) temporarily(일시적으로)가 가장 적절한 선택입니다.

12 (A) regular
    (B) regulate
    (C) regularly
    (D) regularity

해설 부사 어형
부사는 앞에서 동사 use를 수식할 수 있으므로 부사 (C) regularly(정기적으로)가 정답입니다.

Check Up
p.091-096

1 (D) if, as

해설 등위접속사

등위접속사는 FANBOYS로 for, and, nor, but, or, yet, so가 있습니다. if와 as는 종속접속사입니다.

---

2 or

> 그레이엄스 씨와 크라우스 씨 중 한 명이 사무실에 있을 것이다.

해설 등위접속사

either과 함께 쓰이는 것은 or입니다. either A or B(A 또는 B 중의 하나)

---

3 that

> 문제는 컴퓨터가 고장 났다는 것이다.

해설 종속접속사

문맥상 '컴퓨터가 고장 났다는 것'이 되어야 하므로 접속사 that(~라는 것)이 들어가야 합니다.

---

4 when

> 싱 씨가 승인할 때 서비스 계약이 공식적으로 유효할 것이다.

해설 종속접속사

문맥상 '싱 씨가 승인할 때'가 되어야 하므로 접속사 when(~할 때)이 들어가야 합니다.

---

5 Because of

> 인터넷의 편리성 때문에, 많은 고용주들은 이제 온라인 상에 구직공고를 올리고 있다.

해설 종속접속사와 전치사

빈칸 뒤에 명사구 its convenience가 왔기 때문에 전치사 Because of(~ 때문에)가 와야 합니다.

---

6 During

> 여름 동안 그녀는 인명 구조원으로 활동했다.

해설 종속접속사와 전치사

빈칸 뒤에 명사구 the summer가 왔기 때문에 전치사 During(~하는 동안)이 와야 합니다.

---

7 Besides

> 그 집은 너무 컸다. 게다가 우리는 그것을 살 여유도 없었다.

해설 접속부사

문맥상 '그 집은 너무 컸다. 게다가 우리는 그것을 살 여유도 없었다'가 되어야 하므로 빈칸에 접속사 Besides(게다가)가 적합합니다.

---

8 Although

> 창 씨가 지난 토요일 컴퓨터를 주문했지만, 오늘까지 배달되지 않았다.

해설 종속접속사

문맥상 '지난 토요일에 컴퓨터를 주문했지만, 오늘까지 배달되지 않았다'가 되어야 하므로 빈칸에 접속사 Although(비록 ~이긴 하지만)가 적합합니다.

1. and	2. due to	3. once	4. that
5. (D)	6. (A)	7. (B)	8. (D)

1 Both Center Street **and** Parkway Avenue / will be closed / for repairs / next Sunday.
센터 가와 파크웨이 가 두 도로 모두 / 폐쇄될 것이다 / 수리 작업을 위해 / 다음주 일요일

해설 등위접속사 and
빈칸에는 Both와 같이 쓰이는 접속사가 들어가야 하므로 and가 정답입니다. both A and B(A와 B 둘 다)

센터 가와 파크웨이 가 두 도로 모두 다음주 일요일 수리 작업을 위해 폐쇄될 것이다.

2 The company is closed / on October 25th / **due to** the holiday weekend.
회사는 문을 닫습니다 / 10월 25일에 / 주말 연휴로 인해서

해설 전치사 due to
빈칸 뒤에 명사구 the holiday weekend가 나와 있으므로 전치사 due to(~때문에)가 정답입니다.

회사는 주말 연휴로 인해서 10월 25일에 문을 닫습니다.

3 Diners with a reservation / at Reno restaurant / will be seated / **once** the entire party has arrived.
예약을 한 손님들은 / 레노 식당에 / 자리에 앉게 될 것이다 / 전체 인원이 도착하고 나면

해설 부사절 접속사 once
빈칸 뒤에 주어와 동사가 있으므로 접속사 once(일단 ~하면)가 정답입니다.

레노 식당에 예약을 한 손님들은 전체 인원이 도착하고 나면 자리에 앉게 될 것이다.

4 We ask / **that** you please / refrain from bringing food / into the concert hall.
우리는 요청합니다 / 당신이 ~하기를 / 음식을 가져오는 것을 금하다 / 공연장 안으로

해설 종속접속사 that
빈칸 앞에 동사가 있고 뒤에는 주어와 동사가 있으므로 동사 ask의 목적절 역할을 할 수 있는 접속사 that(~라는 것)이 정답입니다.

우리는 당신이 공연장 안으로 음식을 가져오는 것을 금하시기를 요청합니다.

5 The new restaurant offers / foods from around the world / **and** reasonable prices.
그 새로운 식당은 제공합니다 / 전 세계로부터 온 음식과 / 합리적인 가격을
(A) yet
(B) so
(C) but
(D) and

해설 등위접속사 and
명사구 foods from around the world와 reasonable prices 둘을 연결하는 등위접속사 (D) and가 정답입니다.

그 새로운 식당은 전 세계로부터 온 음식과 합리적인 가격을 제공합니다.

6 The building will be closed / between eight **and** ten o'clock / for a safety check.
빌딩은 폐쇄될 것이다 / 8시부터 10시 사이에 / 안전 점검을 위해
(A) and
(B) of
(C) if
(D) yet

해설 상관접속사 between A and B
between이 나왔으므로 eight과 ten을 연결해 주는 것은 접속사 (A) and입니다. between A and B(A와 B 사이에)

빌딩은 안전 점검을 위해 8시부터 10시 사이에 폐쇄될 것이다.

7 Mr. Anderson must find / both a caterer and a photographer / for the awards ceremony.

앤더슨 씨는 찾아내야 한다 / 출장 요리사와 사진사를 함께 / 시상식을 위해

(A) whether
(B) both
(C) either
(D) never

앤더슨 씨는 시상식을 위해 출장 요리사와 사진사를 함께 찾아내야 한다.

해설 상관접속사 both A and B
문장 안에 and가 있으므로 이와 짝을 이루는 (B) both를 써서 문장을 완성해야 합니다. both A and B(A와 B 둘 다)

---

8 Please describe your recent experience / with Fun Tours / so that we can improve our services.

당신의 최근 경험을 말씀해 주세요 / 펀 투어스와 함께한 / 저희 서비스를 개선할 수 있도록

(A) when
(B) while
(C) although
(D) so that

저희가 서비스를 개선할 수 있도록 펀 투어스와 함께한 최근 경험을 말씀해 주세요.

해설 부사절 접속사 so that
문맥상 '우리가 서비스를 개선할 수 있도록'이라고 문장을 완성해야 하므로 접속사 (D) so that(~하기 위해서)이 가장 적절합니다.

실전문제							p.098-100	
Part 5	1. (C)	2. (A)	3. (C)	4. (D)	5. (B)	6. (B)	7. (A)	8. (D)
Part 6	9. (A)	10. (D)	11. (A)	12. (D)				

Part 5

1 Dinner will be catered / by Smith Café and Sizzler Grill.

저녁은 제공될 것이다 / 스미스 카페와 시즐러 그릴에 의해

(A) but
(B) nor
(C) and
(D) yet

저녁은 스미스 카페와 시즐러 그릴에 의해 제공될 것이다.

해설 등위접속사 and
빈칸 앞 뒤로 두 개의 식당 이름이 있으므로 등위접속사 (C) and를 사용하여 연결합니다.

---

2 Passengers should show / both tickets and passports / when boarding a plane.

승객들은 보여주어야 한다 / 티켓과 여권 둘 다 / 비행기에 탑승할 때

(A) both
(B) either
(C) as
(D) if

비행기에 탑승할 때 승객들은 티켓과 여권 둘 다 보여주어야 한다.

해설 상관접속사 both A and B
문맥상 '티켓과 여권 둘 다'이므로 빈칸에 (A) both가 적절합니다. both A and B(A와 B 둘 다)

---

3 Sales people are required to / submit monthly reports / by either fax or e-mail.

영업사원들은 ~하는 것이 요구된다 / 월간 보고서를 제출하다 / 팩스나 이메일로

(A) neither
(B) both
(C) either
(D) nor

영업사원들은 팩스나 이메일로 월간 보고서를 제출하는 것이 요구된다.

해설 상관접속사 either A or B

문맥상 '팩스나 이메일로'가 되므로 빈칸에 (C) either가 들어가야 합니다. either A or B(A나 B 둘 중의 하나)

---

4 Although we requested / information about the products / a week ago, / it still has not arrived.

우리가 요청했지만 / 제품에 관한 정보를 / 일주일 전에 / 그것은 아직 도착하지 않았다

(A) Until
(B) Only if
(C) Nevertheless
(D) Although

우리가 일주일 전에 제품에 관한 정보를 요청했지만, 아직 도착하지 않았다.

해설 부사절 접속사 although

문맥상 '일주일 전에 제품의 정보를 요청했지만 아직 도착하지 않았다'가 되므로 빈칸에 알맞은 접속사 (D) Although(비록 ~이긴 하지만)를 써야 합니다.

---

5 No photographs or videos / may be taken / once the play has started.

어떠한 사진이나 비디오도 ~가 아니다 / 촬영될 수 있다 / 일단 연극이 시작되면

(A) which
(B) once
(C) despite
(D) instead

일단 연극이 시작되면 어떠한 사진이나 비디오 촬영도 할 수 없다.

해설 부사절 접속사 once

빈칸에 종속절의 주어(the play)와 동사(has started)를 이끄는 종속접속사 (B) once(일단 ~하면)가 와야 하고, 문맥상으로도 어울립니다.

---

6 While / the cafeteria is undergoing renovation, / food will be available / from the snack bar.

~하는 동안 / 카페가 수리되다 / 음식을 이용할 수 있습니다 / 스낵 바에서

(A) Despite
(B) While
(C) During
(D) Within

카페가 수리되는 동안, 스낵 바에서 음식을 이용할 수 있습니다.

해설 종속접속사 while

빈칸에는 앞 문장과 뒷 문장을 이어주는 종속접속사가 필요합니다. 문맥상 '카페가 수리되는 동안'이 어울리므로 종속접속사 (B) While(~하는 동안)이 정답입니다.

---

7 Since / she joined our company, / Ms. Krause has worked / in the marketing department.

~한 이래로 / 그녀가 우리 회사에 입사했다 / 크라우스 씨는 일해 왔다 / 마케팅 부서에서

(A) Since
(B) Unless
(C) Meanwhile
(D) Accordingly

그녀가 우리 회사에 입사한 이래로, 크라우스 씨는 마케팅 부서에서 일해 왔다.

종속접속사 since

빈칸에는 앞 문장과 뒷 문장을 이어주는 종속접속사가 필요합니다. 문맥상 '입사한 이래로'가 어울리므로 정답은 접속사 (A) Since(~한 이래로)입니다. 접속사 since는 과거시제 문장과 현재완료시제 문장을 이어줄 수 있습니다.

8 Mr. Smith / not only wrote a report / **but** analyzed the data / for the presentation.

스미스 씨는 / 보고서를 작성했을 뿐만 아니라 / 자료도 분석했다 / 발표를 위해

스미스 씨는 보고서를 작성했을 뿐만 아니라 발표를 위해 자료도 분석했다.

(A) however
(B) also
(C) and
(D) but

해설 상관접속사 not only A but also B

문장 안에서 동사구 wrote a report와 analyzed the data를 연결해주는 상관접속사 not only A but (also) B(A뿐만 아니라 B도)가 필요합니다. not only가 나와있으므로 빈칸에 (D) but (also)이 들어가야 합니다.

Part 6

Questions 9-10 refer to the following notice.

Use of the laundry room / at Cinnamon Apartment Complex / is restricted to / residents of the complex.

탁실 이용은 / 시나몬 아파트 단지에서 / ~로 제한되어 있습니다 / 건물의 거주자들로 /

This facility includes / ten washing machines **and** ten dryers / and is available / for use 24 hours a day.

세이 시설은 / ~을 갖추고 있습니다 / 열 대의 세탁기와 열 대의 건조기 / 이용 가능합니다 / 하루에 24시간

Because / we cannot monitor the facility / at all times, / we ask for your / cooperation / in keeping it well maintained.

~때문에 / 우리가 시설을 감시할 수 없다 / 항상 / 여러분의 협조를 요청합니다 / 시설 관리가 잘 유지되도록

If you find / any machine malfunctioning, / please call our maintenance office / at 801-5566.

당신이 발견한다면 / 기계가 고장 난 것을 / 관리 사무실에 전화해주세요 / 801-5566로

In most cases, / a technician will repair the machine / within 24 hours of / receiving your call.

대개의 경우 / 기술자가 기계를 수리할 것입니다 / 24시간 이내 / 전화를 받고

시나몬 아파트 단지에서 세탁실 이용은 건물의 거주자들로 제한되어 있습니다. 이 시설은 열 대의 세탁기와 열 대의 건조기를 갖추고 있고 하루에 24시간 이용 가능합니다. 우리가 이 시설을 항상 감시할 수 없기 때문에, 시설 관리가 잘 유지되도록 여러분의 협조를 요청합니다. 당신이 기계가 고장 난 것을 발견한다면, 관리 사무실 801-5566로 전화해주세요. 대개의 경우 기술자가 전화를 받고 24시간 이내 기계를 수리할 것입니다.

9 **(A) and**
(B) but
(C) so
(D) for

해설 등위접속사 and

빈칸 앞에 명사구 ten washing machines가 있고 뒤에도 명사구 ten dryers가 있으므로 둘을 연결해 줄 수 있는 등위접속사 (A) and가 정답입니다.

10 (A) In order that
(B) When
(C) Except that
(D) Because

해설 종속접속사 because

빈칸에는 앞 문장과 뒷 문장을 이어주는 종속접속사가 필요합니다. 문맥상 '항상 시설을 감시할 수 없기 때문에 잘 유지되도록 협조를 부탁드린다'에서 알맞은 것은 종속접속사 (D) Because(~때문에)가 됩니다.

Questions 11-12 refer to the following letter.

April 21
4월 21일

Dear Anderson,
친애하는 앤더슨 씨에게.

Thank you / for purchasing your new AT&T mobile phone.
감사합니다 / AT&T 휴대폰을 구매해주셔서

We promise to / provide you with reliable service.
저희는 약속합니다 / 귀하에게 신뢰할만한 서비스를 제공할 것을

The enclosed brochure provides / a detailed summary of your service
plan / **and** an explanation of fees.
동봉된 소책자는 제공해 줍니다 / 상세한 서비스 요약과 / 요금의 설명을

If you are dissatisfied with your phone, / you will be issued a refund.
귀하의 휴대폰에 불만이 있으시다면, / 환불을 받게 될 것입니다

All of our products / **come with a 30-day money-back guarantee.**
모든 제품은 / 30일 환불 보장을 제공합니다 /

If you have further questions / about the mobile service, / please contact
us, / and we will be happy to assist you.
추가 질문이 있으시면 / 휴대폰 서비스에 관해 / 연락을 주십시오 / 그러면 기꺼이 도와드리겠습니다

John Graham
존 그레이엄
Regional Sales Representative
지역 판매 담당자

4월 21일

친애하는 앤더슨 씨에게.

AT&T 휴대폰을 구매해주셔서 감사합니다. 저희는 귀하에게 신뢰할만한 서비스를 제공할 것을 약속합니다. 동봉된 소책자는 상세한 서비스 요약과 요금의 설명을 제공해 줍니다. 귀하의 휴대폰에 불만이 있으시다면, 환불을 받게 될 것입니다. 모든 제품은 30일 환불 보장을 제공합니다. 휴대폰 서비스에 관해 추가 질문이 있으시면 연락을 주십시오. 그러면 기꺼이 도와드리겠습니다.

존 그레이엄
지역 판매 담당자

11 **(A) and**
   (B) but
   (C) so
   (D) yet

해설 등위접속사 and

빈칸 앞에 명사구 a detailed summary of your service plan이 있고 뒤에도 명사구 an explanation of fees가 있으므로 둘을 연결해 줄 수 있는 등위접속사 (A) and가 정답입니다.

新 **12** (A) You have accumulated more than 1,500 points.
   (B) Rewards card members can pay their bills easily on our website.
   (C) You have been approved for an exciting offer.
   (D) All of our products come with a 30-day money-back
   guarantee.

(A) 귀하는 1,500 포인트 이상을 누적하셨습니다.
(B) 보상 카드 회원은 우리 웹사이트에서 청구액을 쉽게 지불할 수 있습니다.
(C) 신나는 제안에 대해 승인을 얻었습니다.
(D) 모든 제품은 30일 이내 환불을 보장합니다.

해설 문장 삽입

빈칸 앞에 제품에 대한 불만이 있을 경우 환불이 된다는 내용이 나오므로 이 내용과 자연스러운 연결이 될 수 있는 (D)가 정답이다.

1 complete

당신이 호텔을 떠나기 전에, 고객 만족 설문 조사를 완성해 주세요.

해설 동사 어형

공손한 명령문을 이끄는 please 다음에는 동사원형을 써야 합니다.

---

2 put-put-put, become-became-become

---

3 became

해설 동사 어휘

2형식 문장에서 선택지 뒤에 주어의 상태를 나타내주는 형용사 보어 angry가 있으므로 2형식의 동사 became이 정답입니다.

---

4 discuss

우리는 사업에 관해 논의하기 위해 만났습니다.

해설 동사 어형

동사 discuss 뒤에는 전치사를 쓰지 않습니다. discuss about(x)

---

5 compete with

우리는 다른 회사들과 경쟁해야 한다.

해설 동사 어형

동사 compete 뒤에는 전치사 with가 와야 합니다. compete with (~와 경쟁하다)

---

6 strong

코치는 그의 팀을 강하게 만들고 싶어한다.

해설 보어 자리

5형식 문장에서 목적보어 자리에 형용사가 올 수 있으므로 목적어 his team의 상태를 설명해주는 형용사 strong이 와야 합니다.

---

7 work

새로운 소프트웨어는 직원들이 효율적으로 일하도록 도울 것이다.

해설 동사 어형

5형식 문장에서 동사가 help, 목적보어 자리에는 동사원형이나 to 부정사가 올 수 있으므로 동사원형인 work가 와야 합니다.

---

8 to sign

그녀는 그가 계약서에 사인하도록 그를 상기시켰다.

해설 동사 어형

5형식 문장에서 동사가 remind, 목적보어 자리에는 to 부정사가 올 수 있으므로 to 부정사인 to sign이 와야 합니다.

---

1. operates	2. participate	3. offered	4. held
5. (A)	6. (A)	7. (A)	8. (D)

1 The new printer / operates / more quickly / than the previous model did.

새로운 프린터는 / 작동합니다 / 더 빠르게 / 이전 모델보다

새로운 프린터는 이전 모델보다 더 빠르게 작동합니다.

문맥상 '이전 모델보다 더 빠르게 작동합니다.'라고 문장을 완성해야 하므로 operates(작동하다)가 정답입니다.

---

2 All members / are invited to / **participate** in dinner reception / at 8 P.M.
모든 회원들은 / ~에 초대되었다 / 만찬 피로연에 참석하라고 / 저녁 8시에

모든 회원들은 저녁 8시에 있는 만찬 피로연에 참석하라고 초대되었다.

해설 동사 어휘

빈칸 뒤에 전치사 in과 목적어 역할을 할 수 있는 복합명사 dinner reception이 있으므로 participate가 정답입니다. attend는 타동사이므로 전치사 in과 함께 쓰일 수 없습니다.

---

3 The company / has **offered** Mr. Oaks a job / in Seattle.
회사는 / 오크 씨에게 일자리를 제공했다 / 시애틀에 있는

회사는 오크 씨에게 시애틀에서 근무하는 일자리를 제공했다.

해설 동사 어휘

문맥상 '회사가 오크 씨에게 시애틀에 있는 일자리를 제공했다'는 내용이므로 수여동사 offer(제공하다)가 정답입니다.

---

4 The annual office party / will be **held** / in the cafeteria.
연례 사무실 파티는 / 열릴 것이다 / 구내식당에서

연례 사무실 파티는 구내식당에서 열릴 것이다.

해설 동사 어휘

문맥상 '파티가 구내식당에서 열릴 것이다'이므로 hold(열다, 개최하다)의 과거분사 held를 써야 합니다. 자동사 become은 목적어를 취하지 못하므로 수동태로 쓸 수 없습니다.

---

5 Management requires / all employees to **attend** a training course.
경영진은 요구한다 / 모든 직원들이 연수과정에 참석하도록

경영진은 모든 직원들이 연수과정에 참석하도록 요구한다.

(A) attend
(B) answer
(C) arrive
(D) mention

해설 동사 어휘

문맥상 '모든 직원들이 연수과정에 참석하도록'이 어울리므로 동사 (A) attend(참석하다)가 정답이 됩니다.

---

6 Please **observe** / all safety regulations / when using the fitness facilities.
준수해주세요 / 모든 안전 규정을 / 체육관 시설을 이용할 때

체육관 시설을 이용할 때 모든 안전 규정을 준수해주세요.

(A) observe
(B) explain
(C) comment
(D) construct

해설 동사 어휘

문맥상 '모든 안전 규정을 준수해주세요'라는 내용이므로 동사 (A) observe(준수하다)가 정답이 될 수 있습니다.

---

7 The company / decided to **increase** / the price of the finished products.
회사는 / 인상하기로 결정했다 / 완제품의 가격을

회사는 완제품의 가격을 인상하기로 결정했다.

(A) increase
(B) remain
(C) discuss
(D) mention

해설 동사 어휘

문맥상 '완제품의 가격을 인상하기로 결정했다'는 내용이므로 동사 (A) increase(인상되다, 증가하다)가 정답이 됩니다.

8 To enter the company, / you must present / your identification card.

회사에 들어가려면 / 당신은 제시해야 합니다 / 신분증을

(A) state

(B) place

(C) inspect

(D) present

회사에 들어가기 위해, 당신은 신분증을 제시해야 합니다.

해설 동사 어휘

문맥상 '신분증을 제시해야 합니다'라는 내용이므로 동사 (D) present(제시하다)가 정답이 됩니다.

실전문제							p.114-116
Part 5	1. (A)	2. (D)	3. (B)	4. (A)	5. (A)	6. (A)	7. (B)	8. (B)
Part 6	9. (C)	10. (A)	11. (B)	12. (C)			

Part 5

1 Sam Company's / new digital camera / creates clear and vivid images.

샘 사의 / 새로운 디지털 카메라는 / 선명하고 생생한 이미지를 만들어낸다

(A) creates

(B) interests

(C) appears

(D) results

샘 사의 새로운 디지털 카메라는 선명하고 생생한 이미지를 만들어낸다.

해설 동사 어휘

문맥상 '카메라는 선명하고 생생한 이미지를 만들어 낸다'는 내용이므로 (A) creates(만들어내다)가 정답입니다.

2 JM Automobiles / will launch / a new advertising campaign / to boost sales.

JM 오토모빌스는 / 시작할 것이다 / 새로운 광고 캠페인을 / 판매를 증가시키기 위해

(A) strike

(B) pass

(C) spend

(D) launch

JM 오토모빌스는 판매를 증가시키기 위해 새로운 광고 캠페인을 시작할 것이다.

해설 동사 어형

문맥상 '판매를 증가시키기 위해 새로운 광고 캠페인을 시작할 것이다'라는 내용이므로 (D) launch(시작하다)가 가장 적절한 선택이 될 수 있습니다.

3 Our online service allows / you to view your account.

저희 온라인 서비스는 허용합니다 / 고객님이 계좌 확인을 할 수 있도록

(A) allowance

(B) allows

(C) allowing

(D) allowable

저희 온라인 서비스는 고객님이 계좌 확인을 할 수 있도록 허용합니다.

해설 동사 어형

Our online service는 주어, you는 목적어, to view your account는 목적보어인 5형식 문장이므로 빈칸 안은 동사 (B) allows(허용하다)가 들어가야 합니다. allow A to do(A가 ~하도록 허락하다)

4 We conduct / tours of our production facility / every month / for our new clients.

우리는 실시한다 / 우리 생산 시설의 견학을 / 매달 / 새로운 고객을 위한

(A) conduct
(B) visit
(C) inspect
(D) arrive

우리는 매달 새로운 고객을 위한 우리 생산 시설의 견학을 실시한다.

해설 동사 어휘

문맥상 '우리가 견학을 실시한다'가 되어야 하므로 tours of our production facility와 어울리는 동사 (A) conduct(실시하다)가 정답입니다. conduct tours(견학을 실시하다)

5 The road construction / on Center Street / has caused traffic delay.

도로 공사가 / 센터 가의 / 교통 지연을 야기시켰다

(A) caused
(B) departed
(C) directed
(D) operated

센터 가의 도로 공사가 교통 지연을 야기시켰다.

해설 동사 어휘

문맥상 '센터 가의 도로 공사가 교통 지연을 야기시켰다'는 내용이므로 (A) caused(야기하다)가 정답입니다.

6 Market analysts predict / an increase in sales of Hybrid vehicles / next year.

시장 분석가들은 예상한다 / 하이브리드 차량 판매가 증가할 것으로 / 내년에

(A) predict
(B) inspect
(C) hold
(D) earn

시장 분석가들은 내년에 하이브리드 차량 판매가 증가할 것으로 예상한다.

해설 동사 어휘

문맥상 '시장 분석가들은 내년 하이브리드 차량 판매가 증가할 것으로 예상한다'는 내용이므로 (A) predict(예상하다)가 가장 적절한 선택입니다.

7 All researchers must participate / in the training / on laboratory safety procedures.

모든 연구원들은 참가해야만 한다 / 훈련에 / 실험실 안전 절차에 관한

(A) attend
(B) participate
(C) support
(D) cooperate

모든 연구원들은 실험실 안전 절차에 관한 훈련에 참가해야만 한다.

해설 동사 어휘

빈칸에는 뒤에 있는 전치사 in과 함께 쓸 수 있는 동사가 와야 하므로 동사 (B) participate(참가하다)가 정답입니다.

8 It will be necessary / to reorganize all departments / to increase the productivity.

필요가 있을 것이다 / 모든 부서를 재구성하다 / 생산성을 증가시키기 위해

(A) finish
(B) increase
(C) carry
(D) rely

생산성을 증가시키기 위해 모든 부서를 재구성할 필요가 있을 것이다.

문맥상 '생산성을 증가시키기 위해'라는 의미가 되어야 하므로 동사 (B) increase(증가하다)가 정답입니다.

Part 6

Questions 9-10 refer to the following notice.

Our record shows / that your subscription to Max Business Magazine / will expire / on March 31.
첨부된 양식을 이용해서 / 구독을 연장하세요

Please **use** the attached form / to renew your subscription.
우리의 기록상에 따르면 / 귀하의 Max Business Magazine 구독이 / 만료됩니다 / 3월 31일에

To ensure that / your service continues / without interruption / in the future, / we also invite / you to register / for our automatic billing program.
보장받기 위해서 / 지속적인 서비스를 / 중단 없이 / 앞으로 / 우리는 또한 권합니다 / 귀하가 등록할 것을 / 자동 청구서 프로그램에

Customers / who **enroll** in the program / will also receive / a 10 percent discount off the regular price.
/ 고객들은 / 이 프로그램에 등록하는 / ~도 받게 될 것입니다 / 정가의 10% 할인을

Act now / and start saving / today!
지금 바로 신청하시고 / 할인 받으세요 / 오늘부터

우리의 기록상에 따르면 귀하의 Max Business Magazine 구독이 3월 31일에 만료됩니다. 첨부된 양식을 이용해서 구독을 연장하세요. 앞으로 중단 없이 지속적인 서비스를 보장받기 위해서 귀하가 자동 청구서 프로그램에 등록할 것을 권합니다. 이 프로그램에 등록하는 고객들은 정가의 10% 할인도 받게 될 것입니다. 지금 바로 신청하시고 오늘부터 할인 받으세요!

---

9 (A) uses
　　(B) to use
　　(C) use
　　(D) using

해설 동사 어형

Please 뒤 동사원형이 들어가는 명령문이므로 정답은 동사원형 (C) use(사용하다)입니다.

---

10 (A) enroll
　　 (B) pay
　　 (C) invest
　　 (D) train

해설 동사 어휘

문맥상 '이 프로그램에 등록하는 고객들'이므로 정답은 동사 (A) enroll(등록하다)입니다.

Questions 11-12 refer to the following letter.

Dear Mr. Covey,
친애하는 코비 씨에게,

We have received / your letter of July 21 / in which you expressed dissatisfaction / with your new laptop computer.
저희는 받았습니다 / 7월 21일자 편지를 / 귀하의 불만 내용이 담긴 / 새로 구입한 노트북 컴퓨터에 대한

We're sorry to learn / that the enter key on your keyboard / is not functioning properly.
저희는 알게 되어 유감입니다 / 키보드에 엔터 키가 / 제대로 작동하지 않는다는 것을

Since you purchased the computer / less than 30 days ago, / we are able to offer you / either a refund or a replacement. /
당신이 컴퓨터를 구매하신 이후로 / 30일이 되지 않아 / 저희가 제공해 드릴 수 있습니다 / 환불이나 교환을

The customer service team / at Office Max Computers / is dedicated to / ensuring your satisfaction.
고객 서비스 팀은 / 오피스 맥스 컴퓨터의 / 전념하고 있습니다 / 귀하의 만족을 위해

Please feel free to contact us / if you have further questions.
언제든지 연락해 주십시오 / 추가적인 사항이 있다면

Sincerely,
진심으로,

Adam Scott
아담 스캇
Customer Service Manager
고객서비스 매니저

친애하는 코비 씨에게,

새로 구입한 노트북 컴퓨터에 대한 귀하의 불만 내용이 담긴 7월 21일자 편지를 받았습니다. 키보드에 엔터 키가 제대로 작동하지 않는다는 것을 알게 되어 유감입니다. 당신이 컴퓨터를 구매하신 이후로 30일이 되지 않아 저희가 환불이나 교환을 제공해 드릴 수 있습니다. 오피스 맥스 컴퓨터의 고객 서비스 팀은 귀하의 만족을 위해 전념하고 있습니다. 추가적인 사항이 있다면 언제든지 연락해 주십시오.

진심으로,

아담 스캇
고객서비스 매니저

11 (A) receive
   (B) received
   (C) receiving
   (D) to receive

해설 동사 어형
'저희가 편지를 받았다'는 문장에서 현재완료 have + 과거분사(received) 시제를 써야 하므로 빈칸에는 동사 (B) received(받았다)가 들어가야 합니다.

新 12 (A) we train our checkout clerks to be both friendly and efficient.
   (B) discounted items are not eligible to be returned.
   (C) we are able to offer you either a refund or a replacement.
   (D) we can provide you estimated delivery date at the time of your purchase.

(A) 우리는 계산대 점원들이 친절하고 효율적이 될 수 있도록 교육시킵니다.
(B) 할인 품목은 반품 대상이 아닙니다.
(C) 우리는 귀하에게 환불이나 교환을 해드리겠습니다.
(D) 우리는 당신이 구입할 때 예상 배달 날짜를 알려줄 수 있습니다.

해설 문장 삽입
고객이 구입한 제품의 불만사항을 해결해주기 위한 편지로 빈칸 앞에 '제품을 구매하신 이후로 30일이 되지 않았으므로'라는 내용이 나와 있으므로 구매 후 30일 이내 회사가 해줄 수 있는 조치를 안내한 (C)가 가장 적절한 선택이다.

Check Up
p.121-126

1 Each

각각의 부서는 품질 향상을 위한 계획을 3월 1일까지 제출해야 한다.

해설 each + 단수 명사

each 뒤에는 단수 명사가 올 수 있습니다. 빈칸 뒤에 단수 명사 department가 있기 때문에 Each가 정답입니다. All 뒤에는 복수 명사가 와야 합니다.

2 are required

지원자들은 이력서를 내일까지 제출하도록 요구된다.

해설 복수 주어 + 복수 동사

앞의 주어 Applicants가 복수이므로 be동사는 복수 동사인 are가 와야 합니다.

3 applies

신규 고객에 대한 할인은 오직 온라인 주문에서만 적용된다.

해설 단수 주어 + 단수 동사

앞의 주어인 The discount가 단수이므로 단수 동사인 applies가 와야 합니다.

4 connects

우리는 국제터미널과 국내터미널을 연결해 주는 열차 시스템이 있다.

해설 단수 선행사 + 관계 대명사 + 단수 동사

관계대명사 that 앞에 있는 선행사 a train system이 단수이므로 단수 동사 connects가 와야 합니다.

5 All

모든 직원들은 회의실에서 열리는 회의에 참석해야만 한다.

해설 All + 복수 명사

All 뒤에는 복수 명사 employees가 올 수 있고, every 뒤에는 단수 명사가 올 수 있으므로 정답은 All입니다.

6 is

너뿐 아니라 그녀도 예쁘다.

해설 상관접속사 수의 일치

Not only A but also B에서 동사는 B에 수 일치되어야 합니다. B가 she이므로 be동사가 수 일치되어 정답은 is입니다.

7 attend

부사장과 최고 경영자가 둘 다 회의에 참여할 수 없을 것이다.

해설 상관접속사 수의 일치

neither A nor B에서 동사는 B에 수 일치되어야 합니다. B가 the vice president이므로 동사 attend가 수 일치되어 정답은 attend입니다.

연습문제/기출문제
p.127

1. tickets	2. publishes	3. regulate	4. plans
5. (A)	6. (D)	7. (A)	8. (A)

1 Discount **tickets** / for the music concert / are available / in Ms. Klein's office.
할인 표들은 / 음악회의 / 얻을 수 있습니다 / 클라인 씨의 사무실에서

음악회의 할인 표들은 클라인 씨의 사무실에서 얻을 수 있습니다.

해설 복수 주어 + 복수 동사

뒤에 복수 동사인 are가 나오므로 주어도 복수 tickets(표들)가 되어야 합니다.

---

2 Albertson **publishes** / a monthly newsletter / that is mailed to customers.

알버트슨은 출간한다 / 월간 소식지를 / 고객들에게 배송되는

해설 고유명사 + 단수 동사

단수 고유명사 Albertson 뒤에는 단수 동사 publishes(출간하다)가 와야 합니다.

알버트슨은 고객들에게 배송되는 월간 소식지를 출간한다.

---

3 The directors **regulate** / the use of corporate funds / for advertising campaign.

임원들은 조정한다 / 회사 기금의 사용을 / 광고 캠페인을 위한

해설 복수 주어 + 복수 동사

복수 주어인 The directors 뒤에는 복수 동사 regulate(조정하다)가 와야 합니다.

임원들은 광고 캠페인을 위한 회사 기금의 사용을 조정한다.

---

4 The company **plans** / to expand its facility / by the end of this year.

회사는 ~할 계획이다 / 시설물들을 확장하다 / 이번 연말까지

해설 단수 주어 + 단수 동사

단수 주어 The company 뒤에는 단수 동사 plans(계획하다)가 와야 합니다.

회사는 이번 연말까지 시설물들을 확장할 계획이다.

---

5 The Johnson Corporation / **anticipates** significant revenue growth / in the new year.

존슨 사는 / 상당한 세입 성장을 예상합니다 / 새해에

(A) anticipates
(B) anticipation
(C) anticipate
(D) anticipating

해설 고유명사 + 단수 동사

고유명사가 주어이면 단수가 되어야 하므로 빈칸에는 동사 (A) anticipates(예상하다)를 써서 문장을 완성해야 합니다.

존슨 사는 새해에 상당한 수익 성장을 예상합니다.

---

6 Applicants **are required** / to submit / two letters of recommendation and a résumé.

지원자들은 ~하도록 요구되었다 / 제출하다 / 2통의 추천서와 이력서를

(A) require
(B) requires
(C) is requiring
(D) are required

해설 복수 주어 + 복수 동사

주어 Applicants가 복수 명사이므로 뒤에 복수 동사를 쓴 (D) are required(요구되다)가 되어야 합니다.

지원자들은 2통의 추천서와 이력서를 제출하도록 요구된다.

---

7 Our research **results** / were recently published / in Science Magazinc.

우리 연구 결과들이 / 최근에 게제되었다 / Science Magazine에

(A) results
(B) resulting
(C) result
(D) resulted

우리 연구 결과들이 최근에 Science Magazine에 게제되었다.

해설 복수 주어 + 복수 동사

빈칸 뒤에 있는 동사 were가 복수이므로 복수 주어 (A) results(결과들)가 정답입니다.

---

8 The new menu for Sizzler / **includes** beef tenderloin and mushroom risotto.

씨즐러의 신 메뉴는 / 소고기 안심과 버섯 리조또를 포함한다

(A) includes
(B) included
(C) including
(D) include

씨즐러의 신 메뉴는 소고기 안심과 버섯 리조또를 포함한다.

해설 단수 주어 + 단수 동사

주어가 단수 명사 The new menu이므로 빈칸 뒤에는 단수 동사인 (A) includes(포함하다)가 와야 합니다.

실전문제   p.128-130

Part 5	1. (C)	2. (B)	3. (C)	4. (A)	5. (A)	6. (B)	7. (A)	8. (D)
Part 6	9. (A)	10. (A)	11. (A)	12. (C)				

Part 5

1 **All** attendees / must register / at the reception desk.

모든 참석자들은 / 등록을 해야 한다 / 리셉션 데스크에서

(A) Every
(B) Each
(C) All
(D) Much

모든 참석자들은 리셉션 데스크에서 등록을 해야 한다.

해설 all + 복수 명사

All 뒤에는 복수 명사 attendees가 올 수 있습니다. Every나 Each 뒤에는 단수 명사, Much 뒤에는 셀 수 없는 명사가 올 수 있으므로 정답은 (C) All(모든)입니다.

---

2 We need to make sure / that each of our customers / **is** completely satisfied.

우리는 확실하게 해야 합니다 / 고객들 개개인이 / 완전히 만족할 수 있도록

(A) are
(B) is
(C) being
(D) were

우리는 고객들 개개인이 완전히 만족할 수 있도록 확실하게 해야 합니다.

해설 each + 단수 명사 + 단수 동사

주어 each of our customers 뒤에 단수동사 is가 와야 하므로 정답은 (B) is입니다.

---

3 MS Software's technical support department / **operates** twenty-four hours a day.

MS Software의 기술 지원 부서는 / 하루 24시간 운영한다

(A) operators
(B) operating
(C) operates
(D) operation

MS Software의 기술 지원 부서는 하루 24시간 운영한다.

해설 단수 주어 + 단수 동사

문장의 주어 MS Software's technical support department가 단수여서 동사도 단수형으로 써야하므로 (C) operates(운영하다)가 정답입니다.

---

4 The discounts advertised / in yesterday's News Daily / do not apply to computers.

광고된 할인은 / 어제 자 뉴스 데일리에 / 컴퓨터에는 적용되지 않는다

(A) discounts
(B) discounted
(C) discounting
(D) discount

어제 자 뉴스 데일리에 광고된 할인은 컴퓨터에는 적용되지 않는다.

해설 복수 주어 + 복수 동사

복수 동사 do가 있으므로 주어는 복수 명사인 (A) discounts(할인)가 되어야 합니다.

---

5 Computer users / are strongly encouraged to / read the manual / that accompanies their product.

컴퓨터 이용자들은 / ~하라고 강력하게 장려된다 / 안내 책자를 읽다 / 제품과 같이 제공되는

(A) accompanies
(B) accompany
(C) accompaniment
(D) accompanying

컴퓨터 이용자들은 제품과 같이 제공되는 안내 책자를 읽으라고 강력하게 장려된다.

해설 단수 선행사 + 관계 대명사 + 단수 동사

선행사 the manual이 단수 명사이므로 관계대명사 뒤 동사도 단수가 되어야 합니다. 정답은 단수 동사인 (A) accompanies(동반하다)입니다.

---

6 Every packet / will include / the conference schedule / as well as accommodation.

모든 패킷은 / 포함할 것이다 / 회의 일정 / 숙박시설뿐만 아니라

(A) Few
(B) Every
(C) Whole
(D) Many

모든 패킷은 숙박시설뿐만 아니라 회의 일정도 포함할 것이다.

해설 수의 일치

단수 가산 명사(packet)와 함께 쓰일 수 있는 수량 형용사는 (B) Every 입니다. (A) Few와 (D) Many는 복수 가산 명사와 쓰입니다. (C) Whole은 일반 형용사이므로 단수명사와 쓰려면 a whole packet과 같이 써야 합니다.

---

7 Delays in mail delivery / are usually due to / the increased volume of packages and letters.

우편배송 지연은 / 주로 ~때문이다 / 증가한 소포와 우편의 양

(A) Delays
(B) Delaying
(C) Delayed
(D) Delay

우편배송 지연은 주로 증가한 소포와 우편의 양 때문이다.

해설 복수 주어 + 복수 동사

복수 동사인 are가 왔으므로 주어도 복수 명사인 (A) Delays(지연)가 정답입니다.

8 Staff members / should notify / the personnel department / if they **expect** to be absent more than two weeks.

직원들은 / 통보해야 한다 / 인사부서에 / 2주 이상 결근할 것으로 예상한다면

(A) expects
(B) expecting
(C) expectation
(D) **expect**

직원들은 2주 이상 결근할 것으로 예상한다면 인사부서에 통보해야 한다.

해설 복수 주어 + 복수 동사

if절의 주어 they가 복수여서 동사도 복수형으로 써야하므로 (D) expect(예상하다)가 정답입니다.

Part 6

Questions 9-10 refer to the following advertisement.

The ABC Travel Agency / will open its second branch office / in Seattle / on 1 May of this year.

ABC 여행사는 / 2번째 지사를 열 예정입니다 / 시애틀에 / 올해 5월 1일

Thus, / we are seeking / five experienced travel assistants.

그래서 / 우리는 찾고 있습니다 / 5명의 경험이 있는 여행 보조사원들을

Main responsibilities **include** / booking flights, hotel rooms, / and maintaining customer databases.

주요 업무는 포함합니다 / 항공편, 호텔 예약과 / 고객 데이터 베이스도 관리하는 것을

These positions require / superior communication, customer service, and computer skills.

이러한 직책들은 필요로 합니다 / 우수한 의사소통, 고객 서비스, 컴퓨터 기술을

Applicants should have / at least three years of experience / in the travel industry.

지원자들은 ~이 있어야 합니다 / 최소 3년간의 일한 경험 / 여행 산업에서

To apply, / please send / a résumé and cover letter/ to abcmanager@travel.com.

지원하려면 / 보내주십시오 / 이력서와 자기소개서를 / abcmanager@travel.com으로

ABC 여행사는 올해 5월 1일 시애틀에 2번째 지사를 열 예정입니다. 그래서 우리는 5명의 경험이 있는 여행 보조사원들을 찾고 있습니다. 주요 업무는 항공편, 호텔 예약과 고객 데이터 베이스도 관리하는 것을 포함합니다. 이러한 직책들은 우수한 의사소통, 고객 서비스, 컴퓨터 기술을 필요로 합니다. 지원자들은 최소 3년간의 여행 산업에서 일한 경험이 있어야 합니다. 지원하려면 이력서와 자기소개서를 abcmanager@travel.com으로 보내주십시오.

9 (A) **include**
(B) includes
(C) to include
(D) including

해설 복수 주어 + 복수 동사

복수 주어 responsibilities 뒤에는 복수 동사가 와야 하므로 정답은 복수 동사 (A) include(포함하다)입니다.

新 **10** (A) **Applicants should have at least three years of experience in the travel industry.**
(B) I'm currently interviewing candidates for all the positions.
(C) Employees who wish to apply should first meet with their managers.
(D) For example, a competitive benefit package will be offered to full-time workers.

(A) 지원자들은 최소 3년간의 여행 업계에서 일한 경험이 있어야 합니다.
(B) 저는 현재 모든 직책에 대해 후보자들을 인터뷰하고 있습니다.
(C) 지원하고자 하는 직원들은 먼저 그들의 관리자와 만나야 합니다.
(D) 예를 들어, 정규직 근로자에게 경쟁력 있는 혜택 패키지가 제공될 것입니다.

해설 문장 삽입

구인광고 지문으로 지원자의 자격요건에 관한 사항이 빈칸 앞에 있으므로 이와 자연스럽게 연결될 수 있는 (A)가 가장 적절한 선택이다.

Questions 11-12 refer to the following e-mail.

Date: July 30
날짜: 7월 30일
To: Peter Strong
수신: 피터 스트롱
From: Day's Inn
발신: 데이즈 인
Dear Mr. Strong:
스트롱 씨에게:

Thank you / for staying at the Day's Inn / on July 21.
감사합니다 / 데이즈 인에 숙박해주셔서 / 7월 21일에
We hope / you enjoyed your visit with us.
저희는 바랍니다 / 귀하가 숙박을 흡족해하셨기를
Since every guest **is** important to us, / please take a moment / to complete the customer satisfaction survey / attached to this message / to let us know / how well we met your needs and expectations.
모든 손님이 저희에게 중요하기 때문에 / 잠시 시간을 내서 / 설문조사를 작성하신 후 / 이 메시지에 첨부된 / 알려주시기 바랍니다 / 얼마나 저희가 귀하의 필요와 기대에 부합했는지
Please contact me directly / should you have / **any** additional comments or questions.
저한테 바로 연락해주세요 / ~가 있으면 / 추가적으로 언급할 것이나 질문
We look forward to serving you again.
귀하를 다시 모실 수 있기를 기대합니다

Sincerely,
진심으로
James Johnson, General Manager
제임스 존슨, 총괄 매니저
Day's Inn
데이즈 인

날짜: 7월 30일
수신: 피터 스트롱
발신: 데이즈 인
스트롱 씨에게:

7월 21일에 데이즈 인에 숙박해주셔서 감사합니다. 귀하가 숙박을 흡족해하셨기를 바랍니다. 모든 손님이 저희에게 중요하기 때문에 잠시 시간을 내서 이 메시지에 첨부된 설문조사를 작성하신 후 얼마나 저희가 귀하의 필요와 기대에 부합했는지를 알려주시기 바랍니다. 만약에 추가적으로 언급할 것이나 질문이 있으시면 저한테 바로 연락해주세요. 귀하를 다시 모실 수 있기를 기대합니다.

진심으로
제임스 존슨, 총괄 매니저
데이즈 인

---

11 **(A) is**
(B) are
(C) being
(D) to be

해설 every + 단수 명사 + 단수 동사
빈칸 앞에 단수 주어 every guest가 와서 단수 동사인 (A) is가 정답이 됩니다.

---

12 (A) each
(B) every
(C) any
(D) one

해설 any + 복수 명사
복수 명사 앞에는 any가 올 수 있으므로 정답은 (C) any입니다. each, every, one 뒤에는 단수 명사가 와야 합니다.

1 studied: 과거 시제, will study: 미래 시제, had studied: 과거완료 시제, was studying: 과거진행 시제,
will have been studying: 미래완료 진행 시제

2 현재: read, 과거: read, 미래: will read

3 finished

> 쿡 씨는 지난 주에 보고서 검토하는 것을 끝냈다.

해설 과거 동사
과거의 시점을 나타내는 부사구 last week이 나왔으므로 정답은 과거 동사인 finished입니다.

4 과거진행: was/were living, 현재진행: am/are/is living, 미래진행: will be living

5 과거진행: was/were walking, 현재진행: am/are/is walking, 미래진행: will be walking

6 과거완료진행: had been considering, 현재완료진행: have/has been considering,
미래완료진행: will have been considering

1. received	2. is selling	3. has increased	4. have developed
5. (A)	6. (A)	7. (A)	8. (D)

1 Mr. Scott received a promotion / last month.
스콧 씨는 승진했다 / 지난 달에

> 스콧 씨는 지난 달에 승진했다.

해설 과거 시제
과거의 시간 부사구 last month가 있으므로 과거 동사 received가 정답입니다.

2 Stores are reporting / that spring merchandise is selling very well /
right now.
가게들은 보고하고 있습니다 / 봄 상품이 매우 잘 팔린다고 / 지금

> 가게들은 봄 상품이 지금 매우 잘 팔린다고 보고하고 있습니다.

해설 현재진행 시제
문장에 현재의 시점을 나타내는 right now가 있으므로 현재진행 시제 is selling을 써야 합니다.

3 The price of raw materials / has increased significantly / since last
year.
원자재의 가격이 / 상당히 올랐다 / 지난해 이후로

> 원자재의 가격이 지난해 이후로 상당히 올랐다.

해설 현재완료 시제
문장에 시간의 전치사구 since last year(지난해 이후로)가 있으므로 현재완료 시제 has increased를 써야 합니다.

4 Computers have developed considerably / over the last ten years.
컴퓨터가 상당히 발전했다 / 지난 10년 동안에

> 컴퓨터가 지난 10년 동안에 상당히 발전했다.

해설 현재완료 시제
시간의 기간 부사구 over the last ten years가 있으므로 현재완료 시제 have developed로 문장을 완성해야 합니다.

5 Construction crews **will begin** working / on the new shopping mall / next month.

건설 팀은 작업을 시작할 것이다 / 새로운 쇼핑몰에 / 다음 달

(A) will begin
(B) begin
(C) began
(D) have begun

건설 팀은 다음 달 새로운 쇼핑몰 작업을 시작할 것이다.

해설 미래 시제
문장에 미래의 시간 부사구 next month가 있으므로 미래 시제 (A) will begin(시작할 것이다)이 정답입니다.

---

6 The board **will convene** / sometime next week / to evaluate the proposed project.

이사회는 모일 것이다 / 다음 주 중에 / 제안된 프로젝트를 평가하기 위해서

(A) will convene
(B) convened
(C) to convene
(D) convening

이사회는 제안된 프로젝트를 평가하기 위해서 다음 주 중에 모일 것이다.

해설 미래 시제
문장에 미래의 시점을 나타내는 부사구 next week이 있으므로 미래 시제 (A) will convene(모일 것이다)을 써야 합니다.

---

7 The marketing division / **welcomed** new staff members / last January.

마케팅 부서는 / 신입 직원들을 맞이했다 / 지난 1월에

(A) welcomed
(B) welcoming
(C) will welcome
(D) has welcomed

마케팅 부서는 지난 1월에 신입 직원들을 맞이했다.

해설 과거 시제
문장에 과거의 시점을 나타내는 시간의 부사구 last January가 있으므로 과거 시제 (A) welcomed(맞이했다)를 써야 합니다.

---

8 As of next month, / the computer lab **will be** closing / at 5:00 P.M. / during weekdays.

다음 달부터 / 컴퓨터실은 문을 닫을 것이다 / 오후 5시에 / 주중에

(A) has been
(B) are
(C) was
(D) will be

다음 달부터, 주중에 컴퓨터실은 오후 5시에 문을 닫을 것이다.

해설 미래진행 시제
미래의 시간 부사구 As of next month가 있으므로 미래 시제 (D) will be(~할 것이다)를 써야 합니다.

Part 5	1. (C)	2. (B)	3. (A)	4. (C)	5. (C)	6. (B)	7. (D)	8. (B)
Part 6	9. (B)	10. (A)	11. (B)	12. (D)				

Part 5

1 When Mr. King goes to London / next week, / he **will stay** at the Grand Hotel.

킹 씨가 런던에 갈 때 / 다음 주 / 그랜드 호텔에 머물 것이다

(A) stay
(B) stays
(C) will stay
(D) has stayed

킹 씨가 다음 주 런던에 갈 때, 그랜드 호텔에 머물 것이다.

해설 미래 시제

미래의 시간 부사구 next week이 있으므로 미래 시제 동사 (C) will stay(머물 것이다)가 되어야 합니다. 시간과 조건의 종속절에서는 현재(goes)가 미래를 대신합니다.

2 Beginning next month, / local residents **will receive** / a weekly newsletter of events.

다음 달부터 시작해서 / 지역 주민들은 받을 것이다 / 주간 행사 소식지를

(A) have received
(B) will receive
(C) to receive
(D) will be received

다음 달부터 시작해서, 지역 주민들은 주간 행사 소식지를 받을 것이다.

해설 미래 시제

미래의 시간 부사구 Beginning next month가 있으므로 미래 시제 동사인 (B) will receive(받을 것이다)를 써야 합니다.

3 The product catalogue **arrived** / by registered mail / this morning.

제품 카탈로그가 도착했다 / 등기우편으로 / 오늘 아침에

(A) arrived
(B) arrival
(C) arrive
(D) to arrive

제품 카탈로그가 오늘 아침에 등기우편으로 도착했다.

해설 과거 시제

과거의 시간부사구 this morning이 있으므로 과거 시제 동사인 (A) arrived(도착했다)를 써야 합니다.

4 Mr. Monson **started** World Trading Company / three years ago.

몬슨 씨는 월드 무역회사를 시작했다 / 3년 전에

(A) start
(B) starting
(C) started
(D) will start

몬슨 씨는 3년 전에 월드 무역회사를 시작했다.

해설 과거 시제

과거 시점을 나타내는 시간의 부사구 three years ago가 있으므로 과거 시제 동사인 (C) started(시작했다)를 써야 합니다.

5 Mr. Lee **has been employed** / as an accountant / for the past three years.

이 씨는 고용되어 있었다 / 회계사로 / 지난 3년간

(A) employed
(B) will employ
(C) **has been employed**
(D) employing

지난 3년간 이 씨는 회계사로 고용되어 있었다.

해설 현재완료 수동태

시간의 기간 부사구 for the past three years가 있으므로 현재완료 시제인 (C) has been employed(고용되어 있었다)로 문장을 완성해야 합니다.

---

6 When the technicians discovered / the computer problem, / several files **had disappeared**.

기술자가 발견했을 때 / 컴퓨터의 문제를 / 몇몇의 파일은 사라졌었다

(A) disappearing
(B) **had disappeared**
(C) have disappeared
(D) disappear

기술자가 컴퓨터의 문제를 발견했을 때, 몇몇의 파일은 사라졌었다.

해설 과거완료 시제

부사절의 동사 discovered는 과거 동사이고, 주절의 시제는 이보다 한 시제 앞서 발생했던 사건이므로 과거완료 시제인 (B) had disappeared(사라졌었다)를 써야 합니다.

---

7 Next month, / Mr. Anderson **will have worked** / at Delta Publishing Company / for ten years.

다음 달이 되면 / 앤더슨 씨는 일한 것이 된다 / 델타 출판사에서 / 10년간

(A) work
(B) working
(C) has worked
(D) **will have worked**

다음 달이 되면 앤더슨 씨는 델타 출판사에서 10년간 일한 것이 된다.

해설 미래완료 시제

시간의 기간 부사구 for ten years와 미래의 시간 부사구 next month가 문장에 함께 쓰일 경우 미래완료 시제를 써야 하므로 (D) will have worked가 정답입니다.

---

8 Several shop owners **had inquired** / about the property / on Center Street / before Smith Group purchased it.

몇몇 상점 주인들이 물어보았다 / 부동산에 대해 / 센터 가에 있는 / 스미스 그룹이 부동산을 구매하기 전에

(A) inquiring
(B) **had inquired**
(C) would be inquiring
(D) will have inquired

스미스 그룹이 센터 가에 있는 부동산을 구매하기 전에 몇몇 상점 주인들이 그것에 대해 물어보았다.

해설 과거완료 시제

스미스 그룹이 부동산을 구매한 시점이 과거이고, 몇몇 상점 주인들이 문의한 것은 구매한 시점보다 더 앞서므로 과거완료 시제인 (B) had inquired(물어보았다)를 써서 문장을 완성해야 합니다.

Part 6

Questions 9-10 refer to the following advertisement.

Reasonable Guitar Lessons
저렴한 기타 레슨

Would you like to learn / to play the guitar / in an enjoyable environment?
배우고 싶나요 / 기타 연주하는 것을 / 즐거운 환경에서
We **employed** / three professionally trained guitar instructors / last
month.
저희는 채용했습니다 / 3명의 전문적으로 훈련된 기타 강사들을 / 지난 달
Each one of them **has** / at least ten years of experience / in teaching
guitar lessons.
각 강사들은 가지고 있습니다 / 적어도 10년의 경험을 / 기타 레슨을 가르친
Whether / you are learning the guitar / for the first time, / or you are an
experienced musician, / we can help / you improve your skills.
~무엇이든지 간에 상관없이 / 당신이 기타를 배우던지 / 처음으로 / 아니면 경험 있는 뮤지션이든지 / 저
희가 도와드리겠습니다 / 당신이 기술을 향상시키도록
For a list of fees and other information, / visit our website at www.
skillsguitar.com.
비용이나 다른 정보를 위해 / 저희의 www.skillsguitar.com 웹사이트를 방문하세요

저렴한 기타 레슨

즐거운 환경에서 기타 연주하는 것을 배우고 싶
나요? 저희는 지난 달 3명의 전문적으로 훈련
된 기타 강사들을 채용했습니다. 각 강사들은
적어도 10년의 기타 레슨을 가르친 경험을 가
지고 있습니다. 당신이 처음으로 기타를 배우든
지 아니면 경험 있는 뮤지션이든지 간에 상관없
이 저희가 당신이 기술을 향상시키도록 도와드
리겠습니다. 비용이나 다른 정보를 위해 저희의
웹사이트를 방문하세요. www.skillsguitar.com.

---

9 (A) employ
(B) **employed**
(C) will employ
(D) has employed

해설 과거 시제
문장에 과거의 시간 부사구 last month가 있으므로 과거 시제 (B) employed(채용했다)를 써야 합니다.

---

10 (A) **has**
(B) have
(C) has been
(D) to have

해설 현재 시제
각각의 강사들이 10년간의 경험을 가지고 있다는 사실을 말하는 문장이므로 현재 시제, 주어가 Each one of them이므로 단수 동사
(A) has를 써서 문장을 완성해야 합니다.

Questions 11-12 refer to the following letter.

August 10
8월 10일

Mr. James Johnson
제임스 존슨 씨

100 Center Street
센터 가 100번지

Provo, Utah 84604
유타 주 84604, 프로보 시

Dear Mr. Johnson:
존슨 씨에게:

The customer service department / at Radio Shock / has received your request / for the replacement of the camera / that you purchased last week.
고객 서비스 부서는 / 라디오 쇼크의 / 요청을 받았습니다 / 카메라 교환 / 귀하가 지난 주에 구매한

Please accept our apologies / for any inconvenience / the malfunctioning equipment has caused you.
사과 드립니다 / 불편함에 대해 / 제품 오작동으로 인해 당신에게 일어난

We will be happy to / provide you with a new camera / free of charge.
기꺼이 ~하겠습니다 / 귀하에게 새로운 카메라를 제공해 / 무료로

However, / you must send us / the original receipt.
하지만 / 저희에게 보내주셔야만 합니다 / 원본 영수증을

Thank you / for choosing Radio Shock.
감사합니다 / 라디오 쇼크를 선택해주셔서

Peter Moore
피터 무어

Customer Service Representative
고객 서비스 대표

Radio Shock
라디오 쇼크

8월 10일
제임스 존슨 씨
센터 가 100번지
유타 주 84604, 프로보 시

존슨 씨에게:

라디오 쇼크의 고객 서비스 부서는 귀하가 지난 주에 구매한 카메라 교환 요청을 받았습니다. 제품 오작동으로 인해 불편을 끼친 것을 사과 드립니다. 저희는 기꺼이 귀하에게 새로운 카메라를 무료로 제공해 드리겠습니다. 하지만, 원본 영수증을 저희에게 보내주셔야만 합니다. 라디오 쇼크를 선택해주셔서 감사합니다.

피터 무어
고객 서비스 대표
라디오 쇼크

---

11 (A) purchase   (B) purchased
    (C) to purchase   (D) purchasing

해설 과거 시제
문장에 과거의 시간 부사구 last week이 있으므로 과거 시제 (B) purchased(구매했다)로 문장을 완성해야 합니다.

新 12 (A) The BT300 camera is one of our top-selling models.
    (B) Instruction manuals can be downloaded from our website.
    (C) Please e-mail this form to the Customer Service Department.
    (D) We will be happy to provide you with a new camera free of charge.

(A) BT300 카메라는 우리의 최고 판매 모델 중 하나입니다.
(B) 사용 설명서는 우리 웹사이트에서 다운로드 할 수 있습니다.
(C) 이 양식을 고객 서비스 부서에 이메일로 보내주십시오.
(D) 귀하께 새로운 카메라를 무료로 제공해 드리겠습니다.

해설 문장 삽입
카메라 제품 하자에 관한 이메일로, 빈칸 앞에 오작동으로 인한 고객의 불편함에 대해 회사가 사과하는 문장이 나오므로 뒤에는 회사가 고객에게 제공할 수 있는 조치가 나와야 합니다. 따라서 (D)가 가장 적절한 선택이 될 수 있습니다.

Check Up
p.148-152

1 The package was mailed by Steve.

그 소포는 스티브에 의해 부쳐졌다.

---

2 was repaired

차는 정비공에 의해서 수리되었다.

해설 수동태 표현

주어인 The car(차)가 사물이고 정비공에 의해 수리되는 대상이므로 수동태 was repaired를 써야 합니다.

---

3 has been parked

경찰차는 도로에 주차되어 있었다.

해설 수동태 표현

주어인 The police car(경찰차)가 사물이고 주차되어 있는 대상이므로 수동태 has been parked를 써야 합니다.

---

4 has disappeared

해가 구름 뒤로 사라졌다.

해설 수동태를 만들 수 없는 자동사

disappear는 수동태를 만들 수 없는 자동사이므로 능동태 has disappeared로 써야 합니다.

---

5 of

우리 부서는 회사에서 최고의 직원들로 구성되어 있다.

해설 수동태 문장의 전치사

be composed of '~로 구성되어 있다'의 뜻으로 빈칸에 of를 써야 합니다.

---

6 expected

인원의 증가는 우리가 프로젝트 마감 기한을 맞추도록 도와줄 것이라 예상된다.

해설 수동태 표현

be expected to '~하리라 기대되다'의 뜻으로 빈칸에 expected가 들어가야 합니다.

연습문제/기출문제
p.153

1. will be conducted	2. revised	3. recommended	4. guaranteed
5. (D)	6. (A)	7. (C)	8. (D)

1 Job interviews / will be conducted / next Monday / in the conference room.

일자리 인터뷰가 / ~있을 것이다 / 다음 주 월요일 / 회의실에서

일자리 인터뷰가 다음 주 월요일 회의실에서 있을 것이다.

해설 조동사 뒤 수동태

문장의 주어 Job interviews가 사물이고, 빈칸 뒤에 목적어가 없으므로 수동태 문장이 되어야 해서 빈칸에 will be conducted(진행될 것이다)가 들어갈 수 있습니다.

---

2 The employee training guidelines / were revised / by the personnel department.

직원 훈련 지침서가 / 수정되었다 / 인사부에 의해

직원 훈련 지침서가 인사부에 의해 수정되었다.

해설 수동태와 능동태 구별

문장의 주어 The employee training guidelines가 사물이고, 빈칸 뒤에 목적어가 없으므로 수동태 문장이 되어야 해서 빈칸에 revised가 들어갈 수 있습니다. 전치사 by는 수동태 문장에서 행위자를 표현할 때 사용합니다.

3 Mr. Wu has been recommended / for the manager's position / by his supervisor.

우 씨는 추천되었다 / 매니저 직책에 / 그의 관리자에 의해

우 씨는 그의 관리자에 의해 매니저 직책에 추천되었다.

해설 **수동태 표현**

문장의 주어 우 씨가 사람이지만 관리자에 의해 매니저 직책에 추천되었으므로 수동태 문장을 써야 합니다. 현재완료 수동태로 빈칸에 recommended가 들어갈 수 있습니다.

---

4 The price quoted / for catering services / is guaranteed / for a month.

견적된 가격은 / 출장요리 서비스의 / 보장된다 / 한 달 동안

출장요리 서비스의 견적된 가격은 한 달 동안 보장된다.

해설 **수동태 표현**

문장의 주어 The price가 사물이고 빈칸 뒤에 목적어가 없으므로 수동태 문장을 써야 합니다. 빈칸에 guaranteed가 들어갈 수 있습니다.

---

5 Guests are requested / to present an identification card / when checking into the hotel.

투숙객들은 요청받는다 / 신분증을 제시하라고 / 호텔에 체크인할 때

투숙객들은 호텔에 체크인할 때 신분증을 제시하라고 요청받는다.

(A) requests
(B) requesting
(C) to request
(D) are requested

해설 **수동태 표현**

타동사 request의 목적어가 없고 손님들이 요청을 받았으므로 수동태 (D) are requested(요청받는다)가 정답입니다.

---

6 The manager of the LA factory / was told / to increase production of cars / by 20 percent.

LA 공장 매니저는 / ~하라는 말을 들었다 / 차의 생산량을 증가시키라는 / 20% 정도

LA 공장 매니저는 차의 생산량을 20% 정도 증가시키라는 말을 들었다.

(A) was told
(B) told
(C) is telling
(D) will tell

해설 **수동태와 능동태 구별**

타동사 tell의 목적어가 없는 문장이면서, 문맥상 '매니저는 ~하라는 말을 들었다'라는 의미가 되어야 하므로 수동태 (A) was told(~하라는 말을 들었다)가 정답입니다.

---

7 The computers must be ordered by Friday in order to get on time.

(A) order
(B) ordering
(C) ordered
(D) orders

컴퓨터들이 정시에 도착하기 위해서는 금요일까지 주문이 되어야 한다.

해설 **조동사 뒤 수동태**

주어 The computers가 사물이고, 타동사 order 뒤에 목적어가 없으므로 수동태 문장이 되어야 해서 빈칸에 (C) ordered가 들어갈 수 있습니다.

---

8 The offices of Johnson Advertising / are located / in Seattle and New York.

Johnson Advertising의 사무실은 / 위치하고 있다 / 뉴욕과 시애틀에

Johnson Advertising의 사무실은 뉴욕과 시애틀에 위치하고 있다.

(A) located
(B) locating
(C) is locating
(D) are located

주어 The offices가 사물이고 문맥상 '사무실은 뉴욕과 시애틀에 위치해 있다'가 되므로 수동태 (D) are located로 문장을 완성해야 합니다.

실전문제							p.154-156
Part 5	1. (C)	2. (A)	3. (A)	4. (B)	5. (C)	6. (D)	7. (D)	8. (B)
Part 6	9. (C)	10. (B)	11. (C)	12. (B)			

Part 5

1 On performance days, / tickets for music concerts / can be purchased / at the box office.

공연하는 날에 / 음악 콘서트 티켓은 / 구매될 수 있다 / 매표소에서

(A) purchasing
(B) were purchased
(C) be purchased
(D) to purchase

공연하는 날에, 음악 콘서트 티켓은 매표소에서 구매될 수 있다.

해설 조동사 뒤 수동태

문장의 주어 tickets이 사물이고 구매가 되는 대상이어서 수동태의 문장으로 완성해야 하므로 정답은 (C) be purchased(구매되다)가 될 수 있습니다.

2 All passengers / are required to / present a boarding pass / to the airline attendant.

모든 승객들은 / ~하도록 요청받다 / 탑승권을 제시하도록 / 승무원에게

(A) are required to
(B) requiring
(C) requires
(D) be required

모든 승객들은 승무원에게 탑승권을 제시하도록 요청받는다.

해설 수동태 표현

문맥상 '승객들이 승무원에게 탑승권을 제시하도록 요청받는다'가 되어야 하므로 수동태 표현인 (A) are required to(~하도록 요청받다)를 쓸 수 있습니다.

3 All flights / leaving San Francisco International Airport / will be postponed / until further notice.

모든 항공편은 / 샌프란시스코 국제공항을 출발하는 / 지연될 것이다 / 추후 공지가 있을 때까지

(A) will be postponed
(B) are postponing
(C) should postpone
(D) postponing

샌프란시스코 국제공항을 출발하는 모든 항공편은 추후 공지가 있을 때까지 지연될 것이다.

해설 수동태와 능동태 구별

문장의 주어 All flights가 사물이고 지연되는 대상이므로 빈칸에 수동태인 (A) will be postponed(지연될 것이다)를 써야 합니다.

4 The quarterly budget report / will be submitted / by Friday / if the manager approves it.

분기 예산 보고서는 / 제출될 것이다 / 금요일까지 / 매니저가 승인한다면

(A) submit
(B) submitted
(C) submits
(D) submitting

분기 예산 보고서는 매니저가 승인한다면 금요일까지 제출될 것이다.

해설 조동사 뒤 수동태

문장의 주어 The quarterly budget report는 사물이고 제출되는 대상이므로 수동태 문장이 되어야 합니다. 조동사 뒤 수동태를 완성하려면 빈칸에 (B) submitted를 써야 합니다.

---

5 The company's / new skin care products / are being marketed / to both men and women.

회사의 / 새로운 피부관리 제품은 / 판매되고 있다 / 남녀 모두에게

(A) market
(B) markets
(C) marketed
(D) marketing

회사의 새로운 피부관리 제품은 남녀 모두에게 판매되고 있다.

해설 수동태와 능동태 구별

문장의 주어 The company's new skin care products가 사물이고 빈칸 뒤에 목적어가 없으므로 수동태 문장을 써야 합니다. 정답은 (C) marketed가 될 수 있습니다.

---

6 The results of / our latest customer survey / are summarized / in the document.

결과는 / 우리의 최신 고객 설문조사의 / 요약되어 있다 / 이 서류에

(A) summarizes
(B) are summarizing
(C) summarized
(D) are summarized

우리의 최신 고객 설문조사의 결과는 이 서류에 요약되어 있다.

해설 수동태와 능동태 구별

문장의 주어 The results of our latest customer survey가 사물이고 타동사 summarize의 목적어가 없으므로 수동태가 되어야 해서 정답은 (D) are summarized(요약되어 있다)입니다.

---

7 At a retirement dinner / last night, / Peter Robert was honored / for his 20 years of service / at Martin Company.

은퇴 만찬에서 / 지난 밤 / 피터 로버트는 영예를 얻었다 / 20년간 일해 온 것에 대해 / 마틴 사에서

(A) honored
(B) had honored
(C) to be honored
(D) was honored

지난 밤 은퇴 만찬에서, 피터 로버트는 마틴 사에서 20년간 일해 온 것에 대해 영예를 얻었다.

해설 수동태와 능동태 구별

문맥상 주어 피터 로버트가 영예를 얻었다는 의미로 문장이 완성되어야 하므로 수동태 형식인 (D) was honored(영예를 얻었다)가 빈칸에 들어갈 수 있습니다.

---

8 The pamphlets were designed / to include the updated interior designs / last month.

팜플렛은 디자인되었다 / 최신 인테리어 디자인을 포함하도록 / 지난 달에

(A) designing
(B) were designed
(C) designs
(D) are designing

팜플렛은 지난 달에 최신 인테리어 디자인을 포함하도록 디자인되었다.

해설 수동태와 능동태 구별

주어 The pamphlets가 사물이고 디자인되는 대상이므로 수동태 문장이 되어야 합니다. 빈칸에는 (B) were designed(디자인되었다)가 들어갈 수 있습니다.

Part 6

Questions 9-10 refer to the following instructions.

Be sure to / read the following instructions / before operating / your new washing machine.
꼭 ~하세요 / 아래 나온 설명서를 읽다 / 작동하기 전에 / 당신의 새로운 세탁기를

Make sure that / your washing machine has been installed / on a solid foundation / to support its weight.
반드시 ~하세요 / 세탁기가 설치될 수 있도록 / 탄탄한 토대에 / 무게를 지탱할 수 있는

In order to / prevent noise and vibration, / the appliance should be leveled.
~하기 위해서 / 소음과 진동을 막다 / 기기는 평평하게 되어야 합니다

Lastly, / be sure to / attach the water-supply hoses / at the back of the machine / securely to water valves.
마지막으로, / 명심하세요 / 물 공급 호스를 연결하다 / 기계 뒤쪽에 있는 / 물 밸브에 단단히

당신의 새로운 세탁기를 작동하기 전에 아래 나온 설명서를 꼭 읽으세요. 반드시 세탁기가 무게를 지탱할 수 있는 탄탄한 토대에 설치될 수 있도록 하세요. 소음과 진동을 막기 위해서 기기는 평평하게 되어야 합니다. 마지막으로, 기계 뒤쪽에 있는 물 공급 호스를 물 밸브에 단단히 연결시키는 것을 명심하세요.

---

9 (A) install
(B) installing
(C) installed
(D) installation

해설 **수동태 표현**
문장의 주어 your washing machine이 사물이고 빈칸 뒤에 목적어가 없으므로 수동태 문장으로 완성해야 합니다. 현재완료의 수동태로 정답은 (C) installed입니다.

---

10 (A) to level
(B) leveled
(C) leveling
(D) levels

해설 **조동사 뒤 수동태**
문장의 주어 the appliance가 사물이고 빈칸 뒤에 목적어가 없으므로 수동태로 문장으로 완성해야 합니다. 조동사 뒤 수동태로 정답은 (B) leveled입니다.

Questions 11-12 refer to the following letter.

From: Peter Smith
발신: 피터 스미스
Subject: Promotion
제목: 승진
Date: April 15
날짜: 4월 15일

Dear Anderson,
친애하는 앤더슨 씨에게,

This is / to inform you / that your promotion / has been approved / by the Personnel Department.
이 편지는 / 귀하에게 알리기 위해서입니다 / 귀하의 승진이 / 승인되었음을 / 인사부에 의해
Effective 1 May, / your new title / will be Manager of the marketing department.
5월 1일부터 시작해서 / 귀하의 새로운 직책은 / 마케팅 부서장이 될 것입니다
An official description / of your new responsibilities / is attached.
공식적으로 기술한 내용이 / 귀하가 새롭게 담당할 책임을 / 첨부되었습니다
After reviewing this document, / feel free to contact me / with any questions / you may have.
이 서류를 검토하고 난 후 / 언제든 제게 연락하세요 / 궁금한 내용을 / 당신이 가진
We look forward to / the additional contributions / you will make to the company / in the future.
저희는 기대합니다 / 더 많이 기여할 것으로 / 귀하가 회사에 / 앞으로

Sincerely,
감사합니다
Peter Smith
피터 스미스
Director, Human Resources
인사 부장

발신: 피터 스미스
제목: 승진
날짜: 4월 15일

친애하는 앤더슨 씨에게,
이 편지는 귀하의 승진이 인사부에 의해 승인되었음을 귀하에게 알리기 위해서입니다. 5월 1일부터 시작해서 귀하의 새로운 직책은 마케팅 부서장이 될 것입니다. 귀하가 새롭게 담당할 책임을 공식적으로 기술한 내용이 첨부되었습니다. 이 서류를 검토하고 난 후 당신이 가장 궁금한 내용을 언제든 제게 문의해 주세요. 앞으로 저희는 귀하가 회사에 더 많이 기여할 것으로 기대합니다.

감사합니다.
피터 스미스
인사 부장

11 (A) has approved
(B) has been approving
(C) has been approved
(D) approved

해설 수동태 표현
문장의 주어 your promotion이 사물이고 빈칸 뒤에 목적어가 없으므로 수동태 문장을 써야 합니다. 빈칸에 (C) has been approved(승인되었다)가 들어갈 수 있습니다.

新 12 (A) Again, I apologize for taking so long to get back to you.
(B) An official description of your new responsibilities is attached.
(C) Applicants can submit résumés online or in person.
(D) It can be difficult to find qualified candidates for a position.

(A) 다시 한번, 당신에게 회신하기까지 오랜 시간이 걸린 깃에 대해 사과 드립니다.
(B) 귀하가 새롭게 담당할 책임을 공식적으로 기술한 내용이 첨부되었습니다.
(C) 지원자는 온라인 또는 직접 이력서를 제출할 수 있습니다.
(D) 일자리를 위한 자격을 갖춘 후보자를 찾는 것이 어려울 수 있습니다.

해설 문장 삽입
빈칸 뒤에 '서류를 검토하고 난 후'라는 내용이 나오므로 앞 문장은 서류와 관련된 내용이 나와야 하므로 (B)가 가장 적절한 선택이다.

1 (D) 명사 수식

해설 관계대명사절은 문장에서 앞에 있는 선행사(명사)를 수식하는 형용사 역할을 합니다.

---

2 who
손에 꽃을 들고 있는 소녀는 안나이다.

해설 관계대명사 선택

선행사 The girl이 사람이고 뒤에는 주어가 없이 바로 동사 has가 있으므로 주격 관계대명사 who가 정답입니다.

---

3 which
복숭아는 내가 좋아하는 과일이다.

해설 관계대명사 선택

선행사 fruit이 사물이고 뒤에는 목적어가 없이 주어와 동사 I like가 있으므로 목적격 관계대명사 which가 정답입니다.

---

4 whom/that
왓슨 씨는 모두가 존경하는 의사이다.

해설 목적격 관계대명사

선행사 doctor가 사람이고 뒤에는 목적어가 없이 주어와 동사 everyone respect가 있으므로 목적격 관계대명사 whom 또는 that이 정답입니다.

---

5 who/that
나는 LA에 사는 친구가 한 명 있다.

해설 주격 관계대명사

선행사 a friend가 사람이고 뒤에는 주어가 없이 바로 동사 lives가 있으므로 주격 관계대명사 who 또는 that이 정답입니다.

---

6 where
여기가 그가 사는 집입니다.

해설 관계부사

선행사 house가 장소이고, 빈칸 뒤에 완전한 문장인 he lives가 왔으므로 관계부사 where이 정답입니다.

---

7 how
당신이 어떻게 돈을 버는지 나에게 알려주세요.

해설 관계부사

빈칸에 방법을 나타내는 말이 들어가야 하고, 뒤에는 완전한 문장인 you make money가 왔으므로 관계부사 how가 와야 합니다.

---

8 when
나는 당신을 처음 만난 날을 기억합니다.

해설 관계부사

선행사 the day가 날짜이고, 뒤에는 완전한 문장인 I first met you가 왔으므로 관계부사 when이 정답입니다.

---

9 (A) whatever
나는 네가 필요한 것은 무엇이든지 너에게 줄게.

해설 복합 관계대명사

문맥상 '네가 필요한 것은 무엇이든지'가 되어야 하므로 정답은 whatever(~하는 것은 무엇이든지)입니다.

---

10 (B) Whoever
야구를 하고 싶은 사람은 누구나 경기를 할 수 있습니다.

해설 복합 관계대명사

문맥상 '야구를 하고 싶은 사람은 누구나'가 되어야 하므로 정답은 Whoever(~하는 사람은 누구나)입니다.

1. who	2. where	3. that	4. whose
5. (D)	6. (D)	7. (C)	8. (C)

1   Managers / who have the time / should serve / on the planning committee.

매니저들은 / 시간이 있는 / 봉사를 해야 한다 / 기획 위원회에서

시간이 있는 매니저들은 기획 위원회에서 봉사를 해야 한다.

해설 **주격 관계대명사**

선행사 Managers가 사람이고 뒤에는 동사 have가 있으므로 주격 관계대명사 who가 정답입니다.

---

2   The hotel / where the reception is being held / is located / on Main Street.

호텔은 / 환영 연회가 열리고 있는 / 위치해 있다 / 메인 가에

환영 연회가 열리고 있는 호텔은 메인 가에 위치해 있다.

해설 **관계부사**

선행사 The hotel이 장소이고 빈칸 뒤에 완전한 문장(the reception is being held)이 왔으므로 빈칸에 장소의 관계부사 where가 들어가야 합니다.

---

3   We know / the fact that / the manager is from Canada.

우리는 안다 / ~라는 사실을 / 매니저가 캐나다 출신이다

우리는 매니저가 캐나다 출신이라는 사실을 안다.

해설 **관계대명사 that**

선행사 the fact와 뒤의 the fact의 내용을 연결해 주는 관계대명사 that이 빈칸에 들어가야 합니다.

---

4   The person / whose job is to process job applications / is the human resources manager.

담당자 / 그의 업무는 일자리 지원서를 처리하는 것 / 인사부장이다

일자리 지원서를 처리하는 업무 담당자는 인사부장이다.

해설 **소유격 관계대명사**

선행사 The person이 사람이고 뒤에 명사 job이 있으므로 소유격 관계대명사 whose가 정답입니다.

---

5   Employees / who wish to / attend the annual conference / must register / by Friday.

직원들은 / ~하고자 하는 / 연례회의에 참석하다 / 등록을 해야 한다 / 금요일까지

(A) which
(B) whose
(C) what
(D) who

연례회의에 참석하고자 하는 직원들은 금요일까지 등록을 해야 한다.

해설 **주격 관계대명사**

선행사 Employees가 사람이고 뒤에 동사 wish가 있으므로 주격 관계대명사 (D) who가 정답입니다.

---

6   Peter Cook, / whose book was published / last month, / will give a talk / at the job fair.

피터 쿡은 / 본인의 책이 출간된 / 지난 달에 / 연설할 것이다 / 직업 박람회에서

(A) which
(B) whom
(C) what
(D) whose

지난 달에 본인의 책이 출간된 피터 쿡은 직업 박람회에서 연설할 것이다.

해설 **소유격 관계대명사**

선행사 Peter Cook이 사람이고 뒤에는 명사 book이 있으므로 소유격 관계대명사 (D) whose가 정답입니다.

7 Any customers / who purchase goods / from Sears website / will receive a 5% discount.

어떤 고객이든 / 상품을 구매하는 / 시어스 웹사이트에서 / 5%의 할인을 받을 것이다

(A) whom
(B) whose
(C) who
(D) which

시어스 웹사이트에서 상품을 구매하는 어떤 고객이든 5%의 할인을 받을 것이다.

해설 주격 관계대명사

선행사 Any customers가 사람이고 뒤에 동사 purchase가 있으므로 주격 관계대명사 (C) who가 정답입니다.

8 The architect / who designed this museum / plans to retire / next year.

건축가는 / 이 박물관을 디자인한 / 퇴직할 계획이다 / 내년에

(A) some
(B) he
(C) who
(D) also

이 박물관을 디자인한 건축가는 내년에 퇴직할 계획이다.

해설 주격 관계대명사

선행사 The architect가 사람이고 뒤에 동사 designed가 있으므로 주격 관계대명사 (C) who가 정답입니다.

실전문제

p.168-170

Part 5	1. (B)	2. (A)	3. (A)	4. (C)	5. (A)	6. (C)	7. (A)	8. (B)
Part 6	9. (A)	10. (D)	11. (B)	12. (C)				

Part 5

1 Seating is guaranteed / for those who register / before June 15th.

좌석이 보장된다 / 등록하는 사람들은 / 6월 15일 전에

(A) whose
(B) who
(C) what
(D) their

6월 15일 전에 등록하는 사람들은 좌석이 보장된다.

해설 주격 관계대명사

선행사 those가 사람이고 뒤에 동사 register가 있으므로 주격 관계대명사 (B) who가 정답입니다. those who + 동사(~하는 사람들)

2 Anyone who / experiences problems with air conditioner / should contact / the maintenance department.

~하는 사람들은 / 에어컨에 문제가 있다 / 연락해야 한다 / 관리부에

(A) who
(B) which
(C) whom
(D) whose

에어컨에 문제가 있는 사람들은 관리부에 연락해야 한다.

해설 주격 관계대명사

선행사 Anyone이 사람이고 뒤에 동사 experiences가 있으므로 주격 관계대명사 (A) who가 정답입니다. anyone who + 동사(~하는 누구나)

3 The new hotel, / **which** is scheduled to open / in March, / is now near completion.

새로운 호텔은 / 개장하기로 계획되어 있는 / 3월에 / 거의 완성되었다

(A) which
(B) that
(C) when
(D) who

3월에 개장하기로 계획되어 있는 새로운 호텔은 거의 완성되었다.

해설 주격 관계대명사

선행사 The new hotel이 사물이고 뒤에 동사구 is scheduled to가 있으므로 주격 관계대명사 (A) which가 정답입니다. 빈칸 앞에 콤마가 있는 계속적 용법의 문제이므로 that은 정답이 될 수 없습니다.

---

4 Candidates / **who** are interested in attending the job fair / should register / by June 20.

후보자들은 / 취업 박람회에 관심있는 / 등록해야 한다 / 6월 20일까지

(A) which
(B) whose
(C) who
(D) since

취업 박람회에 관심있는 후보자들은 6월 20일까지 등록해야 한다.

해설 주격 관계대명사

선행사 Candidates가 사람이고 뒤에 동사구 are interested in이 있으므로 주격 관계대명사 (C) who가 정답입니다.

---

5 TC Construction / has launched a project / **that** will convert / an old hotel into a museum.

TC 건설사는 / 프로젝트에 착수했다 / 바꾸다 / 오래된 호텔을 박물관으로

(A) that
(B) what
(C) who
(D) whose

TC 건설사는 오래된 호텔을 박물관으로 바꿀 프로젝트에 착수했다.

해설 주격 관계대명사

선행사 a project가 사물이고 뒤에 동사구 will convert가 있으므로 주격 관계대명사 (A) that이 정답입니다.

---

6 Enclosed is / a list of companies / **whose** services / can meet our needs.

동봉된 것은 ~이다 / 회사들의 명단 / 그 회사들의 서비스는 / 우리의 요구를 충족시킬 수 있다

(A) who
(B) that
(C) whose
(D) which

동봉된 것은 우리의 요구를 충족시킬 수 있는 서비스를 제공하는 회사들의 명단입니다.

해설 소유격 관계대명사

선행사 companies가 사람이고 뒤에는 명사 services가 있으므로 소유격 관계대명사 (C) whose가 정답입니다.

---

7 **Whoever** / intends to attend / this year's safety workshop / must contact Mr. Hall.

~하는 사람은 누구나 / 참여할 의향이 있다 / 올해 안전 워크숍에 / 홀 씨에게 연락해야만 한다

(A) Whoever
(B) Anyone
(C) Everybody
(D) Someone

올해 안전 워크숍에 참여할 의향이 있는 사람들은 누구나 홀 씨에게 연락해야만 한다.

선행사가 없고, 문장을 두 개 이어주는 복합 관계대명사가 들어가야 하므로 정답은 (A) Whoever 누구나 (= anyone who)입니다. 다른 선택지들을 주어 자리에 넣게 되면 동사가 두 개가 되기 때문에 정답이 될 수 없습니다.

---

8 Speed Motors, / which specializes in the manufacture of cars, / is located in Seattle.

자동차 생산을 전문으로 하고 있는 스피드 모터스는 시애틀에 위치하고 있다.

스피드 모터스는 / 자동차 생산을 전문으로 하고 있는 / 시애틀에 위치하고 있다

(A) whom
(B) which
(C) what
(D) whose

해설 주격 관계대명사

선행사 Speed Motors가 사물이고 뒤에 동사구 specializes in이 있으므로 주격 관계대명사 (B) which가 정답입니다.

Part 6

Questions 9-10 refer to the following e-mail.

To: Susan Anderson
수신: 수잔 앤더슨
From: Mary Johnson
발신: 매리 존슨
Subject: Travel Expense Report
제목: 여행 경비 보고서
Date: June 2
날짜: 6월 2일

Dear Ms. Anderson,
친애하는 앤더슨 씨에게,

Thank you / for submitting your expense report / for your business travels / in May.
감사합니다 / 경비 보고서를 제출한 것에 대해 / 당신의 출장에 대한 / 5월에

I am writing to / remind you of a few policies / which you may have forgotten.
저는 ~하고자 이 글을 씁니다 / 귀하에게 몇 가지 방침을 상기시켜 주다 / 귀하가 잊어버렸을 수 있는

First, / please note / that you should not have signed / the expense report / yourself.
먼저, / 알아두세요 / 서명해서는 안 된다 / 그 경비 보고서를 / 직접

Instead, / your immediate supervisor / must sign the document / in advance.
대신에 / 귀하의 직속상사가 / 서류에 서명해야만 합니다 / 미리

In addition, / your report is missing / the receipt for a lunch listed on May 6.
게다가 / 보고서에 ~가 없습니다 / 5월 6일의 점심식사 영수증이

Without this receipt, / we cannot reimburse the full amount / that you claimed for the trip.
영수증 없이 / 저희는 전체 액수를 상환할 수 없습니다 / 출장 차 청구한

Please make the necessary changes / and resubmit the report / by June 10.
필요한 내용을 수정하셔서 / 보고서를 다시 제출해 주세요 / 6월 10일까지

수신: 수잔 앤더슨
발신: 매리 존슨
제목: 여행 경비 보고서
날짜: 6월 2일

친애하는 앤더슨 씨에게,

당신의 5월 출장 경비 보고서를 제출한 것에 대해 감사합니다. 저는 귀하가 잊어버렸을 수 있는 몇 가지 방침을 상기시켜 주고자 이 글을 씁니다. 먼저, 그 경비 보고서를 직접 서명해서는 안 된다는 것을 알아두세요. 대신에 귀하의 직속상사가 미리 서류에 서명해야만 합니다. 게다가 귀하의 5월 6일의 점심식사 영수증이 보고서에 없습니다. 저희는 영수증 없이 출장 차 청구한 전체 액수를 상환할 수 없습니다. 필요한 내용을 수정하셔서 6월 10일까지 보고서를 다시 제출해 주세요.

진심으로,
매리 존슨

Sincerely,
진심으로,

Mary Johnson
매리 존슨

---

9 (A) which
   (B) who
   (C) whose
   (D) of which

해설 목적격 관계대명사
선행사 policies가 사물이고 뒤에 주어와 동사(you may have forgotten)가 있으므로 목적격 관계대명사 (A) which가 정답입니다.

---

10 (A) what
    (B) who
    (C) whose
    (D) that

해설 목적격 관계대명사
선행사 amount가 사물이고 뒤에 주어와 동사(you claimed)가 있으므로 목적격 관계대명사 (D) that이 정답입니다.

Questions 11-12 refer to the following e-mail.

To: marrycook@hotmail.com
수신: marrycook@hotmail.com
From: mjohn@officecompu.com
발신: mjohn@officecompu.com
Date: March 4
날짜: 3월 4일
Subject: Order # 22369
주제: 주문번호 22369

Dear Ms. Cook:
쿡 씨에게.

Thank you / for your purchase of ten computers.
감사합니다 / 열 대의 컴퓨터를 구매해 주셔서

I'm writing / to inform you / that we are unable to / ship merchandise that you ordered.
이 글을 씁니다 / 귀하에게 알리기 위해 / 저희가 ~할 수 없습니다 / 주문한 제품을 배송하다

The item is out of stock / until March 20.
물건 재고가 없습니다 / 3월 20일까지는

I apologize / if this inconveniences you.
죄송합니다 / 이것으로 불편을 끼쳐서

Please let me know / if you would like to / cancel your order / because of this delay.
저에게 알려 주십시오 / ~하고 싶다면 / 주문을 취소하다 / 이번 지연 때문에

Otherwise, / you can expect delivery / in approximately two weeks from today.
그렇지 않으면 / 배송할 수 있을 것으로 기대합니다 / 오늘부터 대략 2주 뒤에

If you have any questions, / please contact me / via e-mail or phone (1-800-222-2266).
질문이 있으시면 / 저에게 연락해주세요 / 이메일이나 전화번호 1-800-222-2266번으로

수신: marrycook@hotmail.com
발신: mjohn@officecompu.com
날짜: 3월 4일
주제: 주문번호 22369

쿡 씨에게.

열 대의 컴퓨터를 구매해 주셔서 감사합니다. 저는 귀하기 주문한 세품을 배송할 수 없음을 알리기 위해 이 글을 씁니다. 3월 20일까지는 물건 재고가 없습니다. 이것으로 불편을 끼쳐서 죄송합니다. 이번 지연 때문에 귀하의 주문을 취소하고 싶다면 저에게 알려 주십시오. 그렇지 않으면 오늘부터 대략 2주 뒤에 배송할 수 있을 것으로 기대합니다. 질문이 있으시면 이메일이나 전화번호 1-800-222-2266번으로 저에게 연락해주세요.

진심으로,
존 매닝

Sincerely,

진심으로,

John Manning

존 매닝

---

11 (A) who

(B) that

(C) whose

(D) of which

해설 목적격 관계대명사

선행사 merchandise가 사물이고 뒤에 주어와 동사(you ordered)가 있으므로 목적격 관계대명사 (B) that이 정답입니다.

新 **12** (A) The price of the product is expected to rise worldwide.

(B) Your order will arrive with a week.

(C) Please let me know if you would like to cancel your order because of this delay.

(D) Please let me know if we can talk by phone next week.

(A) 제품 가격이 전세계적으로 상승할 것으로 예상된다.

(B) 귀하의 주문은 일주일 이내에 도착할 것입니다.

(C) 귀하의 주문을 이번 지연 때문에 취소하고 싶다면 저에게 알려 주십시오.

(D) 다음 주에 전화로 이야기 할 수 있는지 알려 주세요.

해설 문장 삽입

주문한 물건 선적 지연에 대한 사과하는 문장으로 (C)가 가장 적절한 선택이 될 수 있습니다. (B)의 경우 앞의 문장과는 자연스럽게 이어지나 빈칸 뒤에 '2주 후에 배달이 된다'는 내용이 나오므로 정답이 될 수 없습니다.

Check Up

p.174-177

1 (C) 동사

해설 to 부정사는 동사의 속성을 가지고 있지만 동사 기능은 하지 못하는 준동사입니다. to 부정사는 문장 안에서 명사, 형용사, 부사의 역할을 할 수 있습니다.

---

2 to review

이 세부 사항들을 천천히 검토해 보시고, 만약 질문이 있다면 당신의 에이전트에게 전화해 주세요.

해설 to 부정사의 형용사적 용법
빈칸 앞에 나온 명사 time을 뒤에서 수식할 수 있는 to 부정사, to review가 정답입니다.

연습문제/기출문제

p.179

1. to reduce	2. to choose	3. to retire	4. to work
5. (D)	6. (B)	7. (D)	8. (A)

1 The company wants / to reduce its production cost.
회사는 원한다 / 자사의 생산 비용을 줄이기를

회사는 자사의 생산 비용을 줄이기를 원한다.

해설 동사 + to 부정사
동사 want는 to 부정사를 목적어로 취하는 동사이므로 정답은 to reduce입니다.

2 The manager / interviewed many applicants / to choose an experienced employee.
매니저는 / 많은 지원자들을 인터뷰했다 / 경험 있는 직원을 선택하기 위해서

매니저는 경험 있는 지원을 선택하기 위해서 많은 지원자들을 인터뷰했다.

해설 to 부정사의 부사적 용법(목적)
빈칸은 to 부정사의 부사적 용법(목적)이고, 문맥상 '경험 있는 직원을 선택하기 위해서'의 내용이므로 to choose가 정답입니다.

3 The president plans to retire / next month.
사장은 퇴직할 계획이다 / 다음 달에

사장은 다음 달에 퇴직할 계획이다.

해설 동사 + to 부정사
동사 plan은 to 부정사를 목적어로 취하는 동사이므로 정답은 to retire입니다.

4 The Johnson Group expects / all of its employees / to work hard.
존슨 그룹은 기대한다 / 자사의 모든 직원들이 / 열심히 일할 것을

존슨 그룹은 자사의 모든 직원들이 열심히 일할 것을 기대한다.

해설 to 부정사의 명사적 용법(보어)
동사 expect는 뒤에 목적어, to 부정사를 목적보어로 취하는 5형식 동사입니다. 목적어는 all of its employees, 목적보어 자리에는 to work가 와야 합니다.

5 If you have any questions, / please contact our office and / ask to speak / to your account representative.

질문이 있으시면 / 우리 사무실에 연락해서 / 바꿔달라고 하세요 / 귀하의 계좌 담당자를

(A) speaking
(B) spoke
(C) has spoke
(D) to speak

질문이 있으시면 우리 사무실에 연락해서 귀하의 계좌 담당자를 바꿔달라고 하세요.

해설 동사 + to 부정사

동사 ask는 to 부정사를 목적어로 취하는 동사이므로 정답은 (D) to speak입니다.

---

6 In an effort / to improve sales, / we conducted a survey / on our services.

~하려는 노력으로 / 판매를 향상시키다 / 우리는 설문조사를 했습니다 / 우리의 서비스에 대한

(A) improve
(B) to improve
(C) improved
(D) improving

판매를 향상시키려는 노력으로, 우리는 우리의 서비스에 대한 설문조사를 했습니다.

해설 명사 + to 부정사

관용어구 In an effort to + 동사원형(~하기 위한 노력으로)이 자주 쓰입니다.

---

7 Conference attendees / will be asked / to complete a survey.

회의 참석자들은 / 요구 받을 것이다 / 설문조사를 완료하도록

(A) be completed
(B) completion
(C) completing
(D) to complete

회의 참석자들은 설문조사를 완료하도록 요구 받을 것이다.

해설 be p.p. + to 부정사

숙어 be asked to + 동사원형(~하도록 요구 받다)이 자주 쓰입니다.

---

8 Newly hired employees / must create a user name and password / to access the company database.

새로이 채용된 근로자들은 / 사용자 이름과 암호를 만들어야 한다 / 회사 데이터 베이스에 접속하기 위해

(A) to access
(B) are accessing
(C) accessible
(D) accessing

새로이 채용된 근로자들은 회사 데이터 베이스에 접속하기 위해 사용자 이름과 암호를 만들어야 한다.

해설 to 부정사의 부사적 용법(목적)

빈칸에는 to 부정사의 부사적 용법(목적)이고, 문맥상 '회사 데이터 베이스에 접속하기 위해서'의 내용이므로 (A) to access가 정답입니다.

Part 5

1 The company prepared a banquet / at a hotel / to celebrate its 100th anniversary.

회사는 연회를 마련했다 / 호텔에서 / 자사의 100주년을 경축하기 위해서

(A) celebration
(B) to celebrate
(C) celebrate
(D) celebrated

회사는 자사의 100주년을 경축하기 위해서 호텔에서 연회를 마련했다.

해설 to 부정사의 부사적 용법(목적)

빈칸에는 to 부정사의 부사적 용법(목적)이 쓰이고, 문맥상 '자사의 100주년을 경축하기 위해서'라는 내용이므로 (B) to celebrate이 정답입니다.

2 Mr. Baker has asked / his assistant to review the report / by tomorrow afternoon.

베이커 씨는 요청했다 / 그의 조수에게 보고서를 검토하라고 / 내일 오후까지

(A) review
(B) was reviewing
(C) will review
(D) to review

베이커 씨는 그의 조수에게 내일 오후까지 보고서를 검토하라고 요청했다.

해설 to 부정사의 명사적 용법(보어)

동사 ask는 뒤에 목적어, to 부정사를 목적보어로 취하는 5형식 동사입니다. 목적어는 his assistant, 목적 보어 자리에는 (D) to review가 와야 합니다.

3 The new medication / has been used / to treat diabetes.

신약이 / 사용되었나 / 당뇨병을 치료하기 위해서

(A) treated
(B) to treat
(C) treatment
(D) having treated

신약이 당뇨병을 치료하기 위해서 사용되고있다.

해설 to 부정사의 부사적 용법(목적)

빈칸에는 to 부정사의 부사적 용법(목적)이 쓰이고, 문맥상 '당뇨병을 치료하기 위해서'라는 내용이므로 (B) to treat이 정답입니다.

4 The company plans / to open branch offices / in more than 10 countries / next year.

회사는 ~할 계획이다 / 지사를 열다 / 10개국 이상에 / 내년에

(A) to open
(B) opening
(C) opened
(D) has opened

회사는 내년에 10개국 이상에 지사를 열 계획이다.

해설 동사 + to 부정사

동사 plan은 to 부정사를 목적어로 취하는 동사이므로 정답은 (A) to open입니다.

5 In order to complete / construction of the new facility, / the project director hired / additional workers.

~을 완료하기 위해서 / 신규 시설의 건설 / 프로젝트 감독은 고용했다 / 추가적인 근로자들을

(A) In order to
(B) Due to
(C) In light of
(D) Because

신규 시설의 건설을 완료하기 위해서 프로젝트 감독은 추가적인 근로자들을 고용했다.

해설 in order to + 동사 원형

숙어 In order to + 동사 원형(~하기 위해서), Due to(~때문에)와 In light of(~에 비추어, ~을 고려하여)는 전치사여서 뒤에 명사나 명사구가 와야 하고 Because(~때문에)는 접속사이므로 뒤에 주어와 동사가 나와야 합니다.

---

6 Customers are advised / to store the contents of the package / in a cool place.

고객들은 ~하도록 충고를 받다 / 패키지 내용물들을 보관하다 / 차가운 장소에

(A) store
(B) stores
(C) storing
(D) to store

고객들은 패키지 내용물들을 차가운 장소에 보관하라고 충고를 받는다.

해설 be p.p. + to 부정사

숙어 be advised to(~하도록 충고를 받다)가 자주 쓰입니다.

---

7 You need to / submit all information and receipts / to process a refund.

당신은 ~할 필요가 있습니다 / 모든 영수증과 정보를 제출하다 / 환불을 처리하기 위해서

(A) so as
(B) since
(C) to
(D) unless

환불을 처리하기 위해서 당신은 모든 영수증과 정보를 제출할 필요가 있습니다.

해설 to 부정사의 부사적 용법(목적)

빈칸 뒤에 나온 동사 원형 process를 받을 수 있는 (C) to가 정답이 됩니다. (B) since(~때문에)와 (D) unless(만약 ~하지 않는다면, =if ~ not)는 접속사이므로 뒤에 주어와 동사가 와야 합니다. (A)는 so as to(~하기 위해서)와 헷갈리게 하는 오답입니다.

---

8 The president of the company / wants to invite / all retiring employees / to dinner next Friday.

그 회사의 사장은 / 초대하고 싶어합니다 / 은퇴하게 되는 모든 직원들을 / 다음 주 금요일 만찬에

(A) invitation
(B) to invite
(C) invitingly
(D) invited

그 회사의 사장은 다음 주 금요일 만찬에 은퇴하게 되는 모든 직원들을 초대하고 싶어합니다.

해설 동사 + to 부정사

동사 want는 to 부정사를 목적어로 취하는 동사이므로 정답은 (B) to invite입니다.

Part 6

Questions 9-10 refer to the following e-mail.

From: joaks@days-inn.co.us
발신: joaks@days-inn.co.us
To: psmith@hotmail.com
수신: psmith@hotmail.com
Date: 10 May
날짜: 5월 10일

Dear Dr. Smith,
스미스 씨에게,

Thank you / for choosing Days Inn / for your stay / in New York!
감사합니다 / 데이즈 인을 선택해주셔서 / 숙박을 위해 / 뉴욕에서의
I am writing / to confirm your reservation / at Days Inn / from the 21st to
the 23rd of May.
이 글을 씁니다 / 당신의 예약을 확인하고자 / 데이즈 인에서의 / 5월 21일에서 23일까지
As an attendee / of the business conference, / you have been given / the
discounted rate.
참석자로서 / 비즈니스 회의의 / 귀하는 받았습니다 / 할인을
Finally, / you asked for a single room / on the tenth floor / when you
booked your room, / and I will be able to / accommodate your
request.
마지막으로 / 귀하가 1인실을 요구하셨는데 / 10층 / 귀하가 방을 예약할 때 / 저는 할 수 있습니다 / 요구
사항을 수용하다
I hope / you enjoy the conference, / and please do not hesitate / to
contact me / if you have any questions.
저는 바랍니다 / 귀하가 회의를 잘 하시기를 / 주저하지 마세요 / 저에게 연락하다 / 질문이 있으면

Sincerely,
진심으로,

John Oaks
존 오크스
Assistant Manager
차장

발신: joaks@days-inn.co.us
수신: psmith@hotmail.com
날짜: 5월 10일

스미스 씨에게,

뉴욕에서의 숙박을 위해 데이즈 인을 선택해주
셔서 감사합니다. 5월 21일에서 23일까지 데이
즈 인에서의 당신의 예약을 확인하고자 이 글을
씁니다. 비즈니스 회의의 참석자로서 귀하는 할
인을 받았습니다. 마지막으로 귀하가 방을 예약
할 때 10층 1인실을 요구하셨는데 귀하의 요구
사항을 수용할 수 있을것 같습니다. 저는 귀하
가 회의를 잘 하시기를 바라며, 질문이 있으면
주저하지 말고 저에게 연락해주세요.

진심으로,

존 오크스
차장

9 (A) be confirmed
   (B) has confirmed
   (C) confirmed
   (D) to confirm

해설 to 부정사의 부사적 용법(목적)
빈칸은 to 부정사의 부사적 용법(목적)이고, 문맥상 '당신의 예약을 확인하고자'의 내용이므로 (D) to confirm이 정답입니다.

新 10 (A) I will be unable to ship overseas orders.
     (B) I will be able to accommodate your request.
     (C) I will not share your name or address with anyone.
     (D) I will reduce the conference fee.

(A) 저는 해외 주문을 선적할 수 없습니다.
(B) 귀하의 요청을 수용할 수 있습니다.
(C) 저는 귀하의 이름이나 주소를 누구와도 공
    유하지 않을 것입니다.
(D) 회의 비용을 줄이겠습니다.

해설 문장 삽입
예약 확인 편지로 빈칸 앞에 나온 요청대로 해줄 수 있다는 내용이 뒤에 나와야 하므로 (B)가 가장 적절한 선택입니다.

Questions 11-12 refer to the following e-mail.

To: anderson12@gmail.com
수신: anderson12@gmail.com
From: guestservices@dayshotel.com
발신: guestservices@dayshotell.com
Subject: Days Hotel
주제: 데이즈 호텔

Dear Mr. Anderson,
친애하는 앤더슨 씨,

This is / to confirm a reservation / in your name / for June 11 – June 16.
이것은 / 예약 확인을 위한 것입니다 / 귀하의 이름으로 된 / 6월 11일부터 6월 16일까지
Your reservation number is 3344R.
귀하의 예약번호는 3344R입니다
Please present this number / upon checking in.
이 번호를 제시하세요 / 체크인 하자마자
Attached is / a summary of your booking, / including details / about our hotel and nearby restaurants.
첨부되었습니다 / 귀하의 예약 내용이 / 세부사항을 포함해 / 호텔과 근처 식당 관련한
If you need additional information, / contact us at (803) 333-2345.
추가적인 정보가 필요하면 / (803) 333-2345번으로 전화를 주세요
We look forward to / welcoming you to the Days Hotel.
우리는 고대하고 있습니다 / 데이즈 호텔에서 당신을 만나기를

Guest Services
손님 서비스 부서

수신: anderson12@gmail.com
발신: guestservices@dayshotel.com
주제: 데이즈 호텔

친애하는 앤더슨 씨,

이것은 6월 11일부터 6월 16일까지 귀하의 이름으로 된 예약 확인을 위한 것입니다. 귀하의 예약번호는 3344R입니다. 이 번호를 체크인 하자마자 제시하세요. 호텔과 근처 식당 관련한 세부사항을 포함해 귀하의 예약 내용이 첨부되었습니다. 추가적인 정보가 필요하면 (803) 333-2345번으로 전화를 주세요. 우리는 데이즈 호텔에서 당신을 만나기를 고대하고 있습니다.

손님 서비스 부서

11 (A) confirm
    (B) confirmed
    (C) confirming
    (D) confirms

해설 to 부정사의 명사적 용법(보어)
전치사 to 다음에는 동사원형이 와야 하므로 정답은 (A) confirm입니다.

12 (A) welcome
    (B) welcomed
    (C) welcomes
    (D) welcoming

해설 look forward to + 동명사
look forward to의 to는 전치사고, 뒤에 나오는 자리는 전치사의 목적어 자리이므로 명사나 동명사를 써야 합니다. 따라서 정답은 (D) welcoming입니다. 동명사 [p.191 참고]

Check Up

p.186-192

1 visit → visiting, run → running, use → using

2 selecting

그 요리사는 가장 신선한 재료를 고르는 훌륭한 능력을 가지고 있다.

해설 전치사 + 동명사 + 목적어

전치사 in의 목적어 자리에 동명사 selecting이 올 수 있고, selecting의 목적어는 the freshest ingredients입니다. 명사 selection은 전치사 in 뒤에는 올 수 있지만 목적어를 가질 수 없습니다.

3 wearing

나는 편안한 워킹화를 신는 것을 제안한다.

해설 suggest + 동명사

동사 suggest는 동명사를 목적어로 취하는 동사여서 wearing이 정답입니다.

4 eating

베티는 매운 음식을 먹는 데에 익숙하다.

해설 be used to + 동명사

be used to ~ing(~에 익숙하다)는 자주 쓰이는 표현입니다.

5 drinking

저는 맥주를 마시고 싶지 않습니다.

해설 feel like + 동명사

feel like ~ing(~하고 싶어하다)는 자주 쓰이는 표현입니다.

연습문제/기출문제

p.193

1. going	2. investing	3. operating	4. arranging
5. (D)	6. (B)	7. (B)	8. (C)

1 James suggested / going to the exhibition.

제임스는 제안했다 / 전시회에 갈 것을

제임스는 전시회에 갈 것을 제안했다.

해설 suggest + 동명사

동사 suggest는 동명사를 목적어로 취하는 동사이므로 정답은 going입니다.

2 The company / made a huge profit / last year / by investing in real estate.

그 회사는 / 막대한 수익을 올렸다 / 지난해 / 부동산에 투자함으로써

그 회사는 지난해 부동산에 투자함으로써 막대한 수익을 올렸다.

해설 by + 동명사

by + 동명사(~함으로써)가 자주 쓰이는 표현으로 정답은 investing입니다.

3 For best performance / avoid operating the blender / on an uneven surface.

최적의 성능을 위해 / 믹서기를 작동시키지 마세요 / 고르지 않은 표면에서

최적의 성능을 위해 고르지 않은 표면에서 믹서기를 작동시키지 마세요.

해설 avoid + 동명사

동사 avoid는 동명사를 목적어로 취하는 동사로, 정답은 operating입니다.

4   Teen Networking / is committed to / <u>arranging</u> part-time job opportunities / for students.

Teen Networking은 / ~하는데 전념한다 / 시간제 일자리 기회들을 마련하는데 / 학생들을 위한

Teen Networking은 학생들을 위한 시간제 일자리 기회들을 마련하는데 전념한다.

`해설` be committed to + 동명사

be committed to + 동명사(~에 헌신적인, 전념하는)가 자주 쓰이는 표현으로 정답은 arranging입니다.

---

5   Please / return all the reference books / to the reference desk / before <u>leaving</u> the library.

~하세요 / 모든 참고도서를 반납하다 / 조회 창구로 / 도서관을 나가기 전에

(A) has left
(B) leaves
(C) to leave
(D) leaving

도서관을 나가기 전에 조회 창구로 모든 참고도서를 반납하세요.

`해설` before + 동명사

전치사 before의 목적어로 동명사가 올 수 있으므로 정답은 (D) leaving, leaving의 목적어는 the library입니다.

---

6   Please / inform your travel agent / of any special requests / before <u>booking</u> your reservation.

~하세요 / 당신의 여행사 직원에게 알리다 / 어떤 특별한 요청이라도 / 예약 전에

(A) books
(B) booking
(C) booked
(D) to book

예약 전에 당신의 여행사 직원에게 어떤 특별한 요청이라도 알려 주세요.

`해설` before + 동명사

전치사 before의 목적어로 동명사가 올 수 있으므로 정답은 (B) booking, booking의 목적어는 your reservation입니다.

---

7   Some patrons / have suggested <u>closing</u> / later on Saturday nights.

일부의 고객들은 / 문을 닫는 것을 제안했다 / 매주 토요일 밤은 더 늦게

(A) to close
(B) closing
(C) closed
(D) will close

일부의 고객들은 매주 토요일 밤은 더 늦게 문을 닫는 것을 제안했다.

`해설` suggest + 동명사

동사 suggest는 동명사를 목적어로 취하는 동사로, 정답은 (B) closing입니다.

---

8   <u>Keeping</u> / our customers satisfied / requires / the highest commitment / of staff members.

유지하는 것은 / 우리 고객이 만족할 수 있도록 / 요구한다 / 가장 높은 헌신을 / 직원들의

(A) Keep
(B) Kept
(C) Keeping
(D) Has kept

우리 고객이 만족할 수 있도록 유지하는 것은 직원들의 가장 높은 헌신을 요구한다.

`해설` 동명사의 역할(주어)

동명사는 주어 자리에 올 수 있고, 주어 자리인 빈칸 안에 동명사 (C) Keeping이 들어갈 수 있습니다.

실전문제							
Part 5	1. (C)	2. (C)	3. (D)	4. (C)	5. (C)	6. (B)	7. (C)	8. (C)
Part 6	9. (C)	10. (D)	11. (B)	12. (C)				

Part 5

1 Mr. Perry enjoys / spending his free time / composing music.

페리 씨는 즐긴다 / 그의 자유시간을 보내는 것을 / 음악을 작곡하면서

(A) to compose
(B) composed
(C) composing
(D) composer

페리 씨는 음악을 작곡하면서 그의 자유시간을 보내는 것을 즐긴다.

해설 spend + 시간/돈 + 동명사

동사 spend 뒤에 시간과 돈, 동명사가 올 수 있으므로 (C) composing이 정답입니다.

---

2 Industry analysts recommended / investing in new technology.

업계의 분석가들은 추천했다 / 새로운 기술에 투자할 것을

(A) invest
(B) invested
(C) investing
(D) investment

업계의 분석가들은 새로운 기술에 투자할 것을 추천했다.

해설 recommend + 동명사

동사 recommend는 동명사를 목적어로 취하는 동사로, 정답은 (C) investing입니다. 동명사구 investing in의 목적어는 new technology 입니다.

---

3 The company is in the process / of moving its headquarters.

회사는 ~하는 과정 중에 있다 / 본사를 이주하는

(A) moves
(B) to move
(C) moved
(D) moving

회사는 본사를 이주하는 과정 중에 있다.

해설 in the process of + 동명사

in the process of에서 전치사 of는 동명사를 목적어로 취하는 전치사로, 정답은 (D) moving입니다. moving의 목적어는 its headquarters 입니다.

---

4 Mr. Sato will make / a hiring decision / after interviewing the candidates.

사토 씨는 ~할 것이다 / 고용 결정을 / 후보자들을 인터뷰하고 난 후

(A) interview
(B) interviews
(C) interviewing
(D) interviewed

사토 씨는 후보자들을 인터뷰하고 난 후 고용 결정을 할 것이다.

해설 after + 동명사

전치사 after의 목적어로 동명사가 올 수 있으므로 정답은 (C) interviewing, interviewing의 목적어는 the candidates입니다.

5 The structural engineer / is responsible for / evaluating the bridge's integrity / once a year.

구조 엔지니어는 / ~할 책임이 있다 / 교량의 온전함을 평가할 / 1년에 한 번

(A) evaluates
(B) evaluated
(C) evaluating
(D) to evaluate

구조 엔지니어는 1년에 한 번 교량의 온전함을 평가할 책임이 있다.

해설 for + 동명사

전치사 for의 목적어로 동명사가 올 수 있으므로 정답은 (C) evaluating, evaluating의 목적어는 the bridge's integrity입니다.

---

6 Style Clothing / is known for / providing clothes / at an affordable price.

스타일 클로딩은 / ~로 유명하다 / 의류를 제공하다 / 저렴한 가격에

(A) provide
(B) providing
(C) to provide
(D) has provided

스타일 클로딩은 저렴한 가격에 의류를 제공하는 것으로 유명하다.

해설 for + 동명사

전치사 for의 목적어로 동명사가 올 수 있으므로 정답은 (B) providing, providing의 목적어는 clothes입니다.

---

7 It is essential / to make a good first impression / by dressing appropriately / at job interviews.

필수적이다 / 좋은 첫인상을 만드는 것이 / 알맞게 복장을 착용함으로써 / 취업 면접 시

(A) dress
(B) dressed
(C) dressing
(D) to dress

취업 면접 시 알맞게 복장을 착용함으로써 좋은 첫인상을 만드는 것이 필수적이다.

해설 by + 동명사

by + 동명사(~함으로써)는 자주 쓰이는 표현으로 정답은 (C) dressing입니다.

---

8 The company is seeking / a summer intern / with strong interest / in learning programming skills.

회사는 찾고 있다 / 여름 인턴을 / 관심이 많은 / 프로그래밍 기술을 배우는 데

(A) to learn
(B) will learn
(C) learning
(D) learns

회사는 프로그래밍 기술을 배우는 데 관심이 많은 여름 인턴을 찾고 있다.

해설 in + 동명사

전치사 in의 목적어로 동명사가 올 수 있으므로 정답은 (C) learning, learning의 목적어는 programming skills입니다.

Part 6

Questions 9-10 refer to the following memo.

To: All employees
수신: 모든 직원
From: Robin Taylor, Employee Development Coordinator
발신: 로빈 테일러, 직원 개발 코디네이터
Date: February 28
날짜: 2월 28일
Subject: Word processing workshops
주제: 워드 프로세싱 워크숍

Some of you / have expressed interest / in becoming more skillful /
in the use of our word processing software, / so we will sponsor two
workshops / given by software experts.
여러분 중 일부가 / 관심을 보였습니다 / 더 능숙하게 되다 / 저희 워드프로세서 소프트웨어를 사용하는 것에
/ 그래서 저희가 2번의 워크숍을 후원하게 되었습니다 / 소프트웨어 전문가들이 제공하는

The workshop scheduled / for this Wednesday / is designed / for
advanced users only.
예정된 워크숍은 / 이번 주 수요일로 / 준비되었습니다 / 숙련된 사용자만을 위해

Participants in this workshop / are expected to / have extensive
prior experience / using the software.
이 워크숍에 참석하는 사람들은 / ~하기를 기대합니다 / 폭넓은 사전 경험이 있다 / 그 소프트웨어를 사용한

If you are unfamiliar with the software, / a workshop for beginners / will
be held on Friday, / March 10.
만약에 소프트웨어에 익숙하지 않으면 / 초보자를 위한 워크숍이 / 금요일에 제공될 것입니다 / 3월 10일

수신: 모든 직원
발신: 로빈 테일러, 직원 개발 코디네이터
날짜: 2월 28일
주제: 워드 프로세싱 워크숍

여러분 중 일부가 저희 워드프로세서 소프트웨어를 더 능숙하게 사용하는 것에 관심을 보였습니다. 그래서 저희가 소프트웨어 전문가들이 제공하는 2번의 워크숍을 후원하게 되었습니다. 이번 주 수요일로 예정된 워크숍은 숙련된 사용자만을 위해 준비되었습니다. 이 워크숍에 참석하는 사람들은 그 소프트웨어를 사용한 폭넓은 사전 경험이 있어야 합니다. 만약에 소프트웨어에 익숙하지 않으면 3월 10일 금요일에 초보자를 위한 워크숍이 제공될 것입니다.

9 (A) become
(B) to become
(C) becoming
(D) has become

해설 in + 동명사

전치사 in의 목적어로 동명사가 올 수 있으므로 정답은 (C) becoming, becoming은 자동사이므로 뒤에 목적어가 오지 않습니다.

新 **10** (A) Participants must present identification badges before entering
the conference center.
(B) Participants are asked to prepare a five-minute presentation.
(C) Successful participants are often offered full-time positions upon
program completion.
(D) Participants in this workshop are expected to have extensive
prior experience using the software.

(A) 참가자는 컨퍼런스 센터에 입장하기 전에 신분증을 제시해야 합니다.
(B) 참가자들은 5분짜리 발표를 준비해야 합니다.
(C) 성공적인 참가자들은 종종 프로그램 이수 시 정규직 직책을 제공 받는다.
(D) 이 워크숍에 참석하는 사람들은 소프트웨어를 사용한 폭넓은 사전 경험이 있어야 합니다.

해설 문장 삽입

소프트웨어 워크숍에 관련된 공지로 빈칸 앞에 '워크숍은 숙련된 사용자만을 위해 준비되었다'는 내용이 나와있고, 빈칸 뒤에 소프트웨어에 익숙하지 않은 초보자 워크숍 일정을 안내하고 있다. 따라서 워크숍 참석자의 자격에 대해 부가적으로 설명하는 (D)가 가장 적설한 선택이 될 수 있습니다.

Questions 11-12 refer to the following letter.

March 23
3월 23일

Dear Smith,
스미스 씨에게.

Thank you / for purchasing your new NP mobile phone.
감사합니다 / 새 NP 휴대폰을 구매해주셔서
We are committed to / providing you / with affordable, reliable wireless service.
저희는 ~ 것에 전념합니다 / 귀하에게 제공하다 / 저렴하고 신뢰할만한 무선 서비스를
The enclosed brochure provides / a detailed summary of your service plan.
동봉된 소책자는 제공합니다 / 귀하의 서비스 플랜에 대한 상세한 요약을 /
If for any reason / you are dissatisfied with your phone, / you will be issued a refund.
어떤 이유로든 / 귀하가 휴대폰에 불만이 있다면 / 환불을 받게 될 것입니다
If you have further questions / about the mobile service or equipment, / please contact us, / and we will be happy to assist you.
추가적인 질문이 있으시면 / 휴대폰 서비스와 장비에 관해 / 연락을 주십시오 / 기꺼이 도와드리겠습니다

Kyung Park
박 경

Regional Sales Representative
지역 판매 대표

3월 23일

스미스 씨에게.

새 NP 휴대폰을 구매해주셔서 감사합니다. 저희는 저렴하고 신뢰할만한 무선 서비스를 귀하에게 제공하는 것에 전념합니다. 동봉된 소책자는 귀하의 서비스 플랜에 대한 상세한 요약을 제공합니다. 어떤 이유로든 귀하가 휴대폰에 불만이 있다면 환불을 받게 될 것입니다. 휴대폰 서비스와 장비에 관해 추가적인 질문이 있으시면 연락을 주십시오. 기꺼이 도와드리겠습니다.

박 경
지역 판매 대표

---

11 (A) provide
(B) providing
(C) to provide
(D) provided

해설 be committed to + 동명사
be committed to + 동명사(~하는 것에 전념하다)는 자주 쓰이는 표현입니다.

---

12 (A) dissatisfy
(B) dissatisfying
(C) dissatisfied
(D) to dissatisfy

해설 be dissatisfied with + 명사
be dissatisfied with(~로 불만족하다)는 자주 쓰이는 표현입니다.

Check Up

p.200-206

1 excite → 현재분사 (exciting), try → 현재분사 (trying), give → 과거분사 (given), get → 현재분사 (getting), buy → 과거분사 (bought), satisfy → 과거분사 (satisfied)

---

2 (D) 부사 수식

해설 분사는 명사를 수식하고, 주격 보어와 목적격 보어 자리에 올 수 있지만 부사를 수식할 수 없습니다. 부사는 분사를 수식할 수 있습니다.

---

3 required

요청된 양식을 다운받아서, 완성 후 저에게 제출하세요.

해설 과거분사

요청된 양식이기 때문에 수동의 의미를 가지는 과거분사 required를 써야 합니다.

---

4 remaining

그 회장은 수개월간 남아있는 직원들을 동기부여 시키도록 해 왔다.

해설 현재분사

문맥상 현재 남아있는 직원들이므로 진행의 의미로 현재분사 remaining을 써야 합니다.

---

5 pleased

저는 당신이 부사장으로 승진한 것을 알게 되어 무척 기뻤습니다.

해설 과거분사

빈칸에 사람의 감정을 나타내는 말이 들어가야 해서 과거분사 pleased를 써야 합니다.

---

6 shocking

그 영화는 매우 충격적이어서 볼 수가 없었나.

해설 현재분사

빈칸에 영화의 특성을 나타내는 말이 들어가야 해서 현재분사 shocking을 써야 합니다. too ~ to ...(너무 ~해서 ... 할 수가 없다)

---

7 (While) Watching a movie

그는 영화를 보는 동안, 팝콘을 먹고 있었다.

해설 분사구문

부사절과 주절의 주어 he가 같으므로 삭제하고, 접속사 While은 삭제하거나 남길 수 있고, was를 삭제합니다.

---

8 (When) Making cupcakes

컵케이크를 만들면서 그는 몇 조각을 먹는다.

해설 분사구문

부사절과 주절의 주어 he가 같으므로 삭제하고, 접속사 When은 삭제하거나 남길 수 있고, makes의 동사원형 make에 −ing를 붙입니다.

연습문제/기출문제

p.207

1. repeated	2. booked	3. selling	4. using
5. (C)	6. (A)	7. (C)	8. (C)

1 After repeated requests, / the city council finally agreed / to build more parks.

반복된 요청 후에 / 시 위원회는 마침내 동의했다 / 더 많은 공원을 건설하기로

반복된 요청 후에 시 위원회는 마침내 더 많은 공원을 건설하기로 동의했다.

해설 과거분사

빈칸에 명사를 수식하는 형용사 역할을 하는 과거분사가 와야 하므로 정답은 repeated(반복된)입니다.

---

2 Reservations / booked through the website / must be confirmed / 24 hours before check-in.

예약은 / 웹사이트를 통한 / 확인되어야 한다 / 체크인 24시간 전에

웹사이트를 통한 예약은 체크인 24시간 전에 확인되어야 한다.

해설 과거분사

빈칸에 명사를 수식하는 형용사 역할을 하는 과거분사가 와야 하므로 정답은 booked(예약된)입니다.

---

3 The Star House is / a coffee store / selling a large selection of beverages.

더 스타 하우스는 ~이다 / 커피 가게 / 다양한 음료수를 판매하는

더 스타 하우스는 다양한 음료수를 판매하는 커피 가게이다.

해설 현재분사

현재분사와 과거분사 구별문제로 빈칸 뒤 목적어에 해당하는 명사구 a large selection of beverages가 있으므로 현재분사 selling이 정답입니다.

---

4 Travelers using Incheon airport / complain that / the airport is too crowded with people.

인천공항을 이용하는 손님들은 / 불평한다 / 공항이 손님들로 너무 붐빈다고

인천공항을 이용하는 손님들은 공항이 손님들로 너무 붐빈다고 불평한다.

해설 현재분사

문장에 동사 complain이 있으므로 명사 Travelers 뒤에 있는 빈칸은 분사 자리입니다. 문맥상 '공항을 이용하는 여행객'으로 진행을 뜻하므로 명사를 수식하는 현재분사 using을 써야 합니다.

---

5 According to / a report published in Auto Magazine, / driving with the headlights on / during the day / increases safety.

~에 따르면 / 오토 매거진에 게재된 보고서 / 헤드라이트를 키고 운전하는 것이 / 낮 시간 동안에 / 안전성을 높여준다

오토 매거진에 게재된 보고서에 따르면 낮 시간 동안에 헤드라이트를 키고 운전하는 것이 안전성을 높여준다.

(A) publishing
(B) publish
(C) published
(D) to publish

해설 과거분사

빈칸 앞에 나온 명사 a report를 수식하고 수동의 의미를 가지는 분사 자리로 과거분사 (C) published(게재된, 출판된)가 정답입니다. 원래 문장은 a report which was published ~ 인데 which was가 생략되었습니다.

---

6 The city / will hold a job fair / on Friday / for anyone interested in / looking for a job.

그 도시는 / 직업 박람회를 열 것이다 / 금요일에 / 누구든 관심있는 사람들을 위해서 / 일자리를 찾는데

그 도시는 누구든 일자리를 찾는데 관심있는 사람들을 위해서 금요일에 직업 박람회를 열 것이다.

(A) interested
(B) interest
(C) interesting
(D) to interest

해설 과거분사

be interested in(~에 관심이 있다)은 자주 쓰이는 표현으로 정답은 과거분사 (A) interested입니다. 원래 문장은 anyone who is interested in ~ 인데 who is가 생략되었습니다.

---

7 The 20th Annual Technology Conference / is one of the largest conferences / ever **held** in China.

20차 연례 기술 회의는 / ~한 회의 중에서 가장 큰 회의다 / 지금까지 중국에서 열렸던

(A) to hold
(B) hold
(C) **held**
(D) holding

20차 연례 기술 회의는 지금까지 중국에서 열렸던 회의 중에서 가장 큰 회의다.

해설 과거분사

회의는 열리는 것으로 수동의 의미를 가지고 있으므로 과거분사 (C) held(열리다)가 정답입니다.

---

8 Our holiday-season dinnerware / is available / for a **limited** time only.

저희의 휴가 시즌 식기류를 / 구매할 수 있다 / 제한된 기간 동안

(A) limits
(B) limiting
(C) **limited**
(D) limitation

저희의 휴가 시즌 식기류를 제한된 기간 동안에만 구매하실 수 있습니다.

해설 과거분사

빈칸 뒤에 나온 명사 time을 수식하고 수동의 의미를 가지는 분사 자리로 과거분사 (C) limited(제한된)가 정답입니다.

실전문제							p.208-210	
Part 5	1. (C)	2. (D)	3. (D)	4. (B)	5. (A)	6. (C)	7. (C)	8. (A)
Part 6	9. (C)	10. (D)	11. (B)	12. (C)				

Part 5

1 When **designing** the marketing brochure, / you must use / the new company logo.

마케팅 소책자를 디자인할 때 / 당신은 ~을 사용해야 합니다 / 새로운 회사 로고

(A) designed
(B) designs
(C) **designing**
(D) design

마케팅 소책자를 디자인할 때, 당신은 새로운 회사 로고를 사용해야 합니다

해설 분사구문

접속사 When 뒤에 현재분사가 오는 분사구문입니다. 동사 design의 목적어에 해당되는 명사 the marketing brochure가 있으므로 능동의 의미인 현재분사 (C) designing이 와야 합니다. When you design the marketing brochure ~ → When designing the marketing brochure ~

---

2 Mr. Oaks has been in charge of / the marketing department / since **joining** the company / last October.

오크스 씨는 ~를 책임지고 있습니다 / 마케팅 부서 / 그 회사에 합류한 이래로 / 지난 10월

(A) joined
(B) to join
(C) has joined
(D) **joining**

오크스 씨는 지난 10월 그 회사에 합류한 이래로 마케팅 부서를 책임지고 있습니다.

해설 분사구문

접속사 since 뒤에 현재분사가 오는 분사구문입니다. 동사 join의 목적어에 해당되는 명사 the company가 있으므로 능동의 의미인 현재분사 (D) joining이 와야 합니다. since he joined the company last October → since joining the company last October

3 The staff of the marketing division / is invited to / attend a reception / **welcoming** the new director.

마케팅 부서의 직원은 / ~에 초대되었다 / 축하 연회에 참석하다 / 신임 이사를 환영하는

(A) learning
(B) deciding
(C) expecting
(D) welcoming

마케팅 부서의 직원은 신임 이사를 환영하는 축하 연회에 참석하도록 초대되었다.

`해설` 현재분사

빈칸 앞에 있는 명사 a reception을 수식하는 현재분사의 문제로 문맥상 '신임 이사를 환영하는 축하 연회에 초청되었다'라고 문장을 써야 하므로 (D) welcoming(환영하는)이 정답입니다.

---

4 The door / **connecting** the conference room and the lobby / should be closed / at all times.

문은 / 회의실과 로비를 연결하는 / 닫혀있어야 한다 / 항상

(A) connects
(B) connecting
(C) to connect
(D) connected

회의실과 로비를 연결하는 문은 항상 닫혀있어야 한다.

`해설` 현재분사

문의 특성을 나타내고, 빈칸 뒤에 목적어 the conference room and the lobby가 있어서 현재분사 (B) connecting이 정답입니다.

---

5 With the password / **provided** to you, / you can / enter the main office building.

비밀번호로 / 당신에게 제공된 / 당신은 ~할 수 있습니다 / 사무실 빌딩에 들어가다

(A) provided
(B) requested
(C) required
(D) equipped

당신에게 제공된 비밀번호로 당신은 사무실 빌딩에 들어갈 수 있습니다.

`해설` 과거분사

문맥상 '당신에게 제공된 비밀번호를 가지고'라고 문장을 완성해야 하므로 과거분사 (A) provided(제공된)가 정답입니다.

---

6 The **enclosed** brochure / details the services / provided by Motley's Cleaning Service.

동봉된 소책자는 / 서비스를 상세히 보여주고 있다 / 모틀리스 클리닝 서비스에 의해 제공되는

(A) enclosure
(B) enclosing
(C) enclosed
(D) enclose

동봉된 소책자는 모틀리스 클리닝 서비스에 의해 제공되는 서비스를 상세히 보여주고 있다.

`해설` 과거분사

빈칸 뒤에 나온 명사 brochure를 수식하고 수동의 의미를 가지는 분사 자리로 과거분사 (C) enclosed(동봉된)가 정답입니다.

---

7 Tourists will discover / many unique customs and traditions / when **visiting** Mexico.

관광객들은 발견하게 될 것이다 / 많은 독특한 관습과 전통을 / 멕시코를 방문하면

(A) visit
(B) to visit
(C) visiting
(D) are visiting

관광객들은 멕시코를 방문하면 많은 독특한 관습과 전통을 발견하게 될 것이다.

분사구문

접속사 when 뒤에 현재분사가 오는 분사구문입니다. 동사 visit의 목적어에 해당되는 명사 Mexico가 있으므로 능동의 의미인 현재분사 (C) visiting이 와야 합니다. When they visit → When visiting

8 The **attached** document / contains important information / about your job.

첨부된 서류는 / 중요한 정보를 포함하고 있습니다 / 당신의 직업에 관한

(A) **attached**
(B) introduced
(C) influenced
(D) expressed

첨부된 서류는 당신의 직업에 관한 중요한 정보를 포함하고 있습니다.

과거분사

문맥상 '첨부된 서류'라고 문장을 완성해야 하므로 과거분사 (A) attached(첨부된)가 가장 적절한 선택입니다.

Part 6

Questions 9-10 refer to the following letter.

17 July
7월 17일

Dear Dr. Blacks,
블랙스 박사님께

Thank you / for your phone call / **requesting** an estimate / from the Excel Cleaning Services.

감사합니다 / 전화를 주셔서 / 견적서를 요청하는 / 엑셀 클리닝 서비스로부터

As you know, / Excel Cleaning Services specializes in / serving medical offices / throughout the Provo area / with the best cleaning method.

귀하도 아시는 것처럼 / 엑셀 클리닝 서비스는 전문으로 합니다 / 진료실에 서비스 제공을 / 프로보 지역에 / 최고의 세척 방법으로

A representative will visit your office / on July 23 / to assess / the particular needs of your practice.

직원이 귀하의 사무실을 방문할 것입니다 / 7월 23일에 / 평가하기 위해 / 특정 필요를

A price quote will be provided / within 24 hours of the site visit.

비용 견적은 제공될 것입니다 / 현장 방문 24시간 이내

We appreciate your inquiry / and look forward to meeting you soon.

귀하의 문의에 감사 드리며 / 곧 만나 뵙기를 기대합니다

Best regards,
진심으로,

Mark Peterson, President
마크 피터슨, 사장
Excel Cleaning Services
엑셀 클리닝 서비스

7월 17일

블랙스 박사님께

엑셀 클리닝 서비스로부터 견적서를 요청하는 전화를 주셔서 감사합니다. 귀하도 아시는 것처럼 엑셀 클리닝 서비스는 최고의 세척 방법으로 프로보 지역 진료실에 서비스 제공을 전문으로 합니다. 직원이 귀하 사무실의 특정 필요를 평가하기 위해 귀하의 사무실을 7월 23일에 방문할 것입니다. 비용 견적은 현장 방문 24시간 이내 제공될 것입니다. 귀하의 문의에 감사 드리며 곧 만나 뵙기를 기대합니다.

진심으로,

마크 피터슨, 사장
엑셀 클리닝 서비스

9 (A) request
(B) requested
(C) requesting
(D) to request

해설 현재분사

빈칸 뒤에 목적어 an estimate가 있고, phone call의 특성을 나타내는 현재분사 (C) requesting(요청하는)이 정답입니다.

新 **10** (A) This is the first event in our July schedule.
(B) Contractor mistakes can be costly.
(C) The process can be time-consuming.
(D) A price quote will be provided within 24 hours of the site visit.

(A) 이것은 7월 일정의 첫 번째 행사입니다.
(B) 계약자 실수는 비용이 많이 듭니다.
(C) 과정은 시간 소모적일 수 있습니다.
(D) 비용 견적은 현장 방문 후 24시간 이내 제공될 것입니다.

해설 문장 삽입

견적요청에 답하는 편지로, 현장방문 후 비용 견적을 제공한다는 내용으로 문장을 완성해야 하므로 (D)가 가장 적절한 선택입니다.

Questions 11-12 refer to the following letter.

October 20
10월 20일

Dear Mr. Nelson:
넬슨 씨에게:

We received your letter / describing the problem / you are having with the camera / you purchased from us / in May of last year.
저희는 편지를 잘 받았습니다 / 문제와 관련한 / 당신 카메라의 / 저희에게서 구매한 / 작년 5월에

Unfortunately, / your warranty for this product / has expired.
안타깝게도 / 이 제품에 대한 품질 보증 기간은 / 만료되었습니다

The warranty offers free service / for a period of one year / from the date of purchase, / but your camera was purchased / fifteen months ago.
보증 내용은 무료 서비스를 제공하는 것입니다 / 1년 간 / 구매한 날짜로부터 / 그러나 카메라가 구매되었습니다 / 15개월 전에

If you still want us / to repair your camera, / please follow the directions / on the enclosed card / to send the item to us.
당신이 여전히 우리가 ~하기를 원한다면 / 카메라를 수리하다 / 지침을 따라주십시오 / 동봉된 카드 상에 / 저희에게 물건을 보내는

Sincerely yours,
감사합니다.

James Brown
제임스 브라운
Customer Service Manager, Peterson Inc.,
고객서비스 매니저, 피터슨 주식회사

10월 20일

넬슨 씨에게:

작년 5월에 저희에게서 구매한 카메라 문제와 관련한 편지를 잘 받았습니다. 안타깝게도 귀하의 이 제품에 대한 품질 보증 기간은 만료되었습니다. 보증 내용은 구매한 날짜로부터 1년 간 무료 서비스를 제공하는 것이지만 당신의 카메라는 15개월 전에 구매되었습니다. 당신이 여전히 당신의 카메라를 수리하고 싶으시다면, 동봉된 카드 상에 저희에게 물건을 보내는 지침을 따라주십시오.

감사합니다.

제임스 브라운
고객서비스 매니저, 피터슨 주식회사

11 (A) describe
(B) describing
(C) described
(D) to describe

현재분사

빈칸 뒤에 목적어 the problem이 있어서 편지의 내용을 이야기하고 있으므로, 현재분사 (B) describing(언급하는, 묘사하는)이 정답입니다.

---

12 (A) to enclosed
    (B) enclosing
    (C) enclosed
    (D) encloses

과거분사

빈칸 뒤에 나온 명사 card를 수식하고 수동의 의미를 가지는 분사 자리로 과거분사 (C) enclosed(동봉된)가 정답입니다.

Check Up
p.215-220

1 (D) as cheaper as

해설 동등(원급)비교에서 as와 as 사이에는 부사나 형용사의 원급만 들어가야 합니다.

2 as

SAM의 최신 휴대폰은 경쟁사의 모델만큼 작다.

해설 동등(원급)비교는 as 형용사 as 형태로 쓰입니다.

3 more recently

컴퓨터는 프린터보다 좀더 근래에 교체되었다.

해설 비교급

앞의 문장에서 부사가 추가될 수 있기 때문에 more recently가 정답입니다.

4 speediest

NC 55는 오늘날 가장 빠른 노트북으로 광고되고 있다.

해설 최상급

최상급 표현은 the 형용사/부사에 −est를 붙여서 만듭니다.

5 worse

문제는 우리가 예상했던 것보다 더 나빴다.

해설 비교급

보기 뒤에 than이 있으므로 앞에는 비교급 worse를 써야 합니다.

6 a lot

해설 비교급을 강조하는 부사

비교급 more을 강조하는 부사는 a lot(훨씬)입니다.

7 much

해설 비교급을 강조하는 부사

비교급 more을 강조하는 부사는 much(훨씬)입니다.

8 rather than

해설 비교급 관용어구 rather than

rather than(차라리 ~하다)는 자주 쓰이는 표현입니다. later than은 '~보다 늦게'의 뜻으로 오답입니다.

연습문제/기출문제
p.221

1. as	2. no later	3. rapidly	4. cheapest
5. (A)	6. (C)	7. (C)	8. (C)

1 Holly Tea is / as popular as / Geo Bean Coffee / in the county.

할리 티는 그 나라에서 지오 빈 커피만큼이나 인기가 있다.

할리 티는 / ~만큼이나 인기가 있다 / 지오 빈 커피 / 그 나라에서

해설 as 형용사 as

be동사 + as 형용사 as + A(A만큼 ~하다) 표현은 자주 쓰입니다.

2 Applicants should / complete the application online / no later than June 1.

지원자들은 ~해야 한다 / 온라인상에서 신청을 완료하다 / 늦어도 6월 1일까지

> 지원자들은 늦어도 6월 1일까지 온라인상에서 신청을 완료해야 한다.

`해설` 비교급 관용어구 no later than

no later than은 '늦어도 ~까지'라는 뜻의 비교급 관용어구입니다.

---

3 In case of fire, / please vacate the building / as rapidly as possible.

화재 시 / 건물에서 대피하세요 / 가능한 빨리

> 화재 시, 가능한 빨리 건물에서 대피하세요.

`해설` as 부사 as

앞에 나오는 동사 vacate를 수식하는 자리이므로 rapidly가 가장 적절한 선택입니다.

---

4 Fun Travel offers / the cheapest flights available / from Japan to Canada.

펀 트래블은 제공한다 / 가장 저렴한 항공편을 / 일본에서 캐나다까지

> 펀 트래블은 일본에서 캐나다까지 가장 저렴한 항공편을 제공한다.

`해설` 최상급

정관사 the와 명사 flights 사이에 최상급 표현인 cheapest가 들어갈 수 있습니다.

---

5 The company's financial situation / was more difficult than / they had expected / because of the recession.

회사의 재정 상태는 / ~보다 더 어려웠다 / 그들이 예상했다 / 불경기 때문에

> 불경기 때문에 회사의 재정 상태는 그들이 예상했던 것보다 더 어려웠다.

(A) more difficult
(B) difficulty
(C) most difficult
(D) difficult

`해설` 비교급

than과 짝을 이루는 형용사의 비교급 (A) more difficult(더 어려운)가 정답입니다.

---

6 Our toaster design / is more efficient than / the competitor's latest release.

우리 토스터 디자인은 / ~보다 더 효율적이다 / 최근에 발표된 경쟁자들의 토스터

> 우리 토스터 디자인은 최근에 발표된 경쟁자들의 토스터보다 더 효율적이다.

(A) most efficiently
(B) efficiently
(C) more efficient
(D) as efficient

`해설` 비교급

than과 짝을 이루는 형용사의 비교급 (C) more efficient(더 효율적인)가 정답입니다.

---

7 Last year / Delta Airline cancelled more flights / than any other North American airline.

지난해 / 델타 항공사는 더 많은 항공편을 취소했다 / 북아메리카 대륙에 있는 어떤 항공사보다도

> 지난해 델타 항공사는 북아메리카 대륙에 있는 어떤 항공사보다도 더 많은 항공편을 취소했다.

(A) while
(B) whether
(C) than
(D) as

`해설` 비교급

비교급 more와 짝을 이루는 (C) than(~보다)이 정답입니다.

8 After / our company expanded into / the international market, / our revenues **more than** doubled.

~한 후에 / 우리 회사가 ~로 확장하다 / 국제 시장 / 우리의 수익은 두 배 이상 되었습니다

(A) ever
(B) much more
(C) more than
(D) even more

해설 비교급

more than은 부사구로 '~이상' 이라고 해석하면 됩니다. doubled가 '두 배가 되었다'라는 자동사이므로, 동사 수식은 부사가 하기 때문에 (C) more than이라는 부사구가 정답입니다. more than doubled(두 배 이상 되었다)

실전문제							p.222-224
Part 5	1. (C)	2. (D)	3. (C)	4. (C)	5. (A)	6. (B)	7. (D)	8. (B)
Part 6	9. (C)	10. (A)	11. (A)	12. (D)				

Part 5

1 Flight 777 to Toronto / took off / three hours **later** than expected / because of bad weather conditions.

토론토 행 777 항공편은 / 이륙했다 / 예상보다 3시간 늦게 / 나쁜 날씨 때문에

(A) late
(B) lately
(C) later
(D) latest

해설 비교급

than과 짝을 이루는 형용사의 비교급 (C) later(더 늦게)가 정답입니다.

2 The price of oil / plunged **much** faster than / we had expected.

유가는 / ~보다 훨씬 빠르게 급락했다 / 우리가 예상했다

(A) more
(B) as
(C) many
(D) much

해설 비교급을 강조하는 부사

비교급 faster을 강조하는 부사는 (D) much(훨씬)입니다.

3 Contestants selected to receive awards / will be informed / no **later** than March 20.

상을 받도록 선정된 참가자들은 / 통보될 것이다 / 늦어도 3월 20일까지

(A) late
(B) latest
(C) later
(D) lately

해설 비교급 관용어구 no later than

no later than(= at the latest)는 '늦어도 ~까지'의 뜻으로 자주 쓰이는 표현입니다.

우리 회사가 국제 시장으로 확장한 후에, 우리의 수익은 두 배 이상 되었습니다.

토론토 행 777 항공편은 나쁜 날씨 때문에 예상보다 3시간 늦게 이륙했다.

유가는 우리가 예상했던 것보다 훨씬 빠르게 급락했다.

상을 받도록 선정된 참가자들은 늦어도 3월 20일까지 통보될 것이다.

4 Ms. Twain's latest novel / will be on sale / in bookstores / in March.
트웨인 씨의 최신 소설은 / 판매될 것이다 / 서점에서 / 3월에

(A) late
(B) lately
(C) latest
(D) more lately

트웨인 씨의 최신 소설은 3월에 서점에서 판매될 것이다.

해설 최상급

소유격과 명사 사이에는 형용사가 들어가야 하는데 (A) late와 (C) latest가 형용사입니다. (A) late(늦은)는 의미상 맞지 않고 (C) latest(최신의)가 정답이 됩니다. 소유격 다음에는 최상급을 쓸 수 있습니다.

5 Mr. Smith's revised marketing presentation / is an improvement / on his earlier version.
스미스 씨의 수정된 마케팅 발표는 / 개선된 것이다 / 이전 버전에서

(A) earlier
(B) lowest
(C) sudden
(D) added

스미스 씨의 수정된 마케팅 발표는 이전 버전에서 개선된 것이다.

해설 비교급

문맥상 '이전 버전에서 개선된 것이다'라고 문장을 완성해야 하므로 비교급 (A) earlier(이전의)가 정답입니다.

6 Of all the students / I have taught / for the last 18 years, / John is the most intelligent.
모든 학생들 중에서 / 내가 가르쳤던 / 지난 18년 동안 / 존이 가장 똑똑하다

(A) more intelligent
(B) most intelligent
(C) more intelligently
(D) most intelligently

지난 18년 동안 내가 가르쳤던 모든 학생들 중에서 존이 가장 똑똑하다.

해설 최상급

빈칸은 be동사 뒤에 나오므로 형용사를 써야 하고 앞에 정관사 the가 있으므로 최상급 (B) most intelligent를 써야 합니다.

7 Passwords / utilizing / a combination of letters and numbers / create the strongest security.
비밀번호들은 / ~을 이용하는 / 문자와 숫자의 조합 / 가장 안전하다

(A) strength
(B) strongly
(C) strengthen
(D) strongest

문자와 숫자의 조합을 이용하는 비밀번호들은 가장 안전하다.

해설 최상급

정관사 the와 명사 security 사이에 최상급 표현인 (D) strongest가 들어갈 수 있습니다.

8 The company found / that replacing all of its copy machines / would be cheaper / than repairing them.
그 회사는 알아냈다 / 자사의 모든 복사기를 교체하는 것이 / 더 저렴하다 / 그것들을 수리하는 것보다

(A) cheap
(B) cheaper
(C) more cheaply
(D) cheaply

그 회사는 자사의 모든 복사기를 교체하는 것이 수리하는 것보다 더 저렴하다는 것을 알아냈다.

해설 비교급

than과 짝을 이루는 형용사의 비교급 (B) cheaper(더 저렴한)가 정답입니다.

Part 6

Question 9-10 refer to the following e-mail.

To: Staff Members
수신: 직원들
From: John Smith
발신: 존 스미스
Date: May 28
날짜: 5월 28일
Subject: New Copy Machine
주제: 새로운 복사기

Dear Colleagues,
친애하는 직원 여러분,

Yesterday / a new copy machine was installed / in the copy center / to replace the one that had repeatedly broken down.
어제 / 새로운 복사기가 설치되었습니다 / 복사실에 / 복사기를 대신하기 위해서 / 계속해서 반복적으로 고장이 났던

We trust that / the new one will be more reliable / than the old one.
우리는 신뢰합니다 / 새로운 복사기가 더 믿을 수 있는 복사기라고 / 이전 것보다

This is / one of the most advanced models, / so we expect that / it will serve us well / for many years.
이것은 ~입니다 / 가장 최신 모델들 중 하나 / 그래서 우리는 기대합니다 / 잘 쓸 수 있을 거라고 / 수 년간

If you have questions / about how to use the new copier, / you can consult the manual / located in the cabinet / next to the copier.
질문이 있으시면 / 새로운 복사기를 어떻게 사용하는지에 관한 / 사용설명서를 참고하세요 / 캐비닛 안에 있는 / 복사기 옆

Best regards,
행운을 빕니다,

John Smith
존 스미스

수신: 직원들
발신: 존 스미스
날짜: 5월 28일
주제: 새로운 복사기

친애하는 직원 여러분,

계속해서 반복적으로 고장이 났던 복사기를 대신하기 위해서 어제 새로운 복사기가 복사실에 설치되었습니다. 우리는 새로운 복사기가 이전 것보다 더 믿을 수 있는 복사기라고 신뢰합니다. 이 복사기는 가장 최신 모델들 중 하나기 때문에 수 년간 잘 쓸 수 있을 겁니다. 새로운 복사기를 어떻게 사용하는지에 관한 질문이 있으시면, 복사기 옆 캐비닛 안에 있는 사용설명서를 참고하세요.

행운을 빕니다,

존 스미스

---

9 (A) achievable
(B) portable
(C) reliable
(D) expensive

해설 형용사 어휘

문맥상 '이전 것 보다 더 믿을 수 있는 복사기라고 신뢰합니다'라고 문장을 완성해야 하므로 형용사 (C) reliable(믿을 수 있는)이 정답입니다.

---

10 (A) most
(B) less
(C) as
(D) than

해설 최상급 one of the most + 복수 명사

최상급이 포함된 표현으로 'one of the most + 복수 명사'가 있습니다. 문맥상 '가장 최신 복사기들 중의 하나'가 되므로 정답은 (A) most입니다.

Questions 11-12 refer to the following article.

John Anderson announced / on Monday / that his company, / Columbia, / will relocate its production facility / from Provo city to Orem city / next month.
존 앤더슨은 발표했다 / 월요일에 / 그의 회사, / Columbia가 / 생산 시설을 이전할 것이라고 / 프로보 시에서 오렘 시로 / 다음 달

At the same time, / the existing facility will undergo / a significant expansion.
동시에 / 이 기존 시설은 ~을 한다 / 크게 확장을

The larger factory will create / many employment opportunities / in the area.
확장한 공장은 창출해 낼 것이다 / 많은 고용기회를 / 이 지역에서

Columbia, / a leading manufacturer of outdoor gear / has a long-term plan / to develop a wider variety of clothes.
Columbia는 / 선도하는 아웃도어 장비 제조업체로 / 장기 계획을 가지고 있다 / 많은 종류의 의류를 개발하려는

존 앤더슨은 그의 회사 Columbia가 생산 시설을 프로보 시에서 오렘 시로 다음 달 이전할 것이라고 월요일에 발표했다. 동시에 이 기존 시설은 크게 확장을 할 것이다. 확장한 공장은 이 지역에서 많은 고용기회를 창출해 낼 것이다. Columbia는 선도하는 아웃도어 장비 제조업체로 많은 종류의 의류를 개발하려는 장기 계획을 가지고 있다.

新 **11** (A) The larger factory will create many employment opportunities in the area.
(B) It can be difficult to find qualified candidates for a position.
(C) Applicants can submit résumés online or in person.
(D) Your new product ideas were especially informative.

(A) 확장한 공장은 이 지역에서 많은 고용 기회를 창출해 낼 것이다.
(B) 일자리를 위한 자격을 갖춘 후보자를 찾는 것이 어려울 수 있다.
(C) 지원자는 온라인이나 직접 이력서를 제출할 수 있다.
(D) 귀하의 신제품 아이디어는 특히 유익했습니다.

해설 문장 삽입

생산시설의 이주와 확장에 관한 기사로, 확장의 결과로 나타날 수 있는 내용을 빈칸에 삽입해야 합니다. 따라서 공장 확장이 고용기회를 창출한다고 한 (A)가 가장 적절한 선택입니다.

---

12 (A) widen
(B) widest
(C) width
(D) wider

해설 비교급

관사 a와 명사 variety 사이 빈칸에 형용사가 들어갈 수 있으므로 정답은 (D) wider입니다. 선택지 (B) widest도 형용사지만 앞에 정관사 the가 있어야 사용이 가능합니다.

Check Up
p.229-236

1 (C) under develop

해설 under development 건설 중

---

2 (C) 형용사 수식

해설 전치사구는 명사를 수식하거나 동사를 수식, 문장 전체를 수식합니다.

---

3 in

올 스테이트 사는 로스엔젤레스에 그들의 새로운 지사를 연다.

해설 장소 전치사 in

도시 이름 앞에는 전치사 in을 써야 합니다.

---

4 on

힐튼 호텔은 그들의 손님이 도착 시 프런트에서 투숙 수속을 밟도록 요구한다.

해설 시간 전치사 on

on arrival 도착 시

---

5 at

우리는 당신이 월례회의에서 새로운 제품의 시범 설명을 하길 원합니다.

해설 장소 전치사 at

at the monthly meeting 월례회의에서

---

6 until

그녀는 6시까지 일했다.

해설 전치사 until

문맥상 '그녀는 6시까지 계속 일했다'이므로 정답은 until(~까지)입니다.

---

7 since

우리는 2시 이래로 여기서 기다리고 있었다.

해설 시점의 전치사 since

문맥상 '우리는 2시 이래로 여기서 기다리고 있었다'이므로 정답은 since(~ 이래로)입니다.

---

8 throughout

그 식료품점은 일년 내내 매 주말에 연다.

해설 기간의 전치사 throughout

문맥상 '그 식료품점은 일년 내내 매 주말에 연다'이므로 정답은 throughout(~ 내내)입니다.

---

9 toward

모든 창문은 강 쪽으로 향해 있다.

해설 방향의 전치사 toward

문맥상 '모든 창문은 강 쪽으로 향해 있다'이므로 정답은 toward(~ 쪽으로)입니다.

---

10 because

제임스 사는 그들의 경쟁사가 가격을 내렸기 때문에 지난 분기 판매에 어려움을 겪었다.

해설 접속사 because

앞의 주절 Sales at James Company suffered last quarter와 뒤의 종속절 its competitors cut prices를 이어주는 접속사 because가 들어가야 합니다. because of는 뒤에 명사가 올 수 있습니다.

11 although

관광 팀은 완벽한 일정을 받지 않았음에도 불구하고 파리로 떠났다.

해설 접속사 although

앞의 주절 The tour group left for Paris와 뒤의 종속절 they had not received their complete itinerary를 이어주는 접속사 although가 들어가야 합니다. 전치사 despite는 뒤에 명사가 와야 합니다.

연습문제/기출문제   p.237

| 1. in | 2. from | 3. by | 4. in |
| 5. (D) | 6. (B) | 7. (A) | 8. (B) |

1 The results of the manufacturer's survey / will be released / in three months.

제조업자의 조사 결과는 / 공개될 것입니다 / 3개월 후에

제조업자의 조사 결과는 3개월 후에 공개될 것입니다.

해설 시간 전치사 in

시간의 기간 앞에 전치사 in을 쓰면 '3개월 후에'라는 의미가 되므로 가장 적절한 표현이 됩니다.

2 Buses are / the only mode of public transportation / from the hotel / to the convention center.

버스는 ~이다 / 유일한 대중교통 수단 / 호텔에서 / 컨벤션 센터까지 가는

버스는 호텔에서 컨벤션 센터까지 가는 유일한 대중교통 수단이다.

해설 장소 전치사 from

문맥상 '호텔에서 컨벤션 센터까지'가 되므로 빈칸에 from이 들어가야 합니다. from A to B(A에서 B까지)

3 We expect / the ceremony to be over / by 11:30 A.M.

우리는 예상한다 / 의식이 끝날 것으로 / 오전 11:30분까지

우리는 의식이 오전 11시 30분까지 끝날 것으로 예상한다.

해설 시간 전치사 by

문맥상 '의식이 오전 11시 30분까지 끝나다'가 되므로 빈칸에 by가 들어가야 합니다.

4 Refreshments will be served / in the main lobby / after Dr. Hwang's speech.

다과가 제공될 것이다 / 메인 로비에서 / 황박사의 강연이 있고 난 다음

황박사의 강연이 있고 난 다음 메인 로비에서 다과가 제공될 것이다.

해설 장소 전치사 in

문맥상 '메인 로비에서 다과가 제공될 것이다'가 되므로 빈칸에 in이 들어가야 합니다.

5 During his vacation, / Mark traveled to New York City.

그의 휴가 동안에 / 마크는 뉴욕시로 여행을 갔다

그의 휴가 동안에 마크는 뉴욕시로 여행을 갔다.

(A) By
(B) Between
(C) From
(D) During

해설 기간 전치사 during

문맥상 '그의 휴가 동안에'가 되므로 빈칸에 전치사 (D) During이 들어가야 합니다.

6 Employees are not allowed / to make personal phone calls / while they are on duty.

직원들은 그들의 근무 중에 개인적인 전화를 할 수 없습니다.

직원들은 ~할 수 없습니다 / 개인적인 전화를 하다 / 그들의 근무 중에

(A) during
(B) while
(C) after
(D) still

해설 기간 전치사 while

빈칸 뒤에 주어와 동사(they are)가 나왔으므로 접속사가 들어가야 하고, 문맥상 '그들의 근무 중에'가 되므로 전치사 (B) while이 정답입니다.

---

7 Sales of the Super 800 computer / have doubled / over the last two years.

Super 800 컴퓨터의 판매가 지난 2년간에 걸쳐 두 배가 되었다.

Super 800 컴퓨터의 판매가 / 두 배가 되었다 / 지난 2년간에 걸쳐

(A) over
(B) on
(C) at
(D) of

해설 기간 전치사 over

전치사 over는 시간의 기간 앞에 쓰여 '걸쳐(서)'라는 의미로 쓰이는 전치사입니다. over the last two years(지난 2년간에 걸쳐)

---

8 Construction at the new shopping facility / will continue / until August.

새로운 쇼핑 시설에서의 건설은 8월까지 계속될 것이다.

새로운 쇼핑 시설에서의 건설은 / 계속될 것이다 / 8월까지

(A) on
(B) until
(C) at
(D) under

해설 시점 전치사 until

월 앞에는 일반적으로 전치사 in을 쓰지만 문맥상 '5월까지 계속된다'가 되어서 전치사 (B) until이 정답입니다.

실전문제							p.238-240
Part 5	1. (D)	2. (B)	3. (B)	4. (D)	5. (A)	6. (C)	7. (B)	8. (B)
Part 6	9. (B)	10. (A)	11. (D)	12. (D)				

Part 5

1 Our contract / with Peterson Office Equipment Services / was just renewed / by Mr. Cook.

피터슨 사무용품 서비스와의 계약은 쿡 씨에 의해 방금 막 갱신되었다.

우리의 계약은 / 피터슨 사무용품 서비스와의 / 방금 막 갱신되었다 / 쿡 씨에 의해

(A) to
(B) between
(C) over
(D) by

해설 행위자 전치사 by

수동태의 문장에서 행위자를 나타내는 전치사는 (D) by입니다.

2 Days Inn / will install / longer-lasting light bulbs / **in** all of its rooms / next week.

데이즈 인은 / 설치할 것이다 / 내구성이 좋은 전구를 / 모든 객실에 / 다음주에

(A) after
(B) in
(C) of
(D) on

데이즈 인은 다음 주에 내구성이 좋은 전구를 모든 객실에 설치할 것이다.

해설 장소 전치사 in
문맥상 '모든 객실 안'이 되므로 빈칸에 전치사 (B) in이 들어가야 합니다.

---

3 All merchandise / for deliveries / must be inspected / **before** shipment.

모든 상품은 / 배송되는 / 검사되어야 한다 / 선적 전에

(A) within
(B) before
(C) either
(D) after

배송되는 모든 상품은 선적 전에 검사되어야 한다.

해설 시점의 전치사 before
문맥상 '선적 전에 검사가 이루어져야 한다'가 되므로 전치사 (B) before가 정답입니다.

---

4 Pro Sporting Goods plans / to open a second store / **within** a year.

프로 스포팅 굿즈는 / ~할 계획이다 / 2호점을 열다 / 1년 이내에

(A) about
(B) during
(C) without
(D) within

프로 스포팅 굿즈는 1년 이내에 2호점을 열 계획이다.

해설 기간의 전치사 within
문맥상 '1년 이내에'라고 문장을 완성해야 하므로 선지사 (D) within이 정답입니다.

---

5 Ms. Oaks was unable to / meet Ms. Smith / until late afternoon / **due to** a flight delay.

오크 씨는 ~할 수 없었다 / 스미스 씨를 만나다 / 오후 늦게까지 / 항공편 지연으로

(A) due to
(B) because
(C) although
(D) despite

항공편 지연으로 오크 씨는 오후 늦게까지 스미스 씨를 만날 수 없었다.

해설 전치사 due to
빈칸 뒤에 명사가 있으므로 전치사가 들어가야 하고, 문맥상 '항공편 지연때문에'가 되므로 정답은 전치사 (A) due to입니다.

---

6 **At** the press conference, / Ms. Bednar announced plans / for the renovation of the factory.

기자회견에서 / 베드나 씨는 계획을 발표했다 / 공장 개조에 대한

(A) About
(B) Against
(C) At
(D) Along

기자회견에서, 베드나 씨는 공장 개조에 대한 계획을 발표했다.

해설 장소 전치사 at
문맥상 '기자회견에서'라고 문장을 완성해야 하므로 전치사 (C) At이 정답입니다.

7 Delta Books has reported / a 20 percent increase in profits / over the past six months.

델타 북스는 보고했다 / 20%의 수익 증가를 / 지난 6개월 간에 걸쳐

(A) again
(B) over
(C) further
(D) more

> 해설 기간 전치사 over
>
> 시간의 기간(the past six months) 앞에 전치사 (B) over를 써야 합니다.

델타 북스는 지난 6개월 간에 걸쳐 20%의 수익 증가를 보고했다.

8 The keynote speaker / for the annual conference / will be announced / on Monday, / July 7.

기조 연설자는 / 연례 회의를 위한 / 발표될 것이다 / 월요일에 / 7월 7일

(A) among
(B) for
(C) about
(D) by

> 해설 전치사 for
>
> 문맥상 '~을 위한 기조연설자'가 되므로 전치사 (B) for가 가장 적절합니다.

연례 회의를 위한 기조 연설자는 7월 7일 월요일에 발표될 것이다.

Part 6

Questions 9-10 refer to the following information.

The computers / you have ordered / contain reconditioned parts.
컴퓨터는 / 귀가 주문하신 / 수선된 부품을 포함하고 있습니다
Reconditioned parts / carry a one-year limited warranty.
수선된 부품은 / 1년 한도로 품질이 보증됩니다
Circuit Electronics Center will / replace a reconditioned part / at no charge / if a claim is filed / before the warranty expires / and the malfunction is / due to a defect in materials.
Circuit Electronics Center는 ~할 것입니다 / 수선된 부품을 교환하다 / 무료로 / 만약 요청이 온다면 / 보증기간이 만료되기 전에 / 오작동이 되다 / 부품상의 결함으로
If you are / dissatisfied with your computer / for any reason, / you may return it to us / for a full refund / within 30 days of the date of purchase.
만약에 귀가가 ~한다면 / 컴퓨터에 대해 만족하지 못하다 / 어떤 이유로든 / 반납할 수 있습니다 / 전액 환불을 받기 위해 / 구매 날짜로부터 30일 이내에
A refund will be issued / within three weeks.
환불은 처리될 것입니다 / 3주 이내에

귀하가 주문하신 컴퓨터는 수선된 부품을 포함하고 있습니다. 수선된 부품은 1년 한도로 품질이 보증됩니다. 만약 보증기간이 만료되기 전에 부품상의 결함으로 오작동한다는 요청이 온다면 Circuit Electronics Center는 무료로 수선된 부품을 교환해 줄 것입니다. 만약 귀하가 컴퓨터에 대해 어떤 이유로든 만족하지 못한다면 구매 날짜로부터 30일 이내에 전액 환불을 받기 위해 어떤 이유로든 반납할 수 있습니다. 환불은 3주 이내에 처리될 것입니다.

9 (A) since
(B) before
(C) for
(D) without

> 해설 접속사 before
>
> 문맥상 '만약에 보증기간이 만료되기 전에 부품상의 결함으로 오작동한다면'이라고 문장을 완성해야 하므로 접속사 (B) before가 정답입니다.

10 **(A) within**
    (B) on
    (C) except
    (D) due to

해설 기간의 전치사 within

문맥상 '구매 날짜로부터 30일 이내에 전액 환불을 받기 위해 반납할 수 있습니다'라고 문장을 완성해야 하므로 전치사 (A) within이 정답입니다.

Questions 11-12 refer to the following letter.

August 7
8월 7일
Jason Thomson
제이슨 톰슨
100W Center Street
100W 센터 가

Dear Mr. Thomson,
톰슨 씨에게,
You have been selected / to receive this year's Smith Supermarkets Prize.
귀하는 선정되었습니다 / 올해의 Smith Supermarkets Prize 수상자로
Your prize, / a $300 gift certificate from Smith Supermarkets, / is our way of showing our appreciation / for your patronage.
상금으로 / 300달러 Smith Supermarkets 상품권이 있으며 / 저희의 감사 표시입니다 / 귀하의 단골 거래에 대한
You can come and pick up your gift certificate / at our University Avenue location.
귀하는 오셔서 상품권을 받아가실 수 있습니다 / 우리의 University Avenue 지점에
The certificate is redeemable / at any Smith location / and can be used / for any products found / in our stores.
상품권은 교환할 수 있으며 / Smith 어느 지점에서라도 / 사용하실 수 있습니다 / 상점에 있는 어느 제품이든 간에
There are no restrictions / on using your gift certificate / with our special promotions.
어떤 제약도 받지 않습니다 / 귀하의 상품권 사용은 / 특별 세일에 대해

Congratulations!
축하합니다!

Tom Anderson, Marketing Manager
탐 앤더슨, 영업부장
Smith Supermarket
Smith 슈퍼마켓

8월 7일
제이슨 톰슨
100W 센터 가

톰슨 씨에게,
귀하는 올해의 Smith Supermarkets Prize 수상자로 선정되었습니다. 상금으로 300달러 Smith Supermarkets 상품권이 있으며 이것은 귀하의 단골 거래에 대한 저희의 감사 표시입니다. 귀하는 우리의 University Avenue 지점에 오셔서 상품권을 받아가실 수 있습니다. 상품권은 Smith 어느 지점에서라도 상품으로 교환할 수 있으며 상점에 있는 어느 제품이든 간에 사용하실 수 있습니다. 특별 세일에 대해 귀하의 상품권 사용은 어떤 제약도 받지 않습니다.

축하합니다!

탐 앤더슨, 영업부장
Smith 슈퍼마켓

新 **11** (A) We could not have done any of this without your generous support.
    (B) These will be available at a special price for a limited time.
    (C) See our website for information on new products that are now available.
    (D) You can come and pick up your gift certificate at our University Avenue location.

(A) 우리는 당신의 후한 지원이 없었다면 이러한 것을 할 수 없었을 것입니다.
(B) 이것들은 제한된 시간 동안 특별 가격으로 제공됩니다.
(C) 현재 이용할 수 있는 신제품에 대한 정보는 웹사이트를 참고하십시오.
(D) 귀하는 우리의 University Avenue 지점에 오셔서 상품권을 받아가실 수 있습니다.

해설 문장 삽입

단골 고객에게 감사의 표시로 상품권 수령 사실을 알려주는 내용이 빈칸 앞에 있으므로 이와 자연스럽게 연결될 수 있는 (D)가 가장 적절한 선택이다.

---

12 (A) during
  (B) except
  (C) owing to
  (D) for

해설 전치사 for

문맥상 '상점에 있는 제품은 어느 것이든 구입하실 수 있습니다'라고 문장을 완성해야 하므로 전치사 (D) for이 정답입니다.

실전문제   p.254-262

1. (B)	2. (B)	3. (B)	4. (D)	5. (B)	6. (A)	7. (C)	8. (B)	9. (D)
10. (A)	11. (A)	12. (D)	13. (B)	14. (D)	15. (A)	16. (D)	17. (A)	18. (D)

Questions 1-2 refer to the following e-mail.

To: Harold Prince<hprince@westmoreinternational.com>
수신: 해럴드 프린스〈hprince@westmoreinternational.com〉
From: Justin Graham<justin@frontierlabs.com>
발신: 저스틴 그레이엄〈justin@frontierlabs.com〉
Subject: Tomorrow's Meeting
제목: 내일 회의

Dear Mr. Prince,
프린스 씨,

[1] I know / we are supposed to have a meeting / tomorrow morning, / but something has come up.
알고 있습니다 / 우리가 만나기로 되어있는 것을 / 내일 아침 / 그러나 문제가 생겼습니다.
Our meeting is important / to me, / so if that is the only time / you can meet, / I will be there.
우리의 모임은 중요합니다 / 저에게 / 오직 그때만 된다면 / 당신이 만날 수 있다 / 제가 그 시간에 가겠습니다
[1, 2] However, / if you could possibly meet / in the afternoon or the following day / instead, / it would really help me out.
하지만 / 당신이 만날 수 있다면 / 그날 오후나 다른 날에 / 대신 / 저에게 정말 도움이 될 것입니다 /
Please respond / as soon as possible / so that I can make arrangements / either way.
답장을 주셔서 / 가능한 빨리 / 제가 준비할 수 있도록 해주시기 바랍니다 / 그날이나 다른 날에

수신: 해럴드 프린스〈hprince@westmoreinternational.com〉
발신: 저스틴 그레이엄〈justin@frontierlabs.com〉
제목: 내일 회의

프린스 씨,

내일 아침 우리가 만나기로 되어있는 것을 알고 있습니다만 문제가 생겼습니다. 우리의 모임은 저에게 중요하기에 당신이 오직 그때에만 만날 수 있다면 제가 그 시간에 가겠습니다. 하지만 그날 오후나 대신 다른 날에 만날 수 있다면 저에게 정말 도움이 될 것입니다. 가능한 빨리 답장을 주셔서 제가 그날이나 다른 날에 준비할 수 있도록 해주시기 바랍니다.

---

1 Why did Mr. Graham write the e-mail?
(A) To cancel a meeting
(B) **To postpone a meeting**
(C) To remind someone of a meeting
(D) To schedule a meeting

왜 그레이엄 씨는 이 이메일을 작성했는가?
(A) 모임을 취소하기 위해
(B) 모임을 연기하기 위해
(C) 누군가에게 모임을 상기시키기 위해
(D) 모임 시간을 정하기 위해

해설 주제나 목적을 묻는 문제
편지에서 주제나 목적을 묻는 문제입니다. 지문의 맨 첫 문장에 I know ~, but something has come up, 우리가 내일 만나기로 되어 있는데 다른 일이 생겼다는 내용이 나오고 뒷부분에 However, if you ~ help me out, 그날 오후나 다른 날에 만나면 좋겠다는 내용이 나오므로 다른 말로 바꾸어 표현한 (B) To postpone a meeting이 정답입니다.

---

2 What piece of information needs to be confirmed?
(A) The location of a meeting
(B) **The time and date of the meeting**
(C) The people attending the meeting
(D) The reason for the meeting

어떤 정보가 확인이 되어야 하는가?
(A) 모임 장소
(B) 모임 시간과 날짜
(C) 모임에 참석하는 사람들
(D) 모임에 대한 이유

편지에서 구체적인 정보를 묻는 문제입니다. 지문에 'if you could possibly meet in the afternoon or the following day instead, it would really help me out.' 그날 오후나 대신 다른 날에 만나면 좋겠다는 말이 나오므로 모임 시간과 날짜와 관련된 (B) The time and date of the meeting이 정답입니다.

Questions 3-4 refer to the following letter.

March 8
3월 8일

George Cook
조지 쿡
1145 Dove Creek Ave.
도브 크리크 가 1145번지
Austin, TX 73301
오스틴, 텍사스 73301

Dear Mr. Cook:
쿡 씨께:

³ I am writing / in response to the complaint letter / you have sent out on March 2 / concerning the issue / with your Nanotech Voice Recorder.
저는 이 편지를 보냅니다 / 불만 서신에 대한 답변으로 / 당신이 3월 2일에 발송한 / ~의 문제에 관해 / 나노테크 보이스 레코더의

⁴ We at Nanotech Electronics / offer supreme quality products / and strive to provide our customers / with excellent service.
저희 나노테크 일렉트로닉스에서는 / 최고 품질의 제품을 제공하고 / 고객들에게 제공하기 위해 노력하고 있습니다 / 최상의 서비스를

A replacement product has been sent / to your address / with no additional cost. / We expect / you to receive your new product / in 5-7 business days.
교환 제품은 배송 되었습니다 / 귀하의 주소로 / 추가 비용 없이 / 저희는 예상합니다 / 귀하가 새 제품을 받을 것으로 / 5~7일의 영업일 후에

We apologize / for any inconvenience / caused by the faulty product.
저희가 사과 드립니다 / 불편을 / 결함 있는 제품으로 야기된

Please contact us / at customerservice@nanotech.com / for any other questions or inquiries.
문의하시기 바랍니다 / customerservice@nanotech.com에 / 다른 질문이나 문의사항은

Caitlyn Steele
케이틀린 스틸
Customer Support
고객 지원부
Nanotech Electronics
나노테크 일렉트로닉스

3월 8일

조지 쿡
도브 크리크 가 1145번지
오스틴, 텍사스 73301

쿡 씨께:

저는 나노테크 보이스 레코더의 문제에 관해 당신이 3월 2일에 발송한 불만 서신에 대한 답변으로 이 편지를 보냅니다. 저희 나노테크 일렉트로닉스에서는 최고 품질의 제품을 제공하고 최상의 서비스를 고객들에게 제공하기 위해 노력하고 있습니다. 교환 제품은 추가 비용 없이 귀하의 주소로 배송되었습니다. 저희는 귀하가 5~7일의 영업일 후에 새 제품을 받을 것으로 예상합니다.

결함 있는 제품으로 야기된 불편을 사과 드립니다. 다른 질문이나 문의사항은 customerservice@nanotech.com에 문의하시기 바랍니다.

케이틀린 스틸
고객 지원부
나노테크 일렉트로닉스

---

3 What is the purpose of this letter?
(A) To advertise a new product
(B) To respond to a complaint
(C) To remind about a deadline
(D) To inform of a policy change

이 편지의 목적은 무엇인가?
(A) 신제품을 광고하기 위해서
(B) 불만사항에 답변하기 위해서
(C) 마감 시간을 상기시키기 위해서
(D) 정책의 변경을 통보하기 위해서

주제나 목적을 묻는 문제

주제에 관련된 문제는 글의 앞부분에 정답이 있습니다. 글의 앞부분에 I am writing in response to ~ with your Nanotech Voice Recorder, '저는 나노테크 보이스 레코더의 문제에 관해 당신이 3월 2일에 발송한 불만 서신에 대한 답변으로 이 편지를 보낸다'는 내용이 있으므로 다른 말로 바꾸어 표현한 (B) To respond to a complaint이 정답입니다.

4 What can be inferred about Nanotech Electronics?
(A) It has updated new software.
(B) It is going out of business.
(C) It is merging with another company.
(D) It has confidence in the quality of its products.

나노테크 일렉트로닉스에 대해 추론할 수 있는 것은 무엇인가?
(A) 그것은 새로운 소프트웨어를 업데이트했다.
(B) 그것은 폐업할 것이다.
(C) 그것은 다른 회사와 합병한다.
(D) 그것은 자사 제품의 품질에 자신감을 가지고 있다.

구체적인 정보를 추론하는 문제

구체적인 정보를 추론하는 문제는 키워드를 빠르게 파악한다면 정답을 빠르게 선택할 수 있습니다. 키워드는 Nanotech Electronics, 키워드 주변에 We at Nanotech Electronics ~ with excellent service, '저희 나노테크 일렉트로닉스에서는 최고 품질의 제품을 제공하고 최상의 서비스를 고객들에게 제공하기 위해 노력하고 있습니다'라는 내용이 있으므로 (D) It has confidence in the quality of its products.가 가장 적절한 선택입니다.

Questions 5-8 refer to the following letter.

Mountaintop Credit Union
마운틴탑 신용조합
1220 N University Ave
1220번지 노스 유니버시티 가
Salt Lake City, UT 90124
솔트레이크시, 유타주 90124

Dear Mr. Oaks,
친애하는 오크스 선생님께.

As you are aware, / the credit union / has board members / that serve / for a term of two years.
아시다시피. / 신용조합에는 / 이사진이 있습니다 / 근무하는 / 2년 기한으로

⁵ Two of / our current board members' terms / are up / at the end of the month, / so we will be electing / two new board members / on Friday, / February 9.
2명의 / 현재 이사진 임기가 / 끝납니다 / 이번 달 말에 / 그래서 우리는 선출할 예정입니다 / 두 명의 새로운 이사진을 / 금요일에 / 2월 9일

Six candidates have applied for / the position, /
여섯 명의 후보가 지원했습니다 / 그 직책에 /

but only two / will be appointed / by the voice of the credit union members.
하지만 이들 중 두 명만 / 임명될 것입니다 / 이사회의 투표를 통하여

⁷ Biographical information / for each of the candidates / is included with this letter.
신상정보를 / 각각의 후보들의 / 이 편지에 동봉합니다

⁸ Please review the information / before participating in the election.
이 정보들을 검토해 주시기 바랍니다 / 투표에 참여하시기 전에

Votes can be cast / in any of our ten branch locations / or at our headquarters / on Friday, / February 9 /
투표는 하실 수 있습니다 / 모든 10개 지점이나 / 본사에서 / 금요일에 / 2월 9일 /

마운틴탑 신용 조합
1220번지 노스 유니버시티가
솔트레이크시, 유타주 90124

친애하는 오크스 선생님께.

아시다시피, 신용조합에는 2년 기한으로 근무하는 이사진이 있습니다. 현재 이사진 2명의 임기가 이번 달 말에 끝나므로, 우리는 2월 9일 금요일에 두 명의 새로운 이사진을 선출할 예정입니다. 여섯 명의 후보가 그 직책에 지원했지만, 이사회의 투표를 통하여 이들 중 두 명만 이사진으로 임명될 것입니다. 각각의 후보들의 신상정보를 이 편지에 동봉합니다. 투표에 참여하시기 전에 이 정보들을 검토해 주시기 바랍니다.

투표는 2월 9일 금요일에 오전 10시부터 5시까지 모든 10개 지점이나 본사에서 하실 수 있습니다. 모든 이사진의 투표를 장려하기 위해서, 투표하시는 모든 이사진께 선물을 증정할 예정입니다.

귀하가 투표 당일 도시를 벗어나 다른 지역에 계실 예정이라면, 첨부해 드린 양식을 작성하고 서명과 날짜를 기입하여 2월 9일 이전까지 발송함으로써 투표하실 수 있습니다.

감사합니다.
웬디 투포우 드림
마운틴탑 신용조합 부사장

between 10:00 A.M. and 5:00 P.M. / To encourage / all members to vote, /
오전 10시부터 5시까지 / 장려하기 위해서 / 모든 이사진의 투표를 /
we will be giving away prizes / to each member / who votes.
선물을 증정할 예정입니다 / 모든 이사진들께 / 투표하시는

⁶ If you are going to be / out of town / on the day of the election, /
귀하가 계실 예정이라면 / 도시를 벗어나 다른 지역에 / 투표 당일 /
you can still vote / by filling out the attached form, / signing and dating it,
/ and sending it to arrive / before February 9.
귀하는 투표하실 수 있습니다 / 첨부해 드린 양식을 작성하고 / 서명과 날짜를 기입하여 / 발송함으로써 /
2월 9일 이전까지

Sincerely,
감사합니다.
Wendy Tupou
웬디 투포우 드림
Vice President, Mountaintop Credit Union
마운틴탑 신용조합 부사장

---

5 What is the purpose of the letter?
(A) To elect Mr. Oaks as a board member
(B) To inform Mr. Oaks of an upcoming election
(C) To reorganize a company structure
(D) To raise funds for an organization

이 편지의 목적은 무엇인가?
(A) 오크스 씨를 이사회 구성원으로 선출하려고
(B) 오크스 씨에게 다가오는 선거를 공지하려고
(C) 회사의 조직을 구조 조정하려고
(D) 조직을 위한 기금을 조성하려고

해설 주제나 목적을 묻는 문제
목적에 관련된 문제의 정답은 지문의 앞 부분에서 찾을 수 있습니다. 편지의 첫 번째 단락의 내용을 살펴보면 Two of our current board members' terms ~ February 9, '현재 이사진 2명의 임기가 이번 달 말에 끝나므로, 우리는 2월 9일 금요일에 두 명의 새로운 이사진을 선출할 예정입니다'의 내용이므로 (B) To inform Mr. Oaks of an upcoming election이 정답입니다.

---

6 According to the letter, what should Mr. Oaks do if he is out of town on the day of the election?
(A) Return a completed mail-in form
(B) Write a letter to the credit union
(C) E-mail his vote
(D) Telephone Wendy Tupou

편지에 따르면, 선거 당일 오크스 씨가 다른 도시에 간다면 그는 무엇을 해야 하는가?
(A) 완성된 우편 양식을 다시 보내는 것
(B) 신용조합으로 편지 쓰는 것
(C) 그의 투표를 이메일로 보내는 것
(D) 웬디 투포우에게 전화하는 것

해설 구체적인 정보를 찾는 문제
맨 마지막 단락에 If you are going to be out of town ~ before February 9, '귀하가 투표 당일 도시를 벗어나 다른 지역에 계실 예정이라면, 첨부해 드린 양식을 작성하고 서명과 날짜를 기입하여 2월 9일 이전까지 발송함으로써 투표하실 수 있습니다'라고 했으므로 정답은 (A) Return a completed mail-in form입니다.

---

7 What is included with the letter?
(A) Details about an association's yearly expenses
(B) A one-year schedule of upcoming events
(C) Background information of six individuals
(D) A complete lists of voting members of the credit union

편지에 포함된 것은 무엇인가?
(A) 협회 연간 비용에 관한 세부사항
(B) 다가오는 이벤트의 연간 일정
(C) 6명 후보자의 신상정보
(D) 신용조합 투표 구성원의 전체 목록

해설 편지에 동봉된 것을 확인하는 문제
편지에 동봉된 것을 확인하는 문제로 지문의 중간에 있습니다. 지문의 첫 번째 단락에 Biographical information ~ with this letter, '각 각의 후보들의 신상정보를 동봉합니다'라는 내용이 나와 있으므로 (C) Background information of six individuals가 정답입니다.

---

8 In which of the positions marked [1], [2], [3], and [4] does the following sentence best belong?

"Please review the information before participating in the election."

(A) [1]

(B) [2]

(C) [3]

(D) [4]

[1], [2], [3], 그리고 [4]로 표시된 곳 중에서 다음 문장이 들어가기에 가장 적합한 곳은 어디인가?

"투표에 참여하시기 전에 그 정보들을 검토해 주시기 바랍니다."

(A) [1]

(B) [2]

(C) [3]

(D) [4]

해설 문장삽입문제

삽입할 문장이 '투표에 참여하시기 전에 그 정보들을 검토해 주시기 바랍니다' 입니다. 여기서 '그 정보들(the information)'이 무엇을 지시하는지 찾고, 그 내용 뒤에 이 문장이 삽입되는 것이 자연스러우므로 지문을 살펴보면, 'Biographical information ~ with this letter.' 라는 부분의 biographical information이 삽입할 문장의 the information임을 알 수 있습니다. 따라서 [2]번 빈칸에 삽입되는 것이 자연스럽습니다.

Questions 9-11 refer to the following e-mail.

To: Marketing team
수신: 마케팅 팀
From: Mark Brown
발신: 마크 브라운
⁹ **Subject: Upcoming Meeting**
주제: 다가오는 회의
Date: May 7
날짜: 5월 7일

Dear Marketing Team,
마케팅 팀 여러분께,

¹⁰ Thanks to / your creativity and hard work, / it is estimated that / our recent advertisements / targeted young consumer /
~덕분에 / 여러분의 창의력과 노력 / 추정됩니다 / 우리의 최근 광고가 / 젊은 소비자를 타겟으로 한 /

for GAP's winter clothing collection / were seen / by over three million consumers internationally.
GAP의 겨울 의류 제품을 위한 / 보여진 것으로 / 국제적으로 3백만명 이상의 소비자에게

Furthermore, / we've experienced a significant increase / in sales volumes.
뿐만 아니라. / 우리는 상당한 증가를 경험했습니다 / 판매량에 있어

Additionally, / a recent survey / by National Textile Institution / reveals that / GAP is now /
게다가 / 최근 조사는 / 국립 섬유 기관의 / ~을 보여줍니다 / GAP이 현재 /

one of the most popular clothing brands / among its young consumer group.
가장 인기 있는 의류 브랜드 중 하나라는 것 / 현재 젊은 소비자 그룹 중에서

Despite the great success / with our online advertising campaign, / we need to continue to /
큰 성공에도 불구하고 / 온라인 광고 캠페인의 / 우리는 지속적으로 ~해야 합니다 /

develop additional ways / to reach consumers. / To ensure this end, / we are going to /
추가 방법들을 개발하다 / 소비자에게 다가가는 / 목적 달성을 확실하게 하기 위해 / 우리는 ~할 예정입니다

have a brainstorming meeting / on May 16 / from 10 A.M. to 1 P.M. / in the conference room.
브레인스토밍 회의를 하다 / 5월 16일 / 오전 10시부터 오후 1시까지 / 회의실에서

수신: 마케팅 팀
발신: 마크 브라운
주제: 다가오는 회의
날짜: 5월 7일

마케팅 팀 여러분께,

여러분의 창의력과 노력 덕분에, GAP의 겨울 의류 제품을 위해 젊은 소비자를 타겟으로 한 우리의 최근 광고를 국제적으로 3백만명 이상의 소비자가 본 것으로 추정됩니다. 뿐만 아니라, 우리는 판매량에 있어 상당한 증가를 경험했습니다. 게다가, 국립 섬유 기관의 최근 조사는 GAP이 현재 젊은 소비자 그룹 중에서 가장 인기 있는 외류 브랜드 중 하나라는 것을 보여줍니다.

온라인 광고 캠페인의 큰 성공에도 불구하고, 우리는 소비자에게 다가가는 추가 방법들을 지속적으로 개발해야 합니다. 목적 달성을 확실하게 하기 위해, 우리는 5월 16일 오전 10시부터 오후 1시까지 회의실에서 브레인스토밍 회의를 할 겁니다. 사장님이 이 회의를 이끌 것입니다. Smith Foods에 의해서 공급되는 점심식사를 즐기기 전에 가장 창의적인 제안들을 나눌 수 있도록 준비해 오시기 바랍니다.

마크 브라운
마케팅 부장

The president will / lead the meeting. / ¹¹ **Please come prepared to / share your most creative suggestions /**

사장님이 ~할 것입니다 / 이 회의를 이끌다 / 준비해 오시기 바랍니다 / 가장 창의적인 제안들을 나눌 수 있도록 /

before enjoying a lunch / catered by Smith Foods.

점심식사를 즐기기 전에 / Smith Foods에 의해 공급되는

Mark Brown
마크 브라운
Marketing Manager
마케팅 부장

---

9 What is the purpose of the e-mail?

(A) To announce new store locations

(B) To offer advice on how to advertise a product

(C) To promote a line of new clothing

(D) To request participation at a meeting

이 이메일의 목적은 무엇인가?

(A) 새로운 점포들의 위치를 발표하려고

(B) 제품을 어떻게 홍보하는지에 관한 조언을 제공하려고

(C) 새로운 의류 라인을 홍보하려고

(D) 미팅의 참여를 요청하려고

해설 주제나 목적을 묻는 문제

이메일의 주제가 Subject: Upcoming Meeting, '다가오는 회의'라고 되어 있고 지문 전체적으로 회의 내용에 대해 언급한 후, 참여를 촉구하고 있으므로 (D) To request participation at a meeting이 정답입니다.

---

10 According to the e-mail, why were the GAP advertisements special?

(A) They targeted a teenage consumer group.

(B) They used popular models.

(C) They won special awards from an organization.

(D) They were approved by specialists before distribution.

이메일에 따르면, 왜 GAP 광고가 특별했는가?

(A) 광고가 십대 소비자 그룹을 목표로 했다.

(B) 광고는 유명 모델들을 썼다.

(C) 광고가 어떤 조직으로부터 특별한 상을 받았다.

(D) 광고가 배포되기 전에 전문가들에 의해서 승인을 받았다.

해설 구체적인 정보를 찾는 문제

구체적인 정보를 찾는 문제입니다. 문제의 키워드인 GAP advertisements가 있는 부분인 our recent advertisements targeted young consumer for GAP's winter clothing collection were seen by over three million consumers internationally에서 해당 광고가 젊은 소비자를 목표로 제작되었음을 알 수 있으므로 (A) They targeted a teenage consumer group.이 정답입니다.

---

11 What is the marketing division being asked to do?

(A) Bring some innovative ideas

(B) Provide suggestions for increasing revenues

(C) Run a customer satisfaction survey

(D) Set goals for the next year

마케팅 부서는 무엇을 하도록 요청 받았나?

(A) 혁신적인 아이디어를 가져오도록

(B) 수익 증가를 위한 제안을 제공하도록

(C) 고객만족 설문을 하도록

(D) 내년을 위한 목표를 정하도록

해설 요청사항을 찾는 문제

요청사항에 관련된 문제의 정답은 지문의 마지막 부분에서 찾을 수 있습니다. 지문 마지막 부분에 Please come prepared to share your most creative suggestions, '가장 창의적인 제안들을 나눌 수 있도록 준비해 오시기 바랍니다'라는 내용이 있으므로 (A) Bring some innovative ideas가 정답입니다.

Questions 12-16 refer to the following e-mails.

From: Joan Hawkins
발신: 조앤 호킨스
To: Caroline Jensen
수신: 캐롤라인 젠슨
Date: June 11
날짜: 6월 11일
Subject: 2012 Rex Roadster
주제: 2012년 산 렉스 로드스터

Dear Ms. Jensen:
젠슨 씨께:

12 I saw your advertisement / on the billboard / about the 2012 Rex Roadster / you have for sale.
나는 당신의 광고를 보았습니다 / 광고 게시판에서 / 2012년 산 렉스 로드스터에 대한 / 당신이 판매를 위해 내놓으신

From what / it says on the description, / the car seems to be / in good condition / and decent mileage.
~에 의하면 / 이 차의 설명 / 차는 ~인 것 같습니다 / 좋은 상태이고 / 적절한 주행거리

Is it okay / if I come by sometime / and look at the car myself?
괜찮습니까 / 제가 언제 들러서 / 차를 제가 직접 봐도

15 One more thing, / though. / I saw another posting of yours / of the same car / online, /
한 가지 더 / 그런데 / 제가 당신이 올린 다른 게시물을 보았는데 / 똑같은 차에 대한 / 온라인 상으로

and it mentioned / that the car needed an oil change. / The advertisement on the billboard said /
언급되어 있었습니다 / 차는 오일 교환이 필요하다고 / 광고 게시판의 광고는 언급되어 있습니다 /

the car has no problems / and is ready to drive. / Can you please clarify on that?
차에 아무런 문제가 없고 / 바로 운전할 수 있도록 준비되어 있다고 / 이 부분을 좀 명확하게 해 주시겠습니까?

14 Anyway, / what's a good time / for me to come by?
어쨌든 / 좋은 시간이 언제인가요 / 제가 잠깐 들를 수 있는

Regards,
안녕히 계세요,
Joan Hawkins
조앤 호킨스

From: Caroline Jensen
발신: 캐롤라인 젠슨
To: Joan Hawkins
수신: 조앤 호킨스
Date: June 12
날짜: 6월 12일
Subject: Re: 2012 Rex Roadster
주제: Re: 2012년 산 렉스 로드스터

Hello Joan,
안녕하세요, 조앤 씨,

발신: 조앤 호킨스
수신: 캐롤라인 젠슨
날짜: 6월 11일
주제: 2012년 산 렉스 로드스터

젠슨 씨께:

나는 당신이 판매를 위해 내놓으신 2012년 산 렉스 로드스터에 대한 광고를 광고 게시판에서 보았습니다. 이 차의 설명에 의하면 차는 좋은 상태이고 주행거리도 적절한 것 같습니다. 제가 언제 들러서 차를 직접 봐도 괜찮습니까? 근데 한 가지 더 궁금한 것이 있습니다. 제가 온라인 상으로 당신이 올린 똑같은 차의 다른 게시물을 보았는데 오일 교환이 필요하다고 언급되어 있었습니다. 광고 게시판의 광고는 차에 아무런 문제가 없고 바로 운전할 수 있도록 준비되어 있다고 언급되어 있습니다. 이 부분을 좀 명확하게 해 주시겠습니까? 어쨌든, 제가 잠깐 들를 수 있는 좋은 시간이 언제인가요?

안녕히 계세요,
조앤 호킨스

발신: 캐롤라인 젠슨
수신: 조앤 호킨스
날짜: 6월 12일
주제: Re: 2012년 산 렉스 로드스터

안녕하세요, 조앤 씨,

Thanks for / your interest in my car! / I apologize for the confusion / the
description caused / regarding the condition of my car.

감사 드립니다 / 제 차에 관심을 가져 주셔서 / 혼란을 사과 드립니다 / 설명이 초래하다 / 제 차의 상태에
관한

The online listing / was put up / months ago.

온라인 게시물은 / 올렸습니다 / 몇 달 전에

I got the oil changed / last month / so the car should be fine, / as stated /
on the advertisement on the billboard.

제가 오일을 교환했습니다 / 지난 달에 / 그래서 차의 상태는 좋습니다 / 명시된 것처럼 / 광고 게시판의 광
고에

¹⁶ I am free every day / except Sunday / any time after 6 P.M.

저는 매일 시간이 있습니다 / 일요일을 제외한 / 평일 6시 이후는 언제라도

Let me know / when works best for you. / If you have any other questions
/ regarding the car, / don't hesitate / to e-mail me / or call me at 366-
2629.

제게 알려주세요 / 언제가 좋으실지 / 질문이 있으시면 / 차에 관한 / 주저하지 마시고 / 제게 이메일이나 /
366-2629번으로 전화해 주세요

Sincerely,

진심으로,

Caroline Jensen

캐롤라인 젠슨

제 차에 관심을 가져 주셔서 감사 드립니다! 제
차의 상태에 관한 설명이 초래한 혼란을 사과
드립니다. 온라인 게시물은 몇 달 전에 올렸습
니다. 제가 지난 달에 오일을 교환했기 때문에
광고 게시판의 광고에 명시된 것처럼 차의 상
태는 좋습니다. 저는 일요일을 제외한 평일 6시
이후는 언제라도 매일 시간이 있습니다. 언제
가 좋으실지 제게 알려주세요. 차에 관한 질문
이 있으시면 주저하지 마시고 제게 이메일이나
366-2629번으로 전화해 주세요.

진심으로,
캐롤라인 젠슨

---

12 Why does Ms. Hawkins write to Ms. Jensen?
(A) To congratulate her on a new promotion
(B) To inform her of a business meeting
(C) To invite her to a birthday party
(D) **To ask about an automobile**

왜 호킨스 씨는 젠슨 씨에게 편지를 썼나?
(A) 그녀의 새로운 승진을 축하하기 위해서
(B) 그녀에게 비즈니스 미팅을 알려주기 위해서
(C) 그녀를 생일파티에 초대하기 위해서
(D) 어떤 자동차에 관해 질문하기 위해서

해설 주제나 목적을 묻는 문제
이메일 앞 부분 'I saw your advertisement ~ you have for sale.'에서 판매하려고 내놓은 자동차 광고를 보았다고 했습니다. 그런 후 차를
직접 보러 가도 되는지와 판매자가 올린 다른 게시물에서 동일 차량에 대해 다른 설명이 된 부분에 대해 묻고 있습니다. 따라서 (D) To
ask about an automobil이 정답입니다.

---

13 What problem does Ms. Jensen have?
(A) Her car was broken into.
(B) **Her car hasn't been sold yet.**
(C) She lost an important document.
(D) She forgot a client's phone number.

젠슨 씨는 어떤 문제점을 가지고 있나?
(A) 그녀의 차가 침입 당했다.
(B) 그녀의 차가 아직 팔리지 않았다.
(C) 그녀는 중요한 서류를 분실했다.
(D) 그녀 고객의 전화번호를 잊었다.

해설 구체적인 정보를 찾는 문제
지문을 종합적으로 이해하고 사실관계를 따져서 풀 수 있습니다. 몇 달 전에 게시물을 올렸으나 아직 팔리지 않은 점을 미루어 볼 때 (B)
Her car hasn't been sold yet이 정답입니다. (B)를 제외한 나머지 내용들은 지문에 전혀 언급되지 않았습니다.

---

14 What does Ms. Hawkins ask Ms. Jensen to do?
(A) To register her car
(B) To take the car to a car wash
(C) To give her a quote of the car
(D) **To inform her of a good time to look at her car**

호킨스 씨는 젠슨 씨에게 무엇을 하도록 요청했
나?
(A) 그녀의 차를 등록하도록
(B) 차를 세차장에 가져가도록
(C) 차의 견적서를 그녀에게 주도록
(D) 그녀의 차를 보기에 좋은 시간을 알려달라고

해설 요청사항을 찾는 문제
요청사항에 관련된 문제의 정답은 지문의 마지막 부분에서 찾을 수 있습니다. 첫 번째 지문 마지막에 Anyway, what's a good time for
me to come by?, '어쨌든, 제가 잠깐 들를 수 있는 좋은 시간이 언제인가요?'라는 내용이 나오므로 (D) To inform her of a good time to
look at her car가 가장 적절한 선택입니다.

15 What question did Ms. Hawkins have for Ms. Jensen?

(A) Why another advertisement mentioned a necessary repair

(B) Whether she knew the history of the vehicle

(C) If the car had been sold already

(D) What year the car was bought

호킨스 씨는 젠슨 씨에게 어떤 질문을 가지고 있었나?

(A) 왜 다른 광고에서 필요한 수리를 언급했는지

(B) 그녀가 차량의 내력을 알고 있었는지

(C) 차가 이미 판매가 되었는지 아닌지

(D) 몇 년도에 차량을 구입했는지

해설 구체적인 정보를 찾는 문제

구체적인 정보에 관련된 문제로 첫 번째 지문에서 One more thing, though. I saw~ Can you please clarify on that?, '근데 한 가지 더 궁금한 것이 있습니다. 제가 온라인 상으로 당신이 올린 똑같은 차의 게시물을 보았는데 오일 교환이 필요하다고 언급되어 있었습니다 ~ 이 부분을 좀 명확하게 해 주시겠습니까?'라는 내용이 나오므로 (A) Why another advertisement mentioned a necessary repair가 정답입니다.

16 What does Ms. Jensen ask of Ms. Hawkins?

(A) Her new phone number

(B) The price of the car

(C) The website address for a car dealership

(D) Information of her availability

젠슨 씨는 호킨스 씨에게 무엇을 요구했나?

(A) 그녀의 새로운 전화번호

(B) 차량의 가격

(C) 자동차 대리점 웹사이트 주소

(D) 그녀를 만날 수 있는 시간 정보

해설 요청사항을 찾는 문제

요청사항은 지문의 마지막 부분에 정답이 있습니다. 두 번째 지문 마지막 부분에 I am free every day except Sunday any time after 6 P.M. Let me know when works best for you.에서 자신이 가능한 시간을 먼저 알린 뒤, '언제가 좋으실지 제게 알려주세요'라고 물었으므로 (D) Information of her availability가 가장 적절한 선택입니다.

Questions 17-18 refer to the following letter.

Book Swap Used Book Dealer
북 스웹 중고 책 판매점
John Robertson
존 로버트슨
2345 Union Blvd.
2345 유니온 대로
Fort Worth, Texas
포트워스, 텍사스

Dear Mr. Robertson:
친애하는 로버트슨 씨:

¹⁷ We understand / from your letter / that several pages were missing / from the book, *Business Strategies*, /
저희는 알게 되었습니다 / 당신의 편지를 통해 / 페이지 몇 장이 없다는 것 / *Business Strategies*라는 책에서 that we sent you last month. / We apologize for the inconvenience.
/ 저희가 지난 달에 당신에게 보낸 / 불편을끼쳐 드려 죄송합니다
We have / another copy of the book / in stock / which we will be glad to send you / free of charge.
저희에게 있어서 / 똑같은 책이 한 권 더 / 재고로 / 기꺼이 당신에게 보내 드리겠습니다 / 무료 배송으로
Your replacement copy / should arrive / within seven to ten days.
대체용으로 보내드리는 책은 / 도착할 것입니다 / 7일에서 10일 이내에
Once again, / please accept our apologies / and enjoy the book. /
¹⁸ We are including / a coupon for 50% discount / on your next book / to partially compensate you for the inconvenience.
다시 한번 / 저희의 사과를 받아 주시고 / 그 책을 재미있게 보시길 바랍니다 / 저희가 동봉해 보내드립니다 / 50% 할인 쿠폰 / 다음 책을 구매할 때 쓰실 수 있는 / 불편을 끼쳐 드린 것에 대한 보상으로

북 스웹 중고 책 판매점
존 로버트슨
2345 뉴니온 대로
포드워스, 텍사스

친애하는 로버트슨 씨:

당신의 편지를 통해 저희가 지난 달에 당신에게 보낸 *Business Strategies*라는 책에서 페이지 몇 장이 없다는 것을 알게 되었습니다. 불편을 끼쳐 드려 죄송합니다.
똑같은 책이 재고로 한 권 더 있어 저희가 기꺼이 무료 배송으로 보내 드리겠습니다. 대체용으로 보내드리는 책은 7일에서 10일 이내에 도착할 것입니다.
다시 한번 저희의 사과를 받아 주시고 그 책을 재미있게 보시길 바랍니다. 불편을 끼쳐 드린 것에 대한 보상으로 다음 책을 구매할 때 쓰실 수 있는 50% 할인 쿠폰을 동봉해 보내드립니다. 저희 서점에서 계속 필요로 하시는 책을 구입하시길 바랍니다.

감사합니다.

제임스 포레스트
매니저

We hope that / you will continue to find the books you need / through our bookstore.
저희는 희망합니다 / 계속 필요로 하시는 책을 구입하시길 / 저희 서점에서

Yours sincerely,
감사합니다

James Forrest
제임스 포레스트
Manager
매니저

---

17 What problem is Mr. Forrest dealing with?

(A) The order was damaged.
(B) The order did not arrive.
(C) The wrong order was sent.
(D) The order was delayed.

포레스트 씨는 무슨 문제를 다루고 있는가?
(A) 주문한 상품이 손상되었다.
(B) 주문한 상품이 도착하지 않았다.
(C) 다른 상품이 보내졌다.
(D) 주문한 상품이 지연되었다.

해설 구체적인 정보를 찾는 문제
포레스트 씨는 이 편지를 보낸 매니저로 지문의 첫 부분에 We understand from your letter ~ that we sent you last month, '당신의 편지를 통해 저희가 지난 달에 당신에게 보낸 *Business Strategies* 책에서 페이지 몇 장이 없다는 것을 알게 되었습니다.'라고 했습니다. 이 내용을 다른 말로 바꾸어 표현한 (A) The order was damaged.가 정답입니다.

---

18 What is included in the letter?

(A) A reimbursement check
(B) A replacement book
(C) An invoice
(D) A discount coupon

이 편지에 포함이 된 것은?
(A) 상환 수표
(B) 교환 도서
(C) 송장
(D) 할인 쿠폰

해설 편지에 동봉된 것을 확인하는 문제
동봉된 내용에 관한 질문의 정답은 지문의 마지막 부분에서 찾을 수 있습니다. 지문의 마지막 부분에 We are including a coupon for 50% discount on your next book to partially compensate you for the inconvenience, '불편을 끼쳐 드린 것에 대한 보상으로 다음 책을 구매하실 때 쓰실 수 있는 50% 할인 쿠폰을 동봉해 보내드립니다'라는 문장이 나오므로 (D) A discount coupon이 정답입니다. (B)의 교환 도서는 7~10일 이내 배송된다고 하였으므로 이 편지에 동봉된 것은 아닙니다.

실전문제　　　　　　　　　　　　　　　　　　　　　　　p.276-284

1. (A)	2. (B)	3. (A)	4. (C)	5. (A)	6. (B)	7. (C)	8. (C)	9. (A)
10. (A)	11. (B)	12. (C)	13. (B)	14. (A)	15. (D)	16. (A)	17. (B)	

Questions 1-2 refer to the following notice.

To: All employees
수신: 모든 직원들
From: Mark Peterson
발신: 마크 피터슨
Date: June 21
시간: 6월 21일
Subject: XP5
주제: XP5

¹This is a reminder / that we are now / transitioning to the XP5 e-mail application.
상기시켜 드립니다 / 우리는 현재 / XP5 이메일 어플리케이션으로 바뀐다는 점을
As of 8:00P.M. today, / you won't be able to access Intranet, / the current e-mail program.
오늘 오후 8시부터 / 인트라넷에 접속할 수 없습니다 / 현재의 이메일 프로그램
²Thus, it is important / that you save any messages / that you have stored in Intranet / before this time.
그러므로, 중요합니다 / 딩신이 메시지를 따로 저장하는 것이 / 인트라넷의 메시지를 / 이 시간 전에
Notc that / with the removal of the Intranet program, / any unsaved messages / will be deleted permanently.
~을 명심하세요 / 인트라넷 프로그램을 제거함으로써 / 저장되지 않은 메시지는 / 영구적으로 삭제될 것입니다
To learn more about the new application, / please watch XP5 demonstration video / in www.cxp.com/xp5_demo.
신규 어플리케이션에 더 배우시려면 / XP5 시연 비디오를 보시기 바랍니다 / www.cxp.com/xp5_demo에서
If you still have questions or problems, / contact me at 555-5423.
질문이나 문제가 있다면 / 555-5423번으로 제게 연락해 주세요

수신: 모든 직원들
발신: 마크 피터슨
시간: 6월 21일
주제: XP5

XP5 이메일 어플리케이션으로 바뀐다는 점을 상기시켜 드립니다. 오늘 오후 8시부터 현재의 이메일 프로그램인 인트라넷에 접속할 수 없습니다. 그러므로, 이 시간 전에 인트라넷의 메시지를 따로 저장하는 것이 중요합니다. 인트라넷 프로그램을 제거함으로써 저장되지 않은 메시지는 영구적으로 삭제됨을 명심하세요. 신규 어플리케이션에 더 배우시려면, www.cxp.com/xp5_demo에서 XP5 시연 비디오를 보시기 바랍니다.
그래도 질문이나 문제가 있다면 555-5423번으로 제게 연락해 주세요.

1 What purpose of this notice?
　(A) To notify employees of a new e-mail application
　(B) To provide information about the current e-mail system
　(C) To offer a training class
　(D) To explain how to save messages

이 공고문의 목적은 무엇인가?
(A) 직원들에게 새로운 이메일 어플리케이션을 공지하기 위해서
(B) 현재 이메일 시스템에 관한 정보를 제공하기 위해서
(C) 교육 수업을 제공하기 위해서
(D) 메시지를 어떻게 저장할 수 있는지 설명하기 위해서

해설 주제나 목적을 묻는 문제
공고문의 지문 앞부분에 This is a reminder ~ to the XP5 e-mail application, 'XP5 이메일 어플리케이션으로 바뀐다는 점을 상기시켜 드립니다'라는 내용이 나오므로 (A) To notify employees of a new e-mail application이 정답입니다. 메시지를 저장하라는 내용은 나오지만 어떻게 저장하는지에 대한 방법 설명이 없으므로 (D)는 정답이 될 수 없습니다.

2 What are recipients of this notice asked to do?

(A) Complete a survey

(B) **Save e-mail messages**

(C) Contact the personnel department

(D) Invite other employee to attend a training class

이 공고문을 읽은 사람들은 무엇을 해야 하나?

(A) 설문지 작성

(B) 이메일 메시지 저장

(C) 인사부에 연락

(D) 다른 직원들을 교육 수업 참여에 초대

해설 요청사항을 찾는 문제

요청사항에 대한 정답은 대부분 지문의 마지막 부분에서 정답을 찾을 수 있습니다. 이 지문에서는 중간 부분에 Thus, it is ~ before this time, '그러므로, 이 시간 전에 인트라넷의 메시지를 따로 저장하는 것이 중요합니다'라는 내용이 있으므로 (B) Save e-mail messages가 정답입니다.

Questions 3-4 refer to the following notice.

To: All employees

수신: 모든 직원들

From: Alan Peterson, Facilities Manager

발신: 알렌 피터슨, 시설 부장

Time: June 15

시간: 6월 15일

Subject: Upcoming Construction Project

주제: 다가오는 건설 프로젝트

³ The Company's main parking / will be closed / ⁴ from July 15 to July 21 for repaving.

회사의 메인 주차장이 / 문을 닫을 것입니다 / 7월 15일부터 7월 21일까지 / 재포장을 위해

Employees affected / by this construction project / will be required / to use the public parking lot / on Center Street.

영향을 받는 직원들은 / 이 건설 프로젝트에 의해 / ~하도록 요구됩니다 / 공용 주차장을 이용하다 / 센터 가에 있는

The company will provide / prepaid parking card for use / during this time.

회사는 ~을 제공할 것입니다 / 사용할 수 있는 선불 주차 카드를 / 이 기간 동안

To obtain a repaid card, / please bring your picture ID card / to the administration building / during the office hours.

선불 카드를 받으시려면 / 신분 증명서를 가져다 주세요 / 관리동으로 / 근무시간 동안에

We apologize / for the inconvenience.

죄송합니다 / 불편을 끼쳐 드려

수신: 모든 직원들

발신: 알렌 피터슨, 시설 부장

시간: 6월 15일

주제: 다가오는 건설 프로젝트

회사의 메인 주차장이 재포장을 위해 7월 15일부터 7월 21일까지 문을 닫을 것입니다. 이 건설 프로젝트에 의해 영향을 받는 직원들은 센터 가에 있는 공용 주차장을 이용해야 합니다. 회사는 이 기간 동안 사용할 수 있는 선불 주차 카드를 제공할 것입니다. 선불 카드를 받으시려면, 근무시간 동안에 귀하의 신분 증명서를 관리동으로 가져다 주세요. 불편을 끼쳐 드려 죄송합니다.

---

3 What is being announced?

(A) **A temporary change in parking procedures**

(B) The closing of public parking lots

(C) The change in ID Cards

(D) The construction of the new parking lot

무엇이 발표되고 있나?

(A) 주차 절차에 있어서의 임시 변경

(B) 공공 주차장의 폐쇄

(C) 신분증명 카드의 변경

(D) 새로운 주차장의 건설

해설 주제나 목적을 묻는 문제

주제에 관련된 문제로 정답은 지문의 앞부분에서 찾을 수 있는데 첫 번째 두 문장 The Company's main parking ~ on Center Street에 서 주차 절차의 변경 사항을 다루는 내용이 나오므로 (A) A temporary change in parking procedures가 정답이 됩니다.

---

4 When will the construction project be finished?

(A) On June 15

(B) On July 15

(C) **On July 21**

(D) On July 1

언제 건설 프로젝트는 마무리 될 것인가?

(A) 6월 15일에

(B) 7월 15일에

(C) 7월 21일에

(D) 7월 1일에

해설 단순 정보를 찾는 문제

단순 정보 찾기에 관련된 문제로 날짜가 포함된 문장(The Company's main parking ~ from July 15 to July 21 for repaving.)에 공사가 7월 15일에서 21일까지 진행된다는 내용이 나오므로 (C) On July 21가 정답입니다.

Questions 5-6 refer to the following notice.

⁵FREE SHUTTLE SEVICE ADDED
무료 셔틀 서비스 추가

⁵In response to requests / from the staff members, / the management decided to / ⁶⁻ᴬoffer free shuttle service / from Springville train station / to the company premises.
요청에 답하여 / 직원들의 / 경영진은 ~하기로 결정했습니다 / 무료 셔틀 서비스를 제공하다 / 스프링빌 역에서 / 회사 구내까지

⁶⁻ᴰThe new service will begin / on September 1. / Staff members are encouraged / to use this service.
이 새로운 서비스는 시작될 겁니다 / 9월 1일부터 / 직원들이 ~하도록 권장하다 / 이 서비스를 이용하다

⁶⁻ᴮEven though this service is free, / employees should notify / the human resources department of their intention / to use this service / no later than August 23.
비록 이 서비스가 무료라 하더라도 / 직원들은 알려주어야 합니다 / 인사부에 본인들의 의향을 / 이 서비스를 이용할 / 늦어도 8월 23일까지

In the meantime, / employees are advised / to carpool to work / in order to ease the traffic congestion / on the local roads. / ⁶⁻ᶜIf you need more information / regarding carpool routes, /
한편으로, / 직원들은 ~하도록 권장됩니다 / 출근할 때 카풀을 하도록 / 교통 체증을 완화하기 위해 / 지방 도로상의 / 더 많은 정보를 원하시면 / 카풀노선에 관한 /

please refer to / the company website www.maxcompu.com/bus.
참고하세요 / 회사 웹사이트 www.maxcompu.com/bus를

무료 셔틀 서비스 추가

직원들의 요청에 답하여 경영진은 스프링빌 역에서 회사 구내까지 무료 셔틀 서비스를 제공하기로 결정했습니다.

이 새로운 서비스는 9월 1일부터 시작될 겁니다. 직원들이 이 서비스를 이용하도록 권장합니다. 비록 이 서비스가 무료라 하더라도 직원들은 이 서비스를 이용할 본인들의 의향을 늦어도 8월 23일까지 인사부에 알려주어야 합니다.

한편으로, 지방 도로상의 교통 체증을 완화하기 위해 직원들은 출근할 때 카풀을 하도록 권장합니다. 카풀노선에 관한 더 많은 정보를 원하시면 회사 웹사이트 www.maxcompu.com/bus를 참고하세요.

5   What is the purpose of the notice?
   (A) To announce a new service
   (B) To encourage staff members to attend an event
   (C) To request employees to take part in a survey
   (D) To inform employees of an upcoming meeting

이 공지의 목적은 무엇인가?
(A) 새로운 서비스의 발표를 위해서
(B) 직원들의 이벤트 참여를 독려하기 위해서
(C) 직원들이 조사에 참여하도록 요청하기 위해서
(D) 직원들에게 다가오는 회의를 공지하기 위해서

해설 주제나 목적을 묻는 문제

이 공지의 제목(FREE SHUTTLE SEVICE ADDED)과 본문의 맨 앞에 쓰인 문장 In response to requests ~ to the company premises, '직원들의 요청에 답하여 경영진은 스프링빌 역에서 회사 구내까지 무료 셔틀 서비스를 제공하기로 결정했습니다'로 미루어 (A) To announce a new service가 정답이 될 수 있습니다.

6   What is NOT mentioned in the notice?
   (A) Shuttle service runs from the Springville train station.
   (B) A service fee will be charged.
   (C) Carpool information is posted on the company website.
   (D) A new service will start in September.

공지에 언급된 내용이 아닌 것은?
(A) 셔틀 서비스는 스프링빌 역에서부터 운행한다.
(B) 봉사료가 부가될 것이다.
(C) 카풀에 관한 정보는 회사의 웹사이트에 게시될 것이다.
(D) 새로운 서비스는 9월에 시작될 것이다.

본문의 내용이 아닌 것을 찾는 문제

공지 제목 'FREE SHUTTLE SEVICE ADDED'에서 무료 셔틀 버스가 추가된다고 한 후, 본문에 'Even though this service is free'에서 서비스가 무료라는 내용이 거듭 나오므로, (B) A service fee will be charged.는 사실과 달라서 정답입니다.

Questions 7-8 refer to the following notice.

Notice
공지

To: All staff Members
수신: 모든 직원들
From: Sam Harrison
발신: 샘 해리슨
Date: April 15th
날짜: 4월 15일

⁷ Dear employees, / I offer my sincerest apologies / for the plumbing issues / in the 4th floor bathroom.
친애하는 직원 여러분, / 저는 진심으로 사과를 드립니다 / 배관 문제에 대해 / 4층 화장실의
To solve this issue, / we have contacted a plumber / who will come in / to repair the broken pipes.
이 문제 해결을 위해서 / 배관공에게 연락을 했습니다 / 방문할 수 있는 / 파손된 파이프 수리를 위해
⁸ We expect / the repair to take two weeks / so all employees on the 4th floor / will have to use bathrooms / on the 1st and 3rd floor.
우리는 예상합니다 / 수리가 2주 정도 소요될 것으로 / 그래서 4층에 있는 모든 직원들은 / 화장실을 사용해야 할 것입니다 / 1층과 3층에 있는
Again, / I apologize for the inconvenience, /
다시 한번 / 불편함에 대해 사과 드리고 /
and please be aware / that this repair process will cause / some minor disturbances.
숙지하시기 바랍니다 / 이 수리 과정이 ~을 야기시킨다는 것 / 약간의 방해
Thank you / for your cooperation.
감사 드립니다 / 여러분의 협조에

공지

수신: 모든 직원들
발신: 샘 해리슨
날짜: 4월 15일

친애하는 직원 여러분, 저는 4층 화장실의 배관 문제에 대해 진심으로 사과를 드립니다. 이 문제 해결을 위해서, 파손된 파이프 수리를 위해 방문할 수 있는 배관공에게 연락을 했습니다. 우리는 수리가 2주 정도 소요될 것으로 예상하기 때문에, 4층에 있는 모든 직원들은 1층과 3층에 있는 화장실을 사용해야 할 것입니다. 다시 한번 불편함에 대해 사과 드리고 이 수리 과정이 약간의 불편함을 야기시킨다는 것을 숙지하시기 바랍니다. 여러분의 협조에 감사 드립니다.

---

7 What is the purpose of this notice?
(A) To promote a new lunch menu
(B) To explain a new security system
(C) To inform staff of a bathroom repair
(D) To conduct a research project

이 공지문의 목적은 무엇인가?
(A) 새로운 점심 메뉴를 홍보하기 위해서
(B) 새로운 보안 시스템을 설명하기 위해서
(C) 직원들에게 화장실 수리를 공지하기 위해서
(D) 연구 프로젝트를 실시하기 위해서

주제나 목적을 묻는 문제

공지문의 앞 부분에 'Dear employees, ~ to repair the broken pipes.'에서 화장실에 문제가 있어 수리를 한다는 내용이 나오므로 (C) To inform staff of a bathroom repair가 가장 적절한 선택입니다.

---

8 How long is the repair expected to take?
(A) 1 month
(B) 6 hours
(C) 2 weeks
(D) 5 days

수리를 하는데 얼마나 걸리나요?
(A) 1달
(B) 6시간
(C) 2주
(D) 5일

단순 정보를 찾는 문제

지문의 가운데에 We expect the repair to take two weeks, '수리가 2주 정도 소요될 것으로' 라는 문장에서 (C) 2 weeks가 정답이라는 것을 알 수 있습니다.

Questions 9-11 refer to the following notice.

Notice
공지

Dear Homeowners, / Business, / and Residents:
주택 소유주, 사업자 그리고 거주민들께:

[9] The Lynn Department of Public Works / is going to start / construction of repaving Center Street / on Wednesday, / [10] May 15, 2017, / weather permitting.
린 공공 사업부는 / 시작할 겁니다 / 센터 가 재포장 건설 작업을 / 수요일에 / 2017년 5월 15일. / 날씨가 허용한다면

This project will be completed / by June 16, 2017.
이 프로젝트는 완료됩니다 / 2017년 6월 16일까지

The contractor / performing this work / will be D & R Contractors.
계약업자는 / 이 작업을 수행하는 / D & R Contractors입니다

Access to properties / will be restricted / during the construction phase.
건물로의 접근은 / 제한될 것입니다 / 건설 시기 동안

Parking restriction and / interruption to traffic flow / will occur / at times.
주차 제한과 / 교통 흐름에 대한 중단은 / 발생할 것입니다 / 이따금씩

NO PARKING / BETWEEN 7:00 A.M. AND 5:00 P.M.
주차 금지 / 오전 7시부터 오후 5시까지

Thank you / in advance / for your cooperation / during this project. / [11] If you have any questions or problems /
감사 드립니다 / 미리 / 여러분의 협조에 / 이 프로젝트를 하는 동안 / 질문이나 문제점이 있으시면 /

concerning this project / please call the Dept. of Public Works / at 555-278-3555.
이 프로젝트에 관한 / 공공사업부로 전화해 주세요 / 555-278-3555번

Sincerely,
진심으로,

Lisa J. Anderson
리사 제이 앤더슨
Associate Commissioner
부 국장

공지

주택 소유주, 사업자 그리고 거주민들께:

린 공공 사업부는 날씨가 허용한다면 센터 가 재포장 건설 작업을 2017년 5월 15일 수요일에 시작할 겁니다. 이 프로젝트는 2017년 6월 16일까지 완료됩니다.

이 작업을 수행하는 계약업자는 D & R Contractors 입니다. 건설 시기 동안 건물로의 접근은 제한될 것입니다.

주차 제한과 교통 흐름에 대한 중단은 이따금씩 발생할 것입니다.
오전 7시부터 오후 5시까지 주차를 금지합니다.

이 프로젝트를 하는 동안 여러분의 협조에 미리 감사 드립니다. 이 프로젝트에 관한 질문이나 문제점이 있으시면 공공사업부 555-278-3555 번으로 전화해 주세요.

진심으로,

리사 제이 앤더슨
부 국장

---

9 What is the purpose of this notice?
(A) To announce upcoming construction
(B) To confirm a deadline
(C) To provide membership information
(D) To ask for suggestions

이 공지의 목적은 무엇인가?
(A) 다가오는 건설을 발표하려고
(B) 마감일을 확인하려고
(C) 회원정보를 제공하려고
(D) 제안을 요청하려고

해설 주제나 목적을 묻는 문제
공지의 목적은 지문의 앞부분에서 찾을 수 있습니다. 지문 'The Lynn Department of Public Works ~ weather permitting'에서 '린 공공 사업부는 날씨가 허용한다면 센터 가 재포장 건설 작업을 2017년 5월 15일 수요일에 시작할 겁니다'라는 내용이 나오고 이어서 해당 건설 시 이용객들이 알아야 할 정보가 이어지므로 (A) To announce upcoming construction가 정답입니다.

10 When will the repaving start?
(A) On May 15
(B) On July 15
(C) On June 16
(D) On May 16

재포장은 언제 시작하나?
(A) 5월 15일
(B) 7월 15일
(C) 6월 16일
(D) 5월 16일

해설 단순 정보를 찾는 문제

단순 정보를 찾는 문제로 질문의 키워드 '재포장(repaving)'을 지문에서 찾아 주변에서 정답을 찾을 수 있습니다. 'The Lynn Department of Public Works ~ weather permitting'에서 '재포장 건설작업을 2017년 5월 15일 수요일에 시작할 겁니다.'라는 내용이 나오므로 정답은 (A) On May 15입니다.

---

11 What should residents do when they have questions?
(A) Take them to the main office
(B) Call the Department of Public Works
(C) Contact the manager
(D) Search the website

거주민들이 질문이 있다면 무엇을 해야 하나?
(A) 질문들은 본사로 가져간다
(B) 공공사업부에 전화한다
(C) 매니저에게 연락한다
(D) 웹사이트를 검색한다

해설 요청사항을 찾는 문제

질문이나 요청사항에 관한 질문의 정답은 지문의 마지막 부분에서 찾을 수 있습니다. 지문의 마지막 부분 'If you have any questions ~ at 555-278-3555'에서 '이 프로젝트에 관한 질문이나 문제점이 있으시면 공공사업부 555-278-3555번으로 전화해 주세요'라고 나와 있으므로 (B) Call the Department of Public Works가 정답입니다.

Questions 12-15 refer to the following letters.

From: Benjamin Hudson
발신: 벤자민 허드슨
To: Carmen Linley
수신: 카르멘 린리
Date: Thursday, June 17th 11:21 A.M.
날짜: 6월 17일 목요일 오전 11시 21분
Subject: Report Issue
주제: 문제점 보고

Dear Carmen,
카르멘에게,

¹²I'm having trouble with / the company's filing program. / I need to make files /
저는 ~에 문제가 있습니다 / 회사 파일링 프로그램 / 저는 파일을 만들어야 합니다 /

to keep documents / for the newly hired employees. / However, / every time I try to compile their profiles,
문서를 보관하기 위해 / 새로이 고용된 직원을 위한 / 그러나, / 제가 그들의 프로필을 편집할 때마다 /

/ the program shuts down. / ¹³I'm meeting with the personnel director / on Friday afternoon /
프로그램이 종료됩니다 / 저는 인사 담당 이사와 만납니다 / 금요일 오후에 /

to report about the current status of our employees, / but the program does not work.
보고를 위해 우리 직원들의 현황에 대해 보고하기 위하여 / 그런데 프로그램이 작동하지 않습니다

The first thing I did / was to log in / to the company database /
맨 먼저 한 일은 / 로그인했습니다 / 회사 데이터베이스에 /

발신: 벤자민 허드슨
수신: 카르멘 린리
날짜: 6월 17일 목요일 오전 11시 21분
주제: 문제점 보고

카르멘에게,

저는 회사 파일링 프로그램에 문제가 있습니다. 저는 새로이 고용된 직원을 위한 문서를 보관하기 위해 파일을 만들어야 합니다. 그러나, 제가 그들의 프로필을 편집할 때마다, 프로그램이 종료됩니다. 저는 우리 직원들의 현황 보고를 위해 금요일 오후에 인사 담당 이사와 만나야 하는데 프로그램이 작동하지 않습니다.

저는 맨 먼저 제 사용자 이름과 암호를 이용하여 회사 데이터베이스에 로그인했습니다. 저는 그 직원들에 대한 새로운 프로필을 만들 수 있는 편집 탭을 클릭했습니다. 그리고 모든 직원의 정보를 입력하고 저장 버튼을 클릭했습니다. 그러나, 제가 하나의 폴더에 모든 프로파일을 편집하려고 하면 프로그램은 바로 종료됩니다.

제가 뭔가를 잘못하고 있다면, 가능한 빨리 알려 주시기 바랍니다. 내선번호 825번으로 제게 연락하실 수 있습니다.

벤자민

using my user name and password. / I then clicked the edit tab / to create new profiles /
제 사용자 이름과 암호를 이용하여 / 저는 편집 탭을 클릭했습니다 / 새로운 프로필을 만들기 위해 /

for the employees. / Then I typed in all the employees' information / and clicked save.
그 직원들에 대한 / 그리고 모든 직원의 정보를 입력하고 / 저장 버튼을 클릭했습니다

However, / when I tried to compile all the profiles / into a single folder, / the program just shuts down.
그러나. / 제가 모든 프로파일을 편집하려고 하면 / 하나의 폴더에 / 프로그램은 바로 종료됩니다

If I'm doing something incorrectly, / please let me know / as soon as possible.
제가 뭔가를 잘못하고 있다면. / 알려 주시기 바랍니다 / 가능한 빨리

You can reach me / at extension 825.
제게 연락하실 수 있습니다 / 내선번호 825번으로

Benjamin
벤자민

From: Carmen Linley
발신: 카르멘 린리
To: Benjamin Hudson
수신: 벤자민 허드슨
Date: Friday, June 18th 3:31 P.M.
날짜: 6월 18일 금요일 오후 3시 31분
Subject: RE: Report Issue
주제: RE: 문제점 보고

Dear Benjamin,
벤자민에게.

It seems like / everything is working fine / until you try to combine the profiles. /
~하는 것 같습니다 / 모든 것이 잘 작동되다 / 당신이 프로필을 결합하려고 하는 것까지는

There is a known bug / in the software / that sometimes doesn't work correctly /
알려진 오류가 있습니다 / 소프트웨어의 / 가끔 제대로 작동하지 않는 /

when multiple profiles are created / and compiled into a single folder.
여러 프로필을 작성하고 / 하나의 폴더로 편집할 때

[15] We recommend / backing up the currently existing profiles / in another destination, / and reinstall the program.
우리는 추천합니다 / 현재 존재하는 프로필을 백업하고 / 다른 곳에 / 프로그램을 다시 설치하다

[14] If you're still experiencing / those problems / after following these steps, /
당신이 여전히 겪고 있다면 / 그런 문제들을 / 당신이 이러한 단계를 수행한 후에도 /

please give me a call. / We will send an IT technician / from our office / to fix the problem. / The extension is 808.
저에게 전화해 주세요 / 우리는 IT 기술자를 보내드리겠습니다 / 우리 사무실의 / 문제를 해결할 수 있도록 / 구내전화 808번입니다

Carmen
카르멘

발신: 카르멘 린리
수신: 벤자민 허드슨
날짜: 6월 18일 금요일 오후 3시 31분
주제: RE: 문제점 보고

벤자민에게.

당신이 프로필을 결합하려고 하는 것까지는 모든 것이 잘 작동되는 것 같습니다. 여러 프로필을 작성하고 하나의 폴더로 편집할 때 가끔 제대로 작동하지 않는 소프트웨어의 알려진 오류가 있습니다. 우리는 다른 곳에 현재 존재하는 프로필을 백업하고 프로그램을 다시 설치할 것을 추천합니다.

당신이 이러한 단계를 수행한 후에도 그런 문제들을 여전히 겪는다면, 저에게 전화해 주세요. 우리는 문제를 해결할 수 있도록 우리 사무실 IT 기술자를 보내드리겠습니다. 구내전화 808번입니다.

카르멘

12 What is Mr. Hudson attempting to do?

(A) Order office supplies online

(B) Refill an ink cartridge

(C) **Use a computer program**

(D) Repair a broken computer monitor

허드슨 씨는 무엇을 하려고 시도하고 있는가?

(A) 온라인으로 사무용품을 주문

(B) 잉크 카트리지 보충

(C) 컴퓨터 프로그램 사용

(D) 고장난 컴퓨터 모니터 수리

해설 주제나 목적을 묻는 문제

주제에 관련된 문제로 첫 번째 지문의 첫 단락인 'I'm having trouble ~ shuts down.'에 정답이 나와 있습니다. 첫 번째 지문의 내용으로 보아 (C) Use a computer program이 정답이라는 것을 알 수 있습니다.

13 When does Mr. Hudson have a meeting scheduled?

(A) On Thursday afternoon

(B) **On Friday afternoon**

(C) On Tuesday morning

(D) On Wednesday afternoon

허드슨 씨의 미팅은 언제로 일정이 잡혀있나?

(A) 목요일 오후

(B) 금요일 오후

(C) 화요일 오전

(D) 수요일 오후

해설 단순 정보를 찾는 문제

단순 정보 찾기에 관련된 문제로 '미팅(meeting)'을 키워드로 해서 '미팅'이 포함된 주변에서 정답을 찾아야 합니다. 지문에 'I'm meeting with the personnel director on Friday afternoon, '금요일 오후에 인사담당 이사와 만나야 한다'는 내용이 있으므로 (B) On Friday afternoon이 정답입니다.

14 What is probably true about Mr. Hudson and Ms. Linley?

(A) **Mr. Hudson is a client of Ms. Linley.**

(B) Mr. Hudson has been hired to replace Ms. Linley.

(C) They are collaborating on a project together.

(D) They are business partners.

허드슨 씨와 린리 씨에 대해 사실일 것 같은 내용은 무엇인가?

(A) 허드슨 씨는 린리 씨의 고객이다.

(B) 허드슨 씨는 린리 씨를 대체하기 위해서 고용되었다.

(C) 그들은 프로젝트를 위해 서로 협력한다.

(D) 그들은 사업 파트너다.

해설 구체적인 정보를 추론하는 문제

사실관계를 따지는 문제로 선택지를 지문의 내용과 하나씩 대조해서 풀어야 하는 문제입니다. (A) Mr. Hudson is a client of Ms. Linley.를 제외한 나머지 내용들은 지문에서 언급되지 않았습니다. 허드슨 씨가 프로그램 관련 문제를 린리 씨에게 문의하였고, 린리 씨가 해결책을 알려준 후, 'If you still ~ to fix the problem.'에서 그래도 문제가 지속된다면 자신 사무실의 기술자를 보내주겠다고 했으므로 허드슨 씨가 린리 씨의 고객임을 유추할 수 있습니다.

15 What does Ms. Linley suggest Mr. Hudson to do?

(A) Wait until the new software update

(B) Call the customer service center

(C) Send back the product for a refund

(D) **Reinstall the software**

린리 씨는 허드슨 씨에게 무엇을 하도록 제안했나?

(A) 새로운 소프트웨어 업데이트까지 기다리도록

(B) 고객 서비스 센터에 전화하도록

(C) 환불을 위해서 제품을 다시 반납하도록

(D) 소프트웨어를 다시 설치하도록

해설 제안사항을 찾는 문제

두 번째 지문의 첫 번째 단락 마지막 부분의 'We recommend backing up the currently existing profiles in another destination, and reinstall the program'에서 다른 곳에 현재 프로필을 백업하고, 프로그램을 다시 설치하라는 내용이 있으므로 (D) Reinstall the software가 정답입니다.

Questions 16-17 refer to the following notice.

Dear Residents,
거주민들께,

The City hall subway station's condition / has been continuously deteriorating / since it was built 50 years ago.
시청 지하철 역의 상태가 / 계속해서 악화되어 왔습니다 / 50년 전 건설된 이후로

¹⁶ Therefore, / the transportation department has decided to / renovate the station /
따라서 / 교통부는 ~하기로 결정했습니다 / 역을 개조하다 /

to provide subways users / with upgraded and state-of-the-art facilities.
지하철 이용객들에게 제공하기 위해서 / 개선된 최신 시설을

In addition, / the transit route / between the Yellow line and the Blue line / will be restructured / to make line transfers easier / for passengers.
게다가 / 환승 통로가 / 노란색 노선과 파란색 노선 사이의 / 재구성될 것입니다 / 노선 환승을 쉽게 하기 위해서 / 승객의

Unfortunately, / such renovations will cause / some temporary inconveniences.
안타깝게도, / 이와 같은 개조 공사는 ~을 야기시킬 겁니다 / 약간의 일시적인 불편함

¹⁷ Exits 2 and 3 will be closed / from May 5 to August 20, / but you may still use exits 1 and 4.
2번과 3번 출구는 폐쇄될 것입니다 / 5월 5일부터 8월 20일까지 / 하지만 1번과 4번 출구는 여전히 사용할 수 있습니다

We are very sorry / for any trouble / caused by the renovations.
죄송스럽게 생각합니다 / 불편함에 대해 / 보수 공사에 의해서 야기된

거주민들께,

시청 지하철 역의 상태가 50년 전 건설된 이후로 계속해서 악화되어 왔습니다. 따라서 교통부는 지하철 이용객들에게 개선된 최신 시설을 제공하기 위해서 역을 개조하기로 결정했습니다. 게다가, 승객의 노선 환승을 쉽게 하기 위해서, 노란색 노선과 파란색 노선 사이의 환승 통로가 재구성될 것입니다.

안타깝게도, 이와 같은 개조 공사는 약간의 일시적인 불편함을 야기시킬 겁니다. 2번과 3번 출구는 5월 5일부터 8월 20일까지 폐쇄될 것입니다만 1번과 4번 출구는 여전히 사용할 수 있습니다. 이 보수 공사에 의해서 야기된 불편함에 대해 죄송스럽게 생각합니다.

---

16 What is the purpose of this notice?
(A) To announce upcoming construction
(B) To inform people of summer subway schedules
(C) To announce a new subway line
(D) To advertise a new public transportation option

이 공지의 목적은 무엇인가?
(A) 다가오는 건설을 발표하려고
(B) 사람들에게 여름 지하철 운행 일정을 공지하려고
(C) 새로운 지하철 노선을 발표하려고
(D) 새로운 대중교통 옵션을 광고하려고

해설 주제나 목적을 묻는 문제
목적에 관한 질문은 지문의 시작 부분에서 정답이 있습니다. 지문의 첫 부분 'Therefore ~ state-of-the-art facilities'에서 '따라서 교통부는 지하철 이용객들에게 개선된 최신 시설을 제공하기 위해서 역 개조 공사를 하기로 결정했습니다'라는 내용이 있으므로 (A) To announce upcoming construction이 정답입니다.

---

17 What will the public still be able to do during the construction?
(A) Purchase coffee at the coffee shop
(B) Use exits 1 and 4
(C) Access to the station using exist 2 and 3
(D) Use of the transit route

건설공사 기간 동안에도 일반시민이 여전히 할 수 있는 것은 무엇인가?
(A) 커피숍에서 커피 구매
(B) 1번과 4번 출구 이용
(C) 2번과 3번 출구를 이용해서 역전에 접근
(D) 환승 통로의 이용

해설 구체적인 정보를 찾는 문제
사실관계를 따져서 푸는 문제로 선택지를 지문의 내용과 하나씩 대조해서 풀어야 합니다. 지문 'Exits 2 and 3 ~ but you may still use exits 1 and 4'에서 '2번과 3번 출구는 5월 5일부터 8월 20일까지 폐쇄될 것입니다만 1번과 4번 출구는 여전히 사용할 수 있습니다'라는 내용이 나오므로 (B) Use exits 1 and 4가 정답입니다.

실전문제

p.298-305

1. (C)	2. (D)	3. (C)	4. (D)	5. (B)	6. (C)	7. (A)	8. (D)	9. (A)
10. (B)	11. (D)	12. (A)	13. (C)	14. (A)	15. (D)	16. (C)	17. (D)	18. (A)

Questions 1-2 refer to the following advertisement.

¹ **Coming Soon: The Candle Shop**
곧 개장함: 더 캔들 숍

776 Rosewood Drive
776 로즈우드 드라이브
Las Vegas, Nevada
라스베이거스, 네바다주
Phone: 702-336-8421
전화번호: 702-336-8421

² We offer / a variety of candles / for any occasion. / Stop by our store / to enjoy / fresh scents and invigorating fragrances!
우리는 제공합니다 / 다양한 양초를 / 모든 행사를 위한 / 우리 가게에 잠시 들러주세요 / 즐기기 위해 / 신선한 향기와 상쾌한 향기를

Hours Open:
영업시간:
Monday-Friday: 8:30 A.M. to 9:00 P.M.
월요일-금요일: 오전 8:30부터 오후 9:00까지
Saturday and Sunday: 9:00 A.M. to 4:00 P.M.
토요일과 일요일: 오전 9:00부터 오후 4:00까지

곧 개장함: 더 캔들 숍

776 로즈우드 드라이브
라스베이거스, 네바다주
전화번호: 702-336-8421

저희는 모든 행사에 쓰는 다양한 양초를 제공합니다. 신선한 향기와 상쾌한 향기를 즐기기 위해 저희 가게에 잠시 들러주세요!

영업시간:
월요일-금요일: 오전 8:30부터 오후 9:00까지
토요일과 일요일: 오전 9:00부터 오후 4:00까지

---

1 What is the advertisement about?
(A) A surprise party for staff members
(B) A change of prices at a restaurant
(C) An opening of a candle shop
(D) A clearance at an electronics store

무엇에 관한 광고인가?
(A) 직원들을 위한 깜짝 파티
(B) 식당 가격 변경
(C) 양초가게의 오픈
(D) 전자제품 가게 재고 정리 판매

해설 주제나 목적을 묻는 문제
광고문의 맨 처음에 'Coming Soon: The Candle Shop'이라는 주제가 있으므로 (C) An opening of a candle shop이 가장 적절한 정답입니다.

---

2 What is stated about The Candle Shop?
(A) It isn't open on weekends.
(B) It offers samples to customers.
(C) It sells hair accessories.
(D) It has a wide selection of candles.

더 캔들 숍에 대해 언급된 내용은 무엇인가?
(A) 주말에는 영업을 하지 않는다.
(B) 고객들에게 샘플을 제공한다.
(C) 머리 액세서리를 판매한다.
(D) 다양한 양초를 가지고 있다.

해설 구체적인 정보를 찾는 문제
세부적인 내용에 관련된 문제로 본문 'We offer a variety of candles for any occasion'에서 '우리는 모든 행사를 위한 다양한 양초를 제공합니다'라고 나와 있으므로 (D) It has a wide selection of candles.가 정답입니다.

Questions 3-4 refer to the following job advertisement.

JOB OPENING
일자리 공고

³ National Insurance Quote, / the nation's leading call center / for insurance questions, /

National Insurance Quote에서 / 국립 최고의 콜 센터인 / 보험 문의에 있어서 /

is seeking qualified applicants / for our local call center / to inform callers of insurance options /

자격이 있는 지원자를 찾고 있습니다 / 우리 지역의 콜 센터에서 / 전화 문의자들에게 보험 옵션을 알리고 /

and sell our policy / to those interested. / Prior insurance or sales experience / is not required /

보험 상품 파는 일을 하게 될 / 관심있는 사람들에게 / 이전의 보험이나 세일즈 경험은 / 요구되지 않습니다 /

because we will train / all new employees / to be able to / accurately explain our program /

교육시킬 것이기 때문에 / 신입 직원들을 / ~할 수 있도록 / 프로그램을 정확하게 설명하다 /

and to use our method / to sell insurance policies. / ^{4-A} Call center employees / receive a good hourly wage /

우리 고유의 방식을 통해 / 보험 상품을 팔고 / 콜 센터 직원들은 / 시간 당 높은 임금을 받게 됩니다 /

^{4-B} plus high commissions / for every policy sold. / ^{4-C} Health insurance is also provided / at minimal cost / to the employee.

높은 수수료와 / 판매된 모든 보험 상품에 대해 / 건강 보험도 또한 제공이 됩니다 / 최소 비용으로 / 직원들에게

Interested applicants should / send resumes to:

관심있는 지원자들은 ~하기 바랍니다 / 여기로 이력서를 보내다

Human Resources Manager, / National Insurance Quote, / 570 E Center Street, / Salt Lake City, / Utah 84042.

인사부장, National Insurance Quote, 570 E 센터 가, 솔트레이크시, 유타주 84042

일자리 공고

보험 문의에 있어서 국립 최고의 콜 센터인 National Insurance Quote의 우리 지역의 콜 센터에서 전화 문의자들에게 보험 옵션을 알리고 관심있는 사람들에게 보험 상품 파는 일을 하게 될 자격이 있는 지원자를 찾고 있습니다. 프로그램을 정확하게 설명하고 우리 고유의 방식을 통해 보험 상품을 팔 수 있도록 신입 직원들을 교육시킬 것이기 때문에 이전의 보험이나 세일즈 경험은 요구되지 않습니다. 콜 센터 직원들은 시간 당 높은 임금과 판매된 모든 보험 상품에 대해 높은 수수료를 받게 됩니다. 건강 보험 또한 직원들에게 최소 비용으로 제공됩니다. 관심있는 지원자들은 여기로 이력서를 보내주시기 바랍니다.

인사부장, National Insurance Quote, 570 E 센터 가, 솔트레이크시, 유타주 84042.

---

3 What position is being offered?
(A) Human Resources Manager
(B) Insurance Trainer
(C) Call Center Insurance Representative
(D) Insurance Agent

어떤 직책이 제안되고 있는가?
(A) 인사부 매니저
(B) 보험 강사
(C) 콜 센터 보험 직원
(D) 보험 중개인

해설 구체적인 정보를 찾는 문제

구체적인 내용을 찾는 문제로 지문 'National Insurance Quote, ~ to those interested'에서 '우리 지역의 콜 센터에서 전화 문의자들에게 보험 옵션을 알리고 관심있는 사람들에게 보험 상품 파는 일을 하게 될 자격이 있는 지원자를 찾는다'는 내용이 나오므로 (C) Call Center Insurance Representative가 정답입니다.

---

4 What is NOT listed as a benefit of joining the company?
(A) Good pay
(B) Extra money for selling a policy
(C) Health insurance
(D) Work from home

회사에 입사하는 혜택으로 명시되지 않은 것은?
(A) 높은 임금
(B) 보험 상품 판매에 대한 추가 임금
(C) 건강 보험
(D) 재택근무

구체적인 정보를 찾는 문제

지문의 마지막 부분 'Call center employees receive ~ at minimal cost to the employee'에서 시급이 높다(a good hourly wage)고 하였으므로 (A) Good pay는 언급되었습니다. 모든 보험을 팔 때마다 높은 수수료(high commissions)를 받는다고 했으므로 (B) Extra money for selling a policy 역시 명시되었습니다. 또한 건강보험은 최소한의 비용으로 제공받을 수 있다(Health insurance is also provided at minimal cost)고 하였으므로 (C) Health insurance도 나와있지만, 재택근무에 대한 이야기는 언급되지 않았기 때문에 (D) Work from home이 정답입니다.

Questions 5-8 refer to the following advertisement.

5 **West Creek Fitness Center**
West Creek 피트니스 센터

Get in shape for the summer
여름을 위해 좋은 몸매를 유지하세요
6-B **Classes available / for yoga, pilates, and zumba**
수업이 있습니다 / 요가, 필라테스, 그리고 줌바댄스

If you wanted to / get in shape / now is the time! / Exercise has proven / to be effective /
~를 원하시면 / 좋은 몸매 / 지금이 그 때입니다! / 운동은 증명되었습니다 / 효과가 있다고 /
in preventing diseases / and improving overall health.
질병을 예방하고 / 전반적인 건강을 개선하는
6-A **Studies show that / exercising releases beneficial hormones / like endorphin, / and strengthens your immune system / which makes your body stronger.**
연구들은 보여줍니다 / 운동이 이로운 호르몬을 방출하다 / 엔도르핀과 같은 / 면역 체계를 강화시켜 줍니다 / 당신의 몸을 더욱 건강하게 만들어
We offer / personal training and various classes / suitable for all genders and age groups.
우리는 제공합니다 / 개인 트레이닝과 다양한 수업을 / 모든 성별과 나이 대에 적합한
You can sign up / for yoga, pilates and zumba classes / for no extra charge.
여러분은 등록하실 수 있습니다 / 요가, 필라테스 그리고 줌바댄스 수업에 / 무료로
8 **Our professional instructors / will provide assistance / for people of all levels. / 6-D We are located / on 500 North St.**
우리의 전문적인 강사들이 / 도움을 제공할 것입니다 / 모든 레벨의 사람들에게 / 우리 센터는 위치해 있습니다 / 노스 가 500번지에

Learn more about our facility / at Westcreekfitness.com. / 7 **Come in / before March 5th / to sign up / for a free 1 week trial.**
우리 시설에 대해 더 많은 것을 알아보세요 / Westcreekfitness.com에 방문해 / 오셔서 / 3월 5일 이전에 / 등록하세요 / 1주일 무료 청강 수업을 원하시면

For more information, / call 423-5777.
더 많은 정보를 원하시면 / 423–5777번으로 전화하세요

West Creek 피트니스 센터

여름을 위해 좋은 몸매를 유지하세요.
요가, 필라테스, 그리고 줌바댄스 수업이 있습니다.

좋은 몸매를 원하시면 지금이 그 때입니다! 운동은 질병을 예방하고 전반적인 건강을 개선하는 효과가 있다고 증명되었습니다. 연구들은 운동이 엔도르핀과 같은 이로운 호르몬을 방출하고 당신의 몸을 더욱 건강하게 만들어 면역 체계를 강화시켜 준다는 것을 보여줍니다. 우리는 모든 성별과 나이대에 적합한 개인 트레이닝과 다양한 수업을 제공합니다. 여러분은 요가, 필라테스 그리고 줌바댄스 수업에 무료로 등록하실 수 있습니다. 우리의 전문적인 강사들이 모든 레벨의 사람들에게 도움을 제공할 것입니다. 우리 센터는 노스 가 500번지에 위치해 있습니다.

Westcreekfitness.com에 방문해 우리 시설에 대해 더 많은 것을 알아보세요. 1주일 무료 청강 수업을 원하시면 3월 5일 이전에 오셔서 등록하세요.

더 많은 정보를 원하시면 423–5777번으로 전화하세요.

---

5 What is the purpose of the advertisement?
(A) To announce jobs for personal trainers
(B) To promote a fitness center
(C) To demonstrate the benefits of exercising
(D) To sell exercise equipment

이 광고의 목적은 무엇인가?
(A) 개인 트레이너를 위한 일자리를 발표하기 위해서
(B) 피트니스 센터를 홍보하기 위해서
(C) 운동의 효과를 보여주기 위해서
(D) 운동 장비를 판매하기 위해서

해설 주제나 목적을 묻는 문제

주제에 관련된 문제의 정답은 광고의 제목이나 지문의 앞부분에서 찾을 수 있습니다. 지문의 제목 'West Creek Fitness Center'와 'Get in shape ~ and zumba'에서 여름을 대비하여 좋은 몸매를 유지하라고 하며 제공하는 수업을 나열하였습니다. 이를 통해 '피트니스 센터' 홍보를 위한 광고임을 알 수 있으므로 정답은 (B) To promote a fitness center입니다.

---

6 What information is NOT provided in the advertisement?
(A) Benefits of exercise
(B) Classes offered at the fitness center
(C) Names of the class instructors
(D) Location of the fitness center

이 광고에 제공되지 않은 정보는 무엇인가?
(A) 운동의 혜택
(B) 피트니스 센터에서 제공되는 수업들
(C) 클래스 강사들의 이름
(D) 피트니스 센터의 위치

해설 본문의 내용이 아닌 것을 찾는 문제

구체적인 내용에 관련된 문제이고 지문의 내용과 일치하지 않는 보기를 정답으로 선택하는 문제로 선택지와 지문의 내용을 하나씩 대조해서 정답을 찾아야 합니다. (C) Names of the class instructors는 지문에 언급되지 않았으므로 정답입니다.

---

7 What will happen after March 5?
(A) A promotion event will end.
(B) Fitness center won't accept new members.
(C) A renovation will take place.
(D) New management will take over.

3월 5일 이후에 어떤 일이 발생할 것인가?
(A) 판촉 이벤트가 끝날 것이다.
(B) 피트니스 센터는 새로운 멤버를 받아들이지 않을 것이다.
(C) 개량이 있을 것이다.
(D) 새로운 경영진이 인계 받을 것이다.

해설 구체적인 정보를 찾는 문제

구체적인 정보에 관련된 문제로 3월 5일(March 5th)이 포함된 문장 주변에서 정답을 찾을 수 있습니다. 지문에 'Come in before March 5th ~ 1 week traial'에서 1주일 무료 청강 수업을 원하시면 3월 5일 이전에 오셔서 등록하라는 내용이 나오므로 (A) A promotion event will end.가 정답입니다.

新 **8** In which of the positions marked [1], [2], [3], and [4] does the following sentence best belong?
"Our professional instructors will provide assistance for people of all levels."
(A) [1]
(B) [2]
(C) [3]
(D) [4]

[1], [2], [3], 그리고 [4]로 표시된 곳 중에서 다음 문장이 들어가기에 가장 적합한 곳은 어디인가?
"우리의 전문적인 강사들이 모든 레벨의 사람들에게 도움을 제공할 것입니다."
(A) [1]
(B) [2]
(C) [3]
(D) [4]

해설 문장삽입문제

[4]번의 문장 앞에 "여러분은 요가, 필라테스 그리고 줌바댄스 수업에 무료로 등록하실 수 있습니다.'라는 내용이 나오므로 이와 자연스럽게 연결될 수 있는 [4]가 정답입니다.

Questions 9-13 refer to the following advertisement and e-mail.

Seasons Arts & Craft Store
Seasons 미술 & 공예점

We are looking for / candidates to fill in / openings for part-time jobs.
저희 가게는 찾고 있습니다 / 근무 가능한 지원자 / 시간제 일자리에

Register Workers: Check out items / quickly and efficiently. / Must be available weekday evenings /
등록 직원: 물건들을 확인 / 빠르고 효과적으로 / 주중 저녁에 근무가 가능한 자 /
from 5:00 to 11:00 P.M. / 15-25 hours per week.
오후 5시부터 11시까지 / 주당 15~25시간

Customer Service: Assist customers / on any [10] issues or concerns / regarding their purchase.
고객 서비스: 고객들을 도와줌 / 문제나 관심사를 / 물건 구입에 관한
Must be available weekdays and weekends / from 9:00 A.M. - 3:00 P.M. / 10-20 hours per week.
주중이나 주말에 근무가 가능한 자 / 오전 9시에서 오후 3시까지 / 주당 10~20시간

[12] Stock Management: Keep track of / shipments and quantity of products. / Retrieve and stock items /
재고 관리: ~을 추적 관리함 / 선적과 제품의 양을 / 제품을 되찾아와서 채움 /
from the storage / when necessary. / Must be available on weekends / from 7:00-11:00 P.M. / 15-20 hours per week.
창고로부터 / 필요할 때 / 주말에 근무 가능한 자 / 오후 7~11시까지 / 주당 15~20시간

Display Arrangement: Display products / in a neat, organizational matter. / Must be available to work weekends /
제품 진열 관리: 제품을 진열 / 단정하고 체계적으로 / 주말에 근무가 가능한 자 /
after closing time. / 10-15 hours per week.
/ 업무 종료 후 / 주당 10~15시간

[9] We offer / good benefits and excellent work environment. / To apply for a position, / please send
저희 가게는 제공합니다 / 훌륭한 혜택과 뛰어난 근무 환경을 / 일자리에 지원하려면 / 보내주세요
a cover letter / with your resume attached / to Bruce Stevenson / at
자기소개서를 / 이력서를 첨부한 / 브루스 스티븐슨에게 / bstevenson@seasonsart.com로 /
bstevenson@seasonsart.com / or drop your documents in person / at the store.
아니면 직접 서류를 제출하시면 됩니다 / 가게에 들러

Seasons 미술 & 공예점

저희 가게는 시간제 일자리에 근무 가능한 지원자를 찾고 있습니다.

등록 직원: 물건들을 빠르고 효과적으로 확인. 주중 저녁에 오후 5시부터 11시까지 근무가 가능한 자. 주당 15~25시간.

고객 서비스: 고객들의 물건 구입에 관한 문제나 관심사를 도와줌. 주중이나 주말 오전 9시에서 오후 3시까지 근무가 가능한 자. 주당 10~20시간.

재고 관리: 선적과 제품의 양을 추적 관리함. 필요할 때 창고로부터 제품을 되찾아와서 채움. 주말에 오후 7~11시까지 근무 가능한 자. 주당 15~20시간.

제품 진열 관리: 제품을 단정하고 체계적으로 진열. 업무 종료 후 주말에 근무가 가능한 자. 주당 10~15시간.

저희 가게는 훌륭한 혜택과 뛰어난 근무 환경을 제공합니다. 일자리에 지원하시려면 자기소개서와 이력서를 브루스 스티븐슨의 이메일 bstevenson@seasonsart.com로 보내시거나 직접 가게에 들러 서류를 제출하시면 됩니다.

To: Bruce Stevenson
수신: 브루스 스티븐슨

From: Bill Andrews
발신: 빌 앤드류스

Date: May 13
날짜: 5월 13일

Subject: Job opening
주제: 구직

Attachment: Resume.doc
첨부: 이력서 서류

Dear, Mr. Stevenson,
스티븐슨 씨께,

13-B, C **I am a student / currently attending Smithson University, / studying painting and photography.**
저는 학생입니다 / 현재 스미슨 대학에 다니는 / 그림과 사진을 공부하는

I am looking for / a part-time job / to work on the weekends, / preferably less than twenty hours a week.
저는 찾고 있습니다 / 시간제 일자리를 / 주말에 일할 수 있는 / 가급적이면 주당 20시간 이하로

12, 13-A **I have worked at Groves bookstore / as a stocking manager / where I learned /**
저는 Groves 서점에서 일을 했고 / 재고 매니저로 / 그곳에서 배웠습니다 /

important organizational and social skills. / 13-D **I am a fast learner** / and work very efficiently.
중요한 조직적이고 사회적인 기술들을 / 저는 빠르게 배우는 사람이고 / 아주 효율적으로 일합니다

I have also been / a customer of your store / for years / and was always happy with / the product and service / I received there.
서는 또한 ~엮습니다 / 당신 가게의 고객 / 수년 롱안 / 항상 만족했습니다 / 서비스와 제품으로 / 제가 가게에서 받은

11 **I would appreciate it / if I was given the chance / to speak with you /**
감사하겠습니다 / 기회를 주신다면 / 당신과 함께 이야기 할 수 있는 /

about possible job opportunities / at your store.
가능한 일자리에 관해 / 귀하 가게의

Sincerely,
진심으로,

Bill Andrews
빌 앤드류스

수신: 브루스 스티븐슨
발신: 빌 앤드류스
날짜: 5월 13일
주제: 구직
첨부: 이력서 서류

스티븐슨 씨께,

저는 현재 스미슨 대학에 다니는 그림과 사진을 공부하는 학생입니다. 저는 가급적이면 주당 20시간 이하로 주말에 일할 수 있는 시간제 일자리를 찾고 있습니다. 저는 재고 매니저로 Groves 서점에서 일을 했고 그곳에서 중요한 조직적이고 사회적인 기술들을 배웠습니다. 저는 빠르게 배우는 사람이고 아주 효율적으로 일합니다. 저는 또한 수년 동안 당신 가게의 고객이었고 가게에서 받은 서비스와 제품으로 항상 만족했습니다. 귀하 가게의 가능한 일자리에 관해 당신과 함께 이야기할 수 있는 기회를 주신다면 감사하겠습니다.

진심으로,
빌 앤드류스

---

9 What is stated in the advertisement?
(A) They have an excellent work environment.
(B) They value past work experiences.
(C) They close on weekends.
(D) They sell office supplies.

광고에서 언급된 내용은 무엇인가?
(A) 그들은 훌륭한 작업 환경을 가지고 있다.
(B) 그들은 과거 경험에 가치를 둔다.
(C) 그들은 주말에 문을 닫는다
(D) 그들은 사무용품을 판매한다.

해설 사실인 내용을 찾는 문제
사실관계를 따지는 문제로 지문의 내용과 선택지를 하나씩 비교하면서 문제를 풀어야 합니다. 첫 번째 지문의 마지막 부분 'We offer good ~ environment'에서 '저희 점포는 훌륭한 혜택과 뛰어난 근무 환경을 제공합니다'라는 내용이 나오므로 (A) They have an excellent work environment.가 정답입니다.

10 In the advertisement, the word "issue" in paragraph 3, line 1 is the closest in meaning to

(A) supply

(B) problem

(C) distribution

(D) flow

광고 글의 3번째 단락. 첫째 줄에 나타난 단어 "issue"와 의미가 가장 가까운 단어는?

(A) 공급

(B) 문제

(C) 분배

(D) 흐름

해설 단어의 뜻을 찾는 문제

지문의 'Assist customers on any issues ~ purchase.'는 문맥상 '물건 구입에 관한 문제나 관심사에 고객들을 도와줌'이 되므로 issue와 의미가 가장 가까운 뜻은 (B) problem입니다.

---

11 What is the purpose of the e-mail?

(A) To ask about closing time of the store

(B) To request availability of a product

(C) To cancel an online order

(D) To get a part-time job

이메일의 목적은 무엇인가?

(A) 가게의 문닫는 시간을 문의하기 위해서

(B) 물건의 구입 가능성을 요청하기 위해서

(C) 온라인 주문을 취소하기 위해서

(D) 시간제 일자리를 구하기 위해서

해설 주제나 목적을 묻는 문제

주제에 관련된 문제는 주로 지문의 도입부에 정답이 있는데 이 이메일의 경우 마지막 'I would appreciate it ~ at your store.'에서 '귀하 가게의 가능한 일자리에 관해 당신과 함께 이야기할 수 있는 기회를 주신다면 감사하겠습니다'라는 내용이 나오므로 (D) To get a part-time job이 정답입니다.

---

12 What position is the most suitable for Mr. Andrews based on his work experience?

(A) Stock Management

(B) Register Worker

(C) Customer Service

(D) Display Arrangement

앤드류스 씨의 근무 경험을 볼 때 가장 적합한 일자리는 무엇인가?

(A) 재고 관리

(B) 등록 직원

(C) 고객 서비스

(D) 제품 진열

해설 구체적인 정보를 추론하는 문제

두 개의 지문을 대조해서 풀어야 할 문제로 두 번째 지문 'I have worked ~ social skills.'에서 '저는 재고 매니저로 Groves 서점에서 일을 했고 그곳에서 중요한 조직적이고 사회적인 기술들을 배웠습니다'라는 내용을 근거로, 첫 번째 지문에서 (A) Stock Management가 적합합니다.

---

13 What is NOT mentioned about Mr. Andrews in the e-mail?

(A) He has worked at a bookstore.

(B) He is a student.

(C) He is studying management.

(D) He is a fast learner.

이메일에서 앤드류스 씨에 대해 언급된 내용이 아닌 것은 무엇인가?

(A) 그는 서점에서 일했다.

(B) 그는 학생이다.

(C) 그는 경영을 공부한다.

(D) 그는 빨리 배우는 사람이다.

해설 본문의 내용이 아닌 것을 찾는 문제

사실관계를 따져서 푸는 문제로 선택지와 지문의 내용을 하나씩 대조해서 문제를 풀어야 합니다. 두 번째 지문의 첫 번째 문장에 'I am a student ~ studying painting and photography.' '저는 현재 대학에서 그림과 사진을 공부하는 학생'이라는 문장이 나오므로 (C) He is studying management.가 잘못된 내용임을 알 수 있습니다.

From: Amy Johnson
보낸 사람: 에이미 존슨
To: ¹⁵ John Smith
받는 사람: 존 스미스
Subject: Delivery Company
제목: 배달 회사
Date: May 1
날짜: 5월 1일

Dear Mr. Smith,
스미스 씨에게,

I am so glad that / you have signed up / for deliveries of our fresh vegetables, berries, and flowers / grown here on our family-owned farm.
저는 너무 기쁩니다 / 당신이 등록해 주셔서 / 신선한 채소, 딸기류 및 꽃 배달을 위해 / 저희 가족 소유 농장에서 재배된

I can promise you that / you and your customers / will be satisfied with / the produce we provide.
저는 약속할 수 있습니다 / 귀하와 귀하의 고객께서 / 만족하실 거라고 / 저희가 제공하는 농산물

Your store is in an area that / is new to us, / and we are looking forward to / our quality produce entering a new market.
귀하의 상점은 지역에 있다 / 저희에게는 진출한 적 없는 / 저희는 기대하고 있습니다 / 저희의 양질의 농산물이 새로운 시장에 진출할 수 있길

¹⁴ Please let me know / if you have a preferred courier service.
제게 알려주십시오 / 혹시 선호하는 택배 서비스가 있으시면

¹⁵ Our delivery service, / based in Orem, / do not go out to Springville.
저의 배달 서비스는 / 오렘에 위치한 / 스프링빌에는 가지 않습니다

We would be happy to work with / a company that you recommend / to keep the service for you possible.
저희는 기꺼이 함께 일하겠습니다 / 귀하가 추천하는 회사와 / 귀하를 위한 서비스가 가능하게 하기 위해

Thank you in advance / for any suggestions you want to provide.
미리 감사 드립니다 / 어떤 제안사항이라도

Sincerely,
진심으로,
Amy Johnson
에이미 존슨

PLAZA FARMERS MARKET
플라자 농산물 직판장

May 26
5월 26일

Produce from Johnson Greens Farm
Johnson Greens 농장의 농산물

Dear Customers, / we would like to draw your attention / to the newest additions / to our produce section.
고객 여러분 / 주목해 주세요 / 최근 추가한 부분 / 우리 농산물 부분에

보낸 사람: 에이미 존슨
받는 사람: 존 스미스
제목: 배달 회사
날짜: 5월 1일

스미스 씨에게,

저희 가족 소유 농장에서 재배된 신선한 채소, 딸기류 및 꽃 배달을 위해 등록해 주셔서 너무 기쁩니다. 저는 귀하와 귀하의 고객께서 저희가 제공하는 농산물에 만족하실 거라고 약속할 수 있습니다.

귀하의 상점은 저희에게는 진출한 적 없는 지역에 있어서, 저희의 양질의 농산물이 새로운 시장에 진출할 수 있길 기대하고 있습니다. 혹시 선호하는 택배 서비스가 있으시면 제게 알려주십시오. 오렘에 위치한 저의 배달 서비스는 스프링빌에는 가지 않습니다. 귀하를 위한 서비스가 가능하게 하기 위해 저희는 귀하가 추천하는 회사와 기꺼이 함께 일하겠습니다. 어떤 제안사항이라도 미리 감사 드립니다.

진심으로,
에이미 존슨

플라자 농산물 직판장
5월 26일

Johnson Greens 농장의 농산물

고객 여러분,
우리 농산물 부분에 최근 추가한 부분을 주목해 주세요. 고객님들께서는 막 수확된 신선하고 현지에서 난 과일과 야채를 요청했습니다. 우리는 이러한 농산물을 이곳에서 단 30분 거리에 있는 샌디의 Johnson Greens Farm으로부터 가져옵니다.

¹⁶ You've asked for fresh, local fruits and vegetables that have just been harvested.
고객님들께서는 요청했습니다 / 신선하고 현지에서 난 과일과 야채를 / 막 수확된

We're bringing these to you / from Johnson Green Farm, / located just 30 minutes from here in Sandy.
우리는 이러한 농산물을 가져옵니다 / Johnson Greens 농장으로부터 / 이곳 샌디에서 단 30분 거리에 있는

* zucchini
* 호박
* corn
* 옥수수
* onions
* 양파
* lettuce
* 상추
* eggplants
* 가지
* fresh herbs (basil, borage and mints)
* 신선한 허브 (바질, 서양 지치 및 민트)

In the fall, / we will be carrying fruits / from Green Orchard in Alpine. / If you have any questions, / please let us know.
가을에는 / 과일들을 취급할 것입니다 / 알파인에 위치한 Green 과수원의 / 질문이 있으면 / 알려주십시오.

Johnson Greens Farm Order Form
Johnson Greens 농장 주문서

Customer: Plaza Farmers Market
고객: 플라자 농산물 직판장
Order date: May 30
주문일: 5월 30일
Deliver date: June 3
배송일: 6월 3일

Delivery details:
배송 세부사항:
Repeat last week order / with following changes.
지난 주 주문과 같고 / 아래 변경사항 반영
- **No zucchini or corn needed this week**
– 호박이나 옥수수는 이번 주에 필요하지 않음
- **Add 50 eggplants**
– 가지 50개 추가
- ¹⁷ **Add two crates of lettuce to the order**
– 주문에 상추 두 상자 추가
[* ¹⁸ **Please send all produce in carton boxes.**]
[* 모든 농산물을 판지 상자에 넣어주십시오.]

P.S. You asked that / we let you know / if there were not any problems / with the delivery service.
추신: 귀하는 요청하셨습니다 / 통보해 달라고 / 문제가 없었는지 / 배달 서비스에
The delivery was on time, / the driver was very polite, / and the produce was in great condition.
배달은 정시에 이루어졌고 / 운전자는 매우 정중했으며 / 농산물의 상태는 훌륭했습니다.

---

* 호박
* 옥수수
* 양파
* 상추
* 가지
* 신선한 허브 (바질, 서양 지치 및 민트)

가을에는 알파인에 위치한 Green 과수원의 과일들을 취급할 것입니다. 질문이 있으시면 알려주십시오.

Johnson Greens 농장 주문서

고객: 플라자 농산물 직판장
주문일: 5월 30일
배송일: 6월 3일

배송 세부사항:
지난 주 주문과 같고 아래 변경사항 반영
– 옥수수나 호박은 이번 주에 필요하지 않음
– 가지 50개 추가
– 주문에 상추 두 상자 추가
[*모든 농산물을 판지 상자에 넣어주십시오.]

추신: 귀하는 배달 서비스에 문제가 없는지 통보해 달라고 요청하셨습니다. 배달은 정시에 이루어졌고, 운전자는 매우 정중했으며 농산물의 상태는 훌륭했습니다.

이름: 존 스미스, 농산물 관리자

서명: John Smith

Name : <mark>15 John Smith, Produce Manager</mark>
이름: 존 스미스, 농산물 관리자
Signature : John Smith
서명: John Smith

---

14 Why did Ms. Johnson send the e-mail?

(A) To ask for a recommendation

(B) To promote new products

(C) To request a delivery estimate

(D) To complain about a policy change

존슨 씨가 이메일을 보낸 이유는?
(A) 추천을 부탁하려고
(B) 신제품을 홍보하려고
(C) 배달 견적을 요청하려고
(D) 정책 변경에 대해 불평하려고

해설 주제나 목적을 묻는 문제

일반적으로 목적에 관한 정답은 첫 번째 단락에서 찾을 수 있지만 이 이메일의 경우 목적이 두 번째 단락 'Please let me know if you have a preferred courier service.'에 나와 있습니다. 여기에서 존슨 씨는 선호하는 택배 서비스가 있으면 알려달라고 했으므로 추천을 부탁하려고라고 한 (A)가 정답입니다.

---

15 Where is Plaza Farmers Market probably located?

(A) In Orem

(B) In Alpine

(C) In Sandy

(D) In Springville

플라자 농산물 직판장은 어디에 위치해 있나?
(A) 오렘에
(B) 알파인에
(C) 샌디에
(D) 스프링빌에

해설 구체적인 정보를 찾는 문제

맨 마지막 주문서를 보면, 플라자 농산물 직판장의 농산물 관리자가 존 스미스임을 알 수 있습니다. 첫 번째 지문인 이메일에서, 가족 소유 농장을 가지고 있는 에이미 존슨은 존 스미스에게 '귀하의 상점은 자신들이 진출한 적이 없는 지역에 있고 자신들이 사용하는 배달 서비스는 스프링빌에는 가지 않으므로 선호하는 택배 서비스를 알려달라'고 했습니다. 따라서, 플라자 농산물 직판장은 스프링빌에 위치하고 있음을 알 수 있으므로, (D)가 정답입니다.

---

16 In the notice, what is indicated about Johnson Greens Farm's produce?

(A) It is grown organically.

(B) It is more healthful than products from other farms.

(C) It is grown relatively near the market.

(D) It is more expensive than products from other farms.

공지에서, 존슨 그린 농장의 농산물에 대해 언급된 것은 무엇인가?
(A) 유기농으로 재배된다.
(B) 다른 농장의 제품보다 건강에 좋다.
(C) 상대적으로 시장 근거리에서 재배된다.
(D) 다른 농장의 제품보다 비싸다.

해설 사실인 내용을 찾는 문제

사실인 내용을 찾는 문제로, 공지문의 'You've asked for fresh, local fruits and vegetables ~ harvested'에서 고객들이 막 수확된, 신선하고 현지에서 난 과일과 야채를 요청했다고 한 후, 이어서 'We're bringing these ~ just 30 minutes from here in Sandy.'에서 자신들은 이러한 농산물을 이곳에서 단 30분 거리에 있는 샌디의 Johnson Greens Farm으로부터 가져온다고 했으므로 (C)가 정답입니다.

---

17 What will Plaza Farmers Market probably receive on June 3?

(A) Zucchini

(B) Tomatoes

(C) Corn

(D) Lettuce

플라자 농산물 시장은 6월 3일에 무엇을 받을 것 같은가?
(A) 호박
(B) 토마토
(C) 옥수수
(D) 상추

해설 구체적인 정보를 찾는 문제

주문 양식에 관한 구체적인 정보 찾기 문제로, 주문서와 보기의 내용을 비교해 풀어야 합니다. 주문서에 '주문에 상추 두 상자 추가'라는 항목이 나와 있으므로 (D)가 정답입니다. 주문서에서 옥수수와 호박은 이번 주에는 필요하지 않다고 했으므로 (A)와 (C)는 오답이고, (B)의 토마토는 언급된 적이 없습니다.

18 What does Mr. Smith indicate in the order form?

    (A) He has a preference for how items are packaged.

    (B) Zucchinis sold especially well last month.

    (C) He was disappointed by the quality of the produce.

    (D) The produce delivered last week was not good in condition.

스미스 씨가 주문서에 명시한 것은 무엇인가?

(A) 그는 물품 포장 방법에 있어서 선호하는 것이 있다.

(B) 호박은 지난 달에 특히 잘 팔렸다.

(C) 그는 농산물의 품질로 실망했다.

(D) 지난주 배달된 농산물은 상태가 좋지 않았다.

해설 사실인 내용을 찾는 문제

세부사항에 관련된 문제로, 주문서에 스미스 씨가 언급한 것을 묻고 있습니다. 주문서의 'Please send all produce in carton boxes'에서 모든 농산물은 판지 상자에 넣어달라는 내용이 명시되어 있으므로 (A)가 정답입니다.

실전문제   p.320-328

1. (C)	2. (A)	3. (A)	4. (B)	5. (C)	6. (A)	7. (C)	8. (C)	9. (A)
10. (A)	11. (D)	12. (B)	13. (B)	14. (D)	15. (B)	16. (A)	17. (A)	18. (C)
19. (C)	20. (B)	21. (C)	22. (A)	23. (B)				

Questions 1-2 refer to the following article.

[1, 2] Springville, November 7 – Jenny Oaks and Susan Patterson, / managers from the Springville location of /
스프링빌, 11월 7일 / 제니 오크스 그리고 수잔 패터슨은 / 스프링빌 지점 소속 매니저들인 /

Hobby & Sporting Goods, / won a national award / within the company / this month / for sales performance.
Hobby & Sporting Goods의 / 내셔널 어워드를 수상했다 / 회사 내에서 / 이번 달 / 매출 실적에 대해

[1] In recognition of their achievements, / they were honored / at an in-store celebration / on November 5.
그들의 성과를 인정하기 위해 / 그들은 치하되었다 / 매장 내의 축하식에서 / 11월 5일

[2] In addition, / the two women are being flown to Washington /
게다가 / 이 두 여성은 워싱턴으로 가게 될 것이다 /

to attend the company's national awards recognition event. / Both Oaks and Patterson / have worked at the Springville store /
회사의 전국 수상식에 참여하기 위해 / 오크스와 패터슨 둘 다 / 스프링빌 지점에서 근무해왔다 /

since it opened last spring. / They have contributed considerably / to the store's success /
지난 봄에 개장한 이후 / 이들이 상당한 기여를 했으며 / 이 지점의 성공에 /

and say / they will enjoy their time in Washington.
그리고 ~라고 말한다 / 이들은 워싱턴에서도 좋은 시간을 보낼 것이다

스프링빌, 11월 7일 – Hobby & Sporting Goods의 스프링빌 지점 소속 매니저들인 제니 오크스 그리고 수잔 패터슨은 이번 달 매출 실적에 대해 회사 내에서 내셔널 어워드를 수상했다. 그들의 성과를 인정하기 위해 11월 5일 매장 내의 축하식에서 치하되었다. 게다가 이 두 여성은 회사의 전국 수상식에 참여하기 위해 워싱턴으로 가게 될 것이다. 오크스와 패터슨 둘 다 스프링빌 지점이 지난 봄에 개장한 이후 근무해왔다. 이 지점의 성공에 이들이 상당한 기여를 했으며 이들은 워싱턴에서도 좋은 시간을 보낼 것이라고 말한다.

---

1 What is the purpose of the article?
(A) To promote new products
(B) To reward faithful customers
(C) **To recognize top sales people**
(D) To honor the president of the company

이 기사의 목적은 무엇인가?
(A) 새로운 제품을 홍보하기 위해
(B) 충성 고객들을 보답하기 위해
(C) 최고의 영업사원들을 인정하기 위해
(D) 회사의 사장을 예우하기 위해

해설 주제나 목적을 묻는 문제
주제는 지문의 앞부분에서 찾을 수 있습니다. 제니 오크스와 수잔 패터슨이 수상을 했다고 한 후, 두 번째 문장 'In recognition of ~ on November 5'에서 '그들의 성과를 인정하기 위해 11월 5일 매장 내의 축하식에서 치하되었다'라는 내용이 있으므로 (C) To recognize top sales people이 정답입니다.

---

2 What is suggested about Hobby & Sporting Goods?
(A) **It has more than one store.**
(B) It is planning to open another store in the near future.
(C) It announced a merger with another company.
(D) It will move its headquarters to Washington.

Hobby & Sporting Goods에 대해 암시된 것은?
(A) Hobby & Sporting Goods는 하나 이상의 점포를 가지고 있다.
(B) Hobby & Sporting Goods는 가까운 미래에 또 다른 점포를 개장할 계획이다.
(C) Hobby & Sporting Goods는 다른 회사와의 합병을 발표했다.
(D) Hobby & Sporting Goods는 자사의 본사를 워싱턴으로 옮길 것이다.

해설 구체적인 정보를 추론하는 문제

추론과 암시에 관련된 문제로 첫 번째 문장 'Springville, November 7 – ~ for sales performance.'에서 'Hobby & Sporting Goods의 스프링빌 지점 소속 매니저들인 제니 오크스와 수잔 패터슨은 이번 달 매출 실적에 대해 회사 내에서 내셔널 어워드를 수상했다'고 했습니다. 그런 다음 'In addition, ~ the company's national awards recognition event.'에서 회사의 전국 수상식에 참석하기 위해 워싱턴에 간다는 내용으로 미루어 보아 이 회사는 스프링빌 외에도 전국에 점포가 있다는 것을 알 수 있으므로 (A) It has more than one store.가 정답입니다.

Questions 3-4 refer to the following article.

BEIJING (28 December) - ³ Starting next year, / Building Beijing magazine / will be accessible / on mobile devices.
베이징 (12월 28일) – 내년부터 시작해서, / Building Beijing 잡지를 / 이용하실 수 있습니다 / 모바일 기기로

All contents from the print edition / will be available, / as well as features / exclusive to the mobile application.
인쇄본의 모든 내용을 / 이용하실 수 있습니다 / 기사들뿐만 아니라 / 모바일 기기 전용으로

The magazine's print edition / focuses on / the design, construction, technology and other elements / of Beijing's infrastructure.
잡지의 인쇄본은 / ~에 초점을 맞춥니다 / 디자인, 건설, 기술과 다른 요소들 / 베이징 공공 기반시설의

The mobile application has been designed / to take this one step further.
모바일 어플은 디자인되었습니다 / 이 단계를 한 발짝 더 나가도록

⁴ It will allow / users to take virtual tours of /
이 어플은 ~을 허용해 줍니다 / 사용자로 하여금 가상 투어를 /

Beijing's most famous buildings and neighborhoods. / The mobile application costs $5.00.
베이징의 가장 유명한 빌딩과 이웃의 / 모바일 어플은 5달러의 비용이 듭니다

For more information, / visit www.buildingbeijingmagazine.com.
더 많은 정보를 원하시면 / www.buildingbeijingmagazine.com을 방문해 주세요.

베이징 (12월 28일) – 내년부터 시작해서, Building Beijing 잡지를 모바일 기기로 이용하실 수 있습니다. 모바일 기기 전용 기사들뿐만 아니라 인쇄본의 모든 내용을 이용하실 수 있습니다. 잡지의 인쇄본은 베이징 공공 기반 시설의 디자인, 건설, 기술 그리고 다른 요소에 초점을 맞춥니다. 모바일 어플은 이 단계를 한 발짝 더 나가도록 디자인되었습니다. 이 어플은 사용자로 하여금 베이징의 가장 유명한 빌딩과 이웃의 가상 투어를 허용해 줍니다. 모바일 어플은 5달러의 비용이 듭니다. 더 많은 정보를 원하시면 www.buildingbeijingmagazine.com을 방문해 주세요.

---

3 What is the purpose of the article?
(A) To announce a new service
(B) To announce subscription rate increase
(C) To launch a new cell phone
(D) To arrange virtual tours

이 기사의 목적은 무엇인가?
(A) 새로운 서비스를 홍보하기 위해
(B) 구독료 인상을 발표하기 위해
(C) 새로운 휴대폰을 출시하기 위해
(D) 가상 투어를 준비하기 위해

해설 주제나 목적을 묻는 문제

주제는 지문의 앞부분에서 찾을 수 있습니다. 첫 번째와 두 번째 문장 'Starting next year, ~ to the mobile application.'에서 '내년부터 시작해서, Building Beijing 잡지를 모바일 기기로 이용하실 수 있습니다. 모바일 기기 전용으로 이용하실 수 있는 기사들뿐만 아니라 인쇄본의 모든 내용을 이용하실 수 있습니다'라고 한 후, 이어서 해당 서비스에 대한 자세한 내용을 설명하고 있으므로 (A) To announce a new service가 정답입니다.

---

4 What does the article suggest about Building Beijing magazine's mobile edition?
(A) It is very expensive.
(B) It enables users to take virtual tours of parts of Beijing.
(C) It can be used for free.
(D) It is not beneficial to subscribers.

이 기사가 Building Beijing 잡지의 모바일 판에 대해서 시사하는 것은?
(A) 매우 비싸다.
(B) 사용자로 하여금 베이징 일부 지역 가상 투어를 가능하게 해준다.
(C) 무료로 사용할 수 있다.
(D) 구독자들에게 도움이 되지 않는다.

해설 사실인 내용을 찾는 문제

내용 확인에 관련된 문제로 선택지와 본문의 내용을 하나씩 대조해서 풀어야 합니다. 지문의 마지막 부분에 It will allow users ~ and neighborhoods. '이 어플은 사용자로 하여금 베이징의 가장 유명한 빌딩과 이웃의 가상 투어를 허용해 줄 겁니다'라는 내용이 나오므로 (B) It enables users to take virtual tours of parts of Beijing.이 정답입니다.

Questions 5-8 refer to the following article.

⁵Local Business Legend / Retires / After Creating Area's Most Loved Stores
지역 사업의 전설적인 인물이 / 은퇴합니다 / 그 지역의 가장 사랑 받는 상점을 만든 후에

Frank Plimpton / is a rare businessman: / he knows / many of his customers / by name and /
프랭크 플림턴은 / 독특한 사업가입니다 / 그는 알고 있으며 / 모든 고객들의 / 이름을

he offers / generous salaries, stock options, and vacation pay / to each of the employees /
그가 지급하고 있습니다 / 높은 월급, 스톡 옵션, 그리고 휴가비를 / 모든 직원들에게 /

at his five Mary's Supermarket stores. / He is a legend in this area, / and his success / is deserved and respected.
그가 운영하는 Mary's 슈퍼마켓 5군데에 / 그는 이 지역의 전설적인 인물이고, / 그의 성공은 / 당연한 결과이며 존경받고 있습니다

⁵Yesterday was his final day / on the job, / and after more than forty years / and five satellite stores, / he will finally take a vacation.
어제는 그의 마지막 날이었고 / 근무하는 날 / 40년 이상 / 다섯 군데의 지점을 운영한 후 / 드디어 휴가를 떠나려고 합니다

Plimpton came to Yorktown / with a vision of / opening his own general food store, / named Mary's, /
플림턴은 요크타운으로 왔습니다 / 희망을 가지고 / 식료품점을 개업하려는 / Mary's라는 이름의 /

after his mother, / who taught him / the values of kindness and generosity / that he still cherishes today.
어머니의 성함을 딴 / 그에게 일깨워주신 / 친절과 관대함의 가치를 / 자신이 지금도 소중히 생각하고 있는

His friendly demeanor / and hard-working approach / helped his business flourish, / and in 1960 /
그의 친근한 품행과 / 열심히 일하는 태도 덕분에 / 그의 사업은 번창했고, / 1960년에 /

ho opened a store / in the neighboring town of Springfield.
상점을 개업하게 되었습니다 / 스프링필드시 인근 시역에

⁶, ⁸Even with his success, / he still stressed / the importance of small, welcoming stores.
이러한 성공에도 불구하고, / 그는 계속 강조했습니다 / 규모가 작고, 손님을 따뜻이 맞이하는 상점의 중요성을

Since then / he has opened four more stores / in the area, / creating one of the only chains / in the country / that do not advertise. /
그 이후로 / 그는 네 군데의 상점을 더 개업했는데 / 그 지역에 / 유일한 체인점입니다 / 전국에서 / 광고를 하지 않는

⁷Plimpton says / he would rather spend the money / on his employees, / and word-of-mouth / is the most effective / for him, /
플림튼은 ~라고 합니다 / 차라리 그 돈을 쓰기를 원하며 / 식원들에게 / 구전이 / 가장 효과적입니다 / 그에게

since / his customers value / his business enough / to tell their friends to go there, / too.
'~하기 때문에 / 고객들이 좋게 평가하다 / 그의 사업을 충분히 / 친구들을 데리고 올만큼 / 역시

---

5 What is the main purpose of the article?
(A) To encourage readers to go to Mary's
(B) To comment on the lack of similar stores
(C) To announce Mr. Plimpton's retirement
(D) To describe the growth of a food chain store

지역 사업의 전설적인 인물이 그 지역의 가장 사랑 받는 상점을 만든 후에 은퇴합니다.

프랭크 플림턴은 독특한 사업가입니다: 그는 모든 고객들의 이름을 알고 있으며 그가 운영하는 Mary's 슈퍼마켓 5군데에 근무하는 모든 직원들에게 높은 월급, 스톡 옵션, 그리고 휴가비를 지급하고 있습니다. 그는 이 지역의 전설적인 인물이고, 그의 성공은 당연한 결과이며 존경받고 있습니다. 어제는 그가 마지막으로 근무하는 날이었고, 40년 이상 다섯 군데의 지점을 운영한 후, 드디어 휴가를 떠나려 합니다.
플림튼은 자신이 지금도 소중히 생각하고 있는 친절과 관대함의 가치를 일깨워주신 어머니의 성함을 딴 Mary's라는 이름의 식료품점을 개업하려는 희망을 가지고 요크타운으로 왔습니다. 그의 친근한 품행과 열심히 일하는 태도 덕분에 그의 사업은 번창했고, 1960년에 스프링필드시 인근 지역에 상점을 개업하게 되었습니다.
이러한 성공에도 불구하고, 그는 계속해서 규모가 작고, 손님을 따뜻하게 맞이하는 상점의 중요성을 계속 강조했습니다. 그 이후로 그는 이 지역에 네 군데의 상점을 더 개업했는데, 이는 전국에서 유일하게 광고를 하지 않는 체인점입니다. 플림튼은 차라리 그 돈을 직원들에게 쓰기를 원하며, 고객들 역시 친구들을 데리고 올만큼 그의 사업을 충분히 좋게 평가하기 때문에, 그에게는 구전이 가장 효과적이라고 합니다.

이 기사의 목적은 무엇인가?
(A) 독자들을 Mary's 슈퍼마켓에 가게 하려고
(B) 비슷한 이야기의 희소성에 대해 언급하려고
(C) 플림턴 씨의 은퇴를 발표하려고
(D) 음식체인점의 성장을 분석하려고

주제나 목적을 묻는 문제

목적을 묻는 문제는 기사의 제목이나 지문의 앞부분에서 찾을 수 있습니다. Yesterday was his final day ~ take a vacation, '지역 사업의 전설적인 인물이 그 지역의 가장 사랑 받는 상점을 만든 후에 은퇴합니다.'로 미루어 보아 (C) To announce Mr. Plimpton's retirement 가 정답입니다.

---

6 What did Mr. Plimpton indicate about starting his business?

(A) He wanted his stores to be small and intimate.
(B) He wanted to make money to give to his mother.
(C) He wanted to have the most popular store in the area.
(D) He wanted to achieve fame as a businessman.

플림턴 씨는 자신의 사업을 시작하는 것에 대해서 무엇을 시사했나?
(A) 자신의 가게들이 작고 친밀한 가게가 되기를 원했다.
(B) 어머니께 드리기 위해 돈을 벌기를 원했다.
(C) 지역에서 가장 인기 많은 상점을 갖기 원했다.
(D) 사업가로서 명성을 얻기 원했다.

구체적인 정보를 찾는 문제

구체적인 정보에 관한 문제로 Even with his success, ~ welcoming stores, '이러한 성공에도 불구하고, 그는 계속해서 규모가 작고, 손님을 따뜻하게 맞이하는 상점의 중요성을 강조했습니다'라는 내용이 세 번째 단락에 있으므로 (A) He wanted his stores to be small and intimate.가 정답입니다.

---

7 How do most people find about Mary's Supermarket stores?

(A) By television advertising
(B) Because of convenient store locations
(C) From customer recommendations
(D) Through newspaper articles about him

대부분의 사람들은 Mary's 슈퍼마켓을 어떻게 알아냈나?
(A) 텔레비전 광고를 통해
(B) 가까운 가게 위치 때문에
(C) 손님 추천으로
(D) 신문 기사를 통해서

구체적인 정보를 찾는 문제

세 번째 단락에 Plimpton says he would ~ to go there, too, '그 이후로 그는 이 지역에 네 군데의 상점을 더 개업했는데, 이는 전국에서 유일하게 광고를 하지 않는 체인점입니다. 플림튼은 차라리 그 돈을 직원들에게 쓰기를 원하며, 고객들이 친구들을 데리고 올만큼 그의 사업을 충분히 좋게 평가하기 때문에, 그에게는 구전효과가 가장 효과적이라고 합니다'라는 내용이 있으므로 (C) From customer recommendations가 정답입니다.

---

8 The words "stressed" in paragraph 3, line 1, is closest in meaning to

(A) overburdened
(B) worried
(C) emphasized
(D) treated

3번째 단락 1행의 단어 "stressed"와 의미상 가장 가까운 것은?
(A) 과중한 부담이 지워진
(B) 걱정하는
(C) 강조된
(D) 취급된

단어의 뜻을 찾는 문제

stressed는 업무 등으로 인해서 '과중한 부담이 지워진'을 뜻하기도 하지만 어떤 것의 중요성을 강조할 때 '강조된'이라는 의미가 있습니다. 여기에서는 '중요성을 강조하다'라는 뜻으로 쓰였으므로 (C) emphasized가 정답입니다.

Questions 9-11 refer to the following article.

Theater Giants Merge
대형 극장사 합병
January 20
1월 20일
Anton Caria
앤톤 카리아

9, 10 Representatives / from two of the nation's biggest theater chains /
have confirmed that / an agreement has been reached /
대표들이 / 국가 최대 대형 프랜차이즈 극장 회사 중 두 곳의 / 확인시켜주었다 / 계약이 성사되었음을 /
wherein Cineplex and Movie Eight will merge / to form the largest
entertainment company / in the world.
Cineplex와 Movie Eight이 합병한다 / 가장 큰 엔터테인먼트 회사를 설립하기 위해 / 세계에서

11 Peter Johnson, / president of Cineplex / stated that the merger benefits /
피터 존슨이 / Cineplex의 사장인 / 말하길 그 합병으로 인해 혜택을 볼 것이라고 했다 /
both companies / by allowing / them to save millions of dollars / in
administrative costs.
양측이 모두 / ~하게 함으로써 / 그들이 수백만 달러를 절약하다 / 행정 비용에서
The companies will retain their own names, / but approximately 600
그 회사들은 자사의 이름을 계속 사용하지만 / 대략 600여 개의 행정직 자리가

administrative jobs will be cut / as redundancies. / The job cuts will come
/ from both companies.
사라지게 된다 / 정리 해고로 / 그러한 일자리 감소는 있을 것이다 / 회사 양측에서

대형 극장사 합병
1월 20일
앤톤 카리아

국가 최대 대형 프랜차이즈 극장 회사 중 두 곳인 Cineplex와 Movie Eight의 대표들이 세계에서 가장 큰 엔터테인먼트 회사를 설립하기 위해 합병한다는 계약을 확정했다. Cineplex의 사장인 피터 존슨이 말하길 그 합병으로 인해 행정 비용에서 수백만 달러를 절약함으로써 양측이 모두 혜택을 볼 것이라고 했다. 그 회사들은 자사의 이름을 계속 사용하지만 정리 해고로 대략 600여 개의 행정직 자리가 사라지게 된다. 그러한 일자리 감소는 회사 양측에 있을 것이다.

---

9 What is the purpose of this article?
(A) To report a business arrangement
(D) To discuss the entertainment industry
(C) To announce a new business executive
(D) To recommend a business to invest in

이 글의 목적은?
(A) 사업 계약을 보노하기 위해
(B) 엔터테인먼트 산업을 얘기하기 위해
(C) 새로운 비즈니스 임원을 알리기 위해
(D) 투자할 만한 비즈니스를 추천하기 위해

해설 주제나 목적을 묻는 문제
지문 맨 앞 'Representatives ~ the largest entertainment company in the world.'에서 두 회사간의 계약 성립에 관하여 언급한 후, 합병으로 인해 예상되는 일을 나열하였으므로 (A) To report a business arrangement가 정답이 됩니다.

---

10 What has Movie Eight decided to do?
(A) Merge their company with another company
(B) Fire 500 employees
(C) Change the name of the company
(D) Invest several millions of dollars

Movie Eight은 무엇을 하기로 결정했는가?
(A) 다른 회사와 그들의 회사를 합병하기
(B) 500명의 직원을 해고하기
(C) 회사 이름을 변경하기
(D) 수백만 달러를 투자하기

해설 구체적인 정보를 찾는 문제
지문의 Representatives ~ the largest entertainment company in the world.에서 Movie Fight이 세상에서 가상 큰 엔디테인먼트 회사를 만들기 위해 합병한다고 하였으므로 정답은 (A) Merge their company with another company가 됩니다.

---

11 Who is Peter Johnson?
(A) The president of Movie Eight
(B) The CEO of Movie Eight
(C) The journalist who writes business articles
(D) The head of a large entertainment company

피터 존슨은 누구인가?
(A) Movie Eight의 사장
(B) Movie Eight의 CEO
(C) 비즈니스 글을 쓰는 저널리스트
(D) 대형 엔터테인먼트 사장

해설 단순 정보를 찾는 문제

지문에 Peter Johnson이라는 키워드를 찾으면 됩니다. 중간에 'Peter Johnson, president of Cineplex ~.'에서 피터 존슨이 Cineplex의 회장이라고 말하였으므로 (D) The head of a large entertainment company가 정답이 됩니다.

Questions 12-16 refer to the following article and e-mail.

Hundreds of Pyeongchang citizens / have volunteered / to help at the Winter Olympics.
수백명의 평창 시민들이 / 자원 봉사를 해왔다 / 동계 올림픽을 돕기 위해

The Olympic Committee of Pyeongchang / wants to make sure / that visitors are favorably impressed /
평창 올림픽 위원회는 / 확실히 할 것을 원하다 / 방문객들이 좋은 인상을 받기를 /

by what they see in Pyeongchang, / so ¹² they have hired consultant Ryan Graham /
평창에서 보는 것을 통해 / 그래서 위원회는 컨설턴트인 라이언 그레이엄을 고용했다 /

to train volunteers / to be courteous and informative. / ¹⁵ Today was the first of four training sessions /
자원 봉사자들을 교육하도록 / 예의바르고 정보를 제공할 수 있게 / 오늘은 4번의 교육 세션 중에 첫날이다 /

held at the Pyeongchang Convention Center. / At this seminar, / all those involved in food service /
평창 컨벤션 센터에서 열리는 / 오늘 세미나에서 / 음식 서비스 종사자들은 /

were trained in / how to give excellent service. / Tomorrow, / those volunteers involved in transportation /
교육받았다 / 어떻게 해야 훌륭한 서비스를 제공할 수 있을지 / 내일은 / 교통관련 종사자들이 /

will be invited to attend. / Two more sessions are planned / next week / for the remainder of the volunteers.
참석하게 될 것이다 / 2번의 교육 세션이 예정되어 있다 / 다음 주에 / 다른 자원 봉사자들을 위해

Graham reminded / the participants / that the Olympics is just like a business. / "You need to remember that /
그레이엄은 상기시켰다 / 참석자들에게 / 올림픽은 하나의 사업과 같다는 것을 / 여러분은 명심할 필요가 있습니다 /

the customer is always right," / he encouraged those in attendance.
고객이 항상 옳다는 것을 / ~라고 그는 참석자들을 독려했다

Volunteers don't get paid / of course for attending, / but to ¹³ entice them to attend, /
자원 봉사자들은 급여를 받지 않는다 / 물론 참석한 것에 대해 / 그러나 참석을 장려하기 위해 /

¹⁶ all participants will receive / gift certificates donated by city businesses, /
모든 참석자들은 ~을 받을 것이다 / 도시의 사업체들이 기부한 상품권 /

and some lucky participants will win / free tickets / to the most popular events.
몇몇 운 좋은 참석자들은 ~을 받게 될 것이다 / 무료 입장권을 / 가장 인기 있는 경기에

To: Ryan Graham
수신: 라이언 그레이엄
From: Jiyoung Kim
발신: 지영 김
Date: November 15
날짜: 11월 15일
Subject: Training seminar
제목: 교육 세미나

수백명의 평창 시민들이 동계 올림픽을 돕기 위해 자원 봉사를 해왔다. 평창 올림픽 위원회는 방문객들이 평창에서 보는 것을 통해 좋은 인상을 받기 원하고 있다. 그래서 위원회는 자원 봉사자들을 예의바르고 정보를 제공할 수 있게 교육하도록 컨설턴트인 라이언 그레이엄을 고용했다. 오늘은 평창 컨벤션 센터에서 열리는 4번의 교육 세션 중에 첫날이다. 오늘 세미나에서 음식 서비스 종사자들은 어떻게 해야 훌륭한 서비스를 제공할 수 있을지 교육받았다. 내일은 교통관련 종사자들이 참석하게 될 것이다. 다음 주에 다른 자원 봉사자들을 위해 2번의 교육 세션이 예정되어 있다.

그레이엄은 올림픽은 하나의 사업과 같다는 것을 참석자들에게 상기시켰다. "여러분은 고객이 항상 옳다는 것을 명심할 필요가 있습니다"라고 참석자들을 독려했다. 자원 봉사자들은 물론 참석한 것에 대해 급여를 받지 않지만 참석을 장려하기 위해 모든 참석자들은 도시의 사업체들이 기부한 상품권을 받게 될 것이며 몇몇 운 좋은 참석자들은 가장 인기 있는 경기에 무료 입장권을 받게 될 것이다.

수신: 라이언 그레이엄
발신: 지영 김
날짜: 11월 15일
제목: 교육 세미나

Dear Mr. Graham:

그레이엄 씨에게:

¹⁴ Thank you / so much / for your informative and entertaining presentation. / ¹⁵ I was at the first session / yesterday.

감사 드립니다 / 매우 / 유익하고 즐거웠던 당신의 발표에 대해 / 저는 첫 교육 세션에 참석했습니다 / 어제

I'm sure / the Olympic experience / for visitors to our city / will be better /

저는 ~라고 생각합니다 / 올림픽 경험은 / 우리 도시에서 방문객들이 체험하는 / 더욱 좋을 것이라고 /

because of your help. / I am also excited / about the gift certificate / I got to the Renaissance Plaza Restaurant.

당신의 도움 때문에 / 또한 저는 상당히 즐겁습니다 / 상품권까지 받아서 / 르네상스 피자 레스토랑에서 쓸 수 있는

Sincerely,

감사합니다

Jiyoung Kim

지영 김

그레이엄 씨에게:

유익하고 즐거웠던 당신의 발표에 대해 매우 감사 드립니다. 저는 어제 첫 교육 세션에 참석했습니다. 당신의 도움 때문에 우리 도시에서 방문객들이 체험하는 올림픽 경험은 더욱 좋을 것이라고 생각합니다. 또한 저는 르네상스 피자 레스토랑에서 쓸 수 있는 상품권까지 받아서 상당히 즐겁습니다.

감사합니다
지영 김

---

12 What is NOT true about the training sessions?
(A) They are led by Mr. Graham.
(B) They are intended for Olympic Committee members.
(C) They are designed to improve volunteer interaction with visitors.
(D) They are being held in the convention center.

교육 세션에 관해 사실이 아닌 것은?
(A) 그레이엄 씨가 주도한다.
(B) 올림픽 위원회 회원들을 위해 의도되었다.
(C) 자원봉사자들이 방문객들을 더 잘 돕기 위해 마련되었다.
(D) 컨벤션 센터에서 열린다.

해설 본문의 내용이 아닌 것을 찾는 문제

지문에 'they have hired consultant Ryan Graham to train volunteers to be courteous and informative.' 라이언 그레이엄이 자원자들을 교육한다는 내용이 나오고 'Today was the first of four training sessions held at the Pyeongchang Convention Center.' 교육이 컨벤션 센터에서 열린다는 내용이 나옵니다. 이 모든 교육들의 목적을 유추해 보면 방문객들을 더 잘 노울 수 있도록 자원자들을 위해 마련되었다는 것을 알 수 있습니다. 그렇지만 이 교육이 올림픽 위원회 회원들을 위해 의도된 것은 아닙니다. 그러므로 (B) They are intended for Olympic Committee members.가 정답입니다.

---

13 In the article, the word "entice" in paragraph 2, line 3, is closest in meaning to:
(A) invite
(B) encourage
(C) force
(D) remind

기사에서, 둘째 단락 셋째 줄 "entice"와 같은 의미는?
(A) 초청하다
(B) 장려하다
(C) 강요하다
(D) 상기시키다

해설 단어의 뜻을 찾는 문제

entice는 '유혹하다' 혹은 '부추기다' 등의 의미로 쓰일 수 있으므로 (B) encourage(독려하다, 장려하다)가 정답입니다.

---

14 Why did Ms. Kim write the e-mail?
(A) To ask for information about the seminar
(B) To register for a training session
(C) To offer additional advice
(D) To thank an instructor

왜 김 씨는 이 이메일을 썼는가?
(A) 세미나에 관한 정보를 요청하기 위해
(B) 교육 세션 등록을 위해
(C) 추가적인 조언을 제공하기 위해
(D) 강사에게 감사를 표하기 위해

해설 주제나 목적을 묻는 문제

이메일의 목적 역시 지문의 첫 번째 줄에 다음과 같이 나와 있습니다. 'Thank you so much for your informative and entertaining presentation.'에서 이 이메일의 목적은 감사함을 표현하기 위함이라는 것을 쉽게 알 수 있습니다. 정답은 (D) To thank an instructor입니다.

15 What job does Ms. Kim probably have?

(A) She is a consultant.

(B) She is a volunteer working with food service.

(C) She is a volunteer working with transportation.

(D) She is a member of the International Olympic Committee.

김 씨는 무슨 일을 하는가?
(A) 컨설턴트이다.
(B) 음식 서비스와 관련해 일하는 자원 봉사자다.
(C) 교통과 관련해 일하는 자원 봉사자다.
(D) 국제 올림픽 위원회의 구성원이다.

해설 구체적인 정보를 추론하는 문제

두 개의 지문의 연관성을 따져서 풀어야 할 문제로 첫 번째 지문의 'Today was ~ how to give excellent service.'에서 첫 번째 세션은 음식 서비스 종사자들이 훌륭한 서비스를 제공하는 교육이라고 했고, 김 씨가 작성한 두 번째 이메일 'I was at the first session yesterday.'에서 김 씨가 첫 교육에 참여했다는 내용이 나오므로 (B) She is a volunteer working with food service.가 정답이 됩니다.

---

16 Why did Ms. Kim most likely receive a gift certificate?

(A) She attended a training seminar.

(B) She participated in several seminars.

(C) She filled out a customer satisfaction survey.

(D) She treated the customers better than any other volunteer.

김 씨는 왜 상품권을 받았을 것 같은가?
(A) 그녀는 교육 세미나에 참석했다.
(B) 그녀는 몇몇 세미나에 참석했다.
(C) 그녀는 고객 만족도 설문조사를 작성했다.
(D) 다른 자원 봉사자보다 고객을 더 잘 대했다.

해설 구체적인 정보를 찾는 문제

첫 번째 지문 마지막에 다음과 같이 'all participants ~ by city businesses.' 모든 참석자들은 도시의 사업체들이 기부한 상품권을 받게 될 것이라는 내용이 나오므로 (A) She attended a training seminar.가 정답이 됩니다.

新 Questions 17-21 refer to the following article and e-mails.

Additional Improvement Project
추가 개선 프로젝트

The Lehi City council / voted to explore options / for additional work to be done on town facilities / at its meeting on Monday.
리하이 시의회는 / 작업 옵션을 모색하기로 했습니다 / 마을 시설에 추가할 수 있는 / 월요일 회의에서

17 According to Mark Tenner, / city clerk, / the renovation of the Lehi Community Center / cost much less / than previously expected.
마크 테너에 따르면 / 시 직원 / 리하이 커뮤니티 센터의 보수 공사 비용은 / 훨씬 적게 들었습니다 / 사전에 예상했던 것보다

17 Therefore, / the council / made a list of improvement projects that / could be done with the left-over funds.
따라서 / 의회는 / 개선 프로젝트의 목록을 만들었습니다 / 남은 기금으로 수행할 수 있는

Some suggested projects / include / improving lighting in Nuns Park, / and replacing floors in the Lehi Public Library.
몇몇 제안된 프로젝트로는 / 포함하고 있습니다 / Nuns 공원의 조명을 개선하는 것과 / 리하이 공립 도서관의 바닥을 교체하는 것

According to Mr. Tenner, / the council will ask / for ideas from the public.
테너 씨에 따르면 / 의회는 아이디어를 요청할 것입니다 / 일반인들에게

19 Interested people / may voice their options / at the council's meeting on Monday, / 15 March at 7 P.M. / or send an e-mail / to the council office / before 21 March.
관심 있는 사람들은 / 그들의 옵션을 발표하거나 / 의회 미팅에서 / 3월 15일 월요일 오후 7시에 개최되는 / 또는 이메일을 보내주세요 / 의회 사무소에 / 3월 21일 이전에

After the period of public comment, / the planning committee / will
18 propose a final list / for the council to discuss, / and they will make a final decision / by 10 April.
대중 의견 수렴 후, / 기획위원회는 / 최종 목록을 제안하고 / 의회가 논의할 / 4월 10일까지 / 최종 결정을 내릴 것입니다

추가 개선 프로젝트

리하이 시의회는 월요일 회의에서 마을 시설에 추가할 수 있는 작업 옵션을 모색하기로 했습니다. 시 직원 마크 테너에 따르면, 리하이 커뮤니티 센터의 보수 공사 비용은 사전에 예상했던 것보다 훨씬 적게 들었습니다. 따라서, 의회는 남은 기금으로 수행할 수 있는 개선 프로젝트의 목록을 만들었습니다.

몇몇 제안된 프로젝트로는 Nuns 공원의 조명을 개선하는 것과 리하이 공립 도서관의 바닥을 교체하는 것을 포함하고 있습니다. 테너 씨에 따르면, 의회는 일반인들에게 아이디어를 요청할 것입니다. 관심 있는 사람들은 3월 15일 월요일 오후 7시에 개최되는 의회 미팅에서 그들의 옵션을 발표하거나 3월 21일 이전에 의회 사무소에 이메일을 보내주세요. 대중 의견 수렴 후, 기획위원회는 의회가 논의할 최종 목록을 제안하고 4월 10일까지 최종 결정을 내릴 것입니다.

From: hinckley@hotmail.com
보낸 사람: hinckley@hotmail.com
To: citycouncil@lehi.org
받는 사람: citycouncil@lehi.org
Date: 15 March
일시: 3월 15일
Subject: Additional projects
제목: 추가 프로젝트

Dear Council Members:
존경하는 의회 멤버들에게:
I read that / you accept suggestions / for the use of leftover money / from the community center renovation.
저는 읽었습니다 / 당신이 제안을 받아 준다고 / 남은 돈을 사용하는 것에 대한 / 커뮤니티 센터 보수공사로부터
[19] Because of a scheduled appointment, / I was not able to / attend the council meeting, / but I would like to express my support/ for the idea of lighting of the park.
예정된 약속 때문에, / 저는 할 수 없었다 / 의회 미팅에 참석하는 것 / 그러나 저는 지지를 표명하고 싶습니다 / 공원 조명에 대한 아이디어에
[21] Personally I think that / it will increase the usability of the Nuns park / especially for winter months / and it will benefit everyone.
개인적으로 저는 생각합니다 / 이것이 Nuns 공원의 유용성을 증가시켜주고 / 특히 겨울철에 / 이는 모든 사람에게 도움이 될 것이라고
A well-lit and renovated park / will be something that / we could all appreciate.
조명이 좋고 보수가 된 공원은 / ~이 될 것입니다 / 우리 모두가 고마워할 만한
I hope / you will seriously consider my proposal.
저는 바랍니다 / 딩신이 세 제안을 진지하게 고려해주기를

Susan Hinckley
수잔 힌클리

From: sunnypatterson@hgnetwok.com
보낸 사람: sunnypatterson@hgnetwok.com
To: citycouncil@lehi.org
받는 사람: citycouncil@lehi.org
Date: 27 March
날짜: 3월 27일
Subject: City projects
제목: 시 프로젝트

Dear Mr. Tenner,
친애하는 테너 씨.

I am writing / to suggest replacing floors / in the Lehi Public Library.
저는 씁니다 / 바닥 교체를 제안하려고 / 리하이 공공 도서관 안의
I noticed that / the Lehi Public Library is used / by citizens of all ages.
저는 알았습니다 / 리하이 공공 도서관이 사용되고 있음을 / 모든 연령층의 시민들에 의해
[20] It is, / for the most part, / visited by adolescents and children.
도서관은 / 대부분 / 청소년과 아이들에 의해서 방문되고 있습니다.

보낸 사람: hinckley@hotmail.com
받는 사람: citycouncil@lehi.org
일시: 3월 15일
제목: 추가 프로젝트

존경하는 의회 멤버들에게:
저는 당신이 커뮤니티 센터 보수공사로부터 남은 돈을 사용하는 것에 대한 제안을 받아 준다고 읽었습니다. 예정된 약속 때문에, 저는 의회 미팅에 참석할 수 없었지만 공원 조명에 대한 아이디어에 지지를 표명하고 싶습니다. 개인적으로 저는 이것이 특히 겨울철에 Nuns 공원의 유용성을 증가시켜주고, 이는 모든 사람에게 도움이 될 것이라고 생각합니다. 조명이 좋고 보수가 된 공원은 우리 모두가 고마워할 만한 것이 될 것입니다. 제 제안을 진지하게 고려해주기를 바랍니다.

수잔 힌클리

보낸 사람: sunnypatterson@hgnetwok.com
받는 사람: citycouncil@lehi.org
날짜: 3월 27일
제목: 시 프로젝트

친애하는 테너 씨.
저는 리하이 공공 도서관 바닥 교체를 제안하려고 편지를 씁니다. 저는 리하이 공공 도서관이 모든 연령층의 시민들에 의해 사용되고 있음을 알았습니다. 도서관은, 대부분, 청소년과 아이들에 의해서 방문되고 있습니다. 그러므로, 저는 새 프로젝트가 리하이 시 사람들이 자주 사용하는 장소에 초점을 맞출 것을 제안하고자 합니다. 4월에 투표될 때, 리하이 사람들 모든 구성원들의 관심사를 균형 있게 유지할 수 있도록 이 제안을 고려해 주십시오.

진심으로,
써니 패터슨

²¹ Therefore, / I would like to suggest that / the new project focus on / a place more often used by Lehi's people.

그러므로, / 저는 제안하고자 합니다 / 새 프로젝트가 초점을 맞출 것을 / 리하이 시 사람들이 자주 사용하는 장소에 초점을 맞출 것을

In April, / when votes are cast, / please consider this suggestion / to balance the interests of all members of the Lehi public.

4월에 / 투표될 때 / 이 제안을 고려해 주십시오 / 리하이 사람들 모든 구성원들의 관심사를 균형 있게 유지할 수 있도록

Sincerely,

진심으로,

Sunny Patterson

써니 패터슨

---

17 Why does the Lehi City have funds available?

(A) Its previous project cost less than expected.

(B) The city has raised funding.

(C) Its citizens have donated money.

(D) City Council has canceled a renovation project.

왜 리하이시는 사용할 수 있는 자금이 있나?

(A) 이전 프로젝트 비용이 예상했던 것 보다 적게 들었다.

(B) 시에서 기금을 조성했다.

(C) 시민들이 돈을 기증했다.

(D) 시의회는 보수 프로젝트를 취소했다.

해설 구체적인 정보를 묻는 문제

기사의 'According to Mark Tenner, ~ with the left-over funds.'에서 '시 직원 마크 테너 따르면, 리하이 커뮤니티 센터의 보수 공사 비용은 사전에 예상했던 것보다 훨씬 적게 들었습니다. 따라서, 의회는 남은 기금으로 수행할 수 있는 개선 프로젝트의 목록을 만들었습니다.'라는 내용이 나와 있으므로 (A)가 정답입니다.

---

18 In the article, paragraph 2, line 8, the word "propose" is the closest in meaning to,

(A) produce

(B) apply

(C) suggest

(D) demand

기사에서 두 번째 단락 8행의 단어 "propose"와 의미상 가장 가까운 것은?

(A) 생산하다

(B) 신청하다

(C) 제안하다

(D) 요구하다

해설 단어의 뜻을 찾는 문제

propose는 '제안하다'라는 뜻입니다. 따라서 보기 중 '제안하다'의 의미를 가진 (C) suggest가 정답입니다.

---

19 When did Ms. Hinckley have an appointment?

(A) March 21

(B) March 27

(C) March 15

(D) April 15

힌클리 씨는 언제 약속이 있었나?

(A) 3월 21일

(B) 3월 27일

(C) 3월 15일

(D) 4월 15일

해설 구체적인 정보를 묻는 문제

두 개의 지문을 대조해서 풀어야 하는 문제입니다. 질문에 나온 Ms. Hinckley가 작성한 첫 번째 이메일의 'Because of a scheduled appointment, I was not able to attend the council meeting,'에서 예정된 약속 때문에 의회 미팅에 참석할 수 없다고 했습니다. 하지만 이메일만으로는 날짜를 확인할 수 없으므로 기사문을 확인해보면 'Interested people may voice their options at the council's meeting on Monday, 15 March at 7P.M.'에서 의회 회의가 3월 15일임을 확인할 수 있습니다. 따라서 (C)가 정답입니다.

---

20 What does Ms. Patterson mention in her e-mail about the Lehi Public Library?

(A) It is located near the train station.

(B) It is used largely by teenagers and children.

(C) Its facilities are recently renovated.

(D) It provides various programs to residents.

패터슨은 이메일에서 리하이 공공 도서관에 대해 무엇을 언급했나?

(A) 기차역 근처에 있다.

(B) 주로 청소년과 아이들이 사용한다.

(C) 그 시설은 최근 보수되었다.

(D) 주민들에게 다양한 프로그램을 제공한다.

사실인 내용을 찾는 문제

세부적인 내용에 관한 문제로 Ms. Patterson이 작성한 이메일을 확인합니다. 이메일의 'It is, for the most part, visited by adolescents and children.'에서 도서관은 대부분 청소년과 아이들에 의해 방문된다고 했으므로 (B)가 정답입니다.

---

21 On what point would Ms. Patterson and Ms. Hinckley most likely agree?

(A) City council should extend the deadline for renovation.

(B) The city should spend as little money as possible.

(C) The chosen project should be useful to the entire community.

(D) Citizens should work together to raise money.

패터슨 씨와 힌클리 씨는 어떤 점에서 동의할 가능성이 가장 높은가?

(A) 시의회는 보수를 위한 마감 기한을 연장해야 한다.

(B) 도시는 가능한 적은 돈을 지출해야 한다.

(C) 선택된 프로젝트는 전체 지역사회에 유용해야 한다.

(D) 시민들은 기금 조성을 위해 함께 노력해야 한다.

구체적인 정보를 묻는 문제

힌클리 씨가 작성한 첫 번째 이메일의 'Personally I think that ~ and it will benefit everyone.'에서 Nuns 공원 조명을 개선하는 것이 모든 사람에게 도움이 될 것이라고 생각한다고 했습니다. 그리고 패터슨 씨는 두 번째 이메일에의 'Therefore, I would like to suggest ~ on a place more often used by Lehi's people.'에서 새 프로젝트가 사람들이 자주 사용하는 장소에 초점을 맞출 것을 제안한다고 했으므로 두 사람 다 새로운 프로젝트가 전체 지역사회에 유용해야 한다고 생각함을 짐작할 수 있습니다. 따라서 (C)가 가장 적절한 선택입니다.

Questions 22-23 refer to the following news.

²² Seattle (December 20) - Mike Peterson, / president of CNC Electronics / announced this morning /

시애틀 (12월 20일) / 마이크 피터슨은 / CNC Electronics의 회장 / 오늘 아침 발표했다 /

that the company is preparing / to market ²³ a new high-definition television / starting next year.

회사가 준비하고 있다고 / 고선명도(HD) TV 판매를 / 내년부터

According to industry analysts, / the television features / a sharp image and outstanding sound quality.

산업분석가에 따르면 / TV는 ~의 특징이 있다 / 선명한 이미지와 뛰어난 음질

Market analysts believe / this latest product should attract / even more attention /

시장 분석가들은 믿고 있다 / 이러한 최신 제품은 ~을 끌어올 수 있을 거라고 / 더욱 더 많은 관심 /

to ²³ CNC Electronics' other electronics products / such as washing machines, driers and microwave ovens.

CNC Electronics의 다른 전자제품에 / 예를 들어 세탁기, 건조기, 그리고 전자 레인지 등

/ They stated that / the company's ability / to continually improve its product line / is one of the reasons /

그들은 언급하고 있다 / 회사의 능력이 / 계속적으로 제품을 향상시킬 수 있는 / 이유중의 하나라고 /

for its positive sales performance.

긍정적인 매출 실적에 대한

시애틀 (12월 20일) – CNC Electronics의 회장 마이크 피터슨은 회사가 내년부터 고선명도(HD) TV 판매를 준비하고 있다고 오늘 아침 발표했다. 산업분석가에 따르면 TV는 선명한 이미지와 뛰어난 음질의 특징이 있다. 시장 분석가들은 이러한 최신 제품은 CNC Electronics의 다른 전자제품, 예를 들어 세탁기, 건조기, 그리고 전자 레인지 등에 더 많은 관심을 끌어올 수 있을 거라고 믿고 있다. 그들은 계속적으로 제품을 향상시킬 수 있는 회사의 능력이 긍정적인 매출 실적에 대한 이유중의 하나라고 언급하고 있다.

---

22 What is the purpose of the news?

(A) To announce the release of the new product

(B) To recommend electronics products

(C) To compare the features of new television

(D) To publicize the merger of two companies

이 뉴스의 목적은 무엇인가?

(A) 새로운 제품의 출시를 발표하기 위해서

(B) 전자 제품들을 추천하기 위해서

(C) 새로운 텔레비전의 기능을 비교하기 위해서

(D) 두 회사의 합병을 알리기 위해서

주제나 목적을 묻는 문제

목적에 관련된 문제의 단서는 지문의 앞부분에 위치합니다. 지문 앞부분의 'Seattle (December 20) ~ starting next year.'에서 'CNC Electronics의 회장 마이크 피터슨은 회사가 내년부터 고선명도(HD) TV 판매를 준비하고 있다고 오늘 아침 발표했다'라는 내용이 있고, 이어서 해당 제품의 특징 및 기대하는 바를 언급하였으므로 (A) To announce the release of the new product가 정답입니다.

---

23 In what field is the company engaged?

(A) Stock market

(B) **Electronics products**

(C) Banking industry

(D) Housing market

이 회사는 어떤 분야에 종사하고 있는가?
(A) 주식시장
(B) 전자제품
(C) 금융업
(D) 주택시장

해설 구체적인 정보를 찾는 문제

구체적인 정보에 관련된 문제로 지문 전체에 걸쳐 a new high-definition television, electronics products(washing machines, driers and microwave ovens), 텔레비전, 세탁기, 건조기, 그리고 전자레인지 등의 전자제품이 나와 있으므로 (B) Electronics products가 정답이 됩니다.

실전문제
p.342-350

1. (D)	2. (B)	3. (D)	4. (C)	5. (B)	6. (B)	7. (C)	8. (C)	9. (D)
10. (A)	11. (B)	12. (A)	13. (B)	14. (C)	15. (B)	16. (C)	17. (C)	18. (A)
19. (A)								

Questions 1-2 refer to the following flyer.

Attention Artists and Craftspeople!
예술가들과 장인들 집중하세요!

Are you interested / in a unique opportunity / to showcase your talent / in our area? / If so, /
관심이 있습니까 / 유일한 기회에 / 귀하의 재능을 보여줄 / 우리 지역에서 / 만약 그렇다면, /

you are encouraged / to apply for a chance / to display your artwork / at the Provo County Art Fair / on July 14.
~이 장려됩니다 / 기회에 신청하는 것 / 작품을 전시할 / Provo County Art Fair에 / 7월 14일

Applications are available online / at www.provoartfair.org, / and will be reviewed /
지원서는 온라인으로 볼 수 있으며 / www.provoartfair.org에서 / 심사하게 될 것입니다 /

by several professors / from the art department of our local university.
몇몇 교수들이 / 지역 대학 예술 학부의

Together with your completed application document, / please upload photographs of your work.
당신의 완료된 신청서류와 힘께 / 귀하의 작품 사진을 입로드해주세요

The entries will aid the judges / in their review process. / **The application deadline is June 10,** /
출품작들은 도움이 될 것입니다 / 심사하는 과정에서 / 신청 마감일은 6월 10일이며 /

and the judges' decisions will be made / no later than June 30. / Invited applicants / will have use of a 6 x 5 meter display booth /
심사 결정은 이뤄집니다/ 늦어도 6월 30일까지 / 초청된 지원자들은 / 6 x 5 미터 전시 부스를 이용하게 될 것이며 /

and will be expected / to participate the entire day of the fair.
~하게 될 것입니다 / 박람회에 종일 참여하다

예술가들과 장인들 집중하세요!

우리 지역에서 귀하의 재능을 보여줄 유일한 기회에 관심이 있습니까? 만약 그렇다면, 7월 14일 Provo County Art Fair에서 귀하의 작품을 전시할 기회에 신청하는 것이 장려됩니다. 지원서는 온라인 www.provoartfair.org에서 볼 수 있으며 지역 대학 예술 학부의 몇몇 교수들이 심사하게 될 것입니다. 귀하의 완료된 신청서류와 함께 귀하의 작품 사진을 업로드해주세요. 출품작들은 심사위원들이 심사하는 과정에서 도움이 될 것입니다. 신청 마감일은 6월 10일이며 심사 결정은 늦어도 6월 30일까지 이뤄집니다. 초청된 지원자들은 6 x 5 미터 전시 부스를 이용하게 될 것이며 박람회에 종일 참여하게 될 것입니다.

---

1 For whom is this flyer intended?
(A) Job applicants
(B) Arts instructors
(C) Photographers
(D) Artists

이 진단시의 대상은 누구인가?
(A) 구직자들
(B) 미술 강사들
(C) 사진작가들
(D) 예술가들

해설 구체적인 정보를 찾는 문제
구체적인 정보 파악에 관련된 문제로 전단지의 제목 'Attention Artists and Craftspeople!'에 정답 (D) Artists가 들어있습니다.

---

2   When is the deadline for submitting photographs?

(A) July 14

(B) June 10

(C) June 30

(D) July 30

사진 제출 마감일은 언제인가?

(A) 7월 14일

(B) 6월 10일

(C) 6월 30일

(D) 7월 30일

해설 구체적인 정보를 찾는 문제

마감일을 묻는 문제로, 지문 마지막 부분의 'The application deadline is June 10.'에 '신청 마감일은 6월 10일'이라고 나와 있으므로 정답은 (B) June 10입니다.

Questions 3-4 refer to the following instructions.

Sunshine Florist

Sunshine 꽃집

We hope / you enjoy your Sunshine fresh-cut flowers. / [3] If you are looking for a way /

저희는 바랍니다 / Sunshine의 신선한 꽃들이 만족스럽기를 / 만약 당신이 ~할 방법을 찾고 있다면 /

to make roses stay fresh / for a few more days, / follow these basic steps / to preserve them.

장미를 신선하게 유지할 수 있는 / 며칠 더 / 아래 기본 사항을 따라주세요 / 장미를 보존하기 위해서

First, / fill a vase about two-thirds full / with water at room temperature. / Add the contents / of the enclosed flower-food packet.

먼저 / 화병을 2/3를 채우세요 / 상온의 물로 / 내용물을 넣어주세요 / 동봉된 꽃 영양소 패킷의

[4] Then, / simply arrange the flowers / in the vase / and place them away /

그리고 나서 / 간단히 꽃을 정리하고 / 화병의 / 멀리 두십시오 /

from heat source or drafts. / Otherwise, / your bouquet may dry out quickly. / With the proper care, /

온열기나 환풍기로부터 / 그렇지 않은 경우 / 당신의 꽃다발이 매우 빨리 시들 겁니다 / 적절한 관리로 /

your roses should stay / looking fresh for / at least 10 days.

귀하의 장미는 유지됩니다 / 신선한 상태가 / 최소 10일동안

Sunshine 꽃집

저희는 Sunshine의 신선한 꽃들이 만족스럽기를 바랍니다. 만약 당신이 며칠 더 장미를 신선하게 유지할 수 있는 방법을 찾고 있다면, 장미를 보존하기 위해서 아래 기본 사항을 따라주세요. 먼저 화병을 상온의 물로 2/3를 채우세요. 동봉된 꽃 영양소 패킷의 내용물을 넣어주세요. 그리고 나서 간단히 화병의 꽃을 정리하고 온열기나 환풍기로부터 멀리 두십시오. 그렇지 않은 경우 당신의 꽃다발이 매우 빨리 시들 겁니다. 적절한 관리로 귀하의 장미는 최소 10일동안 신선한 상태가 유지됩니다.

---

3   What is the purpose of this instructions?

(A) To promote flowers sales

(B) To advertise the opening of a new florist

(C) To announce upcoming events

(D) To provide information about preserving flowers

이 지시문의 목적은 무엇인가?

(A) 꽃 판매를 홍보하기 위해서

(B) 새로운 꽃 가게의 개업을 광고하기 위해서

(C) 다가오는 이벤트를 발표하기 위해서

(D) 꽃을 보존하는 정보를 제공하기 위해서

해설 주제나 목적을 묻는 문제

주제를 찾는 문제의 단서는 지문에 앞부분에서 찾을 수 있습니다. 지문의 앞부분 'If you are looking ~ to preserve them.'에 '만약 당신이 며칠 더 장미를 신선하게 유지할 수 있는 방법을 찾고 있다면, 장미를 보존하기 위해서 아래 기본 사항을 따라주세요'라는 내용이 있으므로 (D) To provide information about preserving flowers가 정답입니다.

---

4   What is stated in the instructions?

(A) Vases can be filled with salty water.

(B) Water should be replaced every two days.

(C) Roses should not be near heat sources.

(D) Roses stay fresh up to 20 days.

지시문에서 언급된 내용은 무엇인가?

(A) 꽃병은 소금물로 채워질 수 있다.

(B) 물은 2일에 한번씩 교체되어야 한다.

(C) 장미는 열원 가까이에 두어서는 안 된다.

(D) 장미는 20일까지 신선하게 유지된다.

해설 사실인 내용을 찾는 문제

사실관계 확인 문제로 지문의 내용과 선택지를 하나씩 대조해서 풀어야 합니다. 지문의 마지막 부분 'Then, simply arrange ~ from heat sources of drafts.'에서 '간단히 화병의 꽃을 정리하고 온열기나 환풍기로부터 멀리 두십시오'라는 내용이 나오므로 (C) Roses should not be near heat sources.가 정답입니다.

Questions 5-6 refer to the following brochure.

5 Our workshop is designed / to give you the information / you need to prepare / for your retirement.

우리 워크숍은 ~하도록 마련되었습니다 / 정보를 제공하도록 / 당신이 필요한 / 은퇴를 위해

This workshop will be led / by experienced financial planners.

이 워크숍은 이끌어질 것입니다 / 경험 많은 금융 기획가들에 의해

We are sure that / 6 this three-hour session will help / you assess the costs / associated with retirement /

우리는 확신합니다 / 3시간짜리 회의가 ~하도록 도와줄 것 / 귀하가 비용을 계산하다 / 은퇴와 관련한 /

and make informed decisions / about your financial future. / You'll learn /

현명한 결정을 내리도록 / 귀하의 재정적인 미래에 대해 / 귀하는 배우게 될 것입니다 /

how to evaluate your income sources, / make profitable investments, / and protect your earning power.

수입원을 평가하는 법 / 수익이 좋은 투자를 하고 / 그리고 소득 능력을 지키는 법을

Don't miss this great opportunity. / Register / by calling Orem Community Services / at 222-2345.

이 훌륭한 기회를 놓치지 마세요 / 등록하세요 / Orem Community Services 222-2345번으로 전화해서

우리 워크숍은 귀하의 은퇴를 위해 필요한 정보를 제공하도록 마련되었습니다. 이 워크숍은 경험 많은 금융 기획가들이 이끌 것입니다. 우리는 3시간짜리 세션이 귀하가 은퇴와 관련한 비용을 계산하도록 도와주며 귀하의 재정적인 미래에 대해 현명한 결정을 내리도록 도울 수 있을 거라 확신합니다. 귀하는 수입원을 평가하는 법, 수익이 좋은 투자를 하는 법, 그리고 소득 능력을 지키는 법을 배우게 될 것입니다. 이 훌륭한 기회를 놓치지 마세요. Orem Community Services 222-2345번으로 전화해서 등록하세요.

5 What is the purpose of this brochure?
(A) To announce job openings
(B) To provide information about a retirement workshop
(C) To announce the opening of the community service center
(D) To change a scheduled meeting

이 안내 책자의 목적은 무엇인가?
(A) 일자리를 발표하려고
(B) 은퇴 설계 워크숍에 관한 정보를 제공하려고
(C) 커뮤니티 서비스 센터의 개장을 발표하려고
(D) 예정된 미팅을 변경하려고

해설 주제나 목적을 묻는 문제

목적에 관련된 문제의 단서는 지문의 앞부분에 나옵니다. 지문의 첫 문장 'Our workshop is designed to ~ for your retirement.'에서 '우리 워크숍은 귀하의 은퇴를 위해 필요한 정보를 제공하도록 마련되었습니다'라는 내용이 나오므로 (B) To provide information about a retirement workshop이 정답입니다.

6 How long will the session last?
(A) 2 hours
(B) 3 hours
(C) 2 days
(D) 3 days

세션이 얼마나 오랫동안 진행될 것인가?
(A) 2시간
(B) 3시간
(C) 2일
(D) 3일

해설 단순 정보를 찾는 문제

단순 정보 찾기에 관련된 문제로 지문에 this three-hour session, '우리는 3시간짜리 세션 ~ '이라고 나와 있으므로 (B) 3 hours가 정답입니다.

Questions 7-8 refer to the following invitation.

July 30
7월 30일
Susan Nelson
수잔 넬슨
200 Center St.
200 센터 가
Logan, ID 84604
로건, 84604

Dear, Ms. Nelson,
넬슨 씨에게,

7 Bass Pro Shop would like to thank you / for your business / and invite you / to a celebration.
Bass Pro Shop은 감사하며 / 귀하와 거래하는 것에 / 귀하를 초대합니다 / 축하행사에
8 The grand opening of our new shop / at 100 State Street / will take place / on Wednesday, /
신규점포 개장이 / 스테이트 가 100번지에서 / 있을 것입니다 / 수요일에 /
August 11, / from 2:00P.M. - 6:00P.M. / We would be honored / if you would join us / for this festive occasion.
8월 11일 / 오후 2시부터 6시까지 / 감사하겠습니다 / 귀하께서 함께 해주신다면 / 이번 즐거운 행사에
Please reply / by August, 5 / to our marketing director, / John Wilson at 555-332-1368.
연락 주십시오 / 8월 5일까지 / 마케팅 이사에게 / 존 윌슨 555-332-1368로

Sincerely,
진심으로,
Tim Cook
팀 쿡

7월 30일
수잔 넬슨
200 센터 가
로건, 84604

넬슨 씨에게,

Bass Pro Shop은 귀하와 거래하는 것에 감사하며 축하행사에 귀하를 초대합니다. 스테이트 가 100번지에서 신규점포 개장이 8월 11일 수요일 오후 2시부터 6시까지 있을 것입니다. 이번 즐거운 행사에 귀하께서 함께 해주신다면 감사하겠습니다. 8월 5일까지 마케팅 이사 존 윌슨에게 555-332-1368로 연락 주십시오.

진심으로,
팀 쿡

---

7 What is the purpose of this event?
(A) To invite her to a meeting
(B) To make an offer of employment
(C) To invite her to a celebration
(D) To report about the opening of a new store

이 이벤트의 목적은 무엇인가?
(A) 그녀를 미팅에 초대하려고
(B) 일자리를 제공하려고
(C) 그녀를 축하행사에 초대하려고
(D) 새로운 가게의 개장을 보고하려고

해설 주제나 목적을 묻는 문제
목적에 관련된 문제의 단서는 지문의 앞부분에서 찾을 수 있습니다. 지문의 앞부분에 Bass Pro Shop ~ to a celebration, 'Bass Pro Shop은 귀하와 거래하는 것에 감사하며 축하행사에 초대합니다'라는 내용이 나오므로 (C) To invite her to a celebration이 정답입니다.

8 What is mentioned about State Street?
(A) It will be repaved.
(B) It will be closed for the celebration.
(C) The grand opening will take place on State Street.
(D) The parking lot is being built there.

스테이트 가에 대해 언급된 것은 무엇인가?
(A) 재포장을 할 것이다.
(B) 축하행사를 위해 폐쇄될 것이다.
(C) 스테이트 가에서 신장 개업이 있을 것이다.
(D) 주차장이 건설되고 있다.

해설 사실인 내용을 찾는 문제
사실관계를 확인하는 문제로 'State Street'이 들어있는 문장 주변에서 정답을 찾아야 합니다. 지문 'The grand opening ~ from 2:00P.M. - 6:00P.M.'에서 '스테이트 가 100번지에서 신규점포 개장이 8월 11일 수요일 오후 2시부터 6시까지 있을 것입니다.'라는 내용이 나오므로 (C) The grand opening will take place on State Street.이 정답입니다.

Questions 9-11 refer to the following information.

[9] International Shopping Network
인터내셔널 쇼핑 네트워크

Frequently Asked Questions
자주 문의하는 질문들

1. How do I shop online / at International Shopping Network?
온라인 쇼핑을 하려면 어떻게 해야 하나요 / 인터내셔널 쇼핑 네트워크에서

ISN is available / all over the world, / 24 hours a day, / 7 days a week.
인터내셔널 쇼핑 네트워크는 사용할 수 있습니다 / 전세계적으로, / 하루 종일, / 일주일 내내

Just log on / to our network / at www.intlshopping.com / and find whatever you need / from groceries to electronics / and from tools to tanktops.
접속하시면 / 저희의 웹사이트인 / www.intlshopping.com에 / 필요한 모든 것을 찾으실 수 있습니다 / 식료품에서 전자제품에 이르기까지 / 도구에서 탱크탑에 이르기까지

2. Will International Shopping Network / deliver fast?
인터내셔널 쇼핑 네트워크의 / 배송은 빠른가요

[10] Yes, / all orders ship out / within 24 hours / and with supply centers / on 6 continents, /
네. / 모든 주문은 발송되며 / 24시간 이내에 / 지원센터가 있기 때문에 / 6개 대륙에 /

your order will arrive / within a week. / We have our own delivery fleet / to ship your order fast.
주문하신 상품은 도착합니다 / 일주일 이내에 / 당사는 자체적으로 수송선을 보유하고 있습니다 / 주문하신 상품을 빠르게 배송하기 위하여

3. How can I track my package / after it is shipped?
소포의 위치를 추적할 수 있나요 / 선적된 후

You will get an e-mail / as soon as we ship your items / in which you will receive a tracking number.
이메일을 받게 됩니다 / 상품이 선적된 직후 / 추적 번호를 받을 수 있는

With that tracking number, / you can [11] trace / where your package is /
추적번호를 사용하여, / 당신은 추적하실 수 있습니다 / 여러분들의 소포가 어디에 있는지를 /

at all stages of its journey / by going to www.intlshopping.com/track or / by calling toll free 1-800-555-1212.
상품 배송과정의 모든 단계에서 / www.intlshopping.com/track에 접속하거나 / 1-800-555-1212로 전화하시면

4. What should I do / if my package is lost?
어떻게 해야 하나요 / 소포가 분실되면

If you don't receive your package / within one week of your order, / please contact a customer service representative /
소포를 받지 못하시면 / 주문일로부터 1주일 이내에 / 고객 서비스 센터로 연락을 주십시오 /

at 1-800-555-1222. / You will have the choice of / canceling your order or
1-800-555-1222를 통하여 / 선택을 하실 수 있습니다 / 주문을 취소하시거나 /

/ receiving an automatic 20% discount / on your order.
20% 자동 할인을 받으실 수 있습니다 / 주문에서

인터내셔널 쇼핑 네트워크
자주 문의하는 질문들

1. 인터내셔널 쇼핑 네트워크에서 온라인 쇼핑을 하려면 어떻게 해야 하나요?
인터내셔널 쇼핑 네트워크는 전세계적으로, 하루 종일, 일주일 내내 사용할 수 있습니다. 저희의 웹사이트인 www.intlshopping.com에 접속하시면 식료품에서 전자제품에 이르기까지, 또는 도구에서 탱크탑에 이르기까지 필요한 모든 것을 찾으실 수 있습니다.

2. 인터내셔널 쇼핑 네트워크의 배송은 빠른가요?
네, 모든 주문은 24시간 이내에 발송되며 6개 대륙에 지원센터가 있기 때문에, 여러분들이 주문하신 상품은 일주일 이내에 도착합니다. 당사는 여러분들께서 주문하신 상품을 빠르게 배송하기 위하여 자체적으로 수송선을 보유하고 있습니다.

3. 선적된 후 소포의 위치를 추적할 수 있나요?
상품이 선적된 직후, 여러분들은 이메일을 통하여 추적 번호를 받게 됩니다. 추적번호를 사용하여, www.intlshopping.com/track에 접속하거나 1-800-555-1212로 전화하시면, 상품 배송과정의 모든 단계에서 여러분들의 소포가 어디에 있는지를 추적하실 수 있습니다.

4. 소포가 분실되면 어떻게 해야 하나요?
주문일로부터 1주일 이내에 소포를 받지 못하시면, 1-800-555-1222를 통하여 고객 서비스 센터로 연락을 주십시오. 주문을 취소하시거나 주문에서 20% 자동 할인을 받으실 수 있습니다.

Hurry: The grand opening / only lasts for two weeks.

서두르세요: 신장 개업은 / 2주간만 지속됩니다

Telephone: 906-335-8979

전화: 906-335-8979

e-mail: service@kingstoncopy.com

이메일: service@kingstoncopy.com

서두르세요: 신장 개업은 2주간만 지속됩니다.

전화: 906-335-8979
이메일: service@kingstoncopy.com

18 What is the purpose of the flyer?

(A) To advertise a business

(B) To announce changes in a schedule

(C) To promote a new product

(D) To inform clients about rate changes

이 전단지의 목적은 무엇인가?
(A) 사업체를 홍보하려고
(B) 일정 변경을 발표하려고
(C) 새로운 제품을 홍보하려고
(D) 고객에게 요금 변경을 공지하려고

해설 주제나 목적을 묻는 문제

목적에 관한 정답은 지문의 앞부분에서 찾을 수 있습니다. 전단지의 제목이 Grand Opening – Kingston Copy Service, '신장 개업 – 킹스턴 카피 서비스'라고 나와 있으므로 (A) To advertise a business가 정답입니다.

19 What is NOT included in the standard service?

(A) Free binding

(B) Free pickup

(C) Free delivery

(D) 24 hour service on large jobs

표준서비스에 포함되지 않는 것은?
(A) 무료 바인딩
(B) 무료 픽업
(C) 무료 배달
(D) 큰 주문에 대한 24시간 서비스

해설 구체적인 정보를 찾는 문제

구체적인 정보를 확인하는 문제로 'standard services' 아래에 나와 있는 항목과 선택지를 하나씩 대조해서 문제를 풀어야 합니다. free pickup and delivery, 24 hour service on all other jobs가 표준서비스에 포함되어 있고 free binding은 고급 서비스에 해당하는 항목이므로 (A) Free binding이 정답입니다.

新 완전절친

TOEIC 스타트

RC

- 초보들도 쉽게 공부할 수 있는 토익 첫걸음서
- 신토익 신유형 출제 경향 완벽 반영
- 이해가 쏙쏙 되는 쉬운 문법 개념 수록
- 문제 유형에 따른 문제 비법 공략 제시
- 연습문제부터 실전문제까지 단계별 학습 가능
- 토익에 자주 나오는 품사별 필수 어휘 수록